性公民權

A Landmark Study of Sex,
Power, and Assault on Campus

Sexual Citizens

Jennifer S. Hirsch, Shamus Khan
珍妮佛·赫希、沙姆斯·康——著　梁永安——譯

獻給與我們分享故事和生活的學生們

目次

導言：一個新方法
Introduction: A New Approach

校園性侵害（sexual assault）爲何會發生？應該做些什麼來預防？《性公民權》爲家長、學生、學校管理層、政策制定者和公眾提供一種理解性侵害的新方式和一種效用遠超出校門的預防方法。我們的觀點是來自一個具有里程碑意義的研究計畫：「促進轉變的性健康倡議」（Sexual Heath Initiative to Foster Transformation, SHIFT），以下簡稱「性健康倡議」。過去五年，我們與其他近三十名研究人員一起進行了一項對校園性行爲和性侵害的最全面研究。《性公民權》以這項研究爲根據，詳細描述了哥倫比亞大學大學部學生形形色色的性經驗：從合意性行爲（consensual sex）到性侵害。我們會介紹像奥斯汀這樣的男生，他極其重視女朋友的生理快感，但有一晚卻性侵害了一名他幾乎不認識的女生，當時兩人都喝醉了。我們將討論亞當爲什麼從來不和男友談論他在性方面有多麼咄咄逼人和強硬：有一次，他男友在喝了一整晚酒後「基本上強暴」了他。我們將會提到酷兒黑人女性米凱拉，她拒絕把在舞池上被觸摸、磨蹭和亂抓看成是正常現象——換成是異性戀女性（一些異性戀男性也是如此），會將這些事情視爲是派對空間中不可避免的部分。我們也會遇到像露西這樣的女生，她在大一時被大四生史考特性侵，當時她還是處女。史考特要脫掉她褲子時，她驚呼說：「不要！不要！」他的回答是：「沒關係的。」

我們訪談了許多學生，他們在大學前接受的性教育主要是恫嚇他們性行爲有多麼危險。上大學之後，他們學到了「積極同意」（affirmative consent）[i]的重要性。學生們像背書一樣地告訴我們，爲了使性行爲成爲是「被同意的」，雙方都必須說「好」並且清醒得知道自己是對什麼說「好」。但在我們的研究過程中，我們發現「同意」更通常是透過醉酒後的互通簡訊表達出來：

妳醒著嗎？

對。

我可以過來嗎？

當然。

我們必須改進這些情況。《性公民權》揭示了方法。

自二〇一四年秋季以來，我們一直參與「性健康倡議」對校園性侵害的研究。珍妮佛·

赫希（Jennifer Hirsch）與她的朋友兼同事克露德・梅林斯（Claude Ann Mellins）共同主持「性健康倡議」，後者是臨床心理學家，專研青少年發展、心理健康、藥物濫用和創傷。[1]《性公民權》主要是仰賴「性健康倡議」的民族誌部分[ii]，而這個部分是由珍妮佛和沙姆斯・康（Shamus Khan）[iii]共同主持。我們的民族誌研究從二〇一五年夏末進行至二〇一七年一月，共包括一百五十多次訪談。每次訪談爲時約兩小時，旨在讓年輕人談論他們的生活和性行爲是如何融入其生活中。除了訪談，我們還與學生小組交談，而研究團隊成員也花時間在宿舍、開往運動場的巴士上、兄弟會地下室和禮拜場所跟學生相處。「性健康倡議」還包括一項對一千六百多名大學部學生的過去經歷、人際關係和性及性侵害經驗的大型調查。另有一項爲期六十天的調查，每天詢問近五百名學生他們在過去二十四小時的壓力、睡眠、社交、性行爲、性侵害和物質使用（substance use）狀況。（在本書中，「物質使用」一詞中的「物質」兼指酒精、非法藥物或不在醫生監督下使用的合法藥物，但我們主要關注的是酒精。[iv]）《性公民權》奠基在前人用訪談和觀察方法對校園性侵害所做的研究上。[2]但我們的研究設計——嵌套在一

i 譯注：「積極同意」指除非一個人以言語或行動表達同意與對方進行性行爲，否則依然被視爲不同意進行有關行爲。
ii 譯注：這裡的「民族誌」與民族研究無關，而是指它在方法上採用了民族誌學的方法。
iii 譯注：珍妮佛和沙姆斯是本書共同作者。
iv 譯注：下文提到「物質使用」一語時，本中譯本大多省略爲「飲酒」。

個大型研究團隊的工作中的深入民族誌式參與——讓我們能夠脈絡化和豐富化我們的發現，帶來新的見解。

讓我們的研究與衆不同的不僅僅是數據的數量或類型，而是我們思考問題的方式。我們把焦點放在性侵害的社會根源。這是一個與公衆討論關注的兩大主題截然不同的出發點。第一個主題將注意力集中在掠食者（predator）或有毒的男子氣概（toxic masculinity）上，認爲這是問題所在。第二個主題則聚焦於性侵害發生後該怎麼做——如何裁決那些「他說／她說」各執一詞的時刻。「性健康倡議」研究沒有從掠食者或性侵後程序的角度思考，而是審視了導致性侵害的社會驅動因素，以期開發新方法，使性侵害在大學生活中變得不再那麼普遍。我們採用了公共衛生學者所稱的「生態模型」（ecological model）。[3] 這種方法將個體及其問題行爲置於更廣泛的背景之中，包括他們的人際關係、大學前的經歷、所屬組織和影響他們的文化。

將性侵害視爲公共衛生問題，可將焦點從個體及其互動方式擴大至系統。如果我們知道人們正在飲用受污染的水，一種解決方案是嘗試教育每個人如何安全地使用水。另一種方法是溯源而上，除去水中的毒素，從而減少逐個改變個人行爲的需要。實際上，本書要問的問題就是：「能對治性侵害的『淨水法』是什麼樣的？」創造一個促使人做出利己利人決定的環境，或說創造「選擇架構」（〔choice architecture〕理查德．塞勒〔Richard Thaler〕這一理論獲得諾貝爾經濟學獎），讓人注意到在系統和社區層級著力可以產生多大的影響。[4]在她之前關於愛滋病毒的研究中，珍妮佛主張防治方法不應局限在「一次處理一根陰莖。」[5]在性侵害的情況，除了教導學生「不要強暴他人、不要被強暴、不要讓你的朋友被強暴」以外，如果預防工作能夠更加針對那些讓強暴和其他形式性侵害成爲校園生活常見元素的社會脈絡下工夫，結果會怎樣呢？

基於對出現性侵害的生態系統所做的分析，這種觀點爲性侵害提供一套新的語言。這些分析包括：影響年輕成年人性生活的力量；人們分享的關係；他們之間的權力動態；性如何融入學生的生活；物理空間、酒精和同儕如何創造性機會並影響當事人後續詮釋和定義所發生的事的方式。我們的方法會挖掘包括性素養（〔sex literacy〕或更準確地說，欠缺性素養）、未成年飲酒、社交小團體、壓力、羞恥感和學生睡覺的空間等在內的一切。它融合了早期女性主義者論性侵害的著作，強調性別不平等、性態（sexuality）和權力。但它也擴展了這種方法，還探索了種族、社經地位和年齡等對於理解性侵害是怎樣的不可或缺。這些因素深深影響著人們的性生活。由此顯示出我們的方法還在另一個意義下是獨一無二的。儘管很多人堅決認爲性侵害和性愛是本質相異的兩回事，但我們主張，了解年輕人試圖透過性實現什麼目標、何以故和性發生的脈絡，對於全面分析性侵害至關重要。

現在迫切需要更好的預防方法。由梅林斯領導的對「性健康倡議」調查的一個數據分析發現，有超過四分之一的女性、八分之一的男性，以及超過三分之一的非常規性別（gender non-conformity）v學生表示他們曾遭受過性侵害。[6]哥倫比亞大學的這情況和其他大學相似；在許多不同高等教育環境中進行的調查都是得出差不多的性侵害發生率。[7]遭性侵害的風險以大一爲最高，但風險會隨時間的推移而累積：在完成「性健康倡議」調查的大四生中，三分之一的女性和近六分之一的男性曾遭到性侵害。[8]在許多人，受到的性侵害不只是一次：遭受過性侵害的學生平均被性侵害的次數是三次。這並不是說大學與其他環境相比特別危險。雖然證據參差不齊，但一些研究顯示，與同齡不在學的女性相比，高等教育環境內的年輕女性遭到性侵害的可能性較低。我們所知的研究皆未發現念大學的女性更容易受到性侵害。[9]

學生（不僅是女性）與我們分享的故事淸楚顯示性侵害所帶來傷害，而且這種痛苦有一部分會波及整個校園社區。如果性侵害造成的情感傷害和社會傷害還不足以證明有必要更重視預防工作，那麼我們可以再指出性侵害的巨大經濟影響。二〇一七年，美國疾病管制暨預防中心的研究人員估計，性侵害對全美人口造成的經濟損失超過三兆美元。[10]

我們不僅僅是試圖讓讀者對這些統計數據感到震驚，或對後面講述的故事感到悲傷。我們的目標是推動行動——但這些行動要從同理心和理解出發，不是從恐懼出發。

性計畫、性公民權、性地理

我們透過三個概念來解釋學生的經驗（愉快的性行爲、雙方同意但不太愉快的性行爲，還有性侵害）：性計畫（sexual projects）、性公民權（sexual citizenship）和性地理（sexual geographies）。這三個概念可以幫助我們理解，爲什麼性侵害是我們社會的組織方式的可預測後果，而不僅僅是個別惡劣行爲者的問題。這個可悲的現實有著一個讓人懷抱希望的意涵：透過幫助年輕人更好地表達他們的性計畫，培養他們的性公民意識，並重新安排校園的性地理，我們可望大大降低性侵害的可能性。構成我們分析基礎的概念框架爲前進的道路指明了方向。

「性計畫」包含著一個人尋求一特定性互動或性經驗的原因。[11] 追求生理快感是一個顯而易見的目的，但性計畫也可以是發展和維持一段感情。又或者它可以是追求不發生性關係，或尋求慰藉，或嘗試生孩子，或爲了提高我們在一個群體中的位置或所屬的團體的地位。性計畫也可以是致力獲得某種特定的體驗，例如在圖書館的書庫發生性關係。性也可以是目標而不是實現另一個目標的策略。人們不必然只有一個性計畫，而是也可以有很多個。想要獲得親密感情不代表不想要其他東西（例如不時和其他人約炮）。

v 編注：指個人的行爲或性別表現不符合男性或女性的性別規範。非常規性別可能包括跨性別與非二元性別。

許多年輕人在性焦慮的驅使下，將念大學視爲獲得性經驗的時期。用一個年輕人的話來說，他想學會「擅長用老二」。其他學生的性計畫是關於他們自己的性別認同（gender identity）或性認同（sexual identity）。對於那些可能正在探索自己的跨性別者、酷兒或同性戀身分的人來說，性不僅僅是關於與誰發生性行爲。這是一個了解自己是誰或想成爲什麼樣的人的計畫。還有一些性計畫是關於地位和與同儕建立關係，有時幾近帶有競爭的意味。男生和女生有時會互問：「你的數目是多少？」意思是「你和多少人有過性關係？」在這個問題上，「性」無疑是個故意語意模糊的泛稱，涵蓋了一系列的實踐。[12] 對一些學生來說，它意謂著插入式性交，而對另一些學生，尤其是LGBTQ學生，口交或手淫也被算作性行爲。但無論學生對「性」作何理解，他們總會把自己有過的「數目」說得恰到好處，不會低得讓自己顯得太遜或高得讓自己顯得是個「很懂玩的渣男」或「蕩婦」。有些學生對尋找可以發生性行爲的感情更感興趣。也有些人想要親密關係卻又覺得和一個伴侶在一起太花時間，遂以感情之外的途徑滿足他們對性親密連結的渴望，在他們以成就爲導向的生活中尋找所缺乏的溫暖和愉悅。

很多接受我們訪談的年輕人透過反覆摸索來建立自己的「性計畫」，這在很大程度上是因爲沒有人花太多時間與他們談論性計畫的可能樣子。有些人對自己的性欲或身體感到羞恥，因此以豪飲來逃避理性和仔細思慮的狀態，好讓自己在性行爲中感到舒坦。對另一些人來說，喝酒是爲了麻醉迷惘而不是麻醉羞恥。這些人對自己的性計畫不清不楚，無法回答「性何所爲？」的問題。喝醉是避免思考的好方法。

描繪學生的性計畫的輪廓時，我們不會去評論不同性計畫的道德性，也不會去斷言性應該以什麼爲目的。我們的目標是鼓勵家庭和機構發起談話，談論哪些類型的性計畫符合他們的價值觀。我們聽說很多人錯失了塑造和釐清年輕人性價值觀的機會。許多學生告訴我們，他們的父母從頭到尾只給了他們一本書；父母充其量會帶著某種程度的不自在告訴他們，如果他們讀過書後有疑問，可以提出來問。此中傳達的訊息是，性是一件令人不自在的事情，是不該談論的事情。學到最好不要談論性，這在他們未來的性經驗中有時會帶來災難性後果。幾乎沒有學生向我們提過，曾經有成年人叫他們坐下來，告訴他們性可能是他們生活中一個重要且快樂部分，指出他們因此應該思考自己想從性中得到什麼，以及如何得體地與別人一起實現這些欲望。

我們一次又一次地想到我們有多麼失望——不是對年輕人失望，而是對養育他們長大的社區失望。我們訪談的學生受到有關大學和職業的資訊轟炸，但通常很少得到關於如何思考性親密關係的指導。因爲對指導如飢似渴，他們從其他地方摭拾資訊：向同樣是一無所知的同儕求取，或是向色情電影求取。[13]

要緊的是，性計畫是嵌在其他計畫中的（例如嵌在大學計畫中），而它們又一起構成了一個人的人生計畫。[14]大學計畫的目標可以是追求知識、談戀愛、找工作、喝酒或是嗑藥、發掘生活中有意義的事情，也可以是學會離開家裡獨立生活。我們採取一個「生命歷程視角」，承認人們在生命歷程中會出現很多新的目標，並檢視未來的目標和過去的經驗如何影響他們的現在與未來。[15]

儘管性計畫是在社區中形成的，但它是非常個人化的。然而，性伴侶（sexual partner）如何被納入一個人的性計畫是一個重大的道德問題。可悲的是，性伴侶常常被視爲物品，而不是一個有血有肉和有自決權的人。我們發現，與那些性目標是愉悅或地位累積的學生相比，以與另一個人建立連結爲性目標的學生更關心他們的伴侶是否眞想發生性行爲。像對待物品一樣對待人並不一定意謂著學生會無意中性侵害別人，但不要像對待物品一樣對待人是確保不會如此的好方法。

我們的第二個基礎概念「性公民權」表示承認自己具有性自決權（sexual self-determination），更重要的是承認他人享有同樣的權利。性公民權並不是有些人與生俱來而有些人生來就沒有。相反的，性公民意識是需要培養的，並獲得制度和文化的支持。我們不採「性公民權」一詞有時的這個用法，也就是用它來提請人們注意國家會將人指定爲公民或非公民，根據性認同分配權利和福利。代之以，我們指的是社會地產生的公民權意識和性能動主體（sexual agency）權力。[16]

性公民權概念關注的是有些人如何感覺自己對別人的身體有著天經地義的權利，以及有些人如何感覺自己對自己的身體沒有天經地義的權利。做爲一個社會目標，想要促進性公民權需要創造條件促進所有人的性自決權能力，讓他們感到安全、有能力和有權實施自己的性計畫。想要促進性公民權同時需要堅持要求所有人承認他人的性自決權。性公民權是一個社區計畫，需要發展個人能力、建立在尊重他人尊嚴之上的社會關係、致力於教育和肯定所有人性公民權的組織環境，以及發展一種尊重文化。基於對多樣性和自我表達自由的尊重，公共機構在性計畫中的作用應該受到限制，與此相反，政府應該在促進性公民權的計畫中扮演重要角色。

除了最進步的美國性教育之外，所有性教育都一貫否定年輕人的性公民權，用我們一位導師的話來說就是在傳達這樣一種觀念：「性是骯髒、腐爛和叫人噁心的事，你只應該在結婚後對你愛的人做。」許多年輕人告訴我們，他們接受過性教育，但教導他們的老師感到窘迫，要不就是教導他們害怕性：性會讓人懷孕、感染性病，並且可能爲他們的生活帶來各種糟糕的事情。從學校、家庭或宗教環境的性教育，許多學生吸收了這樣的印象：性行爲潛在是可怕的，更斷然是危險的。但在今日的美國，在年輕人的第一次性經驗和結婚之間，大有可能相隔整整十年以上的時間。這還是就他們會結婚的情況來說，而他們會結婚的可能性愈來愈小。[17]這並不是說人們發生性行爲的年齡愈來愈小；美國人第一次性行爲的平均年齡約爲十七歲的情況已經四十多年沒什麼變化。[18]如果有什麼不同的話，那就是總體而言，今天的年輕人的性行爲正在減少。[19]然而，有顯著變化的是年輕人結婚的年齡。[20]在一九六〇年，男性初婚的平均年齡爲二十三歲，女性爲二十歲。如今，男性平均到三十歲才初婚，女性則到二十八歲才初婚。[21]

暗示年輕人不是合法性公民的社會政策至少可以追溯到雷根總統的「說不就好」（Just Say No）政策，這不只是針對毒品；一九八一年的「青少年家庭生活法案」（Adolescent Family Life Act），又稱爲「守貞」計畫，對婚前性行爲多所打壓。[22]做爲柯林頓總統一九九六年的「個人責任與工作機會協調法案」（〔Personal Responsibility and Work Opportunity Reconciliation Act〕又稱爲「福利改革」）的一部分，「守貞」計畫教導「戒除婚姻以外的性活動是所有學齡兒童的預期標準」。隨著黨派權力的轉移，聯邦政府對婚前禁欲（現已更名爲「性風險規避」〔sexual risk avoidance〕）的支持在某種程度上有所消退。但民選官員看來普遍認爲，青少年最好完全不要發生性行爲；所以，甚至是歐巴馬總統時期由民主黨掌控的國會也保留了一些用於禁欲計畫的資金。[23]支持推行有醫學根據的全面性教育的人有時會猶豫，不願意直接挑戰性活動對年輕人本質上是不好的思維方式，他們更喜歡以健康爲焦點的中間立場，強調全面性教育對預防懷孕或性病的好處。[24]

對有全國代表性的數據的分析顯示，性教育狀況日益惡化，表示接受過有關避孕、對性說不、關於性傳染病以及愛滋病毒（HIV）／愛滋病（AIDS）等正式教導的美國少女的比例顯著下降。受過避孕教育的男性也是數目顯著下降。[25]愈來愈少學生接受的性教育會提到一個人有權自己做出生育決定，或是教導如何抵抗同儕壓力和使用保險套等。

除了有助於培養性公民意識的性教育整體減少之外，一些最弱勢群體獲得的資訊也最少。只有百分之六的LGBTQ年輕人（被性侵害風險最高的群體）表示，他們的性教育有包括關於LGBTQ主題的資訊。[26]在美國，在貧困家庭和農村地區長大的年輕人不太可能接受到有醫學根據的全面性教育。[27]這是美國教育不平等常態化的一部分：一些學生以在擁有足夠暖氣和空調的地方接受K–12[vi]教育爲滿足，另一些學生的學習環境則是充滿電腦、進階先修課程和藝術選項。我們訪談的一些學生對性和生殖的基本要素表現出驚人的無知。一個年輕女性回憶說，除了灌輸恐懼之外，沒有人與她談論過性；結果就是，她說，「我甚至連我的洞在哪裡都不知道。」如果目標是製造無知，那麼這項政策就取得了巨大成功——但缺乏性素養反映了對年輕人性公民權的否定，而羞恥和沉默的氣氛是校園性侵害社會脈絡的一部分。

我們概念框架的最後一個元素是「性地理」。這個概念將建築環境收進我們的視角裡。

vi 編注：「K–12」是指從幼兒園到十二年級的學校教育。

我們所謂的「建築環境」除了是指空間和家具之類的東西，還有更多所指。性地理包括人們移動的空間環境，以及可以控制進入這些空間的途徑的同儕網絡。遠超過我們許多人所能意識到的，性結果與它們在其中展開的物理空間密切相關——在大學環境中尤其如此。簡言之，空間與性密不可分。空間不僅僅是個背景，並不只是說某些行爲更有可能發生在某些地方。代之以，空間具有引發和產生行爲的社會力量。在社會科學領域，有大量研究指出空間如何影響行爲和互動。[28]一個人在清眞寺裡的舉止十之八九與他們在最好的朋友家裡不同。我們利用這些洞見來思考如何解釋性侵害，以及我們可能如何對治它們。

想像兩個年輕人在一個派對上調情。他們都想要一些隱私。他們不確定自己還想要什麼。假設他們都有室友。對他們來說，發簡訊要求室友在凌晨兩點離開房間一小時是個相當大的要求。所以，兩人就只再多聊了一會兒便散了。不應該是這樣結束的，但事實上卻是這樣結束。或者，假設其中一人住在單人房。那個房間裡有一張桌子、一把椅子、一個衣櫃和一張床。分開坐會很尷尬，但坐在一起就意謂著共坐在床上。

物理環境對年輕人的未來至關重要，而且是與各種不平等交織在一起。想像你被「困」在離家一個多小時的地方，公共交通運輸時斷時續，你又沒有錢坐計程車回宿舍，這時，儘管你不願意，但還是感覺不得不在別人家過夜。一個被困在離校園同樣距離的富裕學生可以打開手機，點擊一個應用程式，然後便會被安全載回宿舍，這完全是因爲他的父母有能力爲他支付這筆費用。就像許多其他事情一樣，進入和控制某個空間的權利並不是公平地分享的。我們使用「地理」一詞時都是使用複數，這既是爲了表示塑造性互動的空間多種多樣，也是爲了表示不同學生的資源和社會地位會影響他們對同一空間的體驗方式。

空間是制度化權力的核心面向，校園內外皆是如此，而權力是理解性侵害的核心。室友的存在、理所當然地認定更高年級的學生應該獲得更好住房（包括單人房間），以及禁止姊妹會（這是女性控制的空間）在派對上提供酒類的全國性政策，所有這些都是校園性地理的一部分。這些空間動態——控制、進入、感到放鬆——在性侵害中起著重要作用。爲了對付性侵害的問題，我們需要考慮人、他們所屬的社區，以及這些事情可以如何支持性計畫和性公民權。我們還需要考慮會增強或緩和權力不平等的建築環境，會支持或否定性計畫和性公民權的建築環境，以及會爲讓人滿意的性生活消除障礙或構成障礙的建築環境。[29]有些學生可能在上大學時就清楚地了解自己的性計畫，而且是在幫助他們了解自己是性公民的家庭和社區中長大成人——然而一旦進入學校，他們就得在會製造脆弱性的性地理中穿行，並遇到那些不承認他們性自決權的人或只把他們當成實現一己性計畫的工具的人（這些性計畫或是追求性經驗的累積，或是追求聲望，或是追求生理快感）。

性侵害倡議、研究和政策制定的簡史

想了解要怎麼做需要我們認識自己身在何處以及我們是如何走到這一步的，具體來說就是認識性侵害的倡議、研究和政策制定相互作用的歷史。完整的歷史陳述超出本書的範圍。儘管如此，一些背景介紹大大有助於將我們的研究與我們所站在其上的肩膀聯繫起來，並顯示我們的觀點與其他較常見的理解方式有何不同。我們也尋求讓近幾十年來在舞台中央銷聲匿跡的重要洞見重見天日。

儘管「基於性別的暴力」(gender-based violence)此一政策界的流行用語暗示著男女的不平等是導致性侵害的主要不平等形式，但本書致力傳達的一個核心訊息卻是，只有著眼於性別不平等與其他形式的不平等的交織，我們才有望理解校園性侵害。[30]美國組織公共行動對付性侵害的歷史表明，種族不平等一直是理解性侵害發生的環境和對抗這種暴力的意義之所寄。一八六〇年代，一些勇敢的非裔美國婦女在國會就他們被一群白人暴徒輪姦的事件作證。[31]在拒絕將她的公車座位讓給一個白人的幾十年前，羅莎・帕克斯(Rosa Parks)便以組織反性暴力行動來做爲反對種族宰制的工具。一九三一年，她協助爲斯科茨伯勒男孩們(Scottsboro Boys)辯護：這九名年輕的非裔美國男子被指控在阿拉巴馬州的火車上強暴了兩名白人婦女。一九四四年，做爲全國有色人種協進會(NAACP)的首席強暴調查員，帕克斯站在雷西・泰勒（Recy Taylor）一邊，後者在阿拉巴馬州被六名白人少年強暴後拒絕保持沉默。[32] 黑人婦女對種族性暴力的組織性反對是奠基於這樣的分析：性暴力不是個人病態的問題，而是社會的社會組織的一部分。這種思路爲民權運動鋪了路，也爲我們在本書中採取的方法鋪了路。[33]

她們還爲一九七〇年代公衆的更加關注性侵害鋪平了道路。[34] 一九七五年，「約會強暴」一詞首次出現在蘇珊・布朗米勒（Susan Brownmiller）的著作《違反我們的意願：男人、女人與強暴》（*Against Our Will: Men, Women and Rape*）中。一九七〇年代也出現了一年一度的「奪回夜晚」（Take Back the Night）遊行，呼籲世人關注各地城市和校園中女性屢屢被施暴的情況。[35]

一直以來，撰寫校園性侵害史的人都是把焦點放在女性學生所遭遇的性侵害。直到前不久，人們很少關注男性對別的男性的性侵害，更不用說女性對男性的性侵害或LGBTQ學生的遭遇。這種對男性傷害女性的關注部分是因爲男性犯下了絕大多數的性侵害，而女性絕大多數是被侵犯的對象。基於相當明顯的原因，男女同校和校園性侵害密切相關。此中的意涵是，校園性侵害問題可能比許多人所意識到的要歷史悠久得多。一八三三年，歐柏林學院（Oberlin College）成立，爲美國第一所男女同校的高等教育機構。到十九世紀末，大約七成的大學是男女合校的。我們可能有些讀者是六十、七十或八十歲，而對他們來說，本書不僅是讓人悲傷和發人深省的，還明顯叫人不安，因爲他們可能會回憶起自己的大學時光，重新喚醒長期蟄伏的被性侵害記憶或意識到他們可能性侵害過別人。但這些年長讀者念大學時對性侵害的理解方式可能與今日截然不同。書寫校園性侵害史的工作包括了追溯人們對性侵害問題的性質變化不斷的理解。做爲「性健康倡議」的一部分，由戴絲瑞・阿布－奧德（Desiree Abu-Odeh）領導的研究發現，當哥大和巴納德學院（Barnard College）的學生報《哥倫比亞觀察家》（*Columbia Spectator*）在一九五〇年代第一次開始報導這個主題時，焦點是放在一個校門外的陌生人。[36]在哥大的案例中，學生記者稱附近哈林區有一名黑人男子對無辜的巴納德學院白人女生構成了威脅。漸漸地，除了這種「潛伏在灌木叢中的陌生人」的種族意象外，又增加了一些其他意象：一個運動員將一個醉酒的女子拖到垃圾箱後面、校園做爲「狩獵場」，甚至是——就像美國人類學家佩吉・桑迪（Peggy Sanday）於一九九〇年經典著作的書名一樣——「兄弟會輪姦」。[37]

認識到校園性侵害問題嚴重的研究早在一九五〇年代就開始了。一九五七年，《美國社會學評論》（*American Sociological Review*）刊登了「對大學校園約會：求愛關係中的性侵害的調查」。[38]校園性侵害研究的現代時期始於一九八五年，發端的是《女士》（*Ms.*）雜誌所刊登的一個由瑪麗・科斯（Mary Koss）指導的開創性研究。[39]這項針對三十五所大學七千多名女學生的調查顯示，有四分之一的人曾遭遇強暴或強暴未遂，侵犯者大多是朋友或親密伴侶。此前，研究這個問題的論文每年只有兩、三篇（大部分是由心理學家、行爲科學家和犯罪學家撰寫），但自此以後，論文數大增（每年數十篇），然後自二〇一四年起更是變得浩如洪流：在這個最近階段，校園性侵害事件一直是公眾討論的一大焦點。[40]撰寫這些作品的學者運用他們自身學科的核心方法，把焦點放在那些性侵害別人或被性侵害的人的個人態度、屬性、行爲和個人經歷，也有把焦點放在與裁決相關的問題。我們對這些個人因素感到興趣，但我們的研究應可回溯至二十年前的呼籲，專注於分析範圍更大的性侵害生態。[41]

對性侵害的問題，影響力最起碼不亞於學術研究和民間倡議的，是立法的領域。一九七〇年代到一九九〇年代之間的三項聯邦立法從根本上塑造了我們看待性侵害、各機構要怎樣對治性侵害和聯邦政府可以做些什麼的方式，它們是：《教育法修正案第九條》（〔Title IX，簡稱第九條〕一九七二年通過，規定教育機構必須實施性別平等）、《克萊里法案》（〔Clery Act〕一九九〇年通過，規定強制報告校園犯罪）和《反婦女受暴法案》（〔Violence Against Women Act〕一九九四年通過，是做爲一個內容更廣泛的犯罪法案的一部分）。[42]聯邦政府不怎麼關注降低性暴力發生率：它把重點放在後續階段：裁決、刑事司法應對措施和爲倖存者提供的服務。[43]二〇一一年，美國教育部透過一封寫給高等教育機構的信件（稱爲「親愛的同事」），從根本上改變了學院和大學的面貌。該信件指出，如果大專院校未能充分因應性侵害，可能違反《第九條》。這是因爲女性遭受的性侵害比例過高，而且性侵害會對生活造成重大衝擊，不對治性侵害的話，女性將無法享受平等的教育機會。[44]雖然二〇一一年的指南的大部分重點仍然集中在事件的後續（申訴、調查和裁決的標準，包括證據和事實陳述），但最近的聯邦指南包括了教育和預防的要求。「親愛的同事」一信對大專院校的影響是深遠的。二〇一四年春，歐巴馬政府公布了一份因可能違反《第九條》而受到教育部民權辦公室調查的五十五所學校名單，後來將該名單擴大至包含對兩百二十三所大專院校的三百零四起調查。二〇一四年九月，白宮發起反對校園性侵害的「你我都有責任」（It's on Us）運動。[45]

社運人士趁勢而上。學生們利用聯邦法律來主張，政府對性侵害的反應產生了性別不平等的氛圍，影響女性接受教育的機會和經驗。許多人要求更快地爲性侵害受害者伸張正義，對加害者進行更嚴厲的懲罰。涉事的大專院校風險很高：因可涉嫌違反《第九條》而受到聯邦調查的學校（包括哥大）可能會失去數億美元的聯邦資助款，從提供給學生的助學金到教師的研究經費聯邦撥款都包括在內。

焦點不僅僅放在學校應該做些什麼。愈來愈多的州和學校制定政策，要更加精確地界定如何才算是合意性行爲。這些政策中最常見的是要求「積極同意」，即要求在性互動的進行過程中，持續和明確地得到對方同意。這個想法由安提阿學院（Antioch College）的學運人士在一九九〇年代初提出，最初遭到嘲笑（甚至在一九九三年遭到《週六夜現場》〔*Saturday Night Live*〕的短劇嘲笑），但其更廣泛的影響是深遠的：現在，全國有數以百計學校都制定了積極同意政策，而且在紐約州、加州、伊利諾伊州和康乃狄克州四州，該政策已被寫入法律，適用於校園內外的所有人。[46]大學生如今經常在線上入學預備課程中被告知，沒有說「不」並不意謂著性行爲是對方同意的，唯一的辦法就是雙方都明確說「好」。但正如我們將要展示的那樣，推廣「積極同意」並不足以防止性侵害。

女性主義者主導了性侵害方面的倡議而心理學家對學術研究的影響最大，但在政策制定的領域，分量最重的是法律人的聲音。不言而喻的是，被提出的問題集中在法律、法律程序和法律補救措施方面。對於這些案件我們該如何調查呢？我們該如何懲罰加害者？這種側重反映了凱瑟琳・麥金儂（Catharine MacKinnon）等女性主義律師的力量，她們將性騷擾乃至校園性侵害描繪爲歧視的形式，爲補救創造了機構性責任，提供了動用刑事司法系統之外的替代方案。[47]然而，刑事司法仍然存在一些一九八〇年代和一九九〇年代的做法，強調審判和懲罰而不是預防，並且注重對抗性法律方法而不是社區導向方法。將性侵害他人的人描述爲具有反社會人格，並將最大的風險來源描述爲連環掠食者（serial predator），這與一九九〇年代的「超級掠食者」（superpredator）論述相呼應。[48]兩者都建立在——至少是有時建立在——對一個掠食性他者（predatory other）的種族化想像上。我們的研究與此形成鮮明對比，因爲我們強調，種族和校園性侵害的問題應該著眼於種族不平等，以及出現在特定校園脈絡的權力和地位不對等。

毫無疑問，無論是在學生群體內部還是外部，都存在一些「壞人」，故意和暴力地透過性來傷害他人。[49]但將男性視爲掠食者和將女性視爲獵物會漏失很多東西。此舉會將女性扁平化爲需要保護的被動受害者，會將LGBTQ學生的遭遇變隱形（他們遭受性侵害的機率遠高於異性戀學生），也幾乎沒有提供任何概念工具讓人去理解男性被女性性侵害的案例。[50]

從恐懼到有同情心和盼望

我們對校園性侵害的社會維度分析表明，除了關注掠食者之外，我們還需要關注我們自己。在我們審視過我們的社會如何養育孩子、組織學校和引領孩子過渡到成年之前，我們不會取得太大進展。但如果我們是問題的一部分，那麼我們也可以成爲解決方案的一部分。

對恐懼的念茲在茲——以前這恐懼是害怕懷孕和感染性病，現在則加上害怕校園性侵害——反映出人們說到底拒絕承認年輕人的性公民權。相信年輕人可以學會彼此身體依偎而不導致任一方受到傷害，是一種神奇的想法，而對於大多數孩子來說，他們從父母那裡得到的唯一訊息是「在我的屋簷下不可以」（not under my roof）。[51]大多數父母在孩子想學開車時都會花很多時間教導他們，談論道路規則、如何防禦性駕駛、如何保護行人和騎自行車的人。他們不會只是讓孩子坐上駕駛座，笨拙地解釋過火星塞在內燃機中的作用之後，就認爲自己工作已了。帶著更小的孩子在街上走時，父母和照顧者會花大量精力照看他們，告誡他們不可闖紅燈，過馬路時要看著來車的方向。如果小孩要騎自行車，父母會要求他們戴頭盔，單列騎行，與車流一起開動和停下。想要教會孩子安全地在世界上移動身體是需要花很多工夫的。我們在一切方面都知道這一點，唯獨在性方面不知道。[52]

這可能就是在實際減少校園性侵害一事上進展甚微的原因。儘管有好些預防措施已表現出一定程度的功效，但我們所看到的研究無一顯示校園或全民層級的性侵害發生率有實質下降。[53]缺乏進展在某種程度上反映著想像力的失敗。我們何以不試著不去嚇唬年輕人，而是幫助他們成長爲擁有滿意親密生活的人呢？由於一些州禁止使用中性廁所，而另一些州則強制要求進行包容LGBTQ的性教育，美國各地對酷兒青年是否具有性公民權的態度顯然存在巨大分歧。很多人對避孕和墮胎反感，甚至對預防由性行爲傳播的致癌人類乳突病毒（HPV）疫苗反感，這清楚表明有些人認爲讓未婚的性行爲產生可怕後果在道德上是必要的。但誰希望自己的孩子或任何孩子在未來遭受性苦難（sexual misery）呢？以下這個主張似乎是愚蠢的：我們與其承擔預防性侵害的任務（這是一個我們社會基本上迎戰失敗的挑戰），不如承擔一個更大的任務，即促進年輕人的性公民意識。但這正是我們必須做的。這意謂著將焦點擴大到裁決之外——裁決一直讓所有人的目光集中在有向校方舉報的小比例性侵害事件上。[54]

我們的獨特視角

我們是重疊和互補的領域的專家。珍妮佛是人類學家，也是哥大梅爾曼公共衛生學院（Mailman School of Public Health）的教授。她的學術生涯一直在研究性別、性、親密關係和健康。[55]她還有兩個兒子，他們在高中和大學的學習時間恰好與她進行「性健康倡議」的研究時間重疊一致，因此她對年輕男女成長於其中的世界懷有非常切身的關注。沙姆斯是哥大的社會學家，職業生涯致力於研究美國菁英社區、性別、不平等和青春期。[56]在開始這個計畫之前，我們不是性侵害研究的專家。我們先前的研究是關於性別和性態的社會生產，不是社會病理學。我們把一個不同的視角帶給了一個老問題，其基礎是我們對相關主題所做的研究，我們對性別和性態的共有興趣，以及我們在民族誌研究方面的專業知識。本書仰賴了我們的背景、訓練、興趣和觀點的所有這些方面。

我們的方法（在「附錄一」中有更詳細的描述）包括與人們交談、在對他們有意義的地方與他們共渡時光，並觀察他們的日常生活。對於「性健康倡議」的民族誌部分，我們帶領一支團隊對一百五十一名大學部學生進行了各幾小時的訪談，聽取他們上大學之前的經歷、他們與家人和朋友的關係、他們吸毒和飲酒的經驗，以及（這是最重要的）他們的性經驗和性侵害經驗。正如典型的校內研究，參與民族誌式訪談和焦點團體的學生會獲得報酬，參與

「性健康倡議」研究的調查部分的學生也是如此。

我們詢問學生爲什麼追求性、他們想從中得到什麼、性如何融入他們的生活，以及他們的性經驗實際上是什麼樣子。我們並沒有研究不當性行爲的每一個可能方面，而是集中關注性侵害。我們所說的性侵害是指不想要的、未經同意的性接觸：這包括強暴和強暴未遂，也包括不想要的、未經同意的性觸摸。本書中的「強暴」（rape）一詞專指插入式的口腔侵犯或生殖器侵犯。基於各種方法論上原因，我們在收集數據時沒有使用「強暴」這個法律術語。但我們在本書中使用它，是因爲它比「未經同意的插入性接觸」直觀。我們從我們的研究學得的一課是，性侵害不是一件事。它是多種不同類型的經驗，而「強暴」一詞清楚地勾勒出其中一類這樣的經驗。

在訪談中，我們聽到了許多性暴力的故事，爲講述它們，二十五名學生各接受了三次兩小時的訪談。回顧這些學生時，我們驚嘆他們所具有的非凡勇氣。他們或是分享有關他們的第一次的有趣故事，或是探索自己性態的溫柔故事，或是分享可怕的強暴事件，或因種族和酷兒身分而被加害和虐待的故事，聽之讓人心碎。

除了與學生單獨交談之外，我們還想知道學生是如何彼此談論性行爲和性暴力。爲此，我們組織了十七個焦點團體，每個小組由八至十四名學生組成。有些小組全是女性，有些全是運動員。我們組織了一個LGBTQ小組、一個有色人種小組和一個大一新生小組。這些焦點團體的討論揭示出學生談論性行爲、性侵害和同意的共有方式。我們觀察到學生已被教育得知道徵求同意的重要性，但他們對說「好」的制式強調卻和他們對性行爲是如何展開於他們生活中的描述無多少相似之處。

人們所說的永遠不是故事的全部。眞正讓我們的研究在方法上與衆不同的是數百小時的深入參與觀察，這些觀察是在學生彼此社交時進行的——地點是他們的宿舍房間、派對，以及他們眼中非常重要的社團和組織。[57]後來阻礙我們進行這部分研究的不僅是我們的年齡和就寢時間。因爲是哥大的教員，我們與我們的學生社交會導致尷尬，具侵擾性，而且不太可能產生好的數據。在《紐約郵報》（*New York Post*）扭曲了我們一次在酒吧進行的參與觀察嘗試之後，我們了解到，避免誤解的最好方法就是劃清界線。[58]自此，我們出席返校節和籃球比賽等公開活動，也在公共場所與學生相處，好比和他們一起在食堂吃飯。但我們沒有再去那些被學生認爲是「私人」的場所。

爲了收集這類空間中的數據，我們聘請了五位受過人類學、公共衛生和社會工作研究生訓練的年輕研究員。在總是表明自己是研究人員並獲得學生許可的情況下，他們在兄弟會派對、運動隊伍的巴士上與宗教學生組織渡過了幾百個小時。他們也會在自助餐廳、酒吧、宿舍房間和城市各處與學生進行社交活動，體驗他們的日常生活。

我們採取了許多措施去保護參與研究的學生的身分。其中包括更改學生的名字、家鄉城市名稱、身分細節和一些外貌特徵。如果這些資訊對分析很重要，我們就不會更改。例如，當我們談論黑人的獨特尋求同意經驗時，我們的所有例子都來自黑人。我們絕不更改學生的性認同和性別認同。但我們改變了其他細節，以防止他們被同學、家人和朋友認出來。重要的是，我們轉述的所有性侵害的故事都是忠於學生的說法。我們可能會刻意扭曲人口統計和個人資料，但對身體互動的描述皆是緊貼著我們所聽來的。

我們講述的故事是單邊的。除了少數例外，我們只知道一次性接觸其中一方告訴我們的事情。如果我們想查出誰該負責，同時知道兩造的說法當然很重要。但我們不是要查案。代之以，我們感興趣的是人們如何體驗他們的生活。

這種體驗的一部分是發展一種身分認同。我們的研究涵蓋了形形色色性認同和性別認同的學生。這些性別認同包括「男性」、「女性」、「酷兒」、「性別酷兒」（genderqueer）、「順性別」（cisgender）和「跨性別」（transgender），性認同包括「同性戀」（gay）、「異性戀」（straight）、「雙性戀」（bisexual）、「酷兒」、「多邊戀」（polyamorous）、「無性戀」（asexual）等等。有些讀者可能會對這些身分認同的含義感到困惑。酷兒和性別酷兒有什麼不同？由於學生會用不同的方式使用相同的身分認同標籤，因此很難提供精確的定義，例如，「酷兒」既是一種性別認同，也是一種性認同。我們訪談的許多學生不使用傳統的性別代名詞（「他／他的」或「她／她的」），而喜歡用「他們／他們的」。在《性公民權》中，我們自始至終按照研究對象自己的習慣使用代名詞。

除了使用人們自己的語言來描述他們的身分認同之外，民族誌方法更注重豐富的細節而不是代表性。為了平衡這一點，我們將我們的發現與其他兩個資訊來源鼎足而三。最重要的資訊來源是「性健康倡議」調查，該調查由梅林斯領導，由我們兩人及包括路易莎・吉爾伯特（Louisa Gilbert）、約翰・桑泰利（John Santelli）、梅蘭妮・沃爾（Melanie Wall）、凱蒂・沃爾什（Kate Walsh）和帕特里克・威爾遜（Patrick Wilson）在內的教員研究團隊開發。「性健康倡議」調查是從全體學生中隨機取樣，是所有校園性侵害調查中回覆率最高的調查之一（超過百分之六十六），它讓我們能夠將民族誌研究的發現與更具代表性的學生經驗相對照。[59]我們也參考了其他許多研究性侵害的文獻，這有助於我們了解哥倫比亞大學的情況其他大學的情況有何異同。

儘管我們將我們的實地調查地點稱為「哥倫比亞大學」，但我們研究的學生來自四個不同的大學部機構：哥倫比亞學院（Columbia College）、哥倫比亞工程與應用科學學院（Columbia School of Engineering and Applied Sciences）、通識教育學院（School of General Studies）和巴納德學院。哥倫比亞學院是一所男女合校的文理學院。工程與應用科學學院教授工程和其他應用科學領域。通識教育學院招收念雙學位、非傳統和有時年齡較大的學生，從芭蕾舞者到退伍軍人不等（在二〇一六年，哥大的大學部學生中有三百七十五人是退伍軍人，遠多於其他常春藤聯盟學校；相較之下，哈佛大學只有四人）。[60]巴納德學院和哥大只隔著西側的百老匯大道，是一所完全獨立的女子學院，擁有自己的教員、管理層、政策、建築、學生、宿舍、捐贈基金和校園文化。這四個機構都有獨特的機構文化和其他差異（我們在分析中不會討論或利用這些差異）。四所學院的學生都在一起上課，而對傳統年齡的大學生來說，四所學院的社交生活或多或少是融爲一體的。三所男女合校學院的性別比例幾乎相等，但由於巴納德學院全部是女性，所以四所學院全體學生的性別比例加在一起較接近女性百分之六十，男性百分之四十。[61]這種校園面貌並無不尋常之處，因爲今日女性在全美大專院校大學部學生佔比超過百分之五十六。[62]

哥大是一所私立、挑選學生極嚴和極著重研究的城市大學，其背景無疑是非常特殊的。大多數美國大學生並不就讀寄宿院校，而大多數美國高等教育機構缺乏數十億美元的捐贈基金，接受遠超過一半的申請者，而且全體學生的平均家境富裕程度要低得多。儘管如此，我們提出的問題和形塑我們分析的觀念想法仍然可以適用到更大的範圍。我們感興趣的整體動力——尋求實現自己的目標並與他人建立連結——是每個人向成年過渡的核心挑戰。在社區大學、寄宿學校、夏令營或軍事機構中，以下的問題同樣適用：人們可以進入的空間如何塑造他們的互動？人們的根本目標和同理心能力如何影響他們的互動方式？

我們寫《性公民權》，是要對這些互動——還有它們的目標和脈絡是如何導致校園性侵害投以新的燭照。因此，毫不奇怪地，這本書主要是關於性侵害的。我們不會談太多學生的學習、實習或研究。我們也不會花太多時間談論沒有性行爲的學生或只進行合意的性互動的學生。由威爾遜領導的對日記調查研究的分析顯示，校園內有大量性行爲是愉快和徵得同意的。[63]卽使有超過三分之一的女性和近六分之一的男性在畢業前遭遇過性侵害，這仍然意謂著大多數學生沒碰過這種事。另外，被性侵害過的學生在其他時候一樣可能進行愉快且合意的性行爲。我們會提到一些這種個案，但我們的重點主要是放在我們試圖防止的互動類型。

爲了強調性侵害是不正常的，因此不應該受到容忍，爲受害者爭取權益的社運人士經常高呼：「強暴不是性愛！（Rape is not sex!）」對此，我們表示同意。然而，出於三個原因，將性侵害與性愛結合起來研究是至關重要的。首先是，比較有助於理解。有時，當我們同時看到某物不是什麼時，要揭示該物的基本屬性會是最容易的。將性侵害與性愛進行比較有助於我們更好地理解這兩種現象。

第二個原因更爲重要。儘管陌生人從灌木叢後面跳出來將受害者拖走或受害者在酒吧被下藥的情況很少見，但大多數校園性侵害都是從性互動開始的。許多涉及的性情境（sexual situations）都是彼此同意的，只有到了最後才不是如此。有時，其中一方會認爲在整個互動過程中都是性愛而非性侵害。這常常是「各執一詞」的由來。我們認爲，在大多數個案中，雙方的說法都是由衷的。（這不表示沒有很多跡象顯示其中一方在所發生的事情上做法很不妥。）毫無疑問，性侵害有時會涉及暴力和肢體的強制力（〔physical force〕對「性健康倡議」調查數據的分析發現，在被性侵害的人中，有百分之三十五的女性學生和百分之十三的男性學生是在肢體強制力的逼迫下就範）。[64]但大多數性侵害並不涉及強制力。為了創造一個讓年輕人在不傷害對方的情況下發生性行為的環境，我們非常有必要去了解從性愛轉變為性侵害的關鍵時刻。

第三個原因是，透過同時關注性愛而不只是性侵害，我們也會注意到那些沒有發生性侵害的情況。在學生的故事中，很多時候，當一方表示想要停止（要麼是因為改變了主意，要麼是明確表達一條本來沒指出過的界線），性行為就停止了。我們需要研究這些案例，以便了解那些因親熱導致友好告別（或尷尬告別）和最終導致性侵害的夜晚有何不同。為什麼有時人們看著性伴侶，發現他們看起來不太好時會停下來表示關心而不是繼續硬上？

我們提出的性計畫、性公民權和性地理觀念為所發生的事提供洞察，可以做為應對措施的指南。撰寫《性公民權》時，我們設定的讀者主要是家長（有年幼孩子或即將上大學子女的家長）和年輕人本身（即將上大學的或已經在念大學的年輕人）。這本書也是為政策制定者而寫。我們希望他們能夠以新的方式看待性侵害，並與他們的社區合作，制定以同理心和盼望而不是以論斷和恐懼為基礎的政策和計畫。我們希望我們的概念框架成為理解性行為和性侵害的新語言的一部分，可被用於改善子孫後代的生活。

CHAPTER 1 性侵害 Sexual Assaults

「感謝老天出事的人是我。」

艾絲美在開始上大學時帶著一個明確的性計畫：「我想和一大堆男生親熱，我想失去童貞，我想找到一個男友——依這個順序進行。」該計畫不包括在她大二下學期被強暴。這個夜晚開始得與很多其他夜晚無異。她和十幾個朋友一起在一個大四生房間裡喝了幾杯。午夜左右，她們之中的大多數人出發去市中心參加由一個學生社團主辦的校外派對。有些女生沒有前往；她們已經「太累太醉」。一行人中沒有人清醒得注意到艾絲美也是如此。

艾絲美跳進了第一輛計程車。她們到達後，一些人湧入夜店，她留在外面等其他人。一個男人走近她。他看起來「友善」，而且「有點可愛」。他建議她跟他回他的住處。艾絲美說不要，說自己在等朋友。他不聽。他抓住她的手臂，拉著她往前走，朝他的公寓走去。艾絲美並沒有做出太多抵抗。她形容自己「和他笑在一起……因為他有點迷人，而且我真的不知道發生了什麼事。」

但這不僅僅是一次瘋狂的大學冒險行徑。進入他的公寓後，男子要她把手機解鎖。他假裝是艾絲美，給她的朋友們發了一條簡訊，說自己和莫妮卡在一起。但莫妮卡事實上在宿舍裡自己的床上睡昏了。「他把我推到床上，脫掉我的衣服，開始和我發生性關係。我說：『噯，停下來』，他說：『不要』，這種情況持續了一段時間……我昏了過去，半夜醒來，吐了一堆，他給了我一個廢紙簍，然後……又昏過去了。然後當我醒來時，他正在和我做愛。我當時很清醒，我說：『停下來，我感覺很不好。』」

被強暴後，艾絲美無法集中注意力，成績開始下滑。她對她的一群朋友很生氣。她們不應該沒有注意到她醉得有多厲害，把她獨自留在夜店外面，甚至沒有質疑她和莫妮卡在一起的訊息（莫妮卡在當晚稍早就昏睡了）。當我們訪談她時，她已經找到一個新的「團隊」。她的強暴事件強化了她一段時間以來的感受：她需要一群更能關照她的朋友。

然而，在向我們講述她的故事時，艾絲美強調她的相對優勢。「我很幸運……我的意思是，這是一件很糟糕的事情，但我眞的很幸運。我有父母，可以回家。我銀行裡有錢，可以取出六十美元來實施備用計畫。我可以去醫療服務中心等等。我覺得我的處境比其他很多人好得多……就像如果這件事發生在現在跟我很要好的那些女孩身上——感謝老天出事的人是我，因爲她們的處境會非常非常糟糕。但我可以承受。」

她也對這件事發生的時間表示感激：就在春假之前。幾天後，她回到家，受到家人的照顧。她可以和媽媽談這次性侵害；她們以前討論過性行爲和飲酒的問題。談這個並不容易，但艾絲美知道媽媽會支持她。「除了告訴媽媽的時候，我沒有爲這件事哭過。我去找了輔導員一段時間，但我卻對她說：『這太荒謬了，我十之八九是在浪費你的時間，眞有問題需要人開解的輪不到我。』」

當你要求學生描述「典型的」性侵害事件時，他們想像得到的通常就是像艾絲美這樣的故事。在校園內的焦點團體討論、訪談和隨意談話中，有個常見的原型：一個令人毛骨悚然的傢伙潛伏在酒吧裡或酒吧附近，然後是一名年輕女子在被強暴後醒來，在陌生的空間裡昏昏沉沉，渾身發抖。但即使在符合這種原型的敍述中，重要的部分也被遺漏了。艾絲美的重點是她的朋友。在她看來，是她對她們的忠誠啓動了整起事件：強暴她的男人就是在她獨自在夜店外面等待其他人時接近她的。她想不通爲什麼與她共乘第一輛計程車的朋友沒有人在她等待時陪伴她。當她講述事件的後果、她的韌性、她的相對優勢和她尋找新朋友的決定時，我們看到她的社交群體如何錨定她的故事。有時情況恰恰相反：社交孤立也會產生脆弱性。

在本章中，我們使用性計畫、性公民和性地理的概念來考察形形色色的性侵害。我們的重點不是論證，而是勾勒構成「性侵害」範疇的各種不同經驗的範圍，以證明這些經驗多麼多樣化（性侵害如此難以對治的原因在此），並且展示我們的框架的實用性。在隨後的各章中，我們將更有系統地進行論證和解釋。

用代名詞「他們」自稱[i]的盧佩是家族裡的第一代大學生。他們[ii]向大學的過渡並不容易。他在一間「白人機構」[iii]的經驗與他在自己的拉丁裔社區的經驗大不相同，前者的很多社交生活都是圍繞著飲酒進行，而盧佩覺得自己在這種環境裡不受歡迎。在接受訪談時，盧佩談到，大一結束時的一個星期四晚上，他獨自去校外的一間夜店，渴望擺脫校園裡相對較小的酷兒圈的各種八卦和擺脫學生活動必播放的「糟糕白人音樂」。盧佩要離開他不覺得太像家的校園，去與對他來說重要的事情重新連結，好重新充電。

盧佩不與順性別男發生性關係（順性別指性別認同與其出生時被認定的性別相符的人），並自稱不具有傳統吸引力。因此，當一個男人側身走過來要請他喝一杯時，他有點吃驚。盧佩表示不要。不管怎樣，那男人還是給他買了酒，讓盧佩有免費酒可喝。在紐約，一杯酒的收費就可能佔去盧佩每月開支的十分之一。如果酒吧的酒不是那麼貴，如果錢不是那麼稀缺，或者校園裡有更多人喜歡巴恰塔音樂（bachata）的話，盧佩可能不會接受那男人的請客。但似乎沒有人曉得盧佩喜歡的這種多明尼加音樂風格——它有助於讓盧佩與自己的過去和認同連結起來，儘管這會讓事情變得複雜。所以盧佩才會來到這間夜店，希望聽些好音樂，忘掉不愉快。喝完那杯酒後不久，他就開始感到困倦和頭暈，乃至於在離開夜店時，不確定有沒有辦法自行搭地鐵回家。陌生男子主動爲他叫一輛計程車。此後發生的事盧佩只記得一些片段。他記得自己幾乎是被抬出計程車和被抬入一棟大樓。他也記得對方對自己使用了強制力。隔天早上醒來，「我嚇壞了，因爲我不知道我在哪裡，甚至不知道我是怎樣去到那裡的……我一點都不喜歡眼前的景象。」他趕緊尋找手機和衣服，生怕「如果我不趕快離開，可能會受到更多傷害……因爲在我看來，男人不只喜歡侵犯你，他們還極有可能殺了你，你知道嗎？」

盧佩和艾絲美的故事都是以一間校外酒吧爲背景，也有著性侵害研究人員所說的「犯罪手法」（method of perpetration）——利用對方的醉酒狀態並加以身體壓制。[1]在其他「酒吧裡遇見陌生人」的故事中，轉折點不是被搖晃欲倒地拖進計程車，而是改變主意但不被理會。

智英在許多情況下都是個有自信的性能動主體（sexual agent）。她自豪地回憶，有一次，她和一個男生一起吃披薩時，問對方是否願意帶她回自己的房間做愛。兩年前的夏天，在巴黎，她赤裸裸地與一個男人在床上親熱，然後她坐起來，告訴他她累了，便穿上衣服回家。「他是個流口水的接吻者。」她說。她決定她寧可補眠去。但智英的果斷和她對自己的性計

i 譯注：從下文可知盧佩是酷兒，而酷兒不喜歡以單性別代名詞自稱。
ii 譯注：這裡的「他們」是指盧佩。爲免讀者混淆，以下都改作「他」。
iii 譯注：這裡指哥倫比亞大學。

畫的清晰掌握（這計畫以累積有趣的性經驗爲目的）並沒能保護她，讓她免於受到一次落在「強暴和性愛之間非常細微的界限」另一邊的遭遇。一天晚上，她喝得酩酊大醉，在酒吧裡接近一名男子。沒有聊太多之後，她建議他們回到他的住處。兩人上了床，但這性交讓她不舒服，她希望他停止。她試圖傳達這一點，但「他沒有回應」。回想起這個夜晚時，智英做了許多被性侵者都會做的事情：責怪自己。「僅僅因爲你想要做愛就去接近一個人是錯的。」她說。她推斷，一旦兩人開始發生性行爲，就幾乎不可能停下來，所以她唯一能做的只是「儘快讓事情結束並儘快離開」。

艾絲美和盧佩的故事涉及肢體的強制力、抵抗和時醉時醒的意識。據智英自己的說法，她「試圖」傳達她想停止性交的想法。她的性伴侶沒有使用強制力，但「沒有回應」。這些故事的差異很重要。想要讓女性和酷兒群體被視爲積極的性能動主體而不是需要保護的無助生物，需要打造這樣一個世界：在其中，每個人都明白，即使有人和你從酒吧回家，又即使你已經把陰莖插入他們體內，他們仍然有權改變主意。盧佩的故事預示了我們將會在後面闡述的更廣泛的防治願景。盧佩本來應該可以安全地坐在酒吧裡聽巴恰塔音樂的，但如果校園裡有一個他可以自娛和感到自在的空間，他就不會在孤單中悽悽惶惶，捨近而求遠。解決性侵害問題需要談論的不僅僅是人們如何發生性行爲。盧佩的故事還有本章稍後介紹的提姆的故事，都讓人注意到孤單、悲傷和其他方面的心理健康問題是有可能帶來各式各樣的風險，包括被性侵害的風險。[2]

她說：「不，不要。」他回說：「沒關係的。」

想像一幅這樣的兄弟會光景：地板上黏滿啤酒，燈光昏暗，音樂太大聲而無法說話。兩個人喝了數量驚人的酒，性侵害發生在同一棟建築物內，男生在眾目睽睽下將女生拉、抱或哄上樓，許多本來可以介入的旁觀者視若無睹。露西的故事有著一種典型情況的各種元素：大量喝酒、希臘式生活[iv]、剛上大學的女學生，以及較年長和有社交權勢的男生。[3]在泰國一所非常封閉的菁英寄宿學校學習多年後，露西展開她在哥倫比亞大學的新生活，渴望失去童貞、參加派對和廣受歡迎。開學後的第一個星期六，她和另一位大一新生南希一起去了當地的一間酒吧。她們的假身分證製作得不是特別好，但保鑣不在乎。當地的酒吧知道男性是他們最大的消費群，而吸引男性上門並讓他們買酒的最佳方法就是確保酒吧裡也有很多女性。

在酒吧裡，她們遇到了兩個大四學生。南希和其中一個跳舞，另一個叫史考特的給露西買了一杯酒。過了一會兒，史考特邀請她去他的兄弟會會所。她很興奮。這就是上大學的意

iv 譯注：這裡的希臘生活指兄弟會和姊妹會的活動，因爲它們通常以希臘文爲名。

義所在。在溫暖的初秋夜晚，他們跌跌撞撞地走過繁忙的大道，然後左轉進入兄弟會所在那條街。他們在街道南側的兄弟會聯排別墅外停留了一會兒。史考特找不到鑰匙。他們在人行道上親熱，等待史考特的一個兄弟讓他們進去。露西的電話響了又響。她最後終於接起來。南希要來找她。露西說服史考特等一下。南希一到，三人就爬上台階，穿過有著雕刻和覆蓋著幾十年斑駁油漆的入口。史考特帶露西走上一道樓梯，南希緊隨其後。露西一度在樓梯上停下來與她認識的人聊天：在校園待了幾天就有了一張熟悉面孔讓她感到興奮。就好像她的大學計畫真的實現了。史考特似乎對所有這些打岔感到惱火，但露西不在乎。當他們坐在二樓的共享空間時，史考特爲兩個女生都調了酒。南希還沒碰酒杯就醉倒在沙發上。史考特問露西是否想看看他的房間。她說想。她知道這意謂著什麼。他們又上了一層樓。他關上門，他們又開始親熱。他把她按倒在床上，開始解開她的褲子釦子。「不，不要。」她說。他回道：「沒關係的。」他們繼續親熱，他脫掉了她的褲子和內褲並插入了她。露西記得自己再次說不要。他沒理會。她以前從未碰過這種情況。她喝醉了。她試圖阻止史考特，但他不爲所動。露西最後放棄掙扎，讓史考特把事情做完。

他們不知不覺睡著了。當他們被大聲的敲門聲吵醒時，時間已經很晚了，但還沒到早上。兄弟會會所裡仍然有很多人。南希醒了，想起了露西，就去找她。仍然醉醺醺的露西趕快穿上衣服。當她站起來時，史考特注意到床單上有血跡。他一臉擔憂地問露西這是不是她的第一次。確實如此，但露西否認了。當露西和南希一起走進大廳時，她看到史考特把一個著名姊妹會的受歡迎成員拉到一邊。露西聽不到他對她竊竊私語些什麼，但那個她不記得名字的女孩主動提出送她回宿舍。在我們訪談已經念大四的露西時，她還沒有告訴過任何人這件事。至少是沒有說出事情的全部；在她事後向朋友的描述中，她形容那只是一個瘋狂的夜晚，而且是雙方同意的。她告訴我們，在幾年後的現在，如果她公開改變自己的故事，會覺得很奇怪。她責怪自己，至少是部分地責怪——怪自己不應該喝得那麼醉，怪自己爲什麼不提前告訴史考特她是處女。這樣的話，他可能就不會那麼傲慢地認爲「沒關係的」了。但她堅稱發生在她身上的事情是不對的。在我們聽來，她是將史考特的行爲描述爲對她的掠食。後來她聽說史考特也對其他女生做了同樣的事。

「陌生人強暴」（stranger rape）的事件，就像發生在艾絲美、盧佩或智英身上的那樣，在大衆的印象中情況嚴重。露西在兄弟會所遇到的強暴也是如此（她那天晚上才剛認識史考特，後來再也沒有見過他）。但「非陌生人」一樣會做出性侵害的事。「性健康倡議」的調查結果顯示出跟數十年來校園性侵害研究一樣的情況：有很大比例的性侵害是由熟人、朋友或親密伴侶做的。[4]兩個人不僅僅是互相認識，而且之前通常有過一些性接觸。這是讓性侵害案例變得更加複雜的部分原因。

隨著「#MeToo」運動的受到觸目，有人擔心它會宣揚這樣一種觀點：女性需要男性保護。這與一九六〇年代和一九七〇年代的女性主義運動形成鮮明對比，後者認為女性完全有能力保護自己，只要她們生活在能夠讓她們這樣做的環境中。[5]我們的願景是建立一個每個人（不僅是女性，還包括男性和性別酷兒）都受到更多保護的社會；這包括保護那些可能犯下性侵害的人，讓他們不會這樣做。我們相信，理解性侵者做為人的一面很重要；正如我們將會在第六章展示的那樣，許多犯下性侵害的人都認為他們不過是在做愛，而且會對自己所做的事被別人視為是性侵害感到震驚。

智英和露西的故事顯示，在某些情況下，問題在於年輕女性的伴侶將性能動性（sexual agency）與同意混為一談。這些女性想要獲得某種形式的性接觸，只不過不是她們最後得到的那種。對此，她們的性伴侶要不是盲目就是矛盾的或是懷有敵意的。我們聽過一些女性發起事態超過她們所願的性接觸的故事。她們常常極為自責，想盡辦法要調和自己在性接觸中扮演的主動角色與她們所經歷的非合意性行為。有些學生之所以不願意將一次性接觸定調為性侵害，正是因為他們認為這樣可能會動搖他們做為一個果斷、自在和性觀念現代的人的自我認知和身分。

有時，侵犯你的是朋友

凱倫的前男友因爲妹妹癌症復發而感到沮喪。他發簡訊問她是否有空聊聊。他們約在河濱公園見面，步行到一一六街南面的巨石堆，爬上去觀看哈德遜河上往來的船隻。當他把她拉近並開始親吻她時，凱倫感到很奇怪。她來見他，是爲了關心一個遇到危機的朋友。性是她最不關心的事。她仍然覺得他很有魅力，但她就是對對性事不感興趣。他沒有注意到這個，也不在乎。他把她按在岩石上，強暴了她。他使用了涉及肢體的強制力。她說「不要」，表示得非常清楚。她一面講述這個故事，一面緊張不安地笑著，又就事論事地補充說，那天晚些時候洗澡時，她發現陰道裡有泥土。那是他把她拖到地上時跑進去的。然而她不願意將這件事稱爲「強暴」，更不用說「性侵害」了。她仍然關心他。她甚至困惑地指出，強暴過程中有些部分在生理上是愉悅的。凱倫爲前男友的行爲找藉口：他知道她在性方面很有冒險精神，所以可能誤解了她說的話和身體上的抵抗。也許他認爲，她說「不要」是因爲被按在岩石上感到不適而抗議，不是對性行爲本身的反對。她推斷，這一定是他把她拖到地上的原因。

在開始研究之初，我們的民族誌團隊在哥倫比亞大學社工學院學習校方爲年輕人提供的「旁觀者介入」技能的培訓（用以促使年輕人在性侵害發生前以「旁觀者」的身分阻止其發生）；這種培訓是少數在減少校園性侵害方面顯示出成效的項目之一。[6]我們想了解學生對性侵害有哪些認識，以及他們曾被告知可以採取哪些做法。主講者講述了施暴者如何誘騙受害者，然後我們一起練習旁觀者策略——如何分散施暴者的注意力或擾亂正在進行的性侵害。但是，在角色扮演時，我們模擬的是一個比年輕人最常遇到的場景簡單得多的場景：一個掠食性陌生人騷擾一個坐在地鐵車廂裡做自己事情的人。事實上，在性侵害事件中，兩造常常彼此認識，而且曾經有過親密關係，乃至你很難斷定發生在他們之間到底是調情還是性侵害。做為一個旁觀者，你會備感困惑，說不準你是在保護某人的安全，還是在妨礙他們的桃花運。更糟的是，有時問題是出在旁觀者身上。[7]

四月一個溫暖的星期六晚上，潔西卡和凱瑟琳結束了年終舞蹈表演，來到附近的一家酒吧。她們倆是熟人——同屬一個演藝社和住同一間宿舍——但不是親密的朋友。大四生道爾頓一直在給潔西卡發簡訊，說希望在酒吧裡見到她。潔西卡和凱瑟琳用假身分證進入酒吧，然後擠到道爾頓設法在酒吧後頭弄到的一張桌子。道爾頓為她們付了一輪又一輪的酒錢。最後凱瑟琳喝醉了。道爾頓主動提出幫潔西卡送凱瑟琳回宿舍，於是，兩人幾乎是抱著凱瑟琳搖搖晃晃地走在百老匯大道上。這是既讓人沮喪又有趣的時刻，很可能會在未來的日子成為他們的閒聊話題，甚至拿這件事來糗凱瑟琳。當潔西卡在登記道爾頓進入宿舍時，凱瑟琳笑著跑走。他們跑上樓梯再跑過走廊追著她，認眞履行讓她安全上床睡覺的責任。她躲在樓梯間。最終，他們找到了她並讓她安頓下來。然後道爾頓問潔西卡是否想在房間裡「放鬆」一下。之後的細節就模糊了。回想起來，她很驚訝自己沒有吐，因為她一定也喝醉了。她覺得自己當時比她預期的要醉，所以懷疑道爾頓是不是在她的酒裡放了什麼東西。接著，他們一起躺在床上聊天。突然，他們發生了性關係。

當時，潔西卡並沒有把所發生的事定調為性侵害。道爾頓很可愛，與他性愛的感覺確實很好。但她對此並不高興。她通常不會隨意與人上床。她是不想有男朋友，但她的性計畫讓她偏好與她喜歡和認識的人做愛。接下來幾星期道爾頓不斷傳簡訊給潔西卡。他渴望再次見到她。但她不理會他的簡訊，因為她對所發生的事情感到非常「奇怪」。當她與我們分享她的故事時，道爾頓已經畢業了。我們從她的故事聽到是性侵害：潔西卡喝得很醉，沒有說她想要做愛，而且清楚表明——至少對她自己來說——她不想要。我們不清楚她有沒有說不要，但她也沒有說要。我們有的只是潔西卡的說法，而不無可能的是，道爾頓並不知道她對他們的事的觀感。正如潔西卡所說的，他後來不斷嘗試聯繫她，不是因為擔心她會舉報他性侵害，而是希望再次和她一起玩。他甚至可能認為他們有一些可以分享的回憶——「照顧喝醉朋友」這件事有時足以激發羅曼史。當我們與焦點團體中的男性和女性交談時，他們對性侵害的理解有顯著差異。在男性的想像裡，被強暴的女性會尖聲大叫「不要」和拚了命抵抗。道爾頓大概無法將他所做的事想像為性侵害，因為它看起來不像男性通常想像的那樣。

不應該責怪潔西卡缺乏性詞彙來有效阻止正在發生的事或事後反思發生在她身上的事。廣義上來說，他們兩人都是被培育他們長大的社區所辜負。在通向常春藤聯盟的路上，他們被灌輸了許多學業知識，但卻沒有被教以一些基本的事情。道爾頓的飲酒方式可能影響了他的判斷和思慮。直到很久以後，在聽過好幾次關於性侵害、醉酒和同意的校園討論之後，潔西卡才意識到自己當時喝得太醉了，以致所說的任何話都不能算是同意，並開始把所發生的事視爲性侵害。我們不知道道爾頓會如何描述他那天晚上的行爲。但如果他當晚承認自己和她都喝得很醉，並且考慮的不僅僅是他所想達成的性目的，而是詢問潔西卡想要什麼，她可能會回覆他後來的那些簡訊，也不會以現在的方式看待道爾頓對她所做的事。

「我原以爲重點是你覺得冷。」

當卡拉在大四那年冬天接受我們訪談時，給人的第一印象是富有和從容：深色牛仔褲、高跟棕色馬靴和羊絨高領毛衣，這身打扮與她完美的直長黑髮和精心化的淡妝相得益彰。但她卻不斷緊張地轉動手上的班級戒指（她在私立高中是領獎學金的學生）。在訪談過程中，她的脖子起了蕁麻疹，臉頰變紅。當我們追問細節時，她反覆說：「我就是不記得了。」她絞盡腦汁尋找字詞來形容她的性生活，樣子笨拙。然而，當初卻是她主動聯繫我們團隊，表示她「有一個故事要說」。她要分享的故事是她一個朋友的遭遇。她自己所受到的性侵害——她從未使用過這字眼——只是略略提及。

她和她的大一室友同住一間雙人房，一百五十平方呎的空間有兩張床、兩張梳妝台和兩張書桌。一個二月天的晚上，她吸了大麻和喝了點酒後爬上床，精疲力竭而心情欠佳。她室友的男友從德國來訪，而他又把一個朋友從波士頓邀來紐約。卡拉大不高興。她和室友爲此多次吵架，以至於需要向宿舍助理求助，而且開始去看心理輔導，因爲衝突讓她感到焦慮。沒有人問卡拉，她室友男友的朋友是否可以留在房間裡，所以四個人就這樣擠在一起。她在睡前開了個玩笑，希望能打破持續的緊張氣氛：「喂，各位，什麼都別做，我在這裡呢。」她的室友回嘴說：「妳有什麼問題嗎？我們絕不會那樣做。」

那個來自波士頓的朋友——卡拉從不知道他的名字——半夜叫醒了她。他說自己很冷，想和她睡在一起。卡拉仍然有點亢奮，而且又醉又累，所以心想他也許眞的只是冷了，就讓他鑽進了被窩。很快他就開始吻她。她形容自己太「昏昏沉沉」，除了配合之外什麼都做不了。「接吻就接吻吧，但我不想做更多——結果我還是給他口交，儘管我並不願意。」他沒有使用太多肢體強制力。她停止了親吻，把頭靠在他的胸口上，希望能重新入睡。接著他把她的頭「往下推了一點點」。她不記得細節，只記得「那不是愉快的經歷……最糟糕的是，他一完事就回到地板上睡。我心想：『我原以爲重點是你覺得冷！』那一刻我確實覺得自己被占了便宜。」卡拉的房間不像是她的。她非常害怕她的室友，以至於不覺得有理由聲稱擁有自己的床，更不用說對自己身體的掌控權。

「A計畫沒有奏效⋯⋯B計畫應該是開口說『不要』，但我就是不知道要怎樣說出口。」

大學生喜歡將他們的許多性接觸稱為「勾搭」（hookups）。[8]這個字眼含糊不清，可以指相當多不同種類的互動和關係。兩個人可能很了解對方，也可能不太了解。他們可能是在酒吧、校園活動或透過應用程式認識。他們之前可能接吻過，或者已經一起睡了幾個月，但也可能沒有。勾搭涵蓋發生在穩定交往（committed relationship）之外的各種性接觸，從親熱到性交不一而足。有鑑於有那麼多性行為是發生在勾搭的脈絡中，因此，許多不想要和非自願的性經驗也是發生在其中就不足為奇了。[9]由吉爾伯特領導執筆的一篇「性健康倡議」報告指出，在受害者認定是因為他們「失去行為能力」而發生的性侵害事件中，有多得不成比例的個案是由相識者（在這種情況下，也被稱為「勾搭對象」）所為，而且雙方先前在派對上見過面。[10]非失去行為能力的性侵害事件（涉及強制力或口頭的脅迫）更有可能發生在穩定交往的脈絡中。但若只關注雙方關係這個脈絡，就會忽略掉脈絡中的其他元素——例如性地理——是如何塑造脆弱性[v]。[11]

拉丁裔黑人大四生克麗斯瑪來自阿爾伯克基，是校隊運動員。她很快就回答了我們提的這個問題：如果時光可以倒流，大學生活中碰到的哪件事情是她想要加以改變的？她說，那事情發生在大一快結束時的一個星期六晚上。之前她透過室友認識了住在布魯克林的雷蒙德。經過幾個星期的互通簡訊後，他邀請她去他家。各種跡象都顯示那不會是一個美好的夜晚：她計畫乘坐的地鐵因週末而停駛，讓她的路程幾乎增加了一倍；在火車站出站後，突然下起傾盆大雨，把她淋得渾身濕透，而且她的手機沒電了，以致迷路時無法打電話向雷蒙德問路。神奇的是，她竟然有一張寫有他電話號碼的紙條，口袋裡又有一些零錢，然後幸運地找到一家裝有公用電話的雜貨店。她打電話找雷蒙德來接她。她濕透了，士氣低落，樂於把鞋子和襪子脫掉，拿去晾乾。他們看電視，喝了幾杯，抽了一根大麻菸，然後開始親熱。她對這一切安之若素，但顯然不準備再進一步。她堅決地向我們提供她不準備再進一步的「證據」：她穿著「奶奶內褲」，沒有帶口服避孕藥，甚至沒有帶牙刷。但還是有再進一步的事情發生了。她「其實不希望這樣」，也試圖用身體語言來傳達這一點。當他把手伸進她的雙腿之間：

我沒料到會發生這種事。所以心想：「好吧，我來挪開他的手。」但他的手沒有挪開，所以我心想：「呃噢，這招沒用。」所以，看見他開始脫衣服，我也開始脫衣服，就像

v 譯注：即其他元素是如何讓受害者變得脆弱可欺。

要順其自然似的。因為我不知道如何說不。因為我說不要的方式是透過身體語言，試圖挪開他的手。因為這種方式以前都奏效。如果我不想身體某個部位被觸摸，都是用這種方式。但此刻它卻不起作用。它就像我的一貫計畫，我從來沒有B計畫……A計畫總是只是身體語言，只要挪開他們的手，他們就會明白。但這一次A計畫沒有奏效，按道理，B計畫應該是開口說「不要」，但我就是不知道要怎樣說出口。我不知道要怎麼做……口語並不是我在行的溝通方式……

克麗斯瑪以非語言的方式表達她不享受他們的性愛。她告訴雷蒙德自己覺得痛，而事實上，當她感到痛的時候，她一度說了「不要」。雷蒙德可能聽到了，卻聽而不聞：據克麗斯瑪所說，他沒有停下來，而是試了不同的姿勢。拒絕做愛可能會很尷尬，但這是一項可以教的技能——不幸的是，克麗斯瑪沒有機會學習這項技能。[12]可以肯定的是，雷蒙德也不理解「積極同意」的重要性，甚至可能沒有聽過「積極同意」這回事。

一個人有多渴望性（他們的內在欲望）和他們對這種渴望的表達之間是有區別的。[13]雷蒙德可能不知道克麗斯瑪有多不想發生性關係。然而，當他試圖愛撫她的時候，他無視她把他的手挪開這件事表明他對克麗斯瑪的性公民身分缺乏尊重。重視關注對方的性自決權——將性視爲分享的東西而不是獲得或擁有的東西——可能對防止性侵害大有幫助。地理也很重要。克麗斯瑪在深夜被一場傾盆大雨困在了布魯克林。搭火車需要近兩小時。有些學生會毫不猶豫地花六十美元搭計程車回家，但她不是這種人。克麗斯瑪告訴我們，那天晚上他們發生了兩次性行為，早上又發生了一次。大概是因為猜到我們會對第二和第三次性行為感到好奇，所以不用我們追問她就主動描述經過。

其他次我沒有阻止他，因為我想，好吧，既然已經做過一次了，再來一次有什麼差？我真的沒有力氣開口說任何話了，我只是躺在那裡……感覺悲傷。我十之八九在想我那些隨意與別人發生性關係的朋友……她們那樣做的時候從來不覺得有什麼大不了，所以大概也真的沒有什麼大不了。或者我感覺很輕鬆，或者其他什麼的……我心想，我的朋友既然都不以為意，所以這種事實際上沒什麼大不了的。

克麗斯瑪先前的唯一性經驗來自高中時代的男友。他們在高中最後兩年交往，彼此都讀得懂對方的身體語言。但她幾乎不認識雷蒙德，後來也沒有再見過他。她把這次經驗當作是對「一次便掰掰」(hit it and quit it) 這種事的導論課：「以前我從不明白，有些男生為什麼在搭上一個女生和上過一次床之後便消失無蹤。他為什麼不能繼續跟她上床呢？他為什麼會想要掰掰呢？但經過那次之後，我恍然大悟：『是因為你不喜歡那樣。你不再感興趣。』」[14] 她將那個夜晚描述爲「我肯定會收回的東西」[vi]，但又補充說她「必須努力從中找到積極的東西。例如，它教會我，我希望性對我來說是有意義的，我想關心對方，以及我不是那種想要隨便和別人上床的人。」雖然有些人可能覺得克麗斯瑪是在迴避她被性侵害的「事實」，但她卻把布魯克林的那個夜晚變成啓發她的性計畫的一課。但就像很多學習一樣，這需要一些努力和重複才能掌握。

後來，大二的時候，她在Tinder上認識了一個男生，兩人約會了幾個月。她並沒有多迷他；卽使還在互通簡訊時，她也心想應該在谷歌上搜尋「如何與某人分手」。對方「有點粗魯」（例如告訴她她的手臂很胖），而且「不尊重」她的朋友。她回憶道：「我討厭和他外出。他特別難搞……老認爲別人故意惹惱他或擋他的路。我見狀就說：『這裡是紐約市，人頭攢動。』」她說，回顧起來，「我應該注意到那些小跡象，早早和他一刀兩斷。」克麗斯瑪認爲那是她的一個「失敗」時期——容忍他的惡劣行爲，未能充分表達自己，以及屈服於他的上床要求。「卽使是跟他，發生性關係的時間也早於我所想要的。」他不斷催她「更進一步」。她還沒有從她與雷蒙德的事情中恢復過來，也不是眞的那麼喜歡他。但她不想因爲她不斷說「我們再等等」而讓兩人關係落入冷戰。「我不想陷入另一種不舒服的處境，所以我就叫他戴上保險套，讓事情自行發生。我試過推遲幾星期。我不知道該怎樣說，我只是不想再陷入尷尬的處境。」

「Tinder男」（她給那男的取的渾號）在他們的交往過程中經常出言謾罵。對克麗斯瑪來說，進行非所欲的性行爲比進行一番艱難的談話簡單。她沒有足夠的詞彙來談論自己的性計畫，也沒有強烈的性自決權意識。他的焦點是把兩人的關係推進到下一階段，而不是創造一個讓她能自在地表達自己想法的環境。在他們第一次發生性關係後，她認定自己違背了自己的性計畫。她想要的是一個承認她的性公民身分的人。這個醒悟是決定性的：「和某個人約會並不意謂著我必須與他們發生性關係。我想要和關係更親密的人做愛。我不想後悔。」當我們訪談克麗斯瑪的時候，她已經兩年沒有見「Tinder男」了。這段期間，她和幾個男生約會過，但沒有與任何人發生性關係。她爲此感到高興。「我想要讓性對我來說成爲嚴肅的事情，因爲這樣我會更投入，和他在一起會更有趣。我們很舒服，我更願意嘗試新事物。」在她對最近一次交往的描述中，她的性計畫明顯清晰了起來：「這學期我和一個男生約會了幾個月。我們輕易就可能會發生性關係。但我不想。我堅持了下來。對我來說，說『不』不再是個難題。他明顯認爲我到了某種程度就會屈服。但我成長了很多……我很慶幸我沒有和他發生性關係，能夠堅持住自己的性生活理想。」克麗斯瑪不必然是找到了一個不同類型的男生。但她斷然是對自己有了一種不同的意識，清晰地認識到她有權只過自己想要的那種性生活。

vi 譯注：指時光能倒流的話肯定有不同的做法。

克麗斯瑪的經歷——她因爲經不起男生的執拗而最終同意發生她不想要的性行爲——得到了我們訪談的其他學生的迴響。不過她們倒不是喝醉了或想不出來該怎麼說，而是她們說了但對方卻充耳不聞。

瑪蒂後來把她的遭遇稱爲「強暴」——但這段關係卻是以讓人興奮的方式開始的。她一直難以找到和她有著同樣心路歷程的人，最終在網上經過搜索後，在紐約的一個特殊性癖派對上認識了她的女朋友。瑪蒂在出生時被認定是「男性」，但在大學期間開始把自己轉變爲女性。在與女友歷時兩個月的關係中，瑪蒂開始服用激素，讓自己的女性化轉變愈來愈明顯。她很高興，終於感覺像眞正的自己了。但隨著瑪蒂進行性別轉換，她的女友一直想要瑪蒂用陰莖與她發生性行爲。對瑪蒂來說，在性行爲中使用陰莖讓她感覺自己不像女人。她女朋友對陰莖插入的執著追求感覺像是一種侵犯——不僅侵犯了她的界線，而且侵犯了她的整個自我。

> 她對我的性別轉換非常不滿。她不喜歡我不能再使用我的陰莖，她真的很想要那樣。每次我們上床時，她都會要求我……而當我提醒她時，她會皺起眉頭。到了某種程度，我會放棄堅持，不再說「不」。我只是任由事情發生，那真的可怕極了。要我來認定，我會認定自己是被強暴，因為我是在情感脅迫下就範的。我是被迫同意的，而我不想同

意。如果不是每次我說「不」她都很沮喪，我就會說「不」，而且一直說下去。但到了某種程度，我受不了她的情緒壓力，所以開始說「好」。這是一場消耗戰，她的需求壓過我的——壓過我的同意界線，壓過我的需求。所以她形同強暴了我。

在這場「消耗戰」中，瑪蒂的性伴侶就像克麗斯瑪的性伴侶一樣，硬要到了口頭同意。但在瑪蒂看來，正如她明確表示的那樣，這仍然是強暴。[15]

有時，性侵者會無視明確表達的「不要」。有時，他們無視的是叫他們停下來的身體語言。還有些時候，他們把一再說出的「不要」當成不情願的「好」。很多時候，這些情形是欠缺同理心和想像力造成的——他們無法理解對方會同意發生性行爲有可能是因爲不想陷入尷尬，無法看出他們或所屬群體擁有的社會權力有可能會讓對方無法拒絕，沒有考慮到避免尷尬的心理會壓倒不想發生性行爲的心理——或者沒有考慮到對方已經喝了很多酒，不可能行使同意權。性侵害是指一個人無視另一個人的性自決權，無視他們的性公民權。通常，遭受性侵害的人先前因爲未獲支援，所以無法發展出完全的性公民意識。

在這些故事中，我們很少看到赤裸裸的掠食，但它們也從來不像是不小心的忽視。相反的，這種無視有著極大的主動成分——有時是故意的，有時是只顧自己造成。情形幾乎就像對方不是人，只是用來滿足個人欲望的物品。這就是強調積極同意的高明之處：它教導人們應該互相查察，弄清楚彼此的意向。但僅僅關注積極同意的闕如會忽略掉問題的許多其他層面。是什麼樣的社會讓人的性自決意識變得極爲貧乏，乃致寧可被不想要的陰莖插入而不寧可陷入尷尬處境？[16]是什麼樣的社會造就了不把別人的基本性公民權當一回事的人？[17]又是什麼樣的社會所創造的空間不但不會阻止這類行爲，反而似乎會加以助長？[18]

「我講的事情勢必捅出一個新的馬蜂窩。」

社會組織不僅僅讓性侵害的發生成爲可能。它還會以高度性別化的方式讓一些性侵害比另一些更顯眼。我們訪談的那些遭受性侵害的男性，和許多學生一樣，也是覺得很難理解自己的經驗。當我們第一次見到布特羅斯時，他看起來就像是全球菁英的一員。他是個胸懷大志的奧運級壁球運動員，會說英語、法語、德語和阿拉伯語，念大學的前一年曾在瑞士的銀行工作。但聽著他講述自己的故事時，我們意識到我們的假設有誤：他的家庭是從黎巴嫩逃往法國的難民，而他是靠著獎學金在瑞士一間寄宿高中念書。他的英俊外表、語言能力和寄宿學校人脈幫助他高中畢業後在日內瓦找到一份銀行接待員的工作。在被問到他是否曾在他自己或對方未完全同意的情況下進行性交時，他說：「不是性交，不是，但事情很奇怪。」

他事先警告我們說：「我講的事情勢必捅出一個新的馬蜂窩。」布特羅斯憶述，有一個長週末，他和最好的朋友在愛丁堡逛酒吧，同行的還有兩個比他大幾歲的女子。夜深後，四人一起坐上計程車，把他的朋友送到青年旅館。布特羅斯計畫步行到親戚家。但「其中一個女的堅持說：『不行，不行，你太醉了。跟我回去吧。』於是，我就去了她家，然後事情很古怪。她試圖跟我上床，而我只是想睡覺。呃，我認爲整件事情就像……我覺得那是一種性侵害。」

我們問布特羅斯那名女子如何「試圖與他上床」。她脫掉衣服，抓住他，不肯放開。他反覆求她別煩他。在訪談中，布特羅斯一再回溯這件事，原本連貫的敘述變得愈來愈混亂。

我不認為那是性侵害。得了吧，一個女的怎麼可能真的侵犯一個男的。我不知道，也許吧……我在想：「妳到底在幹什麼？妳有男朋友了，我就像妳最好的朋友，別來煩我。」我覺得這是性侵害，但聽起來就像——性侵害這個詞聽起來很糟糕。我想確實挺糟的。好吧，沒錯。這是性侵害。我只是覺得很奇怪。她是個怪人……正如我說過的，我真的想太多了。我不認為我剛剛遭到性侵害。「我準備要控告她，我準備要……」不，除非我受到嚴重的身體傷害或經濟損失。

布特羅斯最終掙脫了糾纏。那名女子是想要利用他在她的公寓裡、身處一個陌生城市和喝醉了的事實占他便宜。當人們聽說「性健康倡議」調查顯示近六分之一的男性都在大學期間經歷過某種形式的性侵害時，他們幾乎總是會接著問道：「侵犯他們的是誰？」在三分之二的個案中，侵犯者是女性。[19]這個答案讓許多人難以理解。同樣的，許多異性戀男性也很難將自己視爲性侵害的受害者——如果他們並不害怕或從未被用力氣制服，怎麼可能是性侵害呢？[20]

「我喝酒是因爲我很沮喪。」

提姆高個頭、體格魁梧而英俊，是校園裡一個有威望團體的一員；他的性生活非常活躍，主要是在醉酒後勾搭女生。他沒有因爲自己遭遇性侵害而感到受傷害，但他因爲自己的經歷不受重視而憤怒。他想和我們談的事情發生在他大二的一個晚上。他當天的心情「非常沮喪」。他走到校園附近的一家酒吧，獨自喝了一堆酒：「我最後的記憶是感覺自己快不行了。我四處張望，看看附近有沒有朋友在，可以幫我。我看到一個朋友，但他正在和女孩熱吻，無暇理我。我最後的記憶是臉伏在桌上。到我醒來，時間或許是五點四十五分左右。」他發現自己躺在一張陌生的床上，臉上黏黏的。他檢查了一下自己是否嘔吐了——但那不是嘔吐物。他意識到那是陰道分泌物。他記不起來發生過什麼事。

我們問他，當他在陌生人的床上赤條條而困惑地醒來時，有什麼樣的感受。「嗯，我真的不在乎。有時遇到狗皮倒灶的事是難免的，對不對？我走回自己的房間。我睡了一覺，洗了把臉。那個婊子十之八九是趁我睡著的時候磨蹭了我的臉。」第二天，他問朋友：「昨晚到底發生了什麼事？」他的朋友們看到她扶著幾乎無法走路的他回到自己的房間。這不是提姆第一次與她互動。在大一上學期，他有點典型地在一個派對上醉倒了。「有一個小時我什麼都不記得……我頭昏眼花，幾乎站不起來。」她走近他，從他口袋裡掏出他的手機，拍了張他們兩人的合照。他一點都不記得這事。幾星期後，她在食堂裡走到他面前，要他把照片傳給她。「我說：『妳在說什麼？』她說：『你醉得一團糟，所以我就從你的口袋拿出手機，拍了照片。』」提姆搖搖頭說：「我不認識妳。妳不是我的朋友。」這時他想到，她要他傳照片是爲了得到他的手機號碼。回想起這個和後來發生的事時，他告訴我們：「她是個神經病，是個他媽的神經病。」

提姆很生氣——不是因爲那個女人，也不是因爲他的朋友讓他被她扶走，而是他的遭遇沒有人理會。如果他提起這件事，可能會給自己惹來天大麻煩。

> 媽的，說實話，我真的不在乎……但讓我難過的是，如果這種事發生在一個女生身上，將會引起軒然大波……我真的不在乎發生在我身上的事——在公共場合醉倒是危險的，

所以她把我帶回宿舍是好事。我才不在乎。我喝醉的時候勾搭過很多女孩。讓我感到難過的是想到以下的情況。如果人們問我是怎麼回事，我自然會說：「嘿，我眼前一黑，醉倒過去，後來在這個女孩的床上醒來。」對吧？……但如果他們問她，她卻只需說：「他喝醉了，他不記得了，他強暴了我。」他們會相信誰？最好的情況是打成平手。她很有可能會說：「他喝醉了，我記得他喝醉了。」那我他媽的該怎麼辦？一個女生講這樣的話不會有問題，但一個男生講一樣的話他就完蛋了。再說一次，我不認為我遇到事情有多糟糕，但它斷然符合教科書上對被強暴的定義。

提姆是對的：他受到了性侵害。最初跟踪提姆然後性侵害他的那名女子可能從來沒有想到，有些性行爲是男人不想要的。而她會有這種不察，部分是因爲性腳本（sexual scripts）暗示男人對性行爲總是來者不拒。[21]提姆並沒有因爲發生在他身上的事而特別受傷（這樣的態度在男性比在女性常見）。然而，他卻對主流的性別假設否定他的遭遇和讓這遭遇變得難以理解感到憤怒。不同於世人，他覺得他的遭遇很好理解：他非常明確地指出，這遭遇「斷然符合教科書上對強暴的定義」。

「我已經迷路了。」

布特羅斯和提姆發現他們的遭遇很難被理解，因爲在人們對性愛和性侵害的觀念裡，男人總是對性關係來者不拒，以及性侵害必然涉及被肢體制服。弗蘭的遭遇也反映出性別化的性理想——在她的案例中，這理想是聖人與罪人的道德主義二分法。對弗蘭的性公民權的壓制始於她五歲時的一次生日派對。那時她父母剛搬到布魯克山，不熟悉美南浸信會社區對女性端莊的保守標準，所以送她去參加一個生日泳池派對時讓她穿上一件在塔吉特（Target）買的新比基尼泳裝，搭配配套的罩衫，讓人感覺就像價值一百萬美元。她受到的公開羞辱是即時和強烈的。她甚至不知道什麼叫蕩婦或罪人（其他女孩都這樣稱她）。除了那一天，她們在她的整個小學和中學時期都欺負她。由於她被認爲存在道德缺陷，社交等級制度將她置於最底層。

一次中學派對是一個轉捩點。她很少被邀請去任何地方，她和另一個同樣被排斥的女孩——也是爲第一次參加男女混合派對感到恐慌——決定在前往派對之前先喝幾杯龍舌蘭酒，可能會輕鬆自如些。事實證明，此舉果然有助於屏除她對別人的想法或言論的擔憂。這個短暫的插曲讓她如獲天啓。她感到自己很強大，擺脫了甚至熱烈擁抱了她長期以來被指控的過犯。成年監護人似乎沒有注意到她的醉酒，或大概只覺得這證實了他們對她的既有觀感。她朋友的父母在接她們回家時可能只覺得她在路上淨說些蠢話。

這是弗蘭後來所描述的她墮落爲「壞女孩」的開始——她後來經常在父母睡覺後（他們

都是晚上八點左右就寢）偷溜出家門，吸毒喝酒。她父母都沒有注意到異樣；看來他們關心的只是她的曲棍球表現和學業成績。弗蘭十四歲時在汽車後座被男友強暴。他們才交往兩週，先前除了隔著衣服互相觸摸身體之外沒有做過任何事。她不完全記得事情的經過，只記得前一刻兩人還穿著衣服親熱，後一刻卻變得赤條條，而他的陰莖也插入了她的體內。這是她多次被強暴的第一次。那男生是高年級學生，事發時已滿十八歲。她年紀太小，法律上無法同意性行為。她沒有想到這一點，只知道自己不想發生性關係，也沒有同意。但後來，正如她所敘述的，她認為這沒什麼，也開始感覺很好。不管怎樣，「我已經迷路了。」她從五歲起就這樣了。

我怎麼會不知道別人邀妳到他房間是意謂著約炮

如果性羞恥（sexual shame）會讓人脆弱，那麼沉默也有同樣效果。這裡不是指年輕人的沉默，而是我們自己的沉默：未能與他們談論性，未能為他們的性計畫提供一個願景，未能為他們形成性公民身分奠定基礎。拒絕承認年輕人是合法的性存有（sexual beings）會造成傷害：由於感覺自己沒有說「好」的權利，他們遂對於何時可以合法地說「不」感到困惑。[22]這些受過許多教育的年輕人的性知識闕如程度讓人驚訝，其後果是直接的和讓人惴惴不安的。這在開學的最初幾星期表現得最爲強烈，當時大一新生奉爲圭臬的指導原則可能是：不要一副蠢相。

金伯莉的母親曾是酒吧的女服務生，在金伯莉上中學時被她的父親謀殺。金伯莉和幾個妹妹被住在緬因州鄉村地區的一個阿姨收養，基本上是自生自長的。金伯莉對於把幾個妹妹留在那間漏風的小房子感到難過，但上哥倫比亞大學是她的重大突破，沒有人可以阻止她實現成爲工程師的抱負。她在校園的第二天晚上，宿舍大廳對面的一個男生敲她房門，邀她參加一個派對。「當然沒問題！」她回答說。她打定主意，她會參加，但不會喝酒。不過其他人都在喝酒，一直拒絕的感覺很奇怪。她不太記得發生了什麼事——只記得她室友後來在那男生的房間裡找到她，把她帶回了派對。她尷尬地聽見那男生向在場所有人稱讚她的口交技巧一流，又說很快就會向她要求另一次口交。

直到第二天在談論「同意」的迎新會議程上，她才學會怎樣描述昨晚發生的事情：他們幾乎沒有互相說過一句話，他從來沒有問過她的意願，而且她喝得太醉了，無法理解正在發生什麼事。她說她對他沒有惡感，因爲對方也是大一新生，沒有比她更懂事。如果妳對自己的性界線如此不確定，如果妳不具有一套關於身體自主權和性自主權的語言，以致需要參加一個談「同意」的研討會才能了解自己受到了性侵害，這意謂著什麼？

「但妳看來很開心。」

煤氣燈效應（gaslighting）——誘導別人懷疑自己的記憶力或理智的心理操縱手法——看準的是經驗稚嫩。那些剛上大學的新鮮人尤其容易受到傷害，因爲他們不僅在性方面缺乏經驗，對大學生活本身也不熟悉。潔米是極少數在寄宿學校完全不喝酒的孩子。她身材矮小，有一頭齊肩直髮，黑眼睛，父親是馬里蘭州東海岸的家禽工人。高中時，潔米擔心，她做爲一個靠獎學金念書的孩子，如果她給自己惹上麻煩，就不會有挽回的餘地。最好還是埋頭苦幹，表現出類拔萃。她不僅要成爲家裡第一個考上大學的人，還要考上常春藤聯盟學校。她的計畫一直是不做任何違法的事情：二十一歲之前不吸毒、不喝酒。她的人生計畫太事關重大，不能出任何差錯，她在性的事情上尤其小心謹慎。

但開學後的頭幾個晚上，宿舍裡的每個人似乎都喝醉了。潔米擔心自己錯過了這次人生經歷的重要部分。第三天晚上，她屈服了，喝了幾杯。當天深夜，她的一位新朋友傳簡訊給她，問她要不要來看看他的薩克斯風。她走進他的房間，環顧四周。她應該坐在哪裡？坐在床上確實有些尷尬，但她還能坐在哪兒呢？潔米不想因爲選擇坐在書桌椅或地板而顯得緊張或不酷。他們在他的床上聊天，然後他伸手調暗燈光，開始撫摸她。他撫摸她的胸部、肩膀和脖子。她告訴他自己不想做任何事，並提醒他自己已經有個在高中認識的男朋友（當時是哈佛大一學生）。薩克斯風男回說「但妳看來很開心」，並繼續撫摸她。她不想讓他覺得自己做錯了什麼，所以只說是自己太累了，然後抓起鞋子，沿著走廊走回她的房間。

潔米覺得自己蠢透了——她怎麼會不知道，在大學裡，別人邀妳到他的房間是意謂著約炮？她感覺很糟糕，因爲她在無意中背叛了男友。她也擔心自斷交情——她還沒有交到很多朋友，不想失去一個已交到的。她更擔心自己的名聲。別人可能會聽說發生了什麼事，並認爲她是個沒經驗的處女，不懂得享受樂趣和「眞正的大學生活」。她並沒有將自己的遭遇稱爲性侵害，而是稱之爲一次「學習經驗」。直到她在訪談中分享這件事之前，她從未告訴任何人——她擔心別人會責怪她，認爲她本應該更懂事。這是潔米遭到的三次性侵害中的第一次。對她的訪談非常困難，所以我們後來又聯繫了她，看她近況如何。潔米堅稱她很好，說她一直渴望參與這項研究，並很高興自己這麼做了。潔米對她幾個月來沒碰酒精到自豪，並希望她的故事能以某種方式讓校園安全獲得提升。不過，儘管她有過一些「學習經驗」，但讓人黯然的是這些經驗都是她獨自得來，沒有得到培養她的社區和機構的太多幫助。

「我千里迢迢來到上城區，卻連一次高潮也沒撈著，這算什麼？」

葛溫爲接受訪談做了準備，帶來了所有她交往過的男生的名單——她甚至和她的朋友們核對過，並在我們聊天時不時提到它。身爲一名身材高挑、美麗的白人女性，她很容易就融入了紐約的夜店圈，每週都會在市中心度過幾個晚上。她形容自己「顛倒衆生」，但除一次讓她自鳴得意的「三人行」以外，她實際上並沒有和很多人發生過性關係。這些話是當她分享她認爲「對研究有益」的故事時跑出來的。她不想與二線男演員、不那麼出名的職業運動員，以及其他在夜店認識並邀她回酒店房間的人發生性關係，所以她就沒這樣做。但她以幫他們口交做爲代替。對她來說，這似乎是一種合理的妥協：當一個男人想要更多的東西時，這是一個讓她可以離開不想再逗留的房間的方法。她多次表示，她想要「恢復親熱的親密感」。她這話說得很順口，看來常常說。但它在我們看來也反映著一種眞誠的情感：渴望實行一種性計畫，在其中，身體親密表達的是情感連結，不是滿足別人生理欲望的女性義務。[23]

葛溫不願意將她在大一的一次遭遇稱爲性侵害。但當被問及是否有任何後悔時，她立即回答說：「有，我有些可怕的性後悔（sex regrets）。」對方是她在派對中認識的大四生。那天晚上他想帶她回家，但她沒那麼感興趣，只給了他電話號碼。第二天，和幾個室友在她們最喜歡的餐廳享用週日早午餐時，室友鼓勵她給那男生一個機會。她對自己承認，如果她要和校園裡某個人在一起，那不妨也藉機炫耀她這個大一生有約會一個大四生的本領。他們約會了兩次。她心中有一個計畫：

好吧，我們將會接吻，那一定很棒，然後他下一次會撫摸我，這將是一齣緩慢的製作……但我這不是在自欺欺人嗎？要知道，他可是個大四生，絕不會慢慢來。而且老實說，當我們開始接吻的那一刻，我只是在逼一些感覺憑空產生。

她所說的「我這不是在自欺欺人嗎」指兩件事。首先，儘管她腦海裡有一幅與他一起進抵一個個壘包的地圖，但她沒有考慮到自己的感受——而她的感受是零。她談到了自己的內心對話：「這太糟糕了。我討厭這個。我甚至懶得給這傢伙做任何事。」這裡的「懶得做任何事」可能是指懶得給他口交以便把他打發走。「我在自欺欺人」的第二個意思是她意識到，「緩慢的製作」只是她的理想而非他的理想。她的內心對話繼續說道：「我甚至沒有碰他的陰莖。」他倆在她的宿舍房間裡，一起躺在床上，他開始脫她的衣服。他解開她牛仔褲的釦子，伸手去拿保險套。她心想：「我們本應只是親熱一下的。」為了安撫他，她建議他們在彼此的懷抱中睡一下，說這會很舒服。她在半夜醒來。「這傢伙在我的睡夢中磨蹭我——就是那樣扭動著。我心想：『這是怎麼回事？』他在磨蹭，磨蹭我的屁股和腿。我心想：『這眞奇怪。』」

第二天，和一個朋友聊天時，葛溫形容這件事「很怪」。她朋友馬上糾正她：「天哪，這是性侵害，因為他知道妳當時正在睡覺！」後來，當葛溫把這事情告訴媽媽時，她媽媽同意她朋友的觀點。但葛溫反對她的遭遇有任何性侵害的意涵。她為那男生的行為辯護：「界線有點模糊。你知道的，我確實讓他留宿了。」她決定「我不打算再對這事東想西想了。」這次性侵害，加上下一次性侵害，是鍛造她的性公民意識的嚴酷考驗。

第二次性侵害（也是一次不請自來的觸摸事件）說明了與一個自認爲有權性交的男人抗爭是多麼可怕。她稱之爲「我最可怕的處境，它讓我了解到，我對男人和他們的性需求沒有任何義務。」值得注意的是，直到這件事之前，葛溫——她出身富裕，與母親關係密切，曾在遭到第一次性侵害後毫不猶豫地告訴母親——還認爲自己對男人和他們的性需求負有義務。然則我們迄今提到的許多男性是否也一樣認爲他們對女性的需求（包括對獨處的需求）負有義務呢？[24]

這個故事中的男性不是同校學生，而是一個來自洛杉磯的男模，「帥得不得了」，但也是個「人渣」。他們一直在互發調情簡訊，而她忙著考試。放暑假的前一晚，她花了一天時間收拾行李，當時她的室友已經走了。那男模發來簡訊，說要到上城區找她，和她一起抽根大麻菸。

我告訴他：「順便說一句，我不會和你上床。」他回說：「哈哈，妳會給我吹吧？」我說：「也許，但不要有期望心理。」

洛杉磯男模坐地鐵去找她。那是五月中旬的一個悶熱天，他們到晨邊公園（Morningside Park）[vii]去抽大麻。

他說：「我需要回妳的房間。」我說：「不要，我們不要。」然後他說：「我把我的食物落在那裡了。」我說：「好吧。」我因為抽了大麻而非常亢奮，於是我們回到了宿舍房間……

她清楚表示她不想打炮：

我只會和一個值得的人上床。不會只為上床而上床。他開始和我親熱，他的接吻技術很好。我當時想：「好吧，沒差。」他脫掉了我的襯衫，我想：「好吧，沒差。」然後他說：「脫掉妳的褲子。」我就像是憑直覺曉得——我知道這直覺百分百正確——這是不對的。我說：「我不會和你做任何事情。」

vii 譯注：靠近哥倫比亞大學的一個公園。

他關掉燈。她要求他重新打開。

然後他說：「我們來做愛吧。」我說：「不，我們不做。」又說：「嗯，看看我的床，床上沒有床單，全都收在盒子裡……」他說：「沒有關係。我們可以躺在地板上做。我們可以站著做，我無所謂。」他又說了一堆。我說：「不要，不要，不要。」然後他說：「來吧，來吸我吧。」我說：「不要。」「來吧。」「不要。」「妳他媽的在開玩笑嗎？我千里迢迢來到上城區，卻連一次高潮也沒撈著，這算什麼？」

她不敢相信他會說這種話。

然後他開始口頭攻擊我。「哼，妳真是個婊子。操妳媽的，妳以為這所學校很了不起？」你們知道我的意思嗎？他就像要貶低我。因為吸了大麻，一切聽在我耳裡都變得更嚴重了。

事情還沒有完。他威脅要告訴校警她吸食大麻，而她回說她會告訴校警他試圖強暴她。

我說：「你出去，不然我就報警。」他說：「然後警察就會知道妳吸毒。」我說：「我的說法比你的有說服力。」所以他最終走了，走之前說：「回頭見。」我說：「去你的。」我受到了創傷，因為我受到了口頭騷擾。

然後我開始哭，我打電話給媽媽，告訴她這件事。現在回顧起來，它顯得比發生當時不嚴重得多。一開始，它像是世界上最糟糕的事情，但到了一天結束時，我知道整件事情不過是有個白痴對我說了些刻薄的話。沒有發生大不了的事，我的褲子沒有脫下來。我知道我不該責怪自己。但我沒有按理智行事。我知道那傢伙的來意，卻裝傻充愣。所以，對，我斷然從這件事吸取到教訓。

那是一個轉捩點：

我當時心想，哇，我居然沒有給他口交卻沒有心存歉疚。因為我沒有理由要那樣做。他不值得嘛，對吧？這絕對是一次學習經驗。後來，我有一次在一間夜店偶然看到他，我對朋友說，「他曾經想強暴我。」

在後來的訪談中，我們問了她對知情同意的看法：它是如何運作的，以及它如何對她起作用。這種並置和她根據自己的經驗所做的描述令人驚訝。「男人會向妳施壓，直到妳同意爲止。我從來沒有被強暴或發生類似的事。」

她是從未被強暴，但她的身體卻被一名男子觸摸過，並受到他的辱罵——該名男子以爲，她同意他進入她的房間等於同意他進入她的陰道。

• • •

閱讀這些故事可能會讓人感覺像跳進了痛苦之河；在許多例子中，年輕人都沒能把人當人看待，無法和善與體貼地對待彼此。有些情況看起來就像是眞正的、有意爲之的邪惡，例如在一個脆弱的大一女生說了「不要」之後，你仍然堅稱「沒關係的」便是如此。儘管這些故事形形色色，但它們背後都有一組恆定的因素在起作用，由此導致我們容易受到性侵害或容易去性侵害別人。這些因素不僅是可識別的——還是可扭轉的。要打造較安全的校園是可能的，儘管這打造工作部分需要在校外和在學生抵達校園之前進行。爲了了解如何著手，我們必須更多地了解今日的校園地理（campus geography）。

CHAPTER

2

在同一個屋簷下
Under One Roof

爭先恐後

星期六上午十點，在游泳選手、摔跤選手、籃球選手和其他校隊運動員結束訓練之後，「道奇健身中心」向哥倫比亞大學的普通會員開放。九點四十五分左右我們就開始排隊了。等在入口處的學生大多在低頭看手機，不與人交談。看到在報到櫃台工作的學生點頭後，人們紛紛刷卡進入，開始爭先恐後。每人有三十分鐘使用有氧運動器材的時間。十點整，所有的橢圓機和跑步機便都滿了。人們戴著耳機，馬尾辮跳動，汗水滴在器材上——目標是把每分鐘盡情利用。

當數位時鐘的亮紅色數字在上午十點二十九分閃爍時，報了名在隨後半小時做運動的人開始嘗試與正在使用器材的人進行眼神交流。他們很有禮貌，甚至帶著歉意，像是在說：「我想我預約了你這台器材。」換手時刻有時會讓人困擾：原定在十點三十分離開器材的那個人是不是應該提前一點下來，好讓下一個人可以在準十點三十分開始呢？兩個想法不同的人互動起來可以非常尷尬。

就像紐約其他地方一樣，校園生活可能會很緊張。我們看到學生們在健身房更衣室裡狼吞虎嚥地吃早餐，在淋浴後和上課前（或實習前）享用一個貝果和一壺咖啡，享受短暫的安靜。女更衣室裡有一個標誌提醒學生禁止在桑拿房內刮毛和小便。有些學生一起在慢跑跑道繞圈，但對許多人來說，健身中心提供的是一個孤獨的運動方案——進去，把運動做完，做下一件事。對校隊成員來說，體育運動不僅能增強體能，還能帶來歸屬感。他們也擁有獨立的空間——划艇手悠閒地走出船員室；摔跤運動員腰間繫著背心，從健身中心下層推門而入；游泳選手成一群地穿著長長的游泳外套，一頭濕髮，爲一個笑話放聲大笑著，在我們等著道奇健身中心開門時離開。教職員獨來獨往，偶而會與同事打個招呼，但大多避免使用更衣室，免得被學生或院長看到他們赤條條的樣子。

週六早上，在穿過校園回家的路上，我們聽到一個男人和兩個小孩之間的談話片段：「當然，你們需要足夠優秀才能成爲哥大的學生。」對許多學生來說，他們在健身中心練出來的一身肌肉只是他們的埋頭苦幹精神的另一種表現（正是這種精神讓他們得以進入大學）。當天氣晴朗，學生們會和其他跑步者一起從河濱公園裡的山上往下跑，這時，健身中心的跑步機就比較空了。但勞氏圖書館（Low Library）的階梯上常年有遊客圍著著名的雕像「母校」

（Alma Mater）拍照，他們可能是夢想他們或他們的孩子有一天會稱哥大為母校。

然而，大學的目標，還有過渡到成年的這一刻的目標，不僅是為了有所成就，還是為了離開兒時的家人，與「自選」的新家人發生連結。成年早期是一個分離的時期；過一個人的生活，結交自己的朋友，並開始走向職業生涯。對一些學生來說，連續性可以舒緩過渡時期的壓力。參加「有錢人運動」（長曲棍球、帆船、網球或划挺）的學生可能早在全國錦標賽、私立學校聯賽或昂貴的運動營中就認識他們的新隊友。來自菁英公立和私立高中的學生會在校園裡看到他們自己畢業班級的面孔，還有之前畢業班級的面孔。宗教社團是把學生連結至校園生活的另一座橋梁；當然，校園的祈禱空間可能與以前的不完全一樣，但底層機構提供了令人歡迎的連續性。

二〇一五年十月，我們在百老匯大道和一一五街的交匯處放慢腳步，讓兩個穿長裙的年輕女子超過我們。我們聽到了少許她們興奮的談話聲。其中一個提到了什麼「猶太種植（Jewish husbandry）計畫。」另一個人笑著問道：「種植不是關於照顧樹木的嗎？」前一個說：「不，別蠢了，那是找老公用的。」當她們轉入燈火明亮的猶太學生生活中心時，警衛和她們打招呼，喊出她們的名字。哥倫比亞大學和巴納德學院都有一定數量的信教學生，哪怕如今在全國範圍內有宗教信仰的大學生愈來愈少。當然也有些學生——比如LGBTQ學生——覺得他們在宗教空間中得到的傷害要多於支持。[1]雖然有些幸運兒一上大學就立刻找到歸屬（例如一支校隊或一個宗教社團），但更多大一新生常常發現自己在人群中落單。[2]

學生社團以提供連結做爲招徠。女子橄欖球隊的黑白傳單用粗體字呼籲學生「加入這個家庭」。校園裡近四分之一的學生是兄弟會或姊妹會成員，而他們是被這樣的觀念吸引：在校園的第一年有人罩和有歸屬的地方。[3]即使是像模擬聯合國（Model UN）[i]這樣的活動也具備完整的親屬結構，例如有所謂的「MUNtors」[ii]（被指派指導新模擬聯合國學生的年長學生），有時還有所謂的「grandMUNtors」（一個人的導師的導師）；他們甚至透過禁止「mun-cest」[iii]來喚起家庭亂倫禁忌。

學生們一心只想擠進大學，以致很多人沒有想過這個過渡時期會帶來多麼大的痛苦。大學生活的許多部分都可以歸結到這個發展階段的一種基本張力：一方面無比渴盼獨立，另一方面又備感孤單和被遺棄。課外組織和新的友誼團體是大學生活的黏合劑——學生們賴以結識新朋友、發現自我和找到性伴侶。這塑造了性侵害的面貌，包括人們是怎樣經歷它和思考它，以及爲什麼它會如此難以解決。無論是行進樂隊、劇團、黑人學生組織或宗教團體，課外活動都既是取得成就的領域——提供成爲領袖的機會、讓人建立人際網絡和結識有人脈可以助你找到暑期工作的人——也是發生人際連結的領域。這種背景對於理解性侵害的脆弱性（vulnerability）至關重要。

在同一個屋簷下

學生們不知道三年後他們會遇到一個什麼樣的世界，更不用說是未來幾十年。這種不確定性所帶來的情緒後果是當今校園面貌的基要組成部分。二〇一五年對全國四十所大學的一項調查發現，八成五的大學生表示曾在某個時刻感到驚惶失措。[4] 對大學諮詢計畫主管的研究發現，超過四成大學生最擔心的問題是焦慮，四分之一接受諮詢的學生在服用某種精神藥物。[5] 根據美國大學健康協會（American College Health Association）進行的年度多校園調查，二〇〇八年至二〇一八年間，被診斷出患有焦慮症或接受治療的學生比例增加了一倍以上（從百分之十增加至百分之二十二），而被診出斷患有憂鬱症或接受治療的學生比例增加了近一倍（從百分之十增加至百分之十八）。[6] 這是校園生態的根本特徵。即使沒有經歷過焦慮或憂鬱的學生，也跟經歷過這些的學生生活在同一脈絡。在一個人的室友、隊友、性伴侶或實驗室搭檔當中，至少有一個人在掙扎。集體情緒負擔相當大，而在某些社區（尤其是已經岌岌可危的社區），負擔尤其沉重。

i　譯注：一種學術性質活動，讓學生按簡化後的聯合國議規舉行模擬會議，藉此訓練批判性思考、團隊精神和領導才能。

ii　譯注：這個字由 MUN（模擬聯合國）和 mentor（導師）的字尾 tor 構成。

iii　譯注：這個字由 mun（模擬聯合國）和 incest（亂倫）的後半部 cest 構成。

即使在晨邊高地（Morningside Heights）iv的高處，學生們所行走的地面感覺上也像是在不斷變化。我們並不是說大學生的處境比其他人更糟——例如與那些被排除在機會之外、做著微不足道工作的窮人相比。大學一度是個特權空間，在很大程度上保護年輕人免受不確定性的影響，但對今天的學生來說，這些保護很是脆弱。由於對未來抱有不確定感，他們很難安頓下來，也很難感到安全。[7]

然而，大學的部分目的正是為了讓人不安。身為教育工作者，如果我們只是重申學生已經想到的和感受到的，或者只是建立一個舒適和熟悉的社區，我們就算是失敗。新觀念應該是令人不安和具有挑戰性的。這是它們之所以有威力的一部分原因。拓展心靈的經驗不會像兒時的毯子那樣令人舒服和有撫慰性。可能性（possibilities）是讓人害怕的，但也往往讓人興奮激動。這是有些學生在離開家裡時想要尋找的東西的一部分，他們無比渴盼認識新的東西。

桑迪普的家人為他能入讀哥倫比亞大學感到非常自豪，也非常感激校方授予他夠交所有學費的獎學金。但他的離開意謂著唯一持有身分證明的成年人已經離開了家裡。從此家裡會少了一份固定的薪水，也沒有人教年幼的弟妹做功課，理解學校發生的事情，跟房東交涉，或照管好那些在不會說英語且沒有身分證明的情況下難以完成的日常事務。桑迪普本人倒是迫不及待想離開一個充滿恐懼和壓抑的家。對可能被驅逐出境的持續擔憂讓他的父母更加保守。他們不樂見他引人注意。他們不樂見他是同性戀。離開家裡時，桑迪普既感到如釋重負又感到內疚。

桑迪普愛父母親。他在校園裡打工，一有多餘的錢就寄回家。他也承認並感激父母為他所做的所有犧牲。但他沒有再回家。他無法面對因自己的性態而受到的斥責。當他走進我們的辦公室時，我們擔心他沒有足夠的溫暖冬衣。但隨著他的故事的展開，我們意識到這還只是事情的一端。聽桑迪普的陳述讓我們感到心疼——不只是因為他所遭遇的性侵害，還是因為他的有家歸不得讓他落入極大風險。貧窮導致了岌岌可危。桑迪普在大二的寒假期間——從十二月二十日到一月二十日——靠著在紐約街頭閒逛渡過。宿舍關閉後，他無處可去。他不讓朋友們知道這件事，因為如果有個同學帶他回家裡住，他可能會遇到一些他不想回答的問題。他有一個計畫。他在曼哈頓周圍物色了一些辦公大樓，它們有些少人經過的安靜空間可供他在白天小睡。他準備了一套說詞，還準備了一些道具：如果有個辦公室職員注意到他在睡覺，把他搖醒，他就會讓對方看他的哥大筆記本和身分證，表示自己是在另一樓層工作的實習生，坐在此處時不小心睡著了。一旦被發現，他就會轉移陣地；他有一整份可供打盹的辦公大樓的名單。所以，在那個寒假的白天，桑迪普都是睡在曼哈頓的辦公大樓，

iv 譯注：哥倫比亞大學和巴納德學院所在的社區。

要不就是睡在校園內仍對辦公室工作人員和教授開放的空間。

晚上他都窩在地鐵裡。他不覺得那裡是個可以安全睡覺的地方，但他會看書、發呆或聽音樂。地鐵裡也暖和。他並不總是吃得飽。他也睡不夠。但他從未感到自己處境有多危險，認爲這種做法斷然比回家好。所以，每次寒假結束、宿舍重新開放時，他比大多數人都興奮——那讓他有一張床、正常三餐和一個做自己的地方。大學擾亂了他的舊生活。但這正是他申請入學的目的。

像桑迪普這樣的男生——酷兒、貧窮、非白人、來自無證家庭——在哥倫比亞並不常見，但也不罕見。在過去的二十年裡，他們已經成爲校園面貌的一個特色。[8] 菁英大學自豪地指著這些學生說：「不錯，我們固然是異常富有的機構，但看看我們爲桑迪普這樣的人提供了什麼。」與過去不同，菁英大學現在成爲了相遇的空間，一個家裡擁有多棟房屋的男學生可能會與一個來自無屋家庭的男學生共住一個宿舍房間。促成這樣的事，讓調和差異成爲大學的一個本質部分，現已成爲美國高等教育的重要使命。[9] 在學生大多還是社經背景狹隘的白人的時代，大學自無須思考爲不同類型學生創造公平學習環境的策略。但今天，它們不得不省思：要如何才能讓桑迪普和那些在美國獨立戰爭之前就有祖輩念哥倫比亞大學（時稱「國王學院」）的學生在一起時感到自如？要如何才能讓奴隸主的後代和奴隸的後代一起學習和生活？要如何才能讓女性在一個直至一九八三年才准許她們做爲哥大學生入學的校園中茁壯成長？今天，大學必須省思，要做些什麼才能讓男同性戀、女同性戀、雙性戀和非二元性別學生得到如同其他學生得到的一樣尊重。這些轉變不僅僅是菁英化招生流程或更慷慨財政援助政策的結果。它們是政策和計畫的產物，這些政策和計畫刻意歡迎差異，甚至試圖透過招生政策來製造某些種類的差異。[10]對於即將入學的學生來說，向大學的過渡至少會帶來三個不同的社會挑戰：離開家裡、重塑他們的社交世界，以及遇到他們不熟悉的差異形式。對於大學來說，面臨的挑戰是彌合這些在經驗、資源和自我理解方面的差異，打造一個學習者的社群。

胡安來自西南部的一個中產階級社區。那裡的貧窮家庭不多，儘管較富裕的孩子往往去上另一所高中（有光滑高聳的土坯牆圍繞）。他形容，上哥倫比亞大學對他「斷然是一次巨大的文化衝擊」。在迎新會中，他了解到他在日常談話中動輒「拿女性開玩笑」是不可接受的。「這絕對是一個巨大的轉變。」他說。在高中時，以「暗示女人是一件物品」的方式談論性是完全正常的，但他很快就意識到，在哥大，「如果我那樣說話，會死得很快。」與大多數齊名的大學一樣，哥倫比亞大學在其迎新會中安排了講座，清楚教導學生該如何面對多樣性（特別關注如何說話不傷人）。該講座名爲「在同一個屋簷下」（Under1Roof），探討我們如何個別地和集體地在哥大打造一個有包容性的社區。它提供了一個架構，顯示出群體間的理解與社區打造如何可以透過持續互動和教育來實現。這是一種持久對話的令人興奮的開端，該對話將持續到學生在哥大這裡所受的教育和更之後的生活中。[11]

乍看之下，胡安在高中時習慣物化女性的說話方式顯示出他對差異缺乏尊重，然而，會讓他想成爲哥大社區一部分的，正是差異性。他考慮過其他極挑人的私立大學，但最終因爲哥大的多樣性而選擇了哥大：

我認為多樣性的觀念真的很酷，哪怕我不知道它意謂著什麼。我只知道多樣性聽起來是件好事。事實證明，就我喜歡和許多非常不同的人來往這一點而言，多樣性真是最好的事情之一。直到親眼看過之後，我才意識到自己有多麼喜歡它。我本來不知道多樣性意謂著什麼，但現在我是它的忠實粉絲，就像上了癮一樣。

胡安並不是唯一一個認爲差異性有意義的人，也不是唯一注意到差異性在他加入的社區扮演重要角色。今天的大學往往比學生之前生活過的任何社區都更多樣化——當然也比他們之後加入的許多工作場所更加多樣化。例如，在哥倫比亞學院與哥倫比亞工學院二〇二二年的畢業生中，百分之五十七是白人，百分之二十八是亞洲人，百分之十七是拉丁裔，百分之十六是美國黑人，百分之四是印地安人，百分之十六是國際學生。[12]他們之中有百分之十七是家族第一個上大學的人。美國強烈的居住隔離模式意謂著幾乎沒有高中是這樣的。這是大學令人不安和令人興奮的特徵之一。它是一個蓄意為之的差異化社區，體現著這樣一個理念：卓越人才可以出自社會的任何部分。大學畢業後，學生將重新適應更隔離的生活。但即使在大學裡，他們也可以生活在各自不同的世界。「性健康倡議」發現，百分之二十一的女性和百分之十五的男性認為自己不是異性戀[13]；這些學生經常與酷兒群體的其他成員聚在一起，一如有錢人家學生和白人學生經常聚在一起一樣（有著相同宗教信仰的學生也是如此）。但他們全都不可避免地會遇到差異性。學生們發現，這種情形既有價值又有擾亂性。

大一那年，胡安拚命尋找「自己人」。他的室友們不喝酒，而且對運動不屑一顧（運動是他生活中極重要的部分）。最後他找到了一群與他志趣相投的人。儘管校園裡充滿多樣性，但他的「自己人」往往或多或少是像他那樣的人。「我很幸運能在這裡找到這些人。如果不是這樣，我會很痛苦。我一開始就想轉學，因為我不太喜歡我身邊的人。」

為了幫助新生做好彌合差異、建立連結的準備，學校很仰賴迎新會。它包含一大堆的指引，主要集中在教學生不要做哪些事情：不要在房間裡燃點蠟燭，因為此舉會觸發火警警鈴；不要假定某人是用什麼性別代名詞；自然的衝動——向別人問長問短——可能不是正確的衝動，因爲那可能會讓對方感到不舒服；不要在別人準備好之前就暴露他們做爲一個流動性或跨性別者的身分；不要假設每個黑人都很窮，或都靠經濟援助；不要問別人的「奇怪」名字是哪裡的名字；不要問亞洲人他們「眞正」的家鄉在哪裡。用「that's so gay」（那太遜了）來批評某件事或某個人是一種冒犯，並且可能會對LGBTQ群體的人有潛在傷害性。在個人空間之類的事情上存在著跨文化差異。不要在你的室友吃著祖國的食物時，說他們正在吃的辛奇或咖哩聞起來很奇怪。校園裡有來自全美五十州的學生。[14]來自緬因州的人（該州是白人最多的州之一）以前可能從未與黑人有過長時間相處，甚至從未見過黑人。[15]他們可能對室友的頭髮眞的充滿好奇，但讓他們知道一點很有幫助：不要要求觸摸它。[16]

這些培訓講座的資訊量排山倒海。有些學生對每個字都念念不忘，很高興終於能生活在一個可以展現完整自我的機構裡。有些人昏昏欲睡、注意力不集中，或宿醉得很厲害。其他人只是害怕。許多人試圖裝得若無其事，就像對一切教導早有認識。學生以多種方式學到不去假定什麼和不去冒犯別人的重要性。對一些人來說，大部分的訓誡都是明顯得要命的。但對很多其他人來說，它們一點都不明顯。很多訓誡都是關於不該做什麼的。就像大部分學生得到的性教育一樣，關於他們該做些什麼的積極訓誡相對稀少。

胡安對同性戀者沒有敵意；他只是在他上的郊區高中裡不認識任何這種人。胡安只犯過一次錯誤，那次他將一件蠢事稱爲「gay」。「我當時只是覺得那事情很蠢。那一次讓我上了很有意思的一課。後來和高中同學說起這件事時，我說：『夥計，我甚至不能再說gay這個字呢。這太瘋狂了。』」不能再說他常用的慣用語讓他甚至不知該怎樣開口說話。「我心想：『我要怎麼辦？我要怎麼描述我的感想？』」適應大學生活已經夠難的了，當你在宿舍裡得到了恐同者的名聲就會難上加難。但他的朋友們並沒有排斥他，他也學會了小心說話。胡安並沒有將這視爲被噤聲，反而熱情接受這些教訓。「我改變了我很多待人接物的方式。」他認爲自己因此而過得更好。他甚至幫助別人避免犯下他自己犯過的一些錯誤。爲此，他當了一個低年級學生的導師：他在對方身上看到較年輕版的自己。「他和我也來自同一類地方。他想到什麼就說什麼。例如，他會說：『喂，夥計，我眞的很想上那個女孩！』或者『夥計，我現在眞的很哈亞洲女孩。』我說：『夥計，你十之八九不應該再說這一類話了。』他說：『爲什麼？我只是在陳述事實。』我說：『如果我是你，我就不會這樣說話。』現在他再沒有那樣說話。」

雖然有些人認爲這代表了言論自由在校園的喪失，但我們卻持不同的看法。[17]我們遇到的學生中，很多都是爲了體驗多樣性而選擇這所學校。他們通常尋求以尊重的方式相互連結，哪怕意見不同的時候亦是如此。如果說這種意見不同的情形在今天比以前更常見，那是因爲過去的校園在很大程度上人口相對同質，其權力不太可能受到挑戰。那年頭不存在胡安和桑迪普這樣的人。當前幾代的學生說「that's gay」這樣的話時，並沒有有組織的LGBTQ學生社群可以挑戰他們。以前，聲稱黑人更容易進大學的白人學生很少遇到黑人學生。如今，此類說法必須面對有些斤兩的聽眾。不同群體之間的相遇被納入環境設計中，並要求一定的責任感。這是讓人不舒服的、具有挑戰性的，而且有可能帶來轉化。正如我們從胡安那裡聽到的那樣，這一類轉化不只是出於被迫的。它們是學生想要從大學經驗中獲得的東西——一些他們可以傳授給別人的寶貴教益。

尋找屬於自己的地方

二〇一八年，有略高於百分之六的申請入學者被哥倫比亞學院錄取。[18]被錄取者全都雄心勃勃、律己甚嚴和幹勁十足——除此以外還有幸運。我們有時會從哥大和其他嚴選學生的大學的同事那裡聽到，當今的大學生對失敗的經驗少得可憐。由此而有了「優秀的綿羊」的說法，指的是競爭激烈的大學招生和高等教育本身造就了一代循規蹈矩的人。[19]當然，過去考入大學要容易得多。珍妮佛的孩子有時會告訴她，換成是現在，她永遠進不了普林斯頓大學。當沙姆斯在一九九五年申請大學時，芝加哥大學的錄取率約爲百分之七十。[20]哥倫比亞大學在一九九〇年代的錄取率大約比現在多三倍——但卽便如此，這個數字也比男女同校之前百分之四十的錄取率大幅下降。[21]今天，當祖父母的人可能會爲他們的哈佛文憑感到自豪，但他們可能忘記了，在他們那個時代，有大約一半的申請者會被錄取。[22]

儘管如此，專欄作家仍然將這一世代的大學生稱為「雪花世代」，暗示他們只要稍微遇熱便會迅速融化。[23]這種批評忽略了他們之中的許多人（對，甚至包括家裡非常富有的人）面臨了多大的艱困和挑戰。一位走進我們辦公室接受訪談的年輕人穿著一件價值一千美元的加拿大鵝羽絨衣，並提到他在自家位於洛磯山脈的「避寒別墅」渡過假期。這讓他看來是個得天獨厚的人。但隨著他的故事的展開，我們聽到了他在高中高年級的經歷有多麼艱難。他的女朋友就在他們開始交往之前遭到強暴。在情感上支持她有時讓他不堪重負，處理她想要但卻難辦到的性親密也是如此。大學是他重新開始的時刻。

大學開學日充滿了有關政策和程序的活動和指導。有關於怎樣報名選課的。有關於怎樣獲得諮商和心理服務的。有關於飲酒規則的。有談微暴力、代名詞和基本尊重的「在同一個屋簷下」講座。有關於怎樣把課退掉的。各種小組討論不勝枚舉。大學裡的許多政策和程序暴露出社經地位的巨大差異，甚至洗衣服也是社會階層的一個指標。有些學生可能從懂得閱讀起就一直為弟妹洗衣服。其他人則甚至從未洗過自己的衣服；他們已經登記了上門收件和送件的私人洗衣服務，所以會跳過迎新會上指導洗衣服的討論小組。

像哥倫比亞這樣的大學幾乎是個半主權國家，擁有自己的警力、醫療團隊、住房、工作機會和食物供應。要跟得上步伐不是簡單的事。許多學生發現自己參加的活動愈來愈少，原因可能是宿醉太嚴重，或是因爲活動太多而應接不暇。焦點團體中一位女生告訴我們（組裡其他成員點頭稱是），開學期間最讓人難受的是「無處可哭去」。她的室友總是在左右。這個悲傷時刻在一個充滿悲傷的研究計畫中v脫穎而出。本來讓他們無比興奮的事——上大學——現在不僅讓他們想哭，還讓他們絞盡腦汁去找一個沒人看見他們的地方哭泣。

這些挑戰有著結構性維度。大一新生從高中最老資格的人——懂最多和最有權力的——一下子跌落到等級制度的底層，變成了學校裡資格最淺和懂得最少的人。環顧四周時，有些學生發現其他人業已以神祕的方式交到了朋友。運動員們進入校園的時間要早其他人幾星期；他們不見得都喜歡其他隊員，但卻可以跟隨一支現成的隊伍到處旅行。家庭負擔得起的學生可能會參加一次迎新前的旅行，在樹林裡待一星期，或者與一小群即將入學的學生一起從事社會服務，這讓他們有機會在給宿舍的床整理被鋪前就建立了連結。有些學生環顧四周，看到校園裡有他們祖先的塑像或建築物上鐫有他們家的姓氏。也有些入學者是家族裡第一個上大學的人（這樣的學生愈來愈多）。

哥倫比亞大學的校門外是個廣大的城市，等著你去探索。但它的廣大也可能令人恐懼，讓人深感孤單。那個說她在開學日無處可哭去的女生是在指出「沒有屬於自己的地方」的痛苦。這裡所謂的「地方」有部分是隱喻性的：她沒有一個可依賴的社群，沒有一群她自選的新家人可爲她提供支持。但這個詞也包含著字面意義：在校園的地理範圍內，她沒有自己的房間。室友可以是第一個發現不對勁的人，也大概會以積極的方式介入；他們可以成爲現成的朋友。[24]但有室友有室友的麻煩，因爲如果室友想與伴侶上床，就不可避免會影響第三方，而這個第三方可能不想放棄自己的空間。這種對學生性公民權的空間挑戰是大學風貌的一部分。

「我找到了屬於自己的地方。」

在東北部市郊區長大的馬多克斯發現自己很難適應大學生活。他的第一批朋友和他住同一宿舍樓層，但一段時間後他就和他們不再搭調了。「我遠離了他們之中的很多人，因爲我覺得他們很多人都很膚淺。」馬多克斯無法清楚描述他不喜歡室友的什麼地方，只是說對方「很煩人」和老是在旁邊。宿舍裡其他人似乎都非常喜歡他的室友，這讓他更加惱火。行進樂隊成了他的避難所，他特別喜歡遠離校園的旅行。他的一個樂隊朋友有一間校外公寓，這給了他一個逃離宿舍的空間。但那公寓畢竟不是他自己的，而且距離有些遠。馬多克斯面臨的最大挑戰實際上並不是他自己的問題。他最好的朋友出了嚴重的心理健康問題，最終需

v 譯注：指本研究計畫。

要請假治療；考慮到他朋友所經歷的一切，他覺得自己無法要求太多情感支持做爲回報。馬多克斯一個人在校外消磨的時間愈來愈多，尤其是喜歡流連酒吧。他家裡給了他夠多的生活費，所以他負擔得起紐約市夜生活的高昂費用，而他也弄到了一張假身分證，讓他更方便出入酒吧。他的白皮膚亦幫上了忙。他成爲了一個備受學生歡迎的去處的常客。但他在那裡找到的慰藉寥寥無幾。

當他的朋友結束心理健康假返校後，馬多克斯逐漸進入狀況。「我找到了屬於自己的地方。」他和朋友們找到了一家他們非常喜愛的酒吧——雖然酒吧就在校園附近，但感覺上就像遠在一個世界之外。他拒絕透露店名。原來他發過誓要保密。

> 呃，我有點不好意思。這是我們最守口如瓶的祕密之一。那裡的顧客幾乎清一色是有點年紀的在地人，所以我們四到八個哥大學生一找到一張桌子坐下之後，很容易就消失在背景中，享受自己一片小天地。現在，我們都成了酒保和保鑣的好朋友，所以經常有免費酒可喝。那裡有一台自動點唱機，還有一張撞球桌。設備齊全。

當我們問他爲什麼那麼不願意告訴我們店名時，他說：「我們中的任何一個都不得輕易說出去。」我們開玩笑說他一定是怕我們知道店名之後會傳出去，害那家酒吧變成菜市場。

但馬多克斯的回答卻非常嚴肅。「對，所以我們不想這種情況發生。要是發生，我們就得另覓一個地方了。」

大多數學生都無法用金錢找到一個讓他們悠然自得的地方。他們留在校園裡，隨著時間的推移而能夠進入更多向他們開放的空間。上較高年級之後，特別是在最後兩年，他們在校園內可以獲得較好的生活空間。但對大多數學生來說，成功融入大學除了意謂著擁有一個私人空間（一個自己的房間），還有透過團體而「擁有這間大學」——或至少一個小角落。這團體可以是兄弟會或姊妹會，可以是特殊旨趣社團（如拉丁裔之家、爵士樂社或穆斯林學生之家），也可以是LGBTQ群體休息室或樂隊練習室。那是一個讓學生向自己宣告「我屬於這裡」的空間。當學生在大學裡探索時，這種扎根爲他們提供了重要的資源。

二〇一六年秋天，我們參加了拉丁裔學生在校內舉辦的慶祝墨西哥獨立派對。我們到得很早，晚上九點半左右便抵達，光線昏暗的房間裡瀰漫著家常菜的味道。桌上放著一袋袋炸玉米片和三份自製莎莎醬。艾絲黛拉交代我們特別要試試其中一種。「好吃得太神奇了。」果然如此。幾個年輕女子擠在廚房裡的一口大鍋周圍，製作歐洽塔（horchata）[vi]。一群男生

vi 譯注：一種原產西班牙瓦倫西亞的飲料。

——其中有幾個看似只有十六歲——坐在起居室裡一面巨大的墨西哥國旗下方。我們向艾絲黛拉笑那些擠作一團的女生和呆坐著的男生，她不以為然。她說，他們是大一新生，太緊張了，不敢和其他人說話。四名男同性戀者和兩名女生在起居室中央閒逛，邊吃邊聊天。這個空間裡的每個人都是拉丁裔，但來自各種不同的背景，有些出生在美國，有些出生在國外，有些沒有身分證件，但幾乎每個人都顯得悠然自得。艾絲黛拉解釋說，他們將這次活動稱為晚宴而不是派對，因此不檢查身分證件。反正沒人會喝太多酒。他們來這裡是為了社交，而且主要是為了跳舞。大約一個小時後，燈光熄滅，音樂響起，只剩下聖誕彩燈做為照明，人們開始更多地擺動身體。起初大家還有點尷尬，但逐漸放鬆開來。聲音吵得幾乎無法說話，不過艾絲黛拉找來了一隊人和我們聊天。一個女生抱怨她的床上出現蟑螂。要聽清楚她說的話很困難，但她左臂上那些等距的傷痕卻引起我們注意。我們認為這就是她應對生活壓力的方式。我們沒有問她割痕的事。但她自己卻毫不忌諱：她穿的圓領背心清楚顯示出了她給自己造成的傷口（已癒合）。

人們隨著音樂起舞時，起居室裡變得愈來愈熱。天可憐見，有人打開了一扇窗，但氣味和能量都在持續增加。艾絲黛拉巧妙地管理大局，將一位女生從我們身邊拖走，要她「去和男生們跳舞」。艾絲黛拉想讓男生們擺脫侷促的簇聚。當那位女生表示她不喜歡男生時，艾斯黛拉不為所動，說道：「這不是重點。」女生照她說的做了，一群大一男生很快便跳起舞來。「看，我不就說了！」艾斯黛拉堅定地點點頭說，說完又跑到別處去。

慢慢地，廚房裡堆滿了伏特加空酒瓶，舞池裡擠滿了人。參加聚會的人其實沒有一個住在這裡；這裡是艾絲黛拉和朋友們從「拉丁裔兄弟會」借來舉辦活動的房子。當兄弟會成員抵達時，他們就像是自己會所裡的客人，走向伏特加而不是舞池。人群裡不時有人高喊「墨西哥！」——然後突然間燈亮了。當一名白人女性走進來時，房間裡集體發出呻吟聲。她到處找女主辦人，最終找到了艾絲黛拉。

「我不是要你們散會。有人抱怨噪音，所以我只是要你們把噪音減低一些。可能只要關上對著庭院的窗就行，那可能就是問題所在。」兩名男生關上了窗，那女人（顯然是宿舍助理）轉身離開，出去時關掉了燈。當派對再次開始時，我們看到了一些在哥大不常見的物事：幾個體型較大的女生，她們穿著華麗，正在起居室中央與男生們跳舞。大學接受各種身分和差異，唯獨在體型方面例外。學生們都面對很大壓力，要把體態鍛鍊得健美甚至妖嬈。這幾個拉丁裔女生是我們見過的少數體重較重的人。這個空間裡的聚會也不同於大多數學生活動，特別是不同於白人學生主辦的活動。在場有幾瓶墨西哥啤酒 Negra Modelo 和一些白酒，女生們早先製作的歐洽塔中也摻了一些伏特加。但這些不足以讓任何人喝醉。意識狀態的改變更多來自集體的國族興奮而不是酒精。

午夜前一刻，揚聲器中傳出高亢的單簧管聲音，學生們瘋狂地跟著「十三街奇蹟雙人組」

（calle 13）的雷鬼動音樂一起唱：

Atrévete-te-te, Salte del closet
不要畏懼，不再保留祕密
Destapate, quítate el esmalte⋯
展示自我，去掉所有光鮮外表⋯⋯

學生們的聲音淹沒了揚聲器，他們一面大聲歌唱，一面圍著一個年輕、魁梧的男生轉圈。我們幾乎看不到他，但「哎呀！哎呀！哎呀！」的喊叫聲顯示他知道如何移動。在〈不要畏懼〉結束後，艾絲黛拉關掉了音樂，告訴各人：「好，你們爲其而來的時刻到了！」時爲午夜，「尖嘯」的時間到了。人們開始高喊：「萬歲！萬歲！萬歲！」非墨西哥人的學生一臉困惑，但很快也加入高喊行列。一個男生跳上餐桌，但略爲彎腰以避免頭撞到天花板。他看了一眼手機，開始念出墨西哥獨立的歷史：「兩百零六年前⋯⋯」起初，這只是一件枯燥無聊的事，但等他喊出歌頌墨西哥獨立的口號時，一切都不同了：

墨西哥人！

我們祖國的英雄們萬歲！

伊達爾戈萬歲！

莫雷洛斯萬歲！

何塞法．奧爾蒂斯．德．多明格斯萬歲！

阿連德萬歲！

阿爾達瑪和馬塔莫羅斯萬歲！

民族獨立萬歲！

墨西哥萬歲！墨西哥萬歲！墨西哥萬歲！

口號聲愈來愈大，每一聲的「萬歲！」都有更多人加入。最後的一句「墨西哥萬歲！」讓全場為之沸騰，大家隨即在薩帕提阿多舞曲的樂聲中起舞。艾絲黛拉向我們轉過身，臉上煥發著光彩：「我的心現在充滿喜悅。我所有的小寶貝都在一起。這是個頂呱呱的墨西哥派對。」我們向她道別，她對於可以向我們展示她的社群感到激動興奮不已。在往外走的路上，我們驚訝地遇到了有多明尼加血統的安娜。我們曾給安娜做過一些訪談，而她當時告訴我們她從不參加派對。她似乎看出我們臉上的驚訝，微笑著解釋說她總是會參加這一類派對。否則他們就不會再邀請她了。這些活動讓她想起家人、家鄉和她來自哪裡。她在話中提到了菲迪．瓦普（Fetty Wap）唱的〈陷阱女王〉（Trap Queen）——這首歌曲在我們的受訪者中大受歡迎。

我不參加白人派對。我搞不懂他們在搞什麼東東。在這裡，雖然舉行的是一個墨西哥派對，但我熟悉並理解它的音樂。所以，我在白人派對上就是感覺不舒服。我不想去參加一些淨是播放「菲迪．瓦普」的派對。我想我是正在隔離自己，但我不在乎。白人會對我說：「嗳，妳都只和拉丁裔一起玩。」但我會說：「不管怎樣，你所有的朋友都叫『布拉德』。」

這個派對上有很多差異性：同性戀與異性戀、年輕與年長、肥胖與健美共聚一堂。大多數參加的學生是拉丁裔，儘管肯定不全是墨西哥人。但集體意識——泛族群意識——將他們聚集在一起。[25]這些時刻，在有色人種學生所說的「白色校園」裡，他們感到悠然自得。起居室裡充滿令人興奮的能量。艾絲黛拉有充分的理由為他們創建的社群和他們共享的空間感到自豪——他們之所以能夠做到這一點，有賴他們有一個夠大起居室，可以擠進五十多人。由女性來主持也有助於聚會的成功；她們把重點放在鼓勵人們跳舞和聊天而不是喝酒。音樂當然也有幫助。我們只會在拉丁裔學生辦的派對上聽到巴恰塔、坎比亞、騷沙和雷鬼動音樂輪番上陣。在安娜參加過的「白人派對」上，菲迪．瓦普唱的〈陷阱女王〉確實看似沒完沒了。爲了辦這個派對，艾絲黛拉等幾個女生向「拉丁裔兄弟會」的男生借用他們的空間；這是因爲，如果她們在姊妹會舉辦活動，就不能提供酒精飲料，否則，姊妹會的成立許可就可能被全國性總會撤銷。雖然這次派對的目的不是喝醉，但喝一點酒確實能讓人放鬆。男性在校園中控制的空間比女性多得多。酒可能很貴。即使收酒錢或收入場費，主辦人也不可能收回他們投入的錢。所以，不讓人意外地，有錢學生對社交空間和酒的分配的控制權要大於其他人。儘管多元化和包容性的主題主導著校園生活，但不平等和隔離仍是校園風貌的頑固特徵。

不僅是公共空間是如此。除了公共空間，大學內部和周圍還有大量的私人空間。咖啡店和休閒快餐店（兩家著名的漢堡連鎖店、一家墨西哥捲餅店、一家麵館和一家精美沙拉店）提供了一系列可供打工或與朋友聊天的空間選擇，而且約會地點的選項也無窮無盡——前提是你要負擔得起。很多學生負擔不起，或至少不是經常負擔得起。我們看到一些學生以常客的身分走進餐館，受到員工歡迎，先是吃一客十五美元的草飼牛肉漢堡，然後吃著名的焦糖牛奶布丁。其他人從街上朝裡張望，有的充滿渴望，有的一臉厭惡。在校園內，公共空間已被改造成咖啡館，出售五美元的咖啡——這可以將那些沒有錢或覺得無權不付費就占座的人排除在外。這是紐約故事的縮影。這裡當然是個遊樂場，但如果你有能力付費進入任何你想去的地方，並且可以乘坐私人汽車輕鬆往返，那就更是如此了。

財富並不是學生的唯一資源。另一項資源是種族。有些人從未被查問過「你在這裡做什麼？」無論是用言語還是懷疑的眼神。這在某種程度上就是有色人種學生將哥大稱爲「白色機構」之所指。白人學生在校園裡的存在很少受到質疑，他們做爲學生的能力也是如此。有色人種學生經常聽到同儕脫口而出，暗示他們是靠著平權政策才能進入哥大。他們也更有可能被校警攔住，被要求出示身分證件，而這無形中等於說：「你爲什麼在這裡？你不屬於這裡。」

寒假結束後，返回宿舍的亞洲學生會發現他們在房間門上的名牌被撕掉了。反觀白人學生的名牌卻原封不動。[26]還有一次，宿舍助理製作的頌揚LGBTQ多樣性的紙板遭到破壞。[27]有時，這些見於全國各地校園的歧視還會表現爲實際暴力，而不是停留在象徵性暴力的層次。最近，一名黑人學生走進巴納德校園時被校警盯上。校警要求他出示身分證明，被他拒絕；他厭倦了自己老被監視而白人學生卻可以不受打擾地走來走去。這次事件以讓人丟臉的方式結束：經過一陣相持不下之後，校警對黑人學生動粗，將他壓在咖啡館的櫃台上。[28]這些經驗爲校園內的「特殊旨趣」空間的存在提供了強有力的理由：當學生對校園的歸屬受到質疑時，擁有一個不存在這種質疑的空間就變得至關重要。[29]白人學生要在校園裡找一個屬於自己的地方也不是沒有困難，但他們極少遭遇種族暴力。

學生會在那些與他們的身分產生共鳴或給予他們一個歸屬之所的社群形成對自己的認知

和與他人發生連結。這就是兄弟會或姊妹會那麼有吸引力的部分原因。特殊旨趣團體的吸引力亦復是如此，好比只限拉丁裔學生參加的「拉丁裔之家」，給對永續生活感興趣的學生參加的「格林伯勒」，給原住民學生參加的「曼哈頓會所」，給LGBTQ學生參加的「Q之家」，還有名稱不言自喻的「作家會所」或「一人一菜會所」。有時，如果一個社團的大四生住在一起，他們會開放他們套房的共同區域——一個半私人的房間，周圍環繞著一組單人房間——供社團成員使用。空間的問題在於其創建和維護成本高昂（這問題到處皆然，又以曼哈頓爲烈）。那是一種受到激烈防衛的資源。

雖然有些人在校園裡找到了屬於自己的地方，但他們必須確保它不會變得太擁擠或有太多不是他們社群的人加入，否則他們將不再有歸屬感。我們剛剛描述過的那些拉丁裔學生對此有第一手的經驗。在這些派對上，他們玩得很開心，所以會傳簡訊給朋友，找他們來同樂。隨著新人的湧入，派對開始變調。當有太多不會唱〈不要畏懼〉的學生抵達時，或者他們對喝酒比對跳舞更感興趣時，那些先前營造派對氛圍的人會突然覺得這空間不再屬於他們。他們以後不再出現，要不就只來一下便離開。過沒多久，活動便完全走樣。我們在我們最喜歡的咖啡館、酒吧或健身房都遇過這種情況。馬多克斯會發誓不透露他最喜歡的酒吧店名，是有原因的。雖然空間是在校園中找到「屬於自己的地方」的一個重要因素，但它也是建立在並非每個人都進得去的前提下。在某種程度上，「家」必須是排他性的。

當學生在校園裡找到屬於自己的地方時，活動往往會變得更加「冷靜」。在許多學生看來，和一群朋友坐在套房裡吃米飯和燉菜，用塑膠杯喝著一．五公升裝的廉價葡萄酒，已經是一個夠好玩的夜晚。問題在於，對大多數學生來說，這些時刻是在大學快結束時而不是開始時出現的。要做到這個，他們需要一個足夠舒適的公共區域來舉辦招待十個左右朋友的聚會，需要一個有爐子和冰箱的廚房，並且能夠將葡萄酒帶入宿舍公開飲用而不必擔心宿舍助理找麻煩。由於校園地理和機構規則使然，這些事情對於大一新生、甚至大二學生來說都不是易得的：宿舍助理很有可能會因爲他們飲酒而記他們違規，而且他們住的那種宿舍也沒有可供舉行活動的公共空間。[30]

一種賣力工作又賣力玩樂的文化

一群群穿西裝和打領帶的男生——大多數是穿藍色西裝外套搭配休閒褲，但也有穿全套西裝的——聚集在勞氏圖書館的台階上。他們聚集在校園的這個有代表性地點，是爲了好好玩一晚。他們旁邊是穿連衣裙的女生，大多是穿緊身的黑色連衣裙，但也有一些穿著鮮豔的晚禮服。有些人拿著鮮花。路過的人乍看之下會以爲他們是要參加高中畢業舞會。但這些人的年紀比高中生要大，也稍微更有自信一些。四周看不見自豪的父母親，唯一的「成年人」

是一些在辦公室渡過星期六下午後匆匆回家的教員。學生們成雙成對，一起合照。沒有人接吻。但有些人顯然比其他人更自在地依偎在一起。有時，「母校」塑像四周會形成一個小群體。人群中充滿了笑容，有些人顯得緊張，但大多數人都興奮地期待著他們即將參加的活動。這些人以每人七十美元的價格購買了在曼哈頓周邊遊覽的遊船票。票價涵蓋一頓飯和一個開放式酒吧。大多數人都爲約會對象購買了船票。群中少數的男同性戀者也帶著女生做爲約會對象。他們不是在掩飾。這是乘遊船的慣例。學生非常期待這一類講究正式儀式的活動。男生們顯然很喜歡盛裝打扮。有時，我們會看到一群人中的男生穿一樣的服飾——深色夾克、藍色領帶、卡其褲子和雷朋墨鏡。晚上戴太陽眼鏡是準備好參加派對的明確標誌。那天晚上和第二天，Instagram和臉書上會充斥著所發生事件的照片。有些人第二天早上醒來後會拚命在朋友的貼文中移除自己的標籤。他們不想讓自己做過的事情曝光。一來擔心他們的雇主會看見，二來是雖然他們覺得自己長得很不錯，但他們醉態並不總是好看的。

除了它與「正常生活」大不相同外，這一幕沒有什麼值得注意的。我們一次又一次看到，「玩樂」與「日常生活」有多麼天差地遠。在一種既賣力工作又賣力玩樂的文化中，值得注意的不是兩者之間的界線，而是距離。要從「工作」轉往「玩樂」是需要下工夫的：穿特別的服飾，常常需要大量飲酒，去特殊的地方，做你本來不應該做的事情，晚上戴太陽眼鏡，諸如此類。但如果距離較短會怎樣呢？那可能用不著付出巨大努力就到達得了。

很多學生參加過一次兄弟會派對後就再也沒有去過。有些人甚至從不參加派對，或者幾乎不參加派對——如果「派對」是指喝酒（常常包含吸食古柯鹼）的話。對於其他這些學生來說，日常生活和玩樂之間的距離並不是那麼遠。他們不需要盛裝打扮。他們不需要一頓飯和一個開放的酒吧。他們需要的是一張沙發和一個願意陪他們熬夜玩桌遊「卡坦島」的同伴。許多人根本沒有錢外出。但重點不是這些年輕人沒有經濟能力參加派對，而是他們的身分建構和大學的派對文化相對立。他們寧可談論教授在「當代文明」課上講了些什麼，或是他們從電腦網路課程學到的東西。他們也會談「存在（existence）是什麼？」的問題。如果喝醉了的話，談這個話題可能會比較容易一點。但很多學生喜歡在頭腦清醒時談這個。還有：「你怎麼知道我們坐的這張沙發是真的？怎麼知道我們不是只是某隻野貓背上跳蚤所做的夢的一部分？」笛卡兒也問類似的問題，只是問的方式比較細緻。週六晚上，我們跟學生去找朋友，看著他們一邊吃牛奶麥片一邊聊天。這些學生也會勾搭、上床和遭遇性侵害（儘管更多的是發生在有情感關係而不是醉酒勾搭的脈絡）。玩樂的時刻常常會干擾到睡眠，但干擾方式有別與宿醉。在大多數情況下，這些校園胡鬧比我們花更多時間觀察的醉酒胡鬧要較爲安全。正如我們在導言中指出的，大多數學生在學期間都沒有遭遇過性侵害。

生理快感的面貌和性侵害的面貌

在我們收集來的幾百個大學生性經歷故事中，極爲甜蜜的一個是奧斯汀與女友共度一夜的故事。大三結束後的那個暑假，他住在長島市一間很棒的夏季轉租公寓裡。國慶日週末那天，他的室友回家過節。他的女朋友（在市政廳附近工作）路過「小義大利」時停下來買了些起司和熟食盤的配料。前一天晚上，他在冰箱裡放了一瓶氣泡酒。他們打算一邊喝酒，一邊在屋頂上觀看煙火。他們的轉租公寓有很多很棒的設施，但空調不是其中之一。於是，他們在炎熱的天氣裡脫得只剩下內衣，吃著放了一小塊起司或薩拉米香腸的餅乾，邊聊天邊喝普羅塞克酒。奧斯汀形容，那個夜晚變得「愈來愈傻氣和性感」。他們親熱，然後她挨靠在廚房的櫃檯上，奧斯汀蹲下爲她做了些親密的事。當她到達高潮的時候，她雙手緊抓著檯面，不必像在宿舍時那樣擔心牆壁單薄。他喜歡聽她的響亮呻吟聲。然後他們吃了一些曼切戈奶酪，還有一點棗子果醬。接著他們走進臥室。他戴上保險套，她坐在他身上。她騎了一會兒，來了高潮，然後他們翻了個身，改爲他在上面；她再次高潮，然後他退出來，取下保險套，在她身上釋放。他們依偎了一會兒。當她打瞌睡時，他起身又洗了一些葡萄和切了一些乾香腸，給她端去一小盤。他們整個晚上都躺在床上，蜷縮在一起。他們沒有對錯過煙火秀感到遺憾。

讓這件事在奧斯汀的記憶中如此深刻的不只是愉悅的性愛部分。整個環境都有所貢獻。在一間公寓裡單獨相處意謂著他們可以邊吃喝邊聊天，慢慢培養氣氛。遠離宿舍，他們不用擔心被朋友偷聽。炎熱的天氣讓人自然而然地半裸著品嚐起司拼盤，而暑假也迎來了沒有作業或別的事情要做的悠閒，可以耗在一起。在奧斯汀的敘述中，最突出的是那份關懷——不僅關心女朋友的愉悅，也關心她這個人，而她也同樣關心他。他們是在大一的秋天認識，當年年底開始約會，所以到那天晚上已經跨過兩年的大關。他們有些醺醺然，但沒有醉。普羅塞克酒只是這個輕鬆、歡樂、熱氣騰騰的夜晚的一部分。

我們在奧斯汀的生平中找到一些線索，以理解是什麼原因讓他對伴侶的愉悅如此敏感，以及能夠如此輕鬆地拿性愛開玩笑（他和女友會為她所經歷的各種性高潮取一系列精心設計的暱稱）。奧斯汀從來不覺得自己是那種女生會主動上前搭訕的男生。他在賓州就讀的男校並沒有提供太多機會讓他磨練釣女生的口才。據他自己的評估，派對上的女生更有可能被他骨瘦如柴的身材所嚇倒，而不是被他的熱情微笑所吸引。在上大學之前，唯一與他一起度過相當長一段時間的女性是他媽媽、三個姊姊和許多的堂、表姊妹。奧斯汀認為，女性在他生活中的分量平衡了他所接受的男權化學校文化，也是他尊重女性的基礎。

和他的許多同齡人一樣，奧斯汀在高中時是靠色情刊物來了解性，但他對答案的追尋也讓他接觸到了色情小說——在其中，他學到了性不是「只求射精和接著倒頭大睡。」[31] 回憶起高中的「性病課」所沒有教的一切時，奧斯汀笑了。這堂課並沒能把他嚇得打算放棄婚前性行為，而化膿生殖器的照片也沒能回答他對於性的疑問：人們實際上是怎樣做的、感覺如何、如何才能做得好。他痛恨自己到了上大學還是處子之身，然而大一秋天他卻錯過了第一次發生性行爲的機會——儘管對方已經明確表示她準備好更進一步。他回憶起內心的掙扎，「我是個白痴，我錯過了一個讓老二被吮吸的機會。」但他覺得那個女生是非常負面的人，已經準備要跟對方分手，在這樣的情況下還發生性關係實在很要不得。他回憶自己當時這樣想：「每個人都會對我生氣，總是會有後果的。」即使在失去童貞之後，幾次隨機的一夜情依然讓他對自己有很不好的感覺。在卡波聖盧卡斯度春假期間，他喝醉了並與他在夜店認識的一個女孩發生了性關係。「我需要這樣做嗎？與你關心的人發生性關係要好得多。」

奧斯汀花了幾年時間才成長爲他接受我們訪談時的樣子。國慶日夜晚對女友百般體貼的奧斯汀一點也不像迎新週時候的奧斯汀。

我的室友正在和那個女孩親熱，所以他們就叫我去睡她室友的床。第一天晚上，她真的醉了，他們就說：「嗳，到那邊去吧。」我不知道該怎麼辦，所以我就躺在她旁邊，她說：「我吐了，不想做任何事。」我躺在她旁邊，稍微摩擦她的身體。我又抓住她的胸部，但後來覺得很古怪，因為我也醉了，然後我睡到另一張床上去。我下次見到她是因為他們又親熱了，所以我就再次到她的房間去。我們聊了大約兩三個小時，都聊些有的沒有的。我們相處得很好。這事情不像是壞事，但我卻感覺不好，覺得我不應該那樣做的。我斷然對我上一次睡另一張床感到高興。我停下來，心想：「不，不應該是這樣的。」她看起來不像是討厭，但又不像是喜歡。她十之八九沒有表示積極同意或消極同意。那是一個灰色地帶。我當時心想：「這很奇怪，這是一個壞主意。」我說不準，但那不是我最光明正大的時刻之一。

當我們問他會怎樣歸類這件事時，他說：「總之不是我會再做的事。」當我們問他這是否是一次「勾搭」時，他斬釘截鐵地說：「不是，因爲我們沒有親熱。我不知道該將它歸類爲什麼。就是有點爛。」隨著訪談的繼續進行，我們請奧斯汀試定義性侵害，並按照他的這個定義反思所發生的事情。「我知道性侵害的定義，就是任何未獲得對方同意的性行爲，所以是的……我做的事十之八九算是性侵害。」

這時，奧斯汀已經快要哭了。他把強暴和性侵害加以區分：「強暴是指陰道強暴。性侵害指很多不應該的觸摸。我猜這就是我所做的。是啊，我眞該死，對不對？沒錯。」

他看起來很沮喪，好像剛剛意識到自己身上有什麼可怕的地方。

奧斯汀在迎新週犯下的性侵害和許多校園性侵害事件如出一轍：他和女生都喝醉了；事件沒有被舉報；之後他們維持社交關係但從未討論過所發生的事。事實上，奧斯汀似乎在訪談中才第一次認爲他的所作所爲是性侵害。那時，奧斯汀渴盼獲得性經驗，擔心落後於同儕。醉酒也模糊了他的判斷力。人們知道醉酒會增加遭受性侵害的風險，但很少人注意到豪飲也會增加性侵害別人的風險。奧斯汀施行的性侵害是受到一個社群規範助長，根據這個規範，當別人的好朋友意謂著願意被趕入一個陌生人的房間，或願意讓一個陌生人被趕入你的房間。我們不知道奧斯汀故事中的女生對所發生的事有何感想。但我們卻知道奧斯汀在開始思考自己所做的事情後的感受。很難將他視爲反社會人格者或掠食者。他有犯下性侵害嗎？在我們看來有。他是個可怕的人嗎？在我們看來不是。

奧斯汀知道什麼是積極同意，這並沒有阻止他做他所做的事情。最終是什麼阻止了他更進一步？他受到的性教育教導他害怕性，但沒有提供健康地和以尊重方式進行性行爲的指導。阻止他的可能是他得自色情小說的觀念（性不是「只求射精」），可能是他認爲怎樣對待人事關重要（「總是會有後果的」），也可能只是因爲他沒有那麼醉，所以注意到良知的聲音：「這很奇怪，這是一個壞主意。」

關於這件事的起因，有很多可說的。但酒精對奧斯汀判斷力的蒙蔽和對女生自我表達能力的損害，都是無法忽視的。在「性健康倡議」調查中，有略多於半數的受訪者認爲，他們會遭受性侵害是「喪失行爲能力」所導致。[32] 這幾乎意謂著他們喝醉了。這並不意謂著性侵害是他們的錯，但它確實反映了一個重要的現實。我們需要解決酒精在大學環境中的作用，特別是因爲在我們看來，酒精不僅會讓人落入被性侵害的風險，還會讓人（奧斯汀是一個例子）落入性侵害別人的風險。

CHAPTER

3

校園裡的毒瓊漿
The Toxic Campus Brew

「我沒有酗酒問題。我只是個他媽的大學生。」

時為二〇一五年秋天迎新會的第一天。這些新生有些多年來都利用在下午、深夜和早晨擠出來的時間寫「大學進修課程」的作業，有些長時間在麥當勞打工幫補家計，有些在暑假實習和在週末參加樂隊練習，或是補習和從事校隊運動，然後他們花幾個月完成畢業論文、應試和焦急等待，現在終於得償夙願——離開父母來到了大城市進入大學。他們許多人把期待焦點放在他們因努力用功而被推遲或不被允許做的事情：「喝醉和上床」(getting drunk and getting laid)。大多數學生在迎新期間都非常熱衷參加派對。他們當中許多人很快就往前推進，改為投入於結識朋友或參加其他社交活動，但對某些人來說，迎新派對卻是四年頻繁酗酒的起點。大學之中，並不是只有哥大的學生會開玩笑說，畢業前沒有酒鬼這回事。

來自俄亥俄州的大四學生尼克回顧了那一星期的狀況。「其中一個人買了一些啤酒，我帶著十二罐裝的百威淡脾走過『大學路』……這眞是超酷的，眞是超屌的。你知道嗎，我還不到二十一歲。i」在大一上學期，尼克因爲飲酒而被宿舍助理多次記違規。「這讓我必須去見輔導。他們會說：『你有什麼鬱結嗎？』或者『你有酗酒問題想談談嗎？』我說：『沒有，我只是個他媽的大學生。』」

大一的秋天既令人興奮，又帶來壓力。有些學生想家，有些學生對自己因爲離開家裡而如獲大赦的心情感到內疚，有些學生兩種心情兼而有之。他們害怕所有其他人都比他們聰明。他們擔心所有其他人都比他們有經驗。一起喝酒可以破冰——讓人有勇氣走進陌生人的派對、踏入舞池或與可能的一夜情對象調情。不是每個人都喝酒；有些學生以跑步、參觀博物館或參加宗教儀式做爲應付手段。[1]但豪飲的學生還是很多，而這種現象與校園面貌相吻合；有些美國人甚至歌頌這種飲酒，視之爲正常大學經驗的一部分。酗酒常被歸因於壓力，但壓力除了是一個理由也是一個藉口。

上了大學的人必須創造一個完整的社交世界。結識朋友和尋找志同道合的人是大學生涯的核心。對於那些剛來到校園、不確定他們的大學道路將通向何方的學生來說，在充滿焦慮的夜晚，一場盛大而喧鬧的派對和一些紅色的塑膠杯有著明顯的誘惑。杯子裡的東西可以鈍化認識陌生人的不自在感，並提供與他們建立友誼的捷徑。[2]在美國的大眾想像中，醉酒和大學緊密相連。在珍妮佛的大兒子要上大學之前，全家人連看了三天以大學爲題材的電影，片單取自「最佳大學電影」名單和臉書的好友推薦。但在看過《動物屋》（*Animal House*）、《重返校園》（*Old School*）、《大兒子小爸爸》（*Back to School*）和《鬼馬校園》（*Revenge of the Nerds*）幾齣後，珍妮佛就把「電影節」給腰斬。這些電影一點都不有趣，淨是在導人縱酒狂歡。

儘管有些學生並不是眞的想喝酒，但我們驚訝地發現，除非活動和社團明確拒絕飲酒，否則卽便不是以飲酒活動聞名的社團，也常常會在活動中納入酒類以促進社員情誼。在秋季學期，飲酒爲學生提供了一系列共同的挑戰和經驗。猶如在一場尋寶遊戲中那樣，學生們會合作解決一系列的問題，例如怎樣弄到買酒的錢、怎樣弄到假身分證、在哪裡舉行派對，以及哪家酒吧的保鏢不會嚴查身分證或甚至根本不查身分證等。[3]

在開學首日，我們會坐在酒吧外面，看著保鑣讓一大群大一新生進入，其中一些看起來像是高中二年級或三年級學生。[4]學生們很高興能進入在地的愛爾蘭酒吧，體驗迎新週的經典場景：醉醺醺地與不算認識的人親熱，被八月底的身體汗臭味包圍，雙腳在沾滿酒和沒有清乾淨嘔吐物的地板上滑來滑去。這種情形聽起來很噁心，也確實很噁心。但接受我們訪談的大一學生卻認爲這很有趣——讓他們可以逃離家裡，打破規則，笨拙地探索另一個人的身體，創造一些他們可以在幾小時、幾天甚至數年後津津樂道的軼事。學生們有可能在照顧

i 譯注：二十一歲是美國法定飲酒年齡。

醉酒的朋友時建立起深厚的友誼，有時甚至為此找到真愛——給對方水喝、帶對方去散步、在他們嘔吐時抓住他們的頭髮，或者確保他們在醉倒期間不會吸入嘔吐物。醉酒的年輕人常常會做出一些荒謬和偶爾危及生命的舉動，這些舉動在當事人只有模糊記憶，但卻會讓別人留下深刻印象，日後常拿出來當趣聞：像是喝醉了把貯藏室當成廁所，在裡面小便，或是下雨時穿著皺巴巴的正裝在酒吧外頭爭論一個朋友（雖然磕磕絆絆但仍然清醒）是否需要救護車，還是只需要坐計程車回家再喝些水和吃些布洛芬。

穿過校園的主要人行道「大學路」上總是停著一輛救護車（尼克曾自豪地拿著十二罐裝的百威淡啤走過這條路）。救護車大多為極度醉酒或因醉酒受傷的學生提供服務。如果這救護車是停在一個公共住宅社區而不是一個常春藤聯盟的校園，人們一定會大加撻伐，指責此舉是在透過減輕惡劣行為的後果來促進墮落。但哥大這裡沒有人出言撻伐。救護車之設是一項特權，好讓學生不必走很遠或等很久才能獲得幫助，如果學生是搭救護車到急診室，則搭乘是免費的（但急診室診治不是免費的）。有很多原因讓有上大學的年輕人比沒上大學的年輕人飲酒較多、從事較危險的行為和違法率高得多。[5]他們的得天獨厚身分給了他們一些打破規則的許可。[6]在大多數情況下，法律給了他們通行證。

沒有人想要被「大學救護隊」載走，但這種服務是一個重要的選項，而且是免費提供的。這種好心政策鼓勵那些正在飲酒或吸毒的學生在看見朋友陷入危險時進行介入。雖然救護車是免費搭乘，但隨後的急診費用可能會超過一千美元。[7]如果哥大的救護車很忙，則學生還得支付搭乘費用。雖然大學生在法律上是成年人，他們的父母此時通常都會知道他們幹了什麼好事。對某些家庭的預算來說，救護車和靜脈注射的費用只是一個捨入誤差[ii]，但對其他家庭來說卻可能相當於一個月的房租。因爲善意的介入可能會導致學校的紀律處分或家庭的經濟困難，所以最有可能喝酒的學生是那些負擔得起的人——不僅僅是負擔得起酒錢，還包括起隨之而來的風險。[8]

社會風險

我們倆都記得念大學時飲酒的情形。沙姆斯在大三那一年特別酒氣沖天。有一次，他醉得在噴泉裡跳舞，然後在不知哪裡的灌木叢裡醉昏，醒來時感到可怕的宿醉和得了嚴重感冒，之後他不得不暫時戒酒。迎新週期間，珍妮佛站在地下室裡，盡責地喝掉一杯裝著金魚的啤酒。慶幸的是，她不記得金魚滑入她喉嚨的感覺。她以爲吞金魚是大學生入學的必經儀式。畢竟她老爸以前就這樣幹過。

ii 譯注：「捨入誤差」指運算得到的近似值和精確值之間的差異。

但與飲酒相關的死亡並不僅限於金魚。二〇一八年冬天，在接到急診室打來的窘迫電話後，珍妮佛讓她在念大一的大兒子讀了「疾病預防控制中心」的事實說明書。iii 其中指出，在美國，每天有六人死於暴飲，其中約四分之三是男性。「暴飲」的定義是，女性在兩小時內飲酒四杯或以上，男性則爲五杯或以上。[9] 在一項大型全國性調查中，約三分之一的受訪大學生表示在過去兩週內至少有一次喝了五杯或更多酒。[10]「性健康倡議」調查發現哥大學生的飲酒量比例與此相似。[11] 在全國範圍內，暴飲的學生更有可能是有最好家世的白人男性。不僅學生是這樣；一般來說，愈富有的男人喝酒愈多。[12] 來自這一群體的學生最有可能看到自己的父親暴飲，並將暴飲視爲是過渡到成年的正常現象。

擔心當今年輕人飲酒過多的人可能沒有意識到，與一九七〇年代的年輕人相比，如今十八歲的年輕人平均飲酒量較少，使用非法藥物的情形也較少。[13] 各種政策與計畫對高中年輕人的物質使用情況起了明顯的抑制作用，因此，現今剛開始上大學的學生的飲酒經驗可能比他們的父母少。但在大學期間，他們會「急起直追」，乃至於到了畢業的時候，他們的飲酒量與前幾代人已經大致相同。

我們不僅可以將學生與他們的父母對比，還可以將他們與他們的祖父母對比——至少對於那些祖父母也上過大學的人來說是如此。加州大學洛杉磯分校的兩位院長在一九五九年寫道：「一想到大學，你就會想到燃燒的青春；想到燃燒的青春，你就會想到酒和性愛。」[14] 他們接著引用費茲傑羅（F. Scott Fitzgerald）幾十年前在大學裡的酗酒履歷，指出他「對飲酒的關注僅次於對性愛的關注」，然後慨嘆如今的大學生表現出類似的傾向。一九五〇年代的研究指出過酒精在約會求愛關係中對「男性攻擊性」的影響。[15]然而，如果我們認爲這種過度飲酒的情形已經持續了太久以至於無藥可治，那就錯了。社會在對治吸菸和恐同的問題上取得了長足的進步（上一代人對這兩個問題的容忍度要高得多），所以，在如何解決酗酒的問題上，我們有著很好的榜樣。[16]

爲什麼人們會以危險、愚蠢或兩者兼具的方式行事？「社會風險」（social risk）的概念——指讓我們做對我們不好的事，或不做對我們健康有益的事的社會理由——有助於解釋爲什麼人們會從事有害後果的行爲，會以看似不合邏輯的方式行事，或未能採取保護自己的行動。[17]「社會風險」的概念強調同儕、組織性環境和更廣泛的文化會形塑行爲，使其感覺上是出於個人選擇。人們會進行可能對健康有不良影響的性行爲（例如放棄使用保險套以示信任對方），部分是因爲性不是一種追求健康的行爲，而是一種社會行爲，充滿各種意義，並受到同儕、我們的過去和所處機構的影響。[18]日常生活的其他部分也沒有什麼不同；人們抽菸、喝酒、暴食、不運動，並且讓自己承受巨大壓力。我們不是追求健康最大化的人；相反的，

iii 譯注：前面所說的「窘迫電話」應該是她大兒子在喝醉被送到急診室後打來。

我們常常將各種社會目標置於個人健康和集體健康之上。「社會風險」概念有助我們理解為什麼人們會過度飲酒，儘管他們討厭第二天的糟糕感覺，儘管飲酒會讓他們做出後悔的事或甚至不記得的事，也儘管被他們看重的生活其他部分會受到飲酒的負面影響。派對之後發生的醉酒性行為可能是危險的，因為它會讓學生面臨各種風險，包括性侵害——不管是遭性侵害還是性侵害別人。但派對也是大學的主要社交方式，所以在派對喝酒也可能被認為是認識潛在性伴侶、結交新朋友或與既有的朋友增進情誼的最佳策略。

同一所大學的學生在飲酒一事上面臨著不同的社會風險。不購買假身分證可能意謂著錯過與「合適」的人互動的機會，意謂著無法前往那些人前往的地方。但對其他人來說，弄到假身分證的社會風險更大。例如，如果是有色人種，因持有假身分證而被監禁的可能性要高得多，並且遇到警察攔檢的風險也有據可查。許多男性無法想像自己會遭到性侵害，也沒有考慮過飲酒會讓他們更有可能性侵害別人，所以覺得有關性侵害和飲酒的談論事不關己。種族、階級、性別和性態，與制度結構、同儕網絡和文化框架交織在一起，產生出對什麼是有社會風險的不同看法。大學壓力、性羞恥、法定飲酒年齡，以及做為白人成年之所的菁英高等教育機構的文化和結構遺產——所有這些全交織在一起，塑造了校園飲酒的面貌。

當尼克聲稱他「只是個他媽的大學生」時，他乃是藉助了美國高等教育的悠久歷史，因爲根據這歷史，大學乃是一個讓「燃燒的青春」可以在心靈的生活和派對的生活之間安全切換的地方。大學已經愈來愈多樣化；所以，對愈來愈多的學生來說，飲酒的社會風險超過了不飲酒的社會風險。然而，異性戀取向、白皮膚和家境富裕的男學生仍然掌握著巨大的社會權力，這是因爲他們控制著稀缺的社交空間，更容易享受豪飲帶來的不可否認的社會好處——情誼、樂趣、壓力緩解、容易獲得一夜情——而不用那麼擔心遭受性侵害、被逮捕和搭乘救護車的車費。我們並不是說大學的酗酒風氣要怪富有的白人。是白人占優勢的歷史和特定類型的男子氣概產生出一種特殊的飲酒環境，而這種環境又與新生開學期間典型的縱酒狂歡背後的口實交織在一起。正是在這個開學時期（有時被稱爲「危險區域」），大學生最有可能經歷性侵害。[19]

「你只需去到一個比較破的街區再走進一家賣酒店。」

今天的大學新生幾乎都是國會在一九八四年通過《統一最低飲酒年齡法》（Uniform Minimum Drinking Age Act）的十多年後出生的。該法案要求各州將法定飲酒年齡提高爲二十一歲，如此才有資格獲得聯邦高速公路資金的補助。從人口健康的角度來看，這法案獲得徹底的成功，估計挽救了五十萬青少年的生命。[20]然而，今天的大學生仍然飲酒，但因爲法律的關係，他們被趕出校園酒吧、休息室和走廊，得躲到關起的門後面和陰暗的角落喝去（不過值得注意的是，校園飲酒環境存在實質的差異，會因各種因素而有所不同。這些因素包括傳統與學校文化、學生人口的組成樣式、機構層面、社區層面和國家層面的政策或法律，以及這些法律的執法情形）。[21]減少酒精相關危害的法律帶來了一個始料不及的後果：想知道一些瘋狂的迎新週故事，最簡單的途徑是冒險進入由年長學生（通常是男性）控制的空間。

剛進大學的新生業已熟悉依年齡劃分的社會階層化系統。而隨著時間的推移和共同經驗的加深，高年級生在機構知識、成熟度、自信和朋友方面都大大增加，這進一步使得較年輕學生處於不利的位置。這種結構性不平等復因校園空間的分配情形而加大。哥大和巴納德學院幾乎所有傳統年齡的大學生[iv]都是住在宿舍裡，而大學住宿一個未經檢討的政策是，大三和大四學生可以獲分配更佳的空間——要麼是有共用起居室和單人臥室的套房，要麼是公寓式房子。這是校園的派對地理（geography of partying）的一個重要方面，它也受到大三和大四學生的較不受監控所促進。由於大四學生通常已達二十一歲或以上，因此在他們的宿舍內，幾乎沒有進行對最低飲酒年齡法的執法。新入學的學生面臨著這樣一種情況：兩種寶貴的社交貨幣來源——酒精和不會讓人惹上麻煩的派對空間——不平等地按年級分配。這種階層化系統被認為是理所當然的，很少有人質疑為什麼政策要獨厚高年級生，儘管有證據顯示此類政策可能會造成相當大的危害。

就像禁酒令一樣，規定二十一歲才能買酒的法律導致了一系列應變辦法。大學不執法的話就得承擔責任，致使未滿二十一歲的學生無法在他們控制的空間公開飲酒（這些空間包括宿舍休息室和宿舍的小型共用廚房等）。但如果學生不打擾鄰居或引起宿舍助理的注意，他們就可以在宿舍房間裡飲酒而不被發現。如果他們打擾到鄰居，二十一歲以下的學生（通常是一年級和二年級學生）可能會像尼克一樣，因爲在自己控制的空間與朋友喝酒而被記違規。由此會讓人得到的教訓是：不要把音樂聲調高，喝酒喝得快。在這種情況下，喝熱身酒——和幾個朋友準備外出前先一起快速喝幾杯（有時以飲酒遊戲的形式進行）——講究的是強有力的效率。學生們會節省單價，喝特大瓶的廉價伏特加（用朋友的假身分證購買或請高年級生代買），這樣花費只是在酒吧叫一杯伏特加加蘇打的幾分之一。他們也因此不用支付社會價格（social price）。[v] 派對很快就會擠滿人，學生們往往必須使出渾身解數才能獲得入場許可。依規定，兄弟會不得提供烈酒。[vi] 如果你是男生，想要參加兄弟會的活動會很困難，因爲兄弟會往往會限定只有成員可以參加（部分是爲了保持對他們有利的性別比例）。如果妳是個女生又不想喝便宜的啤酒，就必須接受一些兄弟會成員的評頭品足，他們會決定妳是否可愛得

iv 譯注：「傳統年齡」的大學生指十八至二十三歲的大學生。

v 譯注：接下來解釋了這「社會價格」是什麼。

vi 譯注：只是表面上不提供。如下文所言，兄弟會成員會爲他們看得上眼的女生提供烈酒。

夠資格喝一杯伏特加。反觀喝熱身酒卻讓學生可以隨時隨地與他們喜歡共飲的人飲酒。

有錢人家的孩子在這樣的環境中趾高氣揚，其中以家境富裕的白人新生最有可能帶著假身分證進入校園。身材苗條的塞西爾來自亞特蘭大，是姊妹會的成員。她回憶說，高一的時候，她斷定自己想要與派對人群一起混。他們集體從另一所高中的學生那裡購買假身分證。她描述時的種族暗示讓我們感到不適。那些假證件造得很真，因為造它們的人都是行家：讓我們有點不敢置信地，她說他們「還販賣古柯鹼和槍枝」。說到這裡，她停頓了一下然後笑著說：「天曉得那些傢伙什麼來路啊！」她和她的高中朋友一弄到假身分證，很快就想出使用策略：去窮人區。「你只需去一個比較破的街區再走進一家賣酒店。」塞西爾不需要工作，上大學之前就有錢買酒，還有一張「製作精良的假證」。她衣著考究，有錢可花，有資源避免麻煩，是酒吧或夜店的理想顧客（她未滿二十一歲這一事實當然除外）。父母有時會留意信用卡帳單。但富家子弟有很多變通辦法，包括取得購買毒品所需現金的方法。例如用爸媽的卡與朋友一起吃飯，然後向朋友收現金。爸爸媽媽十之八九不會注意到晚餐的價錢比應有的貴一倍；紐約物價昂貴的假設包準管用。這是許多富家子弟在高中時學到的一種欺詐。

二十年前，像塞西爾這樣的女生所進入的大學充滿她一類的人：富有的白人（就哥大的情形而言大多數是男性）。如今，哥大的白人學生比例不到五成，其中有相當數量來自低收入家庭；近五分之一的大學部學生是家中第一個上大學的人。[22]像塞西爾這樣的學生並未完全掌控一切，部分原因是現在有很多學生來自她所謂的「破」街區。塞西爾抱怨說，身爲白人學生，有些事情是她不能談論的——特別是種族。它只會讓你陷入麻煩。所以在大多數情況下，你會學會保持安靜，不吐露自己的想法。這些富有學生中的大多數也很快學會不去炫耀自己的特權。

大專院校傳統上被視爲一個供白人男性步入成年的環境，而這種想法的文化與社會痕跡依然殘存在鼓吹校園飲酒的社交組織中，例如普林斯頓的「飲食俱樂部」（eating club）、哈佛幾年前還存在的「最後俱樂部」（final club），還有許多學校都設有的兄弟會——通常是由富有的高年級白人學生控制著高價值的空間和酒的分配。縱酒狂歡是美國統治階級對大學的文化想像的核心元素。諾曼在解釋他一個德國朋友何以在開學頭幾個星期拚命喝酒時，指出電影《動物屋》中的布魯托（Bluto）的樣子，表示弗朗茲[vii]「只是想要有上大學的樣子」。

大學和兄弟會之間的關係由兩條基本原則定義：責任和忠誠。就責任原則而言，誰得要或應該爲與兄弟會酗酒相關的迎新霸凌、性侵害或傷害負責？在忠誠原則方面，學校可以或應該在多大程度上規範甚至關閉兄弟會，儘管很多畢業校友和不少在校學生對它們有著強烈眷戀感情？但還有第三組可能提出來的問題，那就是，這些準獨立的社團在總體上如何違背

vii 譯注：諾曼的德國朋友。

了大學對多樣性和包容性的承諾？——這種違背不一定來自社團成員本身的意圖，而可能只是因爲所處的位置而複製了有錢人對（派對）空間的控制。

白皮膚、男子氣概、財富和權力

美國的大專院校都或多或少力圖擺脫它們主要是做爲白人機構而存在的歷史——這歷史體現在校園建築物和雕像上的名字，也體現在始自奴隸制時代對大學基金的捐贈。[23]飲酒文化通常沒有被標示爲其中的一部分，但我們的調查顯示，向多樣性和包容性的轉向有必要打破白人文化習俗的主導地位。[24]儘管研究大學特色和酗酒程度的文獻不是很多，但衆所周知，傳統黑人大學（Historically black colleges and universities, HBCUs）的學生飲酒較少。[25]毫無疑問，箇中部分原因是美國黑人面對嚴厲得多的盯視、他們的違法行爲會受到大得不成比例的懲罰，並且較有可能被警察以致命武力對待。在傳統上以白人爲主的大學，其學生不會遇到這些偏見，並且在關鍵方面可以自由地喝更多的酒。[26]即使在種族較混雜的大學裡，黑人學生的飲酒量也比白人學生少。[27]兄弟會通常被認爲是校園酗酒的始作俑者，但在實際上，只有當它們是白人兄弟會時，酗酒率才會較高。[28]

我們指出過，由拉丁裔女學生舉辦的慶祝墨西哥獨立派對是在一個兄弟會舉行。至少從佩姬・桑迪（Peggy Reeves Sanday）的著作《兄弟會輪姦》（*Fraternity Gang Rape*）開始，對男子氣概和校園性侵害的研究便將兄弟會視爲將有毒男子氣概予以制度化的組織。[29]頻繁而令人震驚的事例讓這種敍事保持活力。但我們的立場要更加細緻。正如其他人也指出過的那樣，兄弟會並不都是一個樣的；在有些傳統上以白人爲主的大學裡，有些兄弟會一樣有著種族和民族多樣性。但除此以外，還有些兄弟會刻意重塑男子氣概概念，而另一些兄弟會看來主要專注於管理責任。[30]

至關重要的是，在哥倫比亞大學，兄弟會之間的聲望差異大得至少就像兄弟會參加者和不參加兄弟會者之間的聲望差異。田徑運動也是如此。[31]被問到哪些兄弟會和姊妹會是「最棒的」和哪些男子運動隊伍是「最熱門的」時，接受詢問的學生幾乎意見一致（這裡的「最棒的」和「最熱門的」是指其成員被認爲最有吸引力和做爲性伴侶價值最高）。對於「最差的」兄弟會是哪些，大家也是英雄所見略同。從更廣大的校園文化的角度來看，兄弟會的毛病不在於以極有價值的機制促進了同儕之間（和校友之間）的聯繫，而在於它們複製了空間、酒精的不平等分配，以及一種特定的大學樂趣的願景。從拉丁裔男學生將自己的會所借給女學生舉行慶祝墨西哥獨立派對，顯示出這種不平等很有可鍛性。

有些希臘式生活恰恰與酗酒相反；它們是官方上禁酒的。姊妹會不被允許在活動中提供酒類，有些會所甚至完全不許喝酒。這不是不成文的規矩，而是一種全國性規定，各地分會必須遵守。這進一步將分配酒精的權力集中在傳統白人機構的富人手中（這裡指的是兄弟會而不是大學）。這並不是說黑人、亞裔和其他學生不喝酒，因爲他們中的許多人都喝酒——儘管在他們控制的空間裡明顯較少——但校園豪飲是一種白人的文化習俗，其他學生效仿以體現「大學經驗」的白人男子氣概。「性健康倡議」調查發現，哥大的校園豪飲性別模式和種族模式與全國相似，其中，非西班牙裔白人男性和西班牙裔白人男性的豪飲率明顯高於其他學生。[32]如今，高中女生豪飲的可能性愈來愈大，縮小了女生和男生飲酒方式之間原有的一些差異。究其原因有很多，但我們認爲部分是「平等」的願景所導致，那意謂著像男人一樣行事。

「老哥，我只是想喝點桃紅葡萄酒之類的……一些易喝和女生調調的東西。」

「校友返校節」早上九點，這天是一年中飲酒最多的日子之一，由大學指派和僱用的派對監督員到一個兄弟會進行檢查，以確保他們遵守規定——除啤酒外不供應其他酒類，不設置桶裝啤酒，要提供食物和非酒精飲料，不製造擾人的噪音。一名監督員在兄弟會指派的「合規專員」（一個被指派擔任這個重要領導職務的大三生）的配合下完成了她的檢查表儀式。有蘇打水嗎？有。有哪些食物？五個不同的兄弟會成員指著貝果。音樂會開多大聲？「派對的音量程度。」成員打開音響做為示範。另一個派對監督員開玩笑說：「拜託，這可不是派對的音量。我不會來參加你們的派對。」大家都笑了，把音量調大了一點。前一個監督員找到了所需的蘇打水。

沒有人承認一個事實：許多兄弟會成員已經喝醉了。看不見有打開過的啤酒罐。沒有人查問這事，部分是因為酒已經被藏了起來。與此同時，這些人正在滑手機。這種事在大學生來說本來再普通不過，但他們可不是發簡訊約人去看比賽。他們正在做「派對安排」。這意謂著弄到他們需要的任何剩餘毒品：也許是一些大麻，但主要是古柯鹼。樓上的貯藏室裡已經放著九箱伏特加——是九箱，不是九瓶。大學工作人員離開後，一位兄弟自豪地向我們展示這一點。她們不會回來了。她們已經完成了她們的工作。

雖然秋高天冷，所有兄弟都是穿著印有兄弟會標誌的背心和百慕達短褲。莫瑞和庫柏在走入寒冷的晨雨時仍然是穿著這種有節日氣氛的裝束，卻不覺得冷，先前喝了的幾杯和對即來臨的狂歡的預期讓他們身體發熱。前往他們知道會賣酒給他們的酒鋪途中，他們規畫要買些什麼酒。兩人都很富有，至少他們家裡是如此。他們的男子氣概可以說更像是「大都會男子氣概」而不是「粗獷男子氣概」。[33]莫瑞對庫柏說：「老哥，我只是想喝點桃紅葡萄酒之類的。我的胃有點不舒服，所以只想喝些易喝和女生調調的東西。」庫柏斷然表示同意，希望他們能買到一種特定品牌的「優雅」盒裝葡萄酒：「這是一個派對，老兄！但這個月我在古柯斂花了一千塊錢，我沒錢了。而盒裝酒的毛病是它們太受歡迎，一下子就會被喝完。」莫瑞建議庫柏買一些盒裝酒，買回去之後藏在他的房間裡，但庫柏反駁說：「老哥，盒裝酒的目的是點燃派對！你不能囤積它。」最後，庫柏買了兩瓶最不昂貴的一．五公升白蘇維濃。女生較可能想喝白葡萄酒。莫瑞自己買了更多酒。庫柏和莫瑞是派對酒精的提供者：用他們花在古柯鹼的幾千美元之後剩下的一部分錢提供（據我們的估計這種說法並不誇張），莫瑞和庫柏展示他們做爲男人的「成功」。只有一些學生有辦法和有能力「點燃派對」。當然，這會讓他們面臨提供非法物品的風險；他們的特權伴隨著一種自以爲是的心態，從而助長了危險的冒險行爲。

這些人在乎自己是不是好主人，但也陶醉在對空間的掌控。對兄弟會會所空間的控制不僅僅關係到誰能進入前門——兄弟會成員們有時會以不太細緻的方式讓別人知道這會所名副其實是他們的家。從酒鋪回來之後，莫瑞在樓上感到寒冷，需要小便。他走出臥室，來到走廊的第一扇門前。他敲了敲門，聽到一個女聲，然後走到第二扇門，再次碰到同樣情形。他沮喪地把背靠在門上，彎曲一條腿，以腳後跟用力踢門。聽起來他準備把門踢開。裡面的女人聲音發出一聲驚呼。兩個女人從其中一間廁所走出來，神情慌張。他轉身向我們解釋說：「我關心我的兄弟，但對其他人，我不在乎。她們妨礙了我。」

後來，莫瑞回到自己的臥室，重新把門關上。他想談談他剛從房間裡趕出去的一個女人

——不是廁所裡的那個，而是早些時候的另一個。他想與我們分享一些重要的事情，但覺得不能讓她在場聽到。他告訴我們：

她真的很性感和很夠哥兒們。她很棒。她可以和我和其他人一起玩，而當我喝醉後，她會坐在他們大腿上，而那些人會說：「哇，莫瑞不在乎呢！」因為我們已經過了那個階段。我們去年就已處於最佳狀態，例如，我們會做愛，我第二天六點起床去練習，回來後她給我做早餐，然後我們再做愛，然後我去睡回籠覺，晚上再見她。棒呆了。

顯然，他最覺得她珍貴的理由之一，就是她願意不擾亂他的男性社交圈。兄弟會男性把他們的社交圈擴大至不僅包括女性（前提是她們要「夠哥兒們的」），還包括以前不歡迎的其他類型的男性。莫瑞問了我們一位研究助理亞歷克斯的情況。亞歷克斯表示自己和一名以色列男子結了婚。莫瑞馬上設法證明自己並不恐同：

哇，你真酷……夥計，我希望我是個同志，可以和一個男人約會。我不認為男人比女人聰明，但我確實相信男人比女人更有感情。真的，我很想成為一個男同志，和一個男同志一起放鬆，看體育比賽，玩Xbox和做愛。那將是一種很屌的關係。

亞歷克斯（他不是Xbox玩家或運動迷而是很優秀的民族誌工作者）明智地點點頭，沒有多說什麼。莫瑞繼續說：

這裡有些兄弟是男同志。但他們卻是些夠屌和夠哥兒們的傢伙，喜歡運動和玩Xbox。我認為，當你身處一個恐同的地方，你會需要建立一個社群，讓自己顯得娘娘腔。但在紐約，當同志不會有問題，所以這些兄弟可以做自己，表現得夠屌和一點都不娘娘腔。我他媽的討厭這個校園裡的社會正義戰士[viii]，但諷刺的是，我跟所有黑人兄弟和男同志兄弟們相處得很好。他們都超屌和正常。我有得罪你嗎？

亞歷克斯說他沒有覺得被得罪。「對，老哥，你夠屌的。」莫瑞總結說。他的話中存在著一連串的對立：一邊是夠屌的、夠哥兒們的和正常的，另一邊是娘娘腔和社會正義戰士。但同性戀者（和甚至黑人）一樣可以是站在他這一邊，只要他們在像他這樣的人的判斷中是「夠屌的」和「正常的」。[34]

當我們訪談馬拉基時，他還是大三學生，他在整個談話的過程中都強調哥大的白人性（whiteness）。他對他加入的是白人兄弟會而不是黑人兄弟會感到遺憾，部分原因是學生在白人派對中喝酒較多，在黑人派對中跳舞較多。他批評學校的核心課程太過白人取向，並擔心由於自己帶有「黑人男性的污名」，會更容易受到性侵害指控。在他看來，最安全的策略就是完全不喝酒。卡爾是大四黑人學生和校隊運動員，經常會被崇拜他的女生和滿臉羨慕的男生包圍。他拒絕喝酒，原因是他拒絕接受白人的大學經驗。「我真的對體驗別人的大學經驗不感興趣。」

有大量的飲酒是發生在兄弟會的脈絡和傳統的白人空間之外。在猶太學生生活中心，我們看到虔誠的學生們渾身大汗，瘋狂跳舞，分成男女小組，慶祝西赫托拉節（一個傳統上伴隨著激烈狂歡的節日）。在黑人學生組織主辦的一個派對結束後，我們站在學生中心一個公共安全辦公室附近，看著兩個男生扶著另一個搖搖晃晃的男生走進廁所嘔吐；警官看著我們，搖了搖頭。我們也參加過一些深受喜愛的「葡萄酒之夜」：在這些親密的晚餐中（對學生來說是有成人感覺的晚餐），那些找到了志同道合朋友和年長得擁有合適空間的學生會聚在一起喝酒和做飯。[35]

本章聚焦在一種非常特殊的飲酒方式——社會模式化的有毒校園縱酒。享有特權的白人極少想到他們可能會遭遇性侵害，而他們之中也少有人接受過預防教育，無從得知豪飲會

viii 譯注：「社會正義戰士」是一個貶義詞語，指支持女性主義、環保、民權、進步主義、多元文化主義和身分認同政治等觀點並積極參與社會運動的人。指責一個人爲社會正義戰士帶有指責其尋求主觀驗證而非任何深層次的信念的意味，並且藉助參與虛僞的社會正義討論或行動主義以提高個人聲譽。

顯著增加他們性侵害別人的風險。這種特權的具體實踐無意中對更大的社會集體產生了負面影響。它以兩種方式向外擴散：在文化上透過一種象徵性宰制（在其中縱酒狂歡被視爲獲得基本大學經驗的關鍵途徑），在結構上透過富有白人學生不平等地擁有的資源，包括擁有搞派對所需的資源，還有擁有可緩和酒後可能發生的事情的後果的資源。很多時候，所發生的事就是性愛——也有時是性侵害。

「想要的話我們可以打炮，但我們的關係也就到此爲止。」

諾曼身高近六呎，有一雙藍眼睛，一頭金色捲髮，留著一點鬍渣，完全是個沉著自信的大學生的形象。從他所說的話，我們得知他在他父母都念過的大學裡悠然自得。他一再形容自己是「幸運的」：做爲有錢人家的子女，他不用爲學費擔心；在他念的小型私立學校的幫助下，他找到了無薪實習的機會，十六歲就進入了疫苗研究實驗室；因爲母親讓他自小學習雙語，他可以用西班牙語跟一二五街酒鋪的人聊天，這讓他買酒變得更加容易（他還有一張製作精良的假身分證）。

諾曼把哥大的文化描述爲一種「鼓吹賣力學習之餘盡情玩樂的文化。人們會說：好吧，我在考試得了A，所以是時候出去喝得酩酊大醉。」他對此持批評態度。「那可以是很有趣的，與朋友共渡時光也可以是很棒的，但我也認爲，外出時期望透過瘋狂地粉碎自己來緩解所有壓力超級不健康……」然而，他口中的「哥大文化」其實是他做爲一個富有白人的經驗。學生們若無其事地告訴我們，他們週五晚餐後前往巴特勒圖書館，包包裡裝著筆記型電腦、筆記和水瓶。他們把鬧鐘定在十一點三十分，到了時間就打開水瓶，開始喝起來。他們不是在補充水分。在接下來的三十分鐘內，他們會完成溫習和喝下四、五杯量的酒。這樣，當他們在午夜剛過、圖書館關門後出現在派對上時，就不會「落後」他們的朋友太遠。這種飲酒是有目的性的，它讓學生可以擺脫工作模式，進入派對模式；此舉幾乎是對下班後飲酒的怪模怪樣模仿。

對校園性侵害的討論經常引用把酒精指爲罪魁禍首的研究，彷彿讓學生更加認識醉酒會亂性可以阻止他們暴飲。[36]但少有人提到的是，年輕成年人不是喝醉之後碰巧發生性行爲。**他們很常是為了發生性行為而喝醉**。眞正讓人費解的不是學生持續發生醉酒性行爲，而是成年人總是把學生的飲酒和性行爲當作某種特殊現象——特別是考慮到他們自己也普遍接受爲了性而喝酒這種做法。如果成年人批判性地、誠實地反思自己的性行爲和性歷史，會發現自己的情況和年輕人無多大不同。這尤以富有的美國白人爲然。[37]

被問及他在性行爲前會否飲酒或吸毒時，諾曼簡短地回答說：「不會。」但是大概是因爲注意到我們的驚訝，他補充說：「我有時也會和朋友出去喝幾杯，但不是爲了爲性接觸做準備。那更多是一種社交活動。」然後，他用一種奇怪的量化方式指出，喝醉後上床「可能會增加百分之二十五的情趣。」對諾曼來說，醉酒性行爲的風險主要是聲譽方面的。「我確實有過跟女生打炮但後來後悔的情況。」他依稀記得，大一的一個晚上，他參加一個派對前便喝了幾杯，等到派對時已經喝醉。與他一起上核心課程的米莎一直在跟他調情，但他對她不感興趣；事實上，他形容她「就像一塊放了三天的披薩……如果你眞的很餓，可能會用微波爐加熱來吃。但說到底並不那麼令人滿意。」然而，兩人還是一起回到她的房間，發生了性關係。他有些迂迴地強調說，這件事「絕不是未經雙方同意的。」儘管如此，他還是感到後悔。「我當時想，『我覺得妳一點都不聰明，就像我不想和妳共渡時光一樣……』她絕對沒有周圍大多數女孩那麼有吸引力……按照我平常的標準，她完全不合格。」然而讓他後悔的並不是性事不爽，而是他降低標準與米莎發生性關係。他的朋友們後來因此取笑他，在他們看來，她並不辣。所以，他的主要遺憾看來是他的社交地位受到損害。

美國疾病管制中心已停止使用「意外」(accident)一詞來描述槍枝傷害：意外是指無法預測或預防的事情。取而代之的是「非故意傷害」(unintentional injuries)。美國選擇不對武器進行管制，因此其槍枝死亡率遠遠超過世界上所有其他已開發國家——人均死亡人數幾乎是鄰國加拿大的十倍，丹麥的三十倍。[38]其他國家已利用法律和政策來有效預防與槍枝有關的死亡，因此，誠實地說，這些死亡不能被稱爲「意外」。同樣地，任何特定的醉酒性行爲的發生都可能存在不可預測的成分，但其爲一整體社會模式的情形卻很明顯。正如諾曼可能會說的那樣，喝幾杯以後和朋友出去玩，然後和某個人搭上，打炮前先給對方進行一番評量。（所以有理由希望後來不會覺得像是吃了放了三天的披薩。）在一個全女性的焦點團體中，雀兒喜對此表達了尖銳的矛盾感受：「想要在校園裡自然而然地認識人非常不容易……我會說，我唯一與男生調情的機會是在喝醉的時候。這種情形眞的讓我覺得很討厭。」這時沙姆斯插嘴問道：「妳是說妳喝醉還是他們喝醉？」

兩種情形都有。或者……我說不準。其實我並不會覺得難為情。加入姊妹會的部分原因就是為了認識男生。我真的不知道要怎樣認識他們。像是，他們在哪裡？在每個人都在喝酒的兄弟會地下室裡，或是在他們租的一間酒吧裡。我能不能跟那些我想多認識或覺得可愛的人互動，取決於我喝了多少酒。然後你也知道，如果我們都喝醉了在聊天，那麼，根據我的經驗，不會有什麼「我們改天再見」這種情況。我們會回我的房間去。想要過夜也可以，但之後就沒有下文了。

飲酒是異性戀白人學生累積性經驗的重要策略之一。但我們發現，不管是哪個種族和族裔群體、性態和性別認同，爲發生性行爲而喝酒都是許多學生的大學初期計畫的核心部分。

這是相當常見的；對「性健康倡議」調查數據的分析顯示，在過去三個月內發生過性行爲的性活躍學生中，有三分之二表示他們會在性行爲前或性行爲過程中喝酒。[39]

在回憶迎新週發生的一次勾搭時，念神經外科的羅蔓對細節的描述模模糊糊。她甚至不能百分之百確定那男生的名字，儘管她還記得在回他房間的路上停下來買餅乾——但她在回憶這件事情時的興奮之情是躍然可見的，因爲正如她向她的新朋友們描述的那樣，這次冒險「非常大學調調，是那種就是你在念大學時會做的事情。」學生們談到，醉酒可以鈍化他們勾搭時的尷尬，就像在拔牙之前打了局部麻醉藥一樣。瑪格特指出，她「只有喝醉了才有勇氣勾搭」，而珍妮特則談到喝酒是爲了期待勾搭，「因爲喝酒會有點模糊掉我的記憶，我會變得比較放得開……我不想記住自己的尷尬心理……我非常喜歡可以喝得酩酊大醉而不用再非常不自在。」

壓力和性羞恥是讓醉酒性行爲變得極爲普遍的主要原因。學者們已經指出醉酒會使人更容易受到性侵害，而個人、社區和組織都已經注意到這一點。[40]他們的一個反應（這是性侵害防治項目常見的）是教導年輕人，如果他們喝醉了，就無法對性行爲表示同意——按照法律標準，醉酒的人無法給予同意。這種說法可能是正確的，只不過許多學生（可能還有我們的許多讀者）確實會在醉酒後發生他們同意且不後悔的性行爲。酒精和性的結合意謂著，對那些爲了有一夜情而喝酒的學生來說，教他們不要醉酒性行爲的訊息相當於是在說「不要有性行爲」。要扭轉醉酒性行爲並不容易。更可行的做法可能是扭轉一些根本的原因，而此舉還可能帶來額外的好處。

在參觀其中一間宿舍時，我們在地下室的休息室停下腳步，看著會議室般的桌子和白板，詢問給我們導覽的學生，就他記得在那裡發生過的最有趣事情是什麼。他回答說：「嗯，八成是小狗——他們在考試期間帶來了治療犬。」每個人都喜歡小狗，而有證據顯示，牠們爲學生帶來了眞正的好處——但大學生竟然需要小狗來緩解壓力這一點對我們理解當今大學的環境有著什麼啓示？[41]

大學給學生的有些壓力是難以改變的，也不應該改變：這包括嚴苛的學業要求、要學生面對成長過程中的挑戰，以及弄清楚自己是誰和想做些什麼。但有些壓力來源是可以改變的。學校無法改變勞動市場，但可以改善就業服務，因爲對於沒有親友可以幫他們找到實習工作的學生來說，暑期工作競賽從九月便開始，需要寄出幾百份履歷謀職。離開家人和朋友是辛苦的。但學校可以採取更多措施來面對這一過渡階段的社交需求和情感需求。要注意的不只是迎新週期間發生的事情，有資源的學校還可以考慮校園社交地理——包括可促進社交互動的身分群體相關空間和公共空間——如何形塑造學生的經驗。

雖然學校不太可望藉由警示醉酒性行爲和性侵害的危險關係來減低性侵害，但至少有兩個醉酒性行爲的導因是可能改變的：性羞恥和結交新朋友的不易。性羞恥是社會的產物，反映了色情品做爲主要性資訊來源而讓人對自己身體產生的羞恥感，以及所有那些否認年輕人性公民權的「在我的屋簷下不可以」訊息[ix]的影響。[42]與不太熟悉的人發生性關係反映了勾搭做爲一種理想（一種「當大學生」的方式）的力量，但它也揭示了同儕網絡和課外活動做爲爲替代家庭所扮演的角色。如果人在念大學期間較容易結交朋友，他們可能會較爲願意冒險，與他們已經認識和喜歡的人發生情感糾葛。有好些方法可以建立一個社交環境，讓學生覺得不需要大量飲酒才能克服他們的心理障礙，以「放開」去發生性行爲。如果性從一開始就不那麼可怕，學生可能不需要喝得爛醉來消除他們的恐懼和羞恥。因此，解決醉酒性行爲問題的另一個方法是更廣泛地審視性本身：校園性地理是如何塑造性行爲、學生的性計畫是什麼、他們在實現這些計畫時拿捏的社會風險，以及他們看出或未能承認彼此的性公民權的時刻。

ix 譯注：指父母不准子女發生性行爲的訓誡。

CHAPTER

4

性何所爲？

What is Sex For?

「這也是他們的空間。我們已經同意不上床。」

來自科羅拉多州的黑人女學生薇拉形容，在她從前念的那所以文科見長的重點學校裡，性教育傳達的訊息不啻是：「不要發生性行爲，否則你們可能會感染性病，還可能會意外懷孕。」當她的高中同學談論性時，重點是評判而不是傳遞資訊：「例如會有謠言說，她是個——此處插入貶義詞。」薇拉同時對自己的最終性計畫和過渡時期計畫了然於胸。她的長期計畫是發展「一段美好的、長期的關係。」然而，「我知道這種事不會很快發生，所以就現在，我想先找些有利益關係的朋友（friends with benefits）。」她尋找的是一個「有趣、聰明、體貼、深情、聰明——而且有一頭捲髮」的性伴侶。「聰明」的要求對她來說顯然很重要（因爲她提到了兩次），但她對種族持不置可否的態度，只是又指出「我不認爲白人是我的潛在追求者」。對於性別，她說「八成是男性」，但這只是因爲「男性是預設值」。她媽媽關於性行爲的忠告簡短而明確：「不要做這種事。」只有在薇拉上大學前夕，她才稍稍改口說：「如果妳需要避孕，我不會論斷妳。」

薇拉確實需要避孕。她在網路找到許多資訊讓她得知，她一上大學就有需要服用避孕藥。用她的話來說，高中時她「在性方面不是很活躍」，但對於大學，「我想我最好是做好準備。」為了找到潛在的「有利益關係的朋友」，她求助於Tinder，一種用來與潛在性伴侶進行匹配的應用程式。她在巴納德學院的同校生堅決不論斷性行為，但大一初期，她和幾個室友「達成協議，不在宿舍裡發生性行為……這只是因為要與另外三個人協調眞的很難，而且我們的作息都不同，要同時將三個人踢出去似乎不太公平。就因為我要做愛而把正在溫習功課的她們趕走著實不公平。」她笑著回憶起她的室友（她形容她們「相當開放」）告訴她，她「是她們中行動最多的人」。然而，根據她們的協議，這些「行動」必須在其他地方進行。正如她解釋的那樣，「我不知道房間裡什麼時候會剩我一個人。就像我說的，我的室友都在溫習功課或聽音樂。我不會說：喂，妳們可以離開一下嗎？我想做愛。那有點無禮，因為房間她們也有份……所以這是一種保護性措施。」

室友之間約定不在分享的空間裡發生性行為肯定有助於人際和諧。然而，這也有可能讓人罩門大開。這讓人回想起克麗斯瑪的情形：有一次，她遠離校園，深入布魯克林，在一個男人的公寓裡被對方強迫她做比親熱更多的事。地理脈絡——學生們移動、會面和發生性行爲的地點——與他們的目標和價值觀交織，形塑了他們的性互動，爲有趣的、令人興奮的性愛創造出可能性，但也爲不好事情的發生創造了機會。

布特羅斯曾經不情願地回憶他被一個他幾乎不認識的女人性侵害的往事。那時他喝得很醉，身在一個陌生的城市——這件事反映出性侵害的空間特性。但布特羅斯在自己房間裡處理這種事的方式明顯不同，這既反映了他的性別，也反映了他對自己的性公民權的強烈意識。與差不多年紀的其他男生大不相同，布特羅斯對不喝酒的性行爲深感自如，不像其他男生那樣「除非喝了酒，否則極不敢開口與女生交談」。他認爲這種情形跟美國人的缺乏性素養和那些「不要做這種事」的訊息所產生的性羞恥有關。他帶著難以置信的神情講述他大一時的女友對懷孕和性傳染病的事有多無知。「我眞的敗給她！比如說，她認爲你只要及時拔出來，就什麼事都不會有。[i]但這顯然不是眞的。」

布特羅斯向他的大一室友直接要求做愛的空間。一個星期一下午五點，他給室友發去簡訊：「給我四十分鐘。」「我們有約好的知會方式。我們關係很好。」他說。當我們問他有沒有等室友回覆時，他笑了。沒有等待回覆正是他想講述這件事的原因。當時，他和女朋友在宿舍房裡胡搞瞎搞：

i 譯注：指以爲使用性交中斷法就絕不會懷孕。

我們接吻，互相撫摸……我們脫光了衣服——實際上沒有，我們還穿著內衣褲。然後我脫掉她的胸罩，再脫掉她的衣服，再脫掉她的內褲。我脫掉褲子，戴上保險套。我們開始做愛，先是傳教士體式，然後女牛仔式。後來我從床上摔下來，因為我們的床太小了。

他笑了。

於是我們改為站在床邊。然後我坐在椅子上，她坐在我身上。那感覺很棒。然後——我的桌子上堆滿了東西，放著一台筆記型電腦和一些書。但我室友的桌子卻完全是空的。所以我們最後躺在他的書桌上做。然後我室友突然敲門！他說：「噯，布特羅斯，我只需要進來一下下，我要拿我的包包。」

說到這裡，布特羅斯又笑了起來。

我抓住門把。「不行，現在別進來。」他問：「為什麼？」我說：「我在你的書桌上。」他說：「幹。」那場面真的很好笑。

在講述這個近距離的故事和經常涉及至少另一個人的性談判的挑戰時，布特羅斯從頭到尾都在笑。

其中的空間不僅僅是個背景——還幾乎成爲性場景中的第三個角色。大一新生瘋狂尋找空間做愛的舉動反映出他們使用共用寢室的可能性有多大，以及冒犯一個室友的後果有多嚴重。如果與性伴侶的關係變壞，學生可以把這個性伴侶「封鎖」（特別是如果對方是他們社交圈邊緣或社交圈之外的人的話），但他們必須和室友一起渡過一整年。宿舍房間的擺設迫使兩個人——無論他們只是想親熱還是純聊天——必須一起坐在床上。儘管宿舍的床有著多種用途（溫習功課、吃零食、跟父母視訊），但不可否認的是，床具有強烈的性成分。學生近乎潮水般進出彼此的宿舍房間是寄宿制高等教育的標誌性元素。宿舍生活是性侵害的一個基本機會結構（opportunity structure）。（社會科學家用**機會結構**一詞來指涉社會組織化和不平等的機會分配，最初的用途與犯罪行爲有關，但後來被應用在婚姻或求職等生活轉變，較近期又被應用於婚外性關係。）[1]

對於這一代的數位原住民來說，網路世界是性地景（sexual landscape）中真實而重要的向度，而由數位媒介的社交互動與面對面發生的社交互動之間存在著一條多孔的界線。我們常常看到幾個學生坐在午餐桌上，一邊滑動社交網站上的個人資料，一邊哈哈大笑；他們是在共同評估適合的約炮對象。在一次訪談中，一個學生笑著講述她有多麼簡單就查出一個自稱念康乃爾大學的傢伙其實是紐約城市學院的學生（「這不代表我在乎他念哪裡」）。「適合」與否的標準通常是對方是不是屬於你的大社交圈的成員。朋友的朋友是理想的社交距離：預先篩選除了是爲了篩選對方的社會可接受性，也是爲了查出對方和自己的主要朋友圈是不是距離夠遠（這樣，如果後來兩人出了問題，才不會造成社交破壞）。

我們聽到很多關於學生在Tinder或其他數位平台上認識男女朋友的故事。這些應用程式不僅僅用於尋找性伴侶，它們還幫助用戶組織和分類對象。誰也是同性戀者？誰是單身？誰在尋找樂子和誰願意承認想發展更深入的關係？並非所有學生都使用應用程式，而他們的使用方式也多種多樣；有些人在網上認識了長期交往的男女朋友，而一名學生則自豪地表示他大一時就與在Grindr上認識的七十三名男性發生過性關係。學生們透過手機調情。奧克塔薇亞在訪談中拿出手機，開始滑動螢幕，展示與她正在勾搭的那個男人發給她的照片：

他會在睡前發這個給我。都是很調情的照片，例如他赤裸上身，露出壞笑。我會說：「我可以加入嗎？」明白我的意思嗎？還有這張，我的天啊，看看他有多性感，我的媽啊。天啊。或是這種，全都有夠挑逗的。（她繼續滑動螢幕。）就像這樣：「我要好好疼妳。」又或者：「我可以過來嗎？這樣妳就可以好好疼我。」

當校園裡潛在的合適性伴侶在數量上感覺特別少時——有色人種學生、酷兒學生或有非常獨特性欲的學生尤其容易有此感覺——應用程式可以擴大人數。

在我們從事研究的早期，一位從事性別暨性行爲研究和在跨大學教師委員會任職的同事對「性健康倡議」專注於「性侵害和性健康」的框架提出了質疑，認爲「健康的性行爲」可能不是最適合用來概括或標示非性侵害性行爲的用詞。有很多性行爲儘管不是性侵害，卻不一定是「健康的」。接下來那週，我們詢問了我們的「大學部學生顧問委員會」（一群我們每週一早上都會就我們的研究進行諮詢的大學生，「附錄一」對他們在我們研究中的角色有充分解釋），請他們列出對非性侵害的性互動進行分類的所有不同方式。在密集的兩個小時裡，他們列出了數十個類別，包括：是否存在權力不平等？是否爲醉酒性行爲？他們提到了清醒時的性行爲（他們稱之爲「認眞的性行爲」），但也指出，對於不喝酒或嗑藥的學生來說，所有的性行爲都是清醒的性行爲。然後是親密關係中的性行爲（relationship sex），其中包括和解式性愛（makeup sex）、熱情的伴侶性愛（hot relationship sex）、如同去商店買一夸脫牛奶般「刺激」的性愛，以及當一方是性侵害倖存者時的親密行爲（這會帶來諸多挑戰）。再來還有「電話」性愛（通常使用視訊）。這份清單沒完沒了。

但這些多樣性的性互動可歸結爲五種性計畫：追求成爲技巧熟練的性伴侶、尋求生理快感、與他人建立情感聯結、定義自我，以及讓他人留下深刻印象——同時還要管理一系列複雜的社交機會和風險。檢視學生的性計畫可揭示那些原本看似神祕難解、令人不安或極度自私無情的行爲背後的內在邏輯。性愛與性侵害並非對立的兩極，部分原因在於兩者往往有著相同的脈絡，甚至非常相似的互動順序，都可能導致這兩種截然不同的經驗。

有一個字眼是學生用來稱呼這種情況——他們將某些性行爲形容爲「有強暴味」（rapey）。最初我們對此感到不安。用挑眉的表情稱某件事爲「有強暴味」，似乎是在拿一些不好笑的事情來開玩笑。我們期待看到「強暴」和「性愛」之間有一條明晰的界線。然而，學生們使用的字眼是窺見他們世界的一扇窗。當學生將性行爲形容爲「有強暴味」時，他們所表達的部分意思是，他們不願意將他們的性活動稱爲「性侵害」，但意識到它們與性侵害有很多相似之處。當學生談論其他「有強暴味」的事情時——無論是一九八〇年代經典青少年電影《少女十五十六時》（*Sixteen Candles*）中近乎約會強暴的一幕；迪士尼電影《美女和野獸》中加斯頓唱的歌，他表示不管貝兒願不願意都要娶她爲妻時；還是像〈寶貝，外面很冷〉（Baby, It's Cold Outside）這樣的經典爵士歌曲，歌詞描述一個男人試圖留住想要離開的女人，儘管她一再堅持要走——他們顯示的是一種文化情感上的轉變：人們開始意識到性侵害是一個社會問題。

「我只是太過忸怩……我無意做壞事。」

大學裡有許多處子：在接受「性健康倡議」調查的學生中，有五分之一男生、同比例非常規性別（gender-nonconforming）學生和三分之一的女生表示從未發生過性行爲。[2]然而，沒有性經驗的大一新生常常覺得自己太遜，想要迎頭趕上。這背後隱藏著一系列複雜的動機。[3]他們之中有許多人將隨意性行爲視爲大學經驗的核心部分——一種「眞正的大學生活」。但有些人則是因性經驗不足而感到羞恥，並擔心缺乏性經驗最終會讓他們要發生性關係時在性伴侶面前手足無措。大多數情況下，這些學生都是自律、勤奮的人。他們有些人反覆練習SAT單字卡，花幾百個小時練習小提琴，只用幾週就背熟了學校話劇主角的台詞，或投籃上千次來完善罰球技巧。許多人將性視爲一種技能，而不是人際互動的形式。這種思維方式讓性行爲成爲一種個人成就，其中的性伴侶是可以被替換的。

艾琳談到了一次聽起來讓人覺得可怕的性接觸，其唯一目的是失去童貞——用她的話來說就是「讓它成爲過去」。[4]話說在大一上學期臨近考試前，有一晚她從化學實驗室走回宿舍。有另一個大一新生在「學院步道」上走在她附近。她認得他就住在宿舍同一樓層的另一邊，兩人於是聊了起來。他想要跟她一起回她的房間。她心想：「也好，讓我了卻一件事。」他們在床上親熱了一會兒，但由於她的室友正在睡覺，她不想在房間裡發生性關係。他要去拿一個保險套，所以他們約在走廊末端的浴室見面。她脫下褲子，他抱起她，兩人站在淋浴間開始性交。她身體不興奮，一點也不潤滑，所以感覺疼痛。他對她的明顯不適表示歉意，但仍繼續抽插，表示下一次情況一定會有所改善。但沒有下一次了。當他拔出保險套，看到上面有血跡時，他意識到她還是處女。艾琳的室友聽到她回到房間裡。她坐在床上，默默地流淚。幾個室友坐到她旁邊關心她。回想起剛才的事時，她形容那男生是個「讓人難受的人」。她再沒有和他說過話。

我們沒有理由將艾琳的遭遇視爲性侵害。但毫無疑問，那互動讓她感覺很糟。學生爲累積性經驗或證明自己可以成爲現代人而進行的性行爲，突顯出存在於非個人化的性（impersonal sex）[ii]的一種風險：不關心對方是否感覺良好，不管那是在性方面還是其他方面。一個叫凱瑟琳的女生講述了一個她勾搭了幾個月的男子的事。他通常會在午夜前給她發簡訊。「妳醒著嗎？」「當然。」「我可以過去嗎？」她會以一個讚或有趣的動態貼圖做爲回應。他經常在她的宿舍房間過夜；雖然是兩個人擠一張單人床，但在寒冷的冬夜有人可以擁抱還是很好的。學生們將深秋稱爲「抱抱季」（cuffing season）：那時，隨著天氣開始變冷，鎖定潛在的過冬性伴侶——給他們戴上「手銬」——是有幫助的。「戴手銬」不同於戀愛關係，後者需要花更多的時間和冒更多的情感風險。有些學生向我們形容戀愛關係「就像額外修了一門三學分的課」——他們對於要不要修這門課感到猶豫，爲的是怕被占用太多時間，或者怕受到傷害或是傷害別人。就凱瑟琳的例子，和那男生「戴手銬」的時間並沒有持續太久。當他開始向凱瑟琳傾訴祖母最近過世讓他感到有多麼悲傷時，他就越過了界線。她固然是願意與他上床，甚至與他依偎在一起。但她也願意分享他的悲傷嗎？她不這樣認爲。所以她請他離開。凱瑟琳完全「有權」這麼做。如果她不想要他在那裡，他就不該在那裡。令人不安的並不是這兩個人在非戀愛關係下「上床」，而是艾琳對性伴侶的心情缺乏關心。她這樣的人不少。

有時，學生在性接觸時會對彼此的暗示較爲敏感。西蒙把他和喬丹的互動形容爲讓人不舒服和尷尬的——喬丹是他在迎新週一個派對上認識的大二生。派對後他們互通了一點簡訊，幾天後親身見面。在一個夏末的晚上，他們坐在勞氏圖書館的階梯上聊天和親熱了一下。這個部分很好玩。另一個晚上，喬丹帶他出去吃拉麵。最後，西蒙向喬丹承認自己是處男，他們相約在西蒙的房間碰面。在那裡，他們開始親熱。西蒙告訴我們，喬丹採取主動，二話不說脫掉他的衣服，然後脫掉自己的衣服。一被脫掉襯衫後，西蒙開始感到緊張——事實上，他緊張得告訴喬丹他要吐了，然後抓起襯衫，跑進了浴室。喬丹跟隨其後，要確定西蒙沒事。之後，他們回到房間，喬丹再次開始脫他的衣服。但西蒙阻止他說：「不要，我現在還沒準備好。」喬丹問他是不是確定他不想做任何事，而西蒙說確定。於是喬丹離開，他們自此沒有再見面。

ii 譯注：impersonal sex 原意爲不涉及私人關係和情緒的性活動。

我感到非常尷尬，我甚至不知道那回事要如何做起。我非常不舒服，因為我毫無經驗。我不知道恐懼從何而來，但我就是害怕，真的很不舒服。這真的很尷尬，因為你知道的，他比較年長，看來知道該怎麼做，而我只是個年輕的新生，緊張得甚至毫無樂趣可言。我為此感到非常尷尬，這也是為什麼我沒有再和他說話，因為我不想同樣的事再次發生。我只是太過忸怩，太意識到自己沒有經驗，不想表現得差勁，不想顯得不夠好。這讓我非常緊張。

問題不僅僅是緊張。他不認識喬丹，也沒有興趣進一步了解他，所以膚淺的身體互動讓他感覺很糟糕。西蒙愈來愈認同於將性行爲和親密結合在一起的性計畫。他形容，發現自己不想跟一個他不認識或不關心的人發生性關係讓他就像是得到了天啓，而且認爲這與他自小受到的保守基督教教養有關。[5]很多學生都有這種感覺，但他們有些人因爲看到同儕與人隨便上床，便覺得有需要看齊。他們想要增加性伴侶的數量，好向別人炫耀。非戀愛關係的性行爲的正常化讓那些對此感到不舒服的學生——我們認爲大多數學生皆如此——懷疑自己。他們感覺自己與時代脫節。不管勾搭文化在本質上是好是壞，它都做爲一種理想形式而對年輕人「應該」做什麼或應該想要什麼發揮著影響力。[6]

「別擔心，我經歷過更糟糕的。」

追求生理快感是一種大爲流行的性計畫。男性有時將其描述爲「讓我爽」。男人的「爽」被理所當然地視爲性互動的目標。在我們聽過的很多故事中，生理快感都是流向一個方向：從女性流向男性。似乎很少有人質疑這是異性戀性互動的邏輯：女生在圖書館書庫裡給男生打手槍，女生在喝醉後給男性友人口交，當一個女生知道一個男生已經七個月沒上床後大表同情而與對方親熱，皆是箇中例子。至少有一些校園性高潮差距（orgasm gap）是反映著男性沒有在異性戀互動中設法取悅女性。[7]這些單邊的高潮強化了一種刻板印象，即女性是無欲望的性滿足來源。這就好比兩個朋友定期爲一頓飯碰頭，但每次都是其中一個人做飯，另一個吃飯。對一方性快感的不關注在某種程度上會抹去他們的社會對等。在一個不小的程度上，相互性是社會的基礎。[8]然而，異性戀性行爲往往缺乏這種相互性，否定女性與男性有著同等地位，不承認她們的性公民權。這種性質的合意性行爲是性侵害的訓練場，教導年輕人接受只在意男性快感的性互動爲常態。

布特羅斯將女友對性的低期望歸咎於性教育不足（同樣是這種教育讓她誤以爲性交中斷法可以有效預防懷孕和性病）。但這些低期望也反映了她過去的經驗。他回憶他們第一次時的情景：「當時我說：『抱歉，我表現得太差勁了。』她說：『別擔心，我經歷過更糟糕的。』

後來，當體驗變好時，她又說：『這不是我習慣的，眞好。』我想這對我來說是一種信心增強劑。」

男性有時在談論女性的生理快感時，似乎更多是爲了顯示自己的能耐，而不是出於關心。但布特羅斯跟奧斯汀一樣，似乎眞誠地在意他的伴侶是否享受。當被問及性對他來說最重要的是什麼的問題時，布特羅斯說：「是兩個人都很喜歡……如果他們不喜歡，那就毫無意義了。眞的，如果不是雙方都感到享受，做愛還有什麼意義呢？」布特羅斯的女友出於善意，沒有承認他們的第一次「很糟糕」。他強調，相互的生理快感是性愛的全部意義所在。雖然她對這一發展感到滿意，但她似乎從未考慮過愉悅的性愛是她可以期待的。爲了了解他女友對他認爲極其好玩的「書桌上的性愛」有何感受，我們問他：「你達到高潮了嗎？她達到高潮了嗎？」「有，我有——我不確定她的情況，她變得很濕，我通常認爲這是個好跡象。當我問她時，她說有，但本來所有女生都會說『有』。」布特羅斯是我們訪談過的男性中較爲在意女友感受的人，似乎眞的關心女友是不是有產生快感。儘管如此，他還是不能確定她是否達到高潮——畢竟，「所有女生都會說有。」

「我想我愛上妳了。」

性計畫追求的也可能是情感上的親密。當我們請學生分享他們在大學裡最棒的性經驗時，他們選擇講述的故事常常表明，他們渴望以肌膚之親來表達關愛。這些故事也揭示了學生的恐懼——不僅害怕被拒絕，還害怕擾亂朋友之間的關係。柔伊是來自麻薩諸塞州的雙性戀大二學生，她在大學電台工作時認識了丹尼斯。他們只是朋友（丹尼斯已經有女朋友），但柔伊開始對他「暈船」。「暈船」一語在學生中很常用，用以表示對別人產生感情是自己無法控制的，甚至可能是不歡迎的，就像是「感染」了感冒。柔伊不確定是否要和一個關係如此密切的人在一起。她擔心如果進展不順利，她就會一無所有——既得不到男友，又沒了朋友。有一天，丹尼斯告訴柔伊，他想帶她去看難以置信的景觀。於是他們搭地鐵到三十四街，穿過擁擠的人行道，排隊等候登上帝國大廈的觀景台。日落時分，丹尼斯將柔伊拉近身邊，告訴她自己已經和女友分手了，又說：「我想我愛上妳了。」他親吻她的頭頂，然後走開。他似乎方寸大亂。她把他拉回身邊，他們在陌生人的環繞下接吻。柔伊說這是她曾經有過的最甜蜜經歷之一。

這些「初吻」故事有時帶有近乎電影元素的成分。一個例子是約翰在一個姊妹會暗戀派對（姊妹會成員邀請暗戀對象參加的派對）結束後把後來的女友送回宿舍的故事。雖然被她邀去參加「暗戀派對」本身似乎表明，女方不只想要與他當朋友，但因爲這邀請是她在姊妹會的「大姊」所安排，所以約翰並不確定她是否眞的喜歡他。他的意向很明確，至少在他自己看來是這樣。傍晚時分，當他送她回住處，沿著新生宿舍寬闊的煤渣磚走廊走到她房間門口時，他們的步伐放慢了。他希望她會做點什麼表明心跡，但什麼也沒發生。他告訴她自己玩得很開心，並侷促地拍了拍她的肩膀。就在他轉身要離開時，她喊道：「嘿，等等。」他猛地轉過身來，雙手抱住她。他們的嘴唇相觸。之後好幾個月他們都沒發生性關係。但在約翰的記憶裡，那是他在大學時期最美好的與性相關的時刻：從這個轉捩點開始，他們不再只是朋友。

「我不認爲我應該給你我的電話號碼。」

性行爲也提供了一條自我定義的途徑。道格將自己形容爲「小鮮肉同志」，他很直白地表示哥大位於紐約這一點和歷來對LGBTQ友善的校園氛圍，都給了他機會堂堂正正當一個男同志。[9]他的父母曾試圖讓他準備好成爲一個性自決的成年人；他們直接與他談論如何採取防護措施以及他們對性和愛的價值觀，鼓勵他只和自己在乎的人發生性關係。儘管他在上大學之前就向父母出櫃了，但他們從未直接與他談論做爲一個年輕的男同性戀者對他來說意謂著什麼。在他看來，那意謂著獲得大量的性經驗。他自豪地描述了他是如何刻意做到這一點，主動尋求愛滋病毒暴露前預防性投藥（此舉幾乎消除了所有感染愛滋病毒的風險），並定期接受性病檢測。對於性，他會在手機上打開Grindr，簡短地和某人聊天，然後約對方在宿舍見面，並傳簡訊給室友說他「需要使用房間」。

學生們利用這些有計畫的約會測試自己的性別認同。賈絲汀念工程學系，上大學前就公開了自己的雙性戀身分。但由於從未與女性發生過性關係，她問一位女性友人是否願意和她上床，讓她可以測試自己。有時她們會見面，一起消磨時間，進行口交。從賈絲汀的描述聽起來，她對她的友人並不真正感興趣，只是圖對方的親近性和性態。這個性伴侶是個象徵所有女性的符號。

有些性計畫的元素與學生是否為異性戀、女同性戀、男同性戀、雙性戀、順性別、跨性別或酷兒無關。代之以，它們是關於成為特定類型的男性或女性。艾絲美（她被陌生人性侵害的遭遇見第一章）是看電視影集《女孩我最大》（*Girls*）長大的。它在形成她的性價值觀方面發揮了強大的作用。她的大學性計畫有一個清晰分明的三階段目標：隨機與很多男生親熱，失去處子之身，然後和一個男朋友定下來。大三的一個秋日，艾絲美偕一個朋友去了她最喜歡的酒吧，後來有兩個男生走了進來。她之前和其中一個勾搭過，另一個男生（詹姆斯）也因為同上一門課而認識。艾絲米回憶說，她和詹姆斯「很來電」，他們耗在一起好幾個小時，喝酒、聊天和親熱——先是在那家酒吧，然後又去了另一家。他們當時都在和其他人交往——事實上艾絲美的半穩定男友就是詹姆斯的朋友——所以整件事情感覺「有點不對勁」。對她來說，這讓一切變得更加火熱。詹姆斯邀她回到他在附近的住處，說她可以睡在沙發上。

她同意了，但心裡明白他們仍然非常可能會發生性關係。當她在詹姆斯家裡表示她實際上不想睡沙發時，詹姆斯承認他也這麼想。艾絲美將那晚剩餘的時光形容爲「紮實的性愛」——據她回憶說，是她在大學裡最好的性經歷——做了兩次，然後兩人相擁而眠。是什麼讓這次經驗如此有趣？是那種魯莽——「這本不該發生的」；事實上，這「對我們兩人來說都具有破壞性。」她記得他「好到誇張」的公寓，又笑著回憶說她在第二天早上離開時拒絕留電話號碼給他。「我之所以如此喜歡這次經驗，是因爲我感到自己的冷酷。我說：『儘管昨晚很棒，我不認爲我應該留電話號碼給你。我相信我們以後還會再見。』」他那穿環的陰囊和滿布刺青的手臂，爲她隔天和朋友分享時提供了許多豐富的細節。

在父母的培養下，艾絲美上大學時已經對自己的性公民權有著充分的意識，他們總是坦然地回答她有關性和感情的問題。她講述的故事顯示，有些看似只是追求性快感的歡愛也不像乍看的簡單。這個故事會讓她喜孜孜，除了是因爲它包含著「紮實的性愛」，還是因爲它符合她對自己的認知——一個能夠以「冷酷」的冷靜態度規畫自己的性未來的人。沒有出現在她故事裡的是她的男朋友；她對自己的行爲會對他們的關係帶來什麼後果漠不關心，以至於在我們提示她之後，她才在訪談中注意到了這些後果。有些人可能會認爲艾絲美的故事是現代女性性能動主體的象徵，而有些人可能會認爲它是殘忍的、粗俗的或不體貼的。

同樣，奧克塔薇亞也致力於成爲一個酷女孩。中等身材，混血，有著令人驚嘆的綠眼睛和長長的捲髮，她一直受到男生的關注。對她來說，她的幾次三人行並不是關於雙性戀。她知道男生會覺得這非常刺激，而她也想成爲一個「什麼事都敢做」的女孩。但是，本質上不是追求親密關係的性計畫——例如那些專注於自己的快樂或者一心一意追求積累性經驗的性計畫——爲性侵害鋪平了道路，因爲在其中，另一個人只是被視爲性玩具而不是一個有血有肉的人。

不發生性關係也可以是一種宣示身分的方式。有些學生的性計畫是展現他們的宗教認同——有時以與感情關係有關的方式，有時以似乎與對方無大關係的方式。迪亞哥活躍於校園裡許多基督教學生社團的其中一個。他不是處男，很想要與現任女朋友上床。他非常喜歡她，覺得這會加深他們的關係（他過去有這樣的經驗）。但她不願意，而他也能接受。相對於他的人生計畫來說，他的性計畫是次要的，而他的人生計畫是尋找一個他愛和尊重、並對婚姻感興趣的伴侶。

馬特奧是通識教育學院大三學生和虔誠基督徒，他訓練自己在與女性交談時只看她們的眼睛，以避免在凝視她們的身體時產生淫念。過去，性是「他的一種毒品」。在上大學和找到上帝之前，他在一家健身房工作，認識很多女性；那時他的目標是和盡可能多的「高不可攀」的女性發生性關係——經常是在他停在健身房停車場的卡車上。但自從皈依宗教後，他完全避免發生性關係。他的性計畫變得完全與他的宗教認同有關。

積極參與宗教活動的學生，尤其是那些屬於夠大的社團也因此有夠多可能約會對象的學生，享有校園裡許多其他學生所缺乏的東西：有一個明確和持續爲他們提供價值觀的社會組織去框住他們的性計畫。當然，有些將性計畫與宗教認同綁在一起的信教學生會將性行爲延後到結婚；這是他們矢志追求的美好生活的一部分。其中就包括巴納德學院的一些大四學生，她們訂婚時會被同學裝飾房門以示慶祝——雖然訂婚在全國同年齡層中很罕見，但在校園裡活躍的猶太社群中，特別是現代正統派猶太教徒之間卻是常見的事。對於其他參與宗教活動的學生來說，情況就不那麼美好：因爲女性遠遠多於男性而造成了非常嚴重的兩性權力失衡。[iii]有些宗教傳統在討論性計畫時並不提倡性公民意識，要不就是以會產生個人內疚或公共羞恥的方式對性行爲進行道德規範；這些也會造成相當大的傷害。[10]特別是對酷兒學生來說，某些形式的宗教生活帶來的痛苦遠多於社會支持。[11]

「她有點強迫我這麼做。」

累積性經驗不僅僅有緩解焦慮[iv]的功能，還可讓人有故事與朋友分享——這種分享有時是爲了增進情誼，有時是爲了競爭地位。史蒂夫的故事一開始聽起來很像一個遭遇性侵害的故事，但卻因一件事情而發生轉變：他意識到卽便整件事情基本上是一個年輕女子強迫他獲得性經驗，但她也讓他擺脫了缺乏性經驗的「污點」。事情開始於他和幾個朋友在校園附近一家酒吧慶祝大一上學期期末考結束。他喝得很醉，也在那天晚上第一次吸了古柯鹼。他開始在酒吧和一群女人交談，她們其中一個建議他帶她回他的宿舍房間去。在此之前，史蒂夫沒有性經驗。

她有點強迫我這麼做。她說：「我們可以去你的房間嗎？」我不知道該說什麼，就應道：「好吧，我們走吧！」這不在我的計畫之內，也不是我真正想要的。我沒有特別覺得被她吸引。但我猜我不知怎樣拒絕。又或者部分原因是，我只是想把這事趕快了結掉。

兩人回到他的宿舍房間，坐在床邊聊了幾分鐘。然後他告訴對方，他從來沒有吻過任何人。他說他很害怕，不知道要怎麼做。她轉過身來開始吻他。他沒有拒絕。他愛撫她，然後他們互相口交。之後，她說他們不應該進行插入式性行爲（他認爲這是因爲她不想奪走他的童貞）。結束後，她問他是否想依偎在一起睡覺。他拒絕了，說他想回去找朋友。他興奮地告訴了他們所發生的事。

iii 譯注：指大多數宗教社團都是女多於男，讓男生比較挑。
iv 譯注：指因性經驗少而焦慮。

不知為何，我一輩子都害怕與別人發生親密的性行為。我以前總是害怕做一些我不知道該怎麼做的事情。我猜我是害怕做得不好。我很高興，因為我終於意識到：「我有必要這麼害怕嗎？……這真是荒唐。我是在退縮不前。」意識到這個真的讓我很高興。

史蒂夫說他害怕「做得不好」，這與西蒙的說法相似。史蒂夫很清楚他並沒有尋求性互動。他對性的描述是機械性的，很少談到快感，但結束後，他感到強烈的解脫。他的童貞不再是個「阻礙」。現在他可以和朋友們談論他的性經驗了——這更多是關於他的感受和他終於「做到了」的事實，而不是關於那個與他親熱的女人。史蒂夫似乎覺得自己是「有點被迫」這一點無傷大雅，因爲這讓他克服了恐懼。其他學生告訴我們，他們在迎新週期間會刻意找另一個處子發生性行爲，好讓彼此以後可以過上「正常的」大學生活，不必再爲怎樣達成「第一次」而傷腦筋。這反映出一種不是由人們想要什麼而是由他們不想要什麼來定義的大學計畫。「消極」的大學計畫（不想繼續當處子、不想在性事上表現惡劣、不想被認爲缺乏經驗或經驗太豐富）往往較容易表達，或至少比積極的大學計畫更常見。一個較積極的計畫往往是不好想像的。西蒙和史蒂夫都知道他們不想要些什麼。但他倆都沒有提到他們得到過任何成年人的忠告，指導他們應該想要些什麼。西蒙設法自己解決了這個問題，而且似乎做得不錯。史蒂夫則仍在掙扎，很大程度上被一種衝動左右：這種衝動驅使他在第一次性經驗之後跑回酒吧要聽聽朋友們的想法，而不是省思他想要些什麼或看重些什麼。[12]

重要得多的斷然是告訴朋友這些事。

戴安娜的光頭和單色連身裙讓她透著一種懺悔的味道。做爲一個大三學生，她形容自己「以前是異性戀者，現在是無性戀者（asexual）[v]。」但在大一上學期的時候，性行爲是她取得成就的一種方式。當時她認識了一群超級富有的女生，她們「每個月會花五千美元吃早午餐。」我們很困惑，問她怎麼能在早午餐上花這麼多錢。這些早午餐顯然需要喝很多香檳。可能還需要一點點誇張。[vi]不管怎樣，支付早午餐費用讓她很吃力，上大學前的夏天在遊樂場打工賺的錢很快花光。

週日早午餐的主要活動是傳遞你的手機，展示你前一週「交往過」的男生的臉書個人資料照片。這比賽是被她形容爲「噁心」的遭遇的唯一好處。話說有一次，她在大四生宿舍參加一個派對，女生只有她和另外兩個大一生，其他都是同一支隊伍的運動員。在去那裡之前，她和兩個朋友先喝了幾杯，到了之後又抽了男生們傳遞的大麻菸。然後，她朋友去了套房中

v 譯注：指會愛人但不會想與對方發生性行爲的性態。
vi 譯注：可能指五千美元之說有點誇大其詞。

的另一個房間繼續抽菸。她們一離開，情況迅速改變：

就像是聽到一個無聲的訊號那樣，所有男生都離開了，房間裡就剩我和最帥的那個傢伙。我覺得，因為他是最帥的，所以他們都離開，讓他和我上床。情況真的讓人很困惑。我當時想：「好吧，我們顯然是要上床了。」他關上門，什麼都沒說就開始脫我的衣服。我沒有表示反對。

戴安娜給他進行了口交，但他沒有禮尚往來。據戴安娜說：「他甚至沒有假裝關心我有沒有得到滿足。我們才一做完，他就把我的衣服還給我。」她穿好衣服走出去，卻發現很多隊員就站在門外偷聽。戴安娜覺得自己被利用。但即便只有一方獲得生理快感，這利用是相互的。這段經驗——和大四的運動員大帥哥上床——讓戴安娜在早午餐時間獲得了罕見的炫耀資本。「我因爲這件事有了一個好籌碼。」乍看之下，將她經歷的性行爲歸類爲非個人化的性非常合理，但卻忽略了最重要的一點：它可以鞏固社交關係（不是上床兩人之間的關係，而是當事人與他們各自朋友之間的關係）。

戴安娜在早午餐時間的勝利背後有一個與她的性計畫相關的背景故事，而她的性計畫包括培養一個特定的、表演性的社會身分（她想當一個壞女孩）和發展性技能。高中時，她想要「擅長做愛」。她非常明確地表達出她在尋求什麼，尋求起來（用她自己的話來說）也「非常有效率」：她在約會和約炮應用程式上「向右滑動」年齡在十八至三十歲之間的男性，讓他們知道她對他們感興趣。她會事先告訴他們她不想發生性行爲。她有規則：不選傳下體照片的人，只選那些說話有頭有腦的人。如果他們是正派的人，她就會和他們親熱。回想起來，戴安娜很慶幸自己從未與他們上床，也慶幸沒有人逼她這麼做。[13]

隨著高中畢業的臨近，戴安娜對自己還是處女愈來愈惱火。她是一名策劃者。她的計畫中沒有什麼浪漫甚至性行爲的成分。她開始與她的第一個男朋友約會，但幾乎是以「失去童貞」做爲唯一的目標。四年後，在向我們回顧這段關係時，她選擇用「虐待」來形容她對待男朋友的方式。她得到自己想要的東西之後，她就背叛他——還故意選擇他的宿敵。她的男朋友爲之崩潰，但戴安娜並不在乎。

如今大多數學生都會高估別人有過的性行爲次數；很少人知道，這一代學生的性行爲次數要比上一代學生少。一些同儕群體之間存在著競爭性，但每個群體的成員之間也相互競爭，根據某種集體商定的指標決定勝負。與他們發生性關係的人不是獎品，而是遊戲中的棋子。這背後隱藏著不小的恐懼——害怕跟不上，或領先大夥「太多」，甚至可能是害怕被嘲笑。對黛安娜來說，在早午餐時間遞手機的那一刻比前一晚的不愉快更重要。

對地位高的男生來說，這場競賽的形式可以是看他們在秋季學期的前幾週可以與多少個大一女生上床和與哪些女生上床。上大學前的那個夏天，莫瑞和幾個高中朋友瀏覽他們未來同學的臉書資料，列出他們想要與之上床的「正妹」名單。回憶起他在大一上學期前幾週與他選定的三個女生上床的事時，莫瑞明確表示，讓人興奮之處在於競爭，不在性行爲本身。「這絕對更多是關於你向朋友炫耀你與辣妹約炮，而不是關於任何眞正的性行爲。」他又明確表示，這些戰績的聽衆不是「更多的哥大學生，就只是你的朋友圈。」[14]

在決定某種經驗是否促進了一個人的性計畫時，同儕扮演了重要角色。例如，在迎新週期間，普拉蒂什和他剛認識的女生朱莉認定，在東亞研究圖書館的藏書之間親熱會很好玩。在走過圖書館宏偉的主閱覽室的拱形天花板、彩色玻璃窗和長橡木桌之後，是幾層樓的書庫，各層由金屬樓梯連接。這裡本來就極少有擁擠的時候，而那一天（勞動節週末前的星期三晚上）更是空無一人。他們親熱了一下，然後朱莉幫普拉蒂什打手槍。那一刻，還有事後的起初，普拉蒂什都很高興：「那眞是好玩極了。對我來說，這是非常有趣的事。我享受那經過，絕對不後悔，那是一段有趣的時光。」然而，後來事情變得讓人尷尬。朱莉告訴了她的幾個朋友，消息傳到普拉蒂什的朋友那裡，他們取笑他，因爲她不是「他們刻板印象中的漂亮女孩」。普拉蒂什對此顯然持防禦態度；他堅稱她很有趣，他們在一起玩得很開心。但事實證明，這對他來說很尷尬。他也許眞的喜歡朱莉，但他的朋友們卻因此嘲笑他。這影響了他未來的性決定（sexual decision），也影響了他對與朱莉在一起的時光的感受。

同儕用來評價性互動的標準清晰得殘忍——對方是會提高還是降低你的地位？學生最關注的性「風險」不是懷孕或感染性病，這些風險大多可以透過事後避孕藥和抗生素來控制。更加讓人覺得緊迫的風險是社交風險。在學生向我們憶述他們記憶中特別突出的性經驗時，我們發現影響他們選擇的是以下這些社會因素：性伴侶在大眾眼中的吸引力、同儕的反應，以及這段性經驗對他們的社交地位有何影響。這類風險甚至比性互動是否令人愉悅更爲顯著。學生眞正在乎的性愉悅看來是會帶來社交樂趣，亦即是有地位提升效果的一種。

「如果我只是和麥考利上床而他不是我的男朋友，我會感覺很糟糕。」

在寄宿的大學生活中，朋友群體和學生活動成員成爲了替代性家人（substitute family）。這是好事。這些自選的家人是學生最重要的支持和情緒健康來源。然而，其後果往往是有悖常理的。學生常告訴我們，他們與性伴侶的關係十之八九不會持久。暑假、畢業或出國留學都可能讓他們分開，甚至在學年中因爲有太多其他事情要做而分開。學生往往不願意在朋友圈裡發展一段感情。分手可能在一群關係緊密的朋友中引起混亂或造成裂痕，因此，在親密朋友圈中找約會對象會讓人覺得太過冒險。失去自選家人或破壞課外團體內的活力，代價都太高了。「樓層亂倫」（floor-cest）或「宿舍亂倫」（hall-cest）[vii]這兩個詞用來指與住同樓層或同宿舍的人發生性關係，反映出反對人與自己的直接社交群體發生性行爲的情感有多強烈。潛在的尷尬被認爲非常應該避免，值得你犧牲掉找到眞愛這種罕見但極具價值的潛在結果。因此，學生把目光投向那些處於朋友圈邊緣甚至之外的人。乍看之下，尋求與泛泛之交而不是與朋友發生性關係乃是輕率的行爲，但此舉實際上是爲了避免失去自己的最大支持來源的風險。學生常常避免與那些和自己最有共通點或眞正喜歡的人發生親密關係。風險規避的考慮迫使他們在不太熟悉的圈子碰運氣。又因爲和不認識的人裸裎相對會讓人覺得尷尬，那些希望能將勾搭發展成戀愛關係的學生常常會喝醉。不錯，派對既是喝酒的場合也是認識潛在性伴侶的場合，但喝酒也起到了情感麻醉的作用。瑪格特在回想時指出，她「只有喝醉了才有勇氣勾搭。」

除了尷尬，學生還有更多的社交風險需要管理。用來與潛在性伴侶建立聯繫的應用程式與累積性經驗的性計畫相結合，爲那些認爲自己的「次數」太少的學生提供了一種追趕的方式。數位媒介的性互動很有效率。學生不可能知道他們在派對上認識的某個人是否單身或已有伴侶，是異性戀還是同性戀。這可能會導致他們在派對上浪費一整個小時。向右滑或看到對方是單身就跳過了這些探詢步驟，讓學生與潛在性伴侶直接聯繫起來。它提供了效率和情感安全[viii]，讓學生無須面對一開始的可能拒絕。儘管奧克塔薇亞總是一副酷女孩的姿態，但她坦誠她害怕被拒絕。Tinder在她目前正在進行的勾搭起兩種作用。首先，它有助於將事情提升到一個新的水平。她說：

在哥大要認識新朋友很不容易。人們各自成小圈子——當你去酒吧，每個人都有自己的圈子，你很難知道某個人是否被你吸引。例如，我和麥考利彼此認識……但因為我們在Tinder配對上，這給了我們交談的理由，也證實了我們被彼此吸引。相反，如果我只是在酒吧遇到一個人並與他交談，他可能只是出於禮貌……如果你在網上與某人配對上，他就是百分之百對你感興趣。

奧克塔薇亞對應用程式的依賴程度時高時低，取決於「月份，還有我那時要應付的新對象和舊對象有誰。」這引出一個問題：「爲什麼總要不斷找新對象？」她殘酷地評估了情況。「因爲如果我沒有……我會感到不自在……如果我單身，我就必須約會。因爲只是和麥考利上床而他不是我的男朋友的話，我會感覺很糟糕。我沒辦法接受這樣。」說到這裡，她笑了起來。「我的想法是『如果你不打算娶我，我也不會只跟你一個人。抱歉，不可能的。』」[15]

她輪流使用不同的應用程式，會因爲沮喪或覺得太花時間而刪掉它們，然後當她試圖弄

vii 譯注：floor-cest由floor（樓層）與incest（亂倫）的字尾構成，hall-cest由hall（宿舍）與incest的字尾構成。

viii 譯注：卽不用難爲情。

清楚性在她生活中的角色而需要「應付」更多人時，重新安裝它們。

> 高中時，我會在焦慮或孤單時使用它……現在用的時候是「天啊，我壓力好大好焦慮，我需要做愛。」這能讓我感覺好點，不那麼孤單。它會讓我感到被支持。

奧克塔薇亞對此進行了反思。

> 用性來讓自己情緒好一點是不好的。我感覺自己猶如使用了一種化學物質，就像性可以產生多巴胺和血清素……我個人覺得，如果你情緒很糟糕，那麼使用酒精和毒品是不好的。這些東西應該是在你情緒好時使用，而不是用來改善你的情緒。

她說她正在努力「擺脫這種依賴。」她的目標是讓性「更多地使我與我喜歡的人建立紐帶，而不是試圖讓自己情緒較好。我已經找到了很多其他機制來應付壓力、焦慮或孤單，和朋友出去玩便是其中之一。但有時候，當我情緒很糟糕時，仍然想要做愛。」[16]

當我們問及她的性生活目標時，奧克塔薇亞毫不猶豫地回答說：「所以我現在真的——我真的很想要一個男朋友。我真的很想，而這是一件怪事。這不是一件怪事，但卻很難實現。」奧克塔薇亞擁有豐富的情感詞彙和良好的能力來反思是什麼驅使她的行爲，包括指出她會使用應用程式約炮是針對麥考利不打算娶她的情感保護措施。奧克塔薇亞和大多數同齡人一樣，都在害怕被拒絕的恐懼中掙扎（這是完全可以理解的）。奧克塔薇亞的自我分裂——一方面嚮往將愛融入性而另一方面不斷找「新對象」上床——並不罕見，但她的自述中引人注目之處是她無比清晰地知道，她拒絕只與麥考利上床是一種獨立的表現。

奧克塔薇亞對自己很嚴厲。大學可以是一段非常孤獨的時光，第一個學期尤其如此——當時學生離開了家裡，但還沒有對新朋友和校園活動習以爲常。在這種情況下，勾搭之於親密關係對許多學生來說猶如泡麵之於飯食：它不是眞正的長期替代品，但足以消除當下的渴求。在學生交到朋友之前（指交到可以訴說孤獨和思家的親密朋友之前），喝點酒（有時是喝得很醉）然後勾搭上一個相對陌生的人要較容易，也較爲被社會接受。雖然可能很可怕，但與朋友的朋友一起躺在床上至少可以提供一點人性的溫暖和身體的連結。對許多學生來說，勾搭是一種「追求最起碼程度滿足」（satisficing）的形式，是要以勉強可接受的事物來滿足一種欲望。但「追求最起碼程度滿足」會阻礙一些人去尋求他們眞正想要的東西。持續的勾搭固然可能會將寂寞孤單阻隔在外，但吃這些泡麵也意謂著你不準備爲了好好吃晚餐而先餓一下肚子。[17]

大三亞裔學生瑪格特在談到勾搭文化如何阻礙人們外出約會時，沮喪地搖搖頭：「在哥大，或者在其他大學，男女關係是從勾搭開始而不是以傳統的方式開始，也就是不是從約會開始。」因此，在她和別人勾搭時，「我的內心深處會希望得到更多東西。」但這個「更多東西」的標準其實很低。例如，烏娜期望於男生的是他們「在做愛後會想要聊聊天」，薇諾娜期望的是他們「第二天見到妳時會跟妳打招呼」。[18]

傑伊是個雙性戀的印度男生，他很清楚自己的性計畫是獲得肉體快感。他憶述了他與穆斯塔法的性互動，兩人是透過 Grindr 認識。在穆斯塔法的公寓裡，他在行將插入之前停下來問傑伊是否可以。傑伊爲此向我們誇讚穆斯塔法，指出很多人要「較具攻擊性」：直接就上，將先前透過 Grindr 進行的談話視爲對所有活動表示同意。[19]

在一系列的性計畫之間，始終可以將幾近或構成性侵害的互動與那些不構成性侵害的互動區分開來的，就是有沒有這個承認對方也是人的時刻。這並不表示爲追求快感、提高性技巧或向朋友炫耀而進行的性行爲必然會導致性侵害。但這些性計畫因爲不怎麼關心另一方，而爲性侵害奠定了基礎。它們是很容易發生「非個人化的性」的環境。我們並不反對勾搭或隨意性行爲本身。我們擔心的是這兩類性行爲發生在當事人（主要是女性和酷兒學生）對自己的性公民權缺乏清晰認知的情況下，而且他們的性伴侶（主要是男性但絕不僅限男性）也無法認識到他們同樣具有性公民權。

在實地調查的早期，我們向學生提出了一個我們認爲非常重要的問題——「性的目的是什麼？」大多數學生答不上來。有很多人說「這個嘛……是生小孩」，還有些人一臉茫然。最後我們不再問這個問題，改爲用其他方式來探出學生們的性計畫。除了那些信教的學生（他們因此有一個框架可以思考性行爲與道德的關係）和那些父母不避諱談論性的學生之外，大多數學生都必須靠自己摸索出自己的性計畫。他們的身體已經成熟，周圍充斥著關於性的嘈雜資訊（有關性危險的可怕資訊、流行文化對性行爲的煽動和網路的大量色情內容），但能夠和大人就這方面進行的談話常常少得可憐。他們一次又一次被告知不該做甚麼——不要讓自己懷孕、不要讓女孩懷孕、不要感染愛滋病毒、不要性侵害任何人，並慎防遭到性侵害。他們不受性別成規的約束，他們被催著去消費，他們壓力大、孤單而有不安全感。

但性到底意謂著什麼呢？回想一下西蒙幾乎因爲緊張而嘔吐，他試圖強迫自己實現他想要與一個帥氣的大二學生發生性關係的幻想，然後發現自己對於要與一個不認識的人上床備感不舒服。因此，卽便是「正常的性行爲」也包含許多掙扎；年輕人在試圖找出答案時會感到困惑，有時會不友善甚至殘忍。當他們進入大學後，他們得到的重要訊息是關於同意。對他們中的許多人來說，這就像從未學過算術卻得開始學微積分一樣。

CHAPTER 5 同意 Consent

「現實的說，既然妳人在這裡，就代表妳想要。」

斯蓉有著引人注目的外型：幾乎六呎高，一頭赤褐色短髮，舌頭穿孔。她坐下來接受我們的第三次訪談（也是最後一次），手裡拿著咖啡杯。她解釋說，那天她要寫三篇學期作業，所以想喝咖啡。我們交談時，她擺弄著紙板杯套，先是把它捲成一根管子，再展開，折疊成小正方形。然後她把杯套摺成手風琴形狀，放在桌上，一邊說話一邊拉動它。她的眼睛不時湧出眼淚，但她沒有伸手去抽紙巾，直到我們抽出一張放在盒子頂上她才去拿。是斯蓉發給我們電子郵件表示想要接受訪談，講述她的遭遇。就像我們訪談過的許多學生一樣，她似乎認爲與我們的談話是一種宣洩。她也表示，講述自己的故事感覺上像在盡一種社會責任，可以幫助打造更美好的未來。她忙碌的雙手——當然還有淚水——傳達著痛苦，但她卻是笑著走出門外。前後六小時的訪談讓她自己大爲受益，像是「夢想成眞」。她的酒窩在笑的時候露了出來。[1]

從我們第一次訪談她開始不久，一件事就很明顯：一次訪談是不夠的。因此，她的訪談延展爲三次，全程六小時。她談了她遇到的四次性侵害，其中三次發生在她上大學之前。在第二次訪談中，她有點不經意地提到她在哥大遭到的性侵害。

有一個我大概是在寒假之類喝醉後勾搭上的傢伙。然後我忘了為什麼，在大一暑假時，我不得不睡進他的房間。醒來的時候，我發現他的手伸進了我的褲子裡。於是我說：我要走了，謝謝你。說完就離開了。我後來沒有跟他談過這件事。

在回想那個男的當時可能是什麼想法時，斯蓉突顯出人們對「同意」的了解與他們的實際所作所爲之間的脫節：

老實說，我覺得他認為因為我住宿在他的公寓裡，所以即使我睡著了，也代表我同意他對我做些什麼。我認為這種想法相當普遍，人們就像是在說：「我當然知道什麼叫同意，但現實的說，既然妳人在這裡，就代表妳想要——這是顯然的。」這很可怕，卻普遍得令人難以置信。令我震驚的是，身體存在[i]在人們眼中常常被視為同意。這真是太愚蠢了，但卻很常見……還不僅是男人這樣認為。我的意思是，女人也絕對會做這樣的。你知道，你是和一個喝醉了的人在一起，而她不應該被打擾，但他們卻說：「對，但妳在這裡，所以妳想要。」

我們常常認爲，合意性行爲是性侵害的反面。但有時人們會說「好」，是因爲被迫。而人們也常在未明確說「好」的情況下，同意並眞心享受且渴望的性行爲。[2]在本章中，我們將描述學生如何實踐同意，並檢視是什麼塑造了這些實踐。正如學生們所說的，有很多合意性行爲都「有強暴味」，或者讓其中一方感到疼痛或不是很愉快（乃至讓雙方都是如此）。我們並非要規範人們應該如何獲得性愉悅。畢竟，人們是會爲了慰藉、加強一段感情或獲得一種新的體驗而同意甚或樂於進行不那麼愉悅的性行爲。[3]愉悅可以有很多不同的意義：從身體上的滿足到情感上的滿足，再到實現一些目標（例如獲得地位或新的體驗），都可以給人帶來愉悅。

有些學生確實謹守積極同意的原則，但很多其他學生透過各種社交線索來理解對方是同

i 譯注：指身體存在於某個空間中。

意還是不同意。他們把空間當作判斷同意的捷徑，而這突顯出校園性地理是如何影響學生們的行爲和他們如何理解它。學生們經常假定，別人願意與他們獨處一室就表示同意。在黑暗的地下室、擁擠的派對和喧鬧的酒吧裡，學生們經常不徵求同意（更遑論是徵得同意）便觸摸彼此的身體。這種觸摸在圖書館閱覽室、校園草坪或教室裡會被認爲是大有問題。

在我們進行實地調查期間，一系列廣爲人知的性侵害指控震驚了校園。這讓學生們敏銳地意識到同意的重要性。他們也收到很多校方發送的訊息，向他們強調「同意」標誌著性侵害和性愛之間的明確界線。男生們爲了表現正派和展示他們具有良性的男子氣概，甚至開始公開大聲談論同意的重要性和他們對同意原則的看重。在進行訪談時，爲了盡量減少社會期許誤差（〔social desirability bias〕指研究對象經常以符合社會期許的方式回答問題，而不是說出他們的眞實意願），我們刻意要求學生詳細地描述他們的性經歷，然後才問有關同意的問題。令人驚訝的是，幾乎沒有學生在描述一次性接觸之初會提及徵求同意的問題。當受訪者第二次被要求講述自己的故事又被明確問到有沒有徵求同意時，他們都會大吃一驚地意識到，積極同意並不是他們的性接觸的決定性特徵。有些人甚至這才意識到他們在過去的性互動中沒有徵得同意——一直到接受訪談爲止，他們原以爲這些互動是雙方同意的。

很多學生已經吸收了何謂積極同意的法律知識，但這知識有可能不會影響他們的行爲。他們在描述自己的同意實踐時，顯示出一種認知不協調，因爲他們知道自己的實踐未臻理想。絕大多數異性戀學生都在一個未明言的框架內運作，根據這個框架，男性是推進性行爲的人，而女性是負責設防。[4]在我們訪談過的異性戀女生中，大多數對這種不協調的反應很少多於困惑茫然。但在大多數異性戀男生，害怕徵求同意的方法不對和對無意中性侵害別人的恐懼是根深蒂固的，也是他們日常性經驗的一部分。有些男生基於特定的社會性原因——除了種族不平等外，還有身體缺乏吸引力或做爲性伴侶的社會期許較低——而擔心他們的同意實踐較有可能被認爲是未達期望的。換言之，讓性接觸變得「不想要的」（unwanted）不是因爲他們的性技巧或徵求同意的方式不夠好，而是因爲他們是誰致之。這是我們所說的同意是「社會產物」的部分原因之一。而且不僅僅是空間和時間ii——即性地理——構成了判斷同意的社會捷徑。同儕在同意上也發揮著至關重要的作用：他們會定義何謂合適的性伴侶、促成雙方同意的性互動、梳理性經歷並協助當事人將性經歷歸類爲搞笑的、草草了事的、叫人噁心的、有強暴味或性侵害。

我們對同意的分析爲我們關於校園環境如何產生性侵害的論證的餘下部分奠定了基礎。它也顯示出，讓運作在性行爲中的權力現形有其緊迫性——這些權力既與性別有關，也與種族、年級和其他形式的特權或弱勢有關。它表明同意不僅僅是兩個人之間的口頭交換：學生

ii 譯注：這裡是說某些時間和空間會讓人把性行爲的發生「當成」是得到同意。

在那一刻是怎樣想的，他們認爲什麼是可以安全地被視爲理所當然和是誰負責確保性行爲是同意的，都與他們的更大的校園故事有著分不開的關係。性地理、性公民權和性計畫這三個觀念幫助我們看見，當一個穿著印有所屬球隊、兄弟會或暑期金融工作標誌的襯衫的大四帥哥邀請一個第一代[iii]、沒有性經驗大一新生到他可以遠眺曼哈頓景觀的房間去時，背後有著多複雜的權力關係網絡。[5]

「我不想和一個可能會在第二天早上後悔的人上床。」

在徵求同意一事上，斯蓉面對的一大挑戰是許多學生也會遇到──對家境富裕的白人學生尤其如此。這不是說她和同儕不知道徵求同意的重要性和飲酒對同意構成的問題。但正如我們看到過的，醉酒性行爲是他們所熟知的校園景觀的一部分，乃至單靠知識──甚至是被性侵害的經驗──也可能改變不了他們的實際行爲。[6]斯蓉指出：

很多女性朋友都對我說過：天啊，我被性侵了。這讓我開始思考，絕對有過這樣的情況：我沒有得到我與之睡覺的人的充分同意……我的朋友都是倖存者，他們真正開始討論同意是什麼樣的，並意識到有時他們絕對沒有收到同意。不是說他們用暴力強迫別人，而是別人自己有狀況，例如不夠清醒以致無法同意所發生的事情，而且事後也沒有人感到受傷……不能有這種危險的想法：好吧，我們大概都想要，「這是好萊塢電影，我們不需要詢問彼此，雙方都很開心。[iv]」這非常要不得，不能聽之任之。每個人都是這樣，特別是大一新生。尤其是在一群人裡，你只是喝醉了才勾搭的時候……別人不是每次喝得酩酊大醉和無法合法地表示同意時，都必然感覺自己受到了性侵害，但是讓這樣的事情發生意謂著你總是有時候會傷害到別人……你不曉得這個人在知道自己做了這件他們無法同意的事時會是什麼反應。或者知道了這件發生在他們身上的事時會是什麼反應。有時他們完全無所謂，有時卻並非如此。

斯蓉本人的同意實踐反映了她除了致力於自我保護，還致力於「保護別人……我不會跑去性侵害別人，但我也不想和一個可能會在第二天早上後悔，或者不太感興趣或是不知道自己感受的人上床。」對她而言，這意謂著她在喝醉時盡量不去發生性關係。只不過，她的醉酒性行為還是滿多的。她在高中時已經參加過夠多的派對，所以，她的迎新週故事都是關於她怎樣照顧那些因爲第一次參加派對而玩得有點激烈的同儕。但她內容廣泛的陳述清楚表

iii 譯注：指家族中第一個上大學的人。
iv 譯注：好萊塢電影裡的男女都情投意合，纏綿時不需要互相徵求同意。

明，飲酒是她社交活動中不可或缺的一部分，因此，一個更容易達成的目標是在「完全清醒」的狀態下進行有關同意的初步談話。

她講述了她和一個Tinder上認識的男生的事。她和他在網上聊了幾星期，覺得他「看起來是個正常人」。她笑著解釋說，這話意謂著他「十之八九不會在床底下藏著一袋死貓。」他們的第一次面對面互動包括了一些「令人愉悅的相互口交……我當時想，啊，做得很棒，很令人興奮，你是個讓女性高潮的高手。」然後我們請她回想一下，「同意」在這次互動中扮演的角色。她說：

> 喝醉之前我們談得很清楚。我說：「你很有吸引力，而我們也聊了很多。說實在的，今晚我十之八九會和你睡——如果你同意的話。」他說：「酷啊，我同意。我也是一樣想法。」我真的不喜歡第一次和某人上床就喝醉。而且我很直截了當。主要是因為我有過很多非合意性行為。所以到了某個時候，你會想，讓我們把事情說清楚吧。把這個問題解決掉，我就不用再為它操心。另外，我也發現，如果你開誠布公，你會有更棒的性愛。

當「令人愉悅的相互口交」發生時，她是處於有點醉的狀態。許多學生告訴我們，清醒時的性行爲是「認眞的性行爲」——這意謂著它通常發生在戀愛關係中。有時人們會迴避這種性行爲，因爲它可能傳達出一種年輕人尚未準備好面對或是還不想表現出來的認眞程度。[7]

斯蓉的話透露出她的同意實踐在她的生活中極其根深蒂固。她領悟到「如果你開誠布公，你會有更棒的性愛。」談論性是她的性計畫的一部分，該計畫旨在讓性互動透明化，好讓她和性伴侶的偏好和欲望變得明確。斯蓉的做法反映了她的倖存者身分，她決定不搞「模糊的同意」這一套。她是一名雙性戀女性，對性別和性態的批判性思考幫助她識別自己的界線，並以細緻入微的方式思考別人的界線。她也是個享有特權的學生：因爲是高中划船隊隊員而認識幾十個其他大一新生，所以在社交互動中，她的基本假設是她的聲音應該被聽見。

拉丁裔的奧布芮來自美國西岸，是家裡第一個上大學的人。她敏銳地意識到自己與斯蓉的背景大異其趣。儘管她的家族去到美國西南部的時代可能還早於斯蓉在《五月花號》時代抵達的祖先，但她感覺自己在東北部的城市裡像個移民。奧布芮在高中時名列前茅，是班長又是辯論隊隊長，但她仍然記得她在大一時覺得自己比斯蓉這樣的人矮了一截——「這些人念的是私立高中，懂得拉丁文學和希臘文學。」剛上大學時，她看見男生們穿著「葡萄園牌」（Vineyard Vines）粉色短褲和「斯佩里牌」（Sperry）帆船鞋，感到大惑不解。回想到這個，她搖了搖一頭長長的捲髮，笑了起來：「我心想，『這是些他媽的什麼玩意兒？如果你在加州穿這個樣子，人們會取笑你的。』」就像斯蓉一樣，她在上大學前經歷過親密伴侶暴力：她一個男朋友威脅要向她開槍。他向她的寵物鳥開了槍，以表示他不是在開玩笑。在通向常春藤聯盟的路上，奧布芮經歷了很多事情。

就像斯蓉一樣，她把身處一個空間視爲點頭的表示：「如果我對將要發生的事情感到不舒服，我不會與一個試圖與我上床的人單獨相處，不會讓四周沒有人可以幫助我或搭救我……所以，如果我和一個男生一起坐在他的床上，就會知道事情是向著哪個方向發展。」但奧布芮清楚知道，僅僅與某個人坐在床上並不意謂著她有義務與對方發生性行爲。一天晚上，她和一個她勾搭了一段時間的橄欖球隊隊員躺在床上。他們當晚已經發生過一次性行爲，現在，他在醉酒狀態下「嘗試繼續發生性行爲」，沒注意到又或者是沒有顧及她毫無反應。「剛剛才來過一次，所以我說：『不要，我不想和你做愛。』我眞的把話說了出來。」她通常不會「把話說出來」；在一般情況下，她表達同意的方法是「和他們一起去一個私人地方，而當夜愈來愈深時，我會自己脫掉衣服做爲表示。」[8]當我們問她同意是如何運作時，奧布芮強調「如果我不想的話，我從來不會做」，但也開始反省自己的做法。

> 我也沒有問過他們，我只是假設他們同意——這樣是我不對……現在，回顧所有我勾搭別人的情形，我從未詢問或考慮過他們是否同意。我只是假設是他們採取主動的，所以如果我有所回應，他們一定非常歡迎……我覺得我沒有如我應有的樣子看待同意的問題。

那位橄欖球隊隊員在醉酒後的急於發生第二次性關係、他對她的不感興趣的漠然，還有她必須大聲說「不要，我不想和你做愛」這幾點，顯示出對許多學生來說，對性欲的明確口頭表達乃是例外情形而非通則。正如奧布芮所說的，那位橄欖球隊隊員並不是個「差勁的人」。他只是覺得，如果那天晚上能夠再做一次，就太酷了。他有點醉了，可能不太能理解她的感受——否則就是不顧及她的感受，認爲只要堅持己見，就可以如願。當奧布芮明確表示「不要」時，他停了下來。

在焦點團體和個人訪談中，我們發現學生已經吸收了大學提供的關於什麼構成「同意」的資訊。他們知道，根據紐約州法律，「積極同意」意謂著明確表示願意發生性行爲，而不僅僅是沒有說「不要」。[9] 然而，正如斯蓉清楚指出的那樣：「令我震驚的是，身體存在在人們眼中常常被視爲同意。」做爲遭遇過多次性侵害並努力讓自己和同儕秉持較高標準的學生，她的話提醒我們，了解學生實際上如何徵得同意而不是我們希望他們如何徵得同意有多麼重要。這些話也強調了許多學生對理想與實際之間的差距的認識。他們不僅意識到了這種差距，有些人還質疑積極同意對明確口頭同意的強調。一個女生指出：

我認為每次做愛時都問「嘿，你想做愛嗎？」或「你對這樣做沒意見吧？」之類，會怪怪的……因為我認為性是一件自然的事情，每次都必須徵得同意會有點奇怪，並且讓它看起來不那麼自然，幾乎像是被迫的。

另一個人也說：

> 我幾乎從未有過這樣的性體驗：其中一方說「你想發生性關係嗎？」然後另一方回答「是的。」……我想更多的是透過肢體語言或身體動作來傳達，例如抽身離開或之類。

我們訪談過的學生極少使用直接言語來徵求同意或表示同意。[10]代之以，他們使用各種策略來引導他們認爲是你情我願的性接觸，其中包括使用間接言語，例如「你想到我的房間嗎？」或「妳想離開這裡嗎？」他們傳簡訊約炮，但不會提及「性」這個字。即使是最露骨的言語——「我該戴保險套嗎？」——也避免露骨地提及性本身。再來還有經典性的簡訊：「U up?（你醒著嗎？）」學生以問對方是否醒著來暗示自己想做愛，並詢問對方是否願意。

除明確的談話以外，其他策略也有助於徵求同意和評估對方是否同意。[11]有些學生會觀察對方是否熱情地回應親吻，是否退縮還是湊近，或者是否毫無反應。他們傾聽呻吟聲和其他表達愉悅的聲音。這不是說學生在性行爲中從不說話。大多數人（當然不是全部）都會等著聽「不要」。在某些情況下，女性和男性都覺得自己沒有資格說「不要」。但有時他們卻沒有這種不自在。清晰傳達性界線的最明確例子涉及肛門。好些異性戀男性都談到他們強烈拒絕性伴侶觸摸肛門的嘗試。類似的，一個女生在男友想要進到那裡時大聲驚呼：「且慢，夥計！」明確表示她不同意他想做的事情。

有時，學生無法眞正了解自己的想法或按自己的想法行事。會出現這種情形，最常見的原因是他們喝醉了。他們的性伴侶常常也是如此。[12]在訪談中，學生談到了他們用什麼方法評估另一個人是否喝得太醉以致無法給予同意，並顯示他們完全了解酒醉到某種程度便不應該發生性行爲：

> 當另一個人喝得酩酊大醉，以致無法筆直行走，而你也無法與他好好談話時，那麼，對，你不應該——十之八九不應該——與他發生性行為，甚至不應該與他親熱。

但避免危險的醉酒性行爲的策略往往聚焦在醉酒時的最極端身體表現：指出在喝得太醉而無法維持勃起或會嘔吐時不要發生性行爲。學生也意識到一個人是有可能喝到「斷片」卻還能說話和走路，不過，他們在憶述自己有過的醉酒性行爲時，會略加粉飾，說自己或對方只是醉得「半不省人事」。

透過與年輕人交談以及觀察他們在酒吧、夜店、套房和派對上的互動，我們發現許多人是依靠默會訊號和情境知識，使用觸覺、視覺和聽覺來確定性伴侶的意向，而不是等待肯定的口頭同意。我們中間大多數人對此應該不會感到震驚。關鍵的是，學生認爲以下這些方法便足以表明自己的同意：不說「不要」、同意在某個地方見面、去某個人的房間、脫掉自己或性伴侶的衣服，以及扭動、呻吟或將對方拉近。這些都是學生認爲表示同意接受性方面示好之舉的方式。[13] 同意在學生眼中很重要，他們常常把它惦在心中。但他們的行爲通常遠遠達不到日益被採用的積極同意的標準。有鑑於學生遇到不想要和非自願的性觸摸的頻率很高（這是「性健康倡議」中最常見的性侵害形式），有一點値得我們注意：當學生在反思同意時，他們幾乎完全聚焦在爲發生性關係而徵求的同意上。[14]

「都是由男生來問同不同意的，不是嗎？」

張某人的短袖 Polo 衫整齊地紮在卡其褲裡，衣袖下露出他輪廓分明的手臂肌肉。加上清爽的白色運動鞋和很短的頭髮，他如自己所期望的那樣給人留下了深刻印象。讓人進一步印象深刻的是他提到，他上大學之後就戒菸了，因爲與他家鄉香港的人不同，「美國人不吸菸」。他的故事顯示出，學生的性計畫經常從在朋友面前炫耀和累積經驗，轉變爲在大學期間尋找親密關係。但它也表明，當男性不加批判地接受性別化的性腳本（認爲男性的工作是追求性而女性是表達同意與否）時，這會使他們更容易成爲性侵害的加害者。張某人如今以他在穿著中表現的同樣心態來尋求親密關係。他說：「這幾年來，我對約會和親密關係的觀念改變了。如今，我都是在尋找情感上的連結。在這連結確立之前，我不會有任何身體接觸。我更樂於與別人好好聊聊，了解對方，而不僅僅是爲了滿足欲望而進行生理活動……我變得更加從長遠角度看事情。」

和我們訪談過的許多男生一樣，張某人也有點浪漫情懷。在談到他最棒的性經驗時，他強調了雙方對彼此的關心和體貼而不是生理上的滿足感。那一次，他邀年輕女子一起在中央公園乘坐天鵝船，然後一起野餐。他在野餐籃最上層放了一打玫瑰和一張卡片，正式懇請對方當他女朋友。當天稍後，他們第一次發生性關係，而他驚訝地發現這是她的第一次。「我當時說：『讓我知道妳的感受。妳想我繼續下去嗎，還是說妳感到疼痛，請告訴我……』一開始眞的很困難，因爲她從沒有做過類似的事，所以很痛……所以我們進行得很慢。」張某人很想成爲一個細心的性伴侶。被問及他在做愛時擔心些什麼時，他回答說：「無法如我所願的那樣取悅我的伴侶。」

他形容自己早期的吸引力和性互動「非常膚淺」。回顧他的第一次性接觸時，他微笑著說：「我的初吻是發生在高中時期。那是一個三重挑戰。我太傻了。」他的第一次性經驗發生在一次學校旅行。「我的幾個朋友認爲有個年輕女孩很有魅力，我受到他們的影響，就開始和她說話……我不認爲我真的喜歡她這個人。我不認爲我對她了解得足夠多，以至於可以眞正喜歡她。」他最初的性接觸都是爲了滿足朋友的願望。就連他在哥大交的第一個女朋友也是他兄弟會裡的「老大」爲他挑選：「我們每年都有一次宴會，我沒有約會對象，不準備帶任何人參加。」他把這話說了兩遍，清楚顯示他的做法很大程度上是由兄弟會的老大驅使。「我本來不想邀請任何人，但他想要我帶這個女孩參加。」

張某人會轉而關注「長遠」，會希望在相互關懷的關係中發生性行爲，是以幾次極不愉快的經驗爲背景的。其中一次經驗涉及他擺脫一個和他勾搭了一段時間的女生——經過反省，他覺得自己使用的方式有著不必要的殘忍成分。還有另一次讓他後悔的經驗不是因爲他做了什麼，而是因爲「隨機勾搭」讓他意識到與陌生人同床共枕很不舒服，以至於他謊稱胃痛，從自己的床上爬起來，獨自蜷縮在套房的沙發上睡覺。張某人最終發展出一個將情感和身體親密性聯結起來的性計畫。他的故事讓我們得以一窺引起痛苦的性互動——包括他給別人引起和別人給他引起的痛苦——是如何讓他更深入地思考他所看重的性互動類型。就像我們訪談過的許多男生一樣，他看起來很和善。但和善與著重親密關係的性計畫並不能保證性侵害不會發生。

因爲相信徵求同意是男性的職責，他陷入了一個框架，這框架讓他陷入可能性侵害別人的風險，也讓他缺乏一套語言去充分考慮自己可能會成爲女性性侵害的對象。在一個性別化性能動性（gendered sexual agency）v的框架裡，將女性的不抗拒解釋爲同意是完全在理的。因此，不管是與他的高中女友還是與他在哥大認識的女生，他都強調同意並不需要語言交流：

> 你可以看出她正在回應，然後我會推進至下一步……她是否願意脫掉衣服，是否以某種方式觸摸我，這些在我看來都是非言語暗示，是在告訴你可以繼續推進。我想我從來沒有問過：「我可以和妳做愛嗎？」因為這會很彆扭，但我做的事很明顯是雙方合意的。

和許多男生一樣，張某人認定自己的職責是行動，他的性伴侶的職責是抗拒或默許：「例如，如果我脫掉她的衣服而她沒有阻止我，那對我來說她就是同意。」但被問到他是如何表示同意時，他說：「我大多數時候都是採取主動，所以同不同意是在她。」「性腳本」規定了性場景應該如何展開的共有想法。張某人這樣描述了讓他與女友最終發生性關係的「緩慢過程」，但其中雙方完全沒有有關性關係的談話：「我們先親熱，然後繼續推進，推進至……比方說推進至二壘，不管二壘是指什麼。然後在最終，經過了一段時間之後，我們發生了性關係。」[15]在他看來，這是人們處理同意的「眞正」方式。當我們問凱倫（第一章講述了她被性

v 譯注：指認爲男性有性欲而女性沒有性欲的想法。

侵害的經歷）她是如何獲得與她發生性關係的男性的同意時，她停頓了一下說：「那是一種心照不宣的同意……我認爲我從來沒有徵求過同意。」然後她反客爲主地問我們：「都是由男生來問同不同意的，不是嗎？」[16]

蜜雪兒・法恩（Michelle Fine）在一九八八年關於高中性教育的經典文章中談到了「缺席的欲望論述」（missing discourse of desire），指出上一代的性教育是基於（和複製了）這樣一種假設：性是男孩想要的東西，不是女孩想要的東西。[17]在異性戀學生的同意實踐中，這種欲望論述仍然缺失：他們的性互動反映著一個廣爲接受但基本上未經檢驗的假設，即男性尋求性而女性給予允許。[18]被問及女性要如何徵求或確定男性的同意時，異性戀學生經常要麼是笑，要麼是一臉驚訝。出於包容LGBT、酷兒和非常規性別經驗的願望，同意教育（consent education）經常用中性人名和代名詞來舉例，從而錯過了挑戰把同意的責任歸給男性的機會。包容心態毫無疑問極爲重要，但它不應該犧牲以對性別化性能動性、權力和性別化同意實踐[vi]的批判性討論。這討論是邁向打破把男子氣概等同於性能動性的第一步。

在評估男性如何絞盡腦汁將事情推進到一個新的水平[vii]時，女性有時可以很寬厚。羅莎在接受訪談的過程中一直心煩意亂。當我們要給她泡一杯咖啡時，她緊張地表示同意，然後當我們把咖啡遞給她時，她又失手掉在地上。她瘋狂擦拭地毯上的咖啡，滿眼淚水。我們的研究團隊觀察過她外出走動的情形，發現她通常都是這個樣子：高度緊張，還有點悲傷。她正在從飲食失調中恢復，並且與父親關係不好。她的大一開始得並不順利。因此，羅莎不想對發生在一個星期六的事情大驚小怪，當時（就在她接受訪談的幾週前）她和一個男生一起去了他的房間。他們先前在圖書館，他建議去拿他的冰箱裡的伏特加，到她的房間和她的幾個室友一起喝酒。那是辛苦的一星期，而他的提議似乎很有趣。她彎下腰，從他的迷你冰箱裡取出伏特加，當她轉身時，他「猛撲而下」，把舌頭伸進了她的喉嚨。她說：「且慢，老兄。抱歉，這不在我的預期之內。」他停下來，「明白了」她不感興趣。然而在接下來幾星期，他在各個派對上尾隨她，每天給她發簡訊。「我不想僅僅因為這個就看貶他，他沒有強暴我，他只是認為我想做一些我不想做的事情。」但她對他的擔憂與日俱增：「我不認為他為爭取做愛而採取的方式完全健康，他有一點——他有一點強人所難。」

據馬修．錢（Matthew Chin）對「性健康倡議」民族誌數據所做的分析顯示，「同意」與不同的時間概念密切相關，學生認不認為對方同意端視那是一年中的什麼時間（有些活動，例如大型春季派對「狂歡節」，特別受到性化〔sexualized〕）、雙方進入了一段關係多久、那是一天中的什麼時間，以及學生和同儕如何在性接觸發生前、發生時和發生後解讀事件以理解同意的含義。[19]羅莎故事中的年輕人可能將她願意到他房間視為有性趣的表現，或者將週六深

vi 譯注：指認為徵求同意只是男性的職責的看法。
vii 譯注：指從親熱推進至做愛之類。

夜的房間理解爲性空間（如果她是星期二早上到他房間來對比雙方的人文課筆記，情形便不會是如此）。他對訊號的解讀可能眞的是不正確的，又或者他就是無法想像任何其他進入性場景的方式，所以就放手一試，看看她是否會拒絕。他也是大一新生：笨拙，大概沒有太多性經驗，仍在努力尋找「獵物」。當然，這些只是解釋，不是正當理由。正如父母告訴生氣時會打人而不是說話的小孩那樣，他需要學會使用自己的語言，或者至少是在把舌頭伸入羅莎的嘴巴之前先從她那裡得到較明確的正面回饋——這特別是因爲，片刻以前她並不是充滿渴望地看著他的眼睛，而是背對著他。

一位年輕女性表示，與她發生性關係的男生「總是詢問」。但在回答我們的問題時，她驚訝地發現自己從未回問對方。另一位女性表示，她曾想過要徵求男友的同意，但「他認爲我問這個很蠢」。男生們也指出，男性的同意是不可思議的：「從來沒有人問過我，我們現在接吻好不好。這樣問會很怪。」在異性戀男女中，幾乎沒有人認爲男人不想做愛。這對女性的性管理能力提出了很高的要求：如果她們受到性侵害，可能會被指責她們在這項社會職責上效率低下。這也會讓男人不想發生性行爲的意願變得無效。[20]大多數異性戀學生在發生性行爲時都隱含地認定，同意是女性的單方面責任。這樣的腳本充其量會讓男性的性侵略性正常化。在最糟的情況下會爲性侵害奠定基礎。

「我不喜歡平庸。」

對於會使用自己言語的學生來說，舒適自如地談論性反映著一個著重生理快感和情感親密性的性計畫，也表現出他們對自己的性公民權的深廣理解。在台灣出生和在東南亞一所英語菁英寄宿學校念書的莉迪亞熱衷於怪癖。她形容自己是個「轉換器」，既能扮演順從的角色，又能扮演主導的角色，所以「我所經驗過的最棒性愛通常是在這兩個角色無縫地互相轉換時。」當我們請她講述一次具體的性互動時，她停頓了一下：

和我最近一個前男友在一起時，我覺得我們的性愛在情欲層次上很棒，因為我很擅長用言語表達，而且我很講究用詞，他也是如此……分手後我們第二次勾搭……我們做了一些轉換——就像轉換權力遊戲，但中間，我們停了下來。我說：「你真的很漂亮。」他說：「我不——我不——[viii]」我說：「你不相信我嗎？」他說：「有點難相信。」所以我們就花了接下來的二十分鐘——我花了十分鐘去撫摸他的身體，並告訴他：「你真的很漂亮，因此我真的很喜歡你身體的這個部分，」然後他對我做了一樣的事。我真正喜歡的是這種親密感和性激情的無縫銜接。

viii 譯注：似乎指「我不相信」。

莉迪亞認爲，她的做法符合積極同意的精神：

「同意是心照不宣」的說法聽起來真的非常、非常糟糕，因為那樣的話，它並沒有真正表達出同意。但我認為，在我們的關係本身建立了很多界線之後，我們真的不必互相詢問，因為我們基本上在做我們以前做過的事。因此，即使不是在戀愛關係中，我們都覺得沒有必要明確地問「這樣可以嗎？」，除非那是我們以前沒有做過的事。我通常傾向於根據非言語的身體語言線索來衡量反應。例如，如果我正在做某事，我會問：「你感覺好嗎？這樣可以嗎？如果不好請告訴我。」我認為，當你已經建立了一定程度的信任，那個人如果不舒服自會告訴你。例如，當我的手往他們身體下面摸索時，我會問：「這樣可以嗎？」或者問：「你感覺還好嗎？還有什麼別的是你想我為你做的？」我通常很有反應，而如果我的伴侶做什麼新嘗試的話，通常也會問我，例如問我感覺好嗎。我會說「好」。我認為身體語言對我們雙方都非常重要，例如呻吟、扭動、身體拱起。我認為它們是很容易辨別的跡象。通常，如果他們沒有熱情回應，我會說，好吧，我必須做出一些改變，因為我不喜歡平庸。

莉迪亞正在描述她對性愛的一般做法：她通常做些什麼，她通常如何傾聽，如果她的伴侶沒有熱情回應，她如何「做出一些改變」。然後，她談到了一次符合口頭同意標準的性互動（儘管如此，她不會選擇讓同樣的事情再發生一次）。話說去年夏天，她與一個親近的男性友人發生了性關係。他們事前談論了性愛，她由此得知頭部按摩可以讓他很興奮。於是她採取了行動：「這就像一次求歡。我本來就很了解他，這是很明顯的。」但實際的性行爲並不讓人滿意：「他問：『我可以操你嗎？』我說：『可以。』但同意的作用僅止於此。我的意思是，這次的性愛並沒有讓我覺得太滿意。我是說，性愛本身不錯，但我們沒談太多話。好吧，談話就是我做愛時喜歡做的事情，是可以讓我興奮起來的事情。」

莉迪亞談論性愛異常輕鬆自在——不僅對伴侶是如此，在接受我們訪談時也是如此。這反映出她對性本身的舒適自如。[21]當我們問她「性的目的何在？」時，她不假思索地馬上回答，表明這是她之前就思考過的問題。她說：

事實上，我的目的已經改變了一段時間，因為當我剛開始做愛時，我發現我很擅長取悅別人，然而儘管做了很多研究，我真的不知道別人能做些什麼來取悅我。所以對我來說，在大學裡建立一種很性相互的關係對我來說愈來愈重要……這可能是因為，我的頭兩個男朋友都是處男，所以他們並不真正知道自己在做什麼，而我比他們知道得多一點點，只是因為我會在網上查找。這讓我覺得，和他們做愛真的很棒很有趣，但要怎樣才能讓性愛變得更棒呢？我想這可能就是我的目標。我的意思是，雖然我喜歡取悅我的伴侶，但我也很想知道我喜歡什麼，以及他們可以做什麼讓我覺得愉快。

莉迪亞上大學前的生活讓人預想不到她後來會有深廣的性公民意識，預想不到她的性計畫會持續演化。她第一次接觸到一點有關性的資訊是在十歲左右，當時她在牙醫診所翻閱一本雜誌，偶然讀到關於性侵害的描述。六年級時，她母親得知學校將教授性教育後的反應是：「好吧，妳可以去聽，但別想它。」莉迪亞形容自己對性充滿好奇，並沒有因高中頭兩年的「禁欲教育」而氣餒——這種教育把性說成壞事，說成危險區域，叮囑學生不要被別人碰。然後，在她高中三年級的時候，「情況突然改變了。我們來了一些非常酷的性教育者——這群大學生展示會用得著諸如同意之類的事情的情境。」但在很大程度上，她的性教育是自學得來的，這個過程在持續進行和得到網路的支持：「我會上Scarleteen之類的網站，看看性是什麼樣子的。我周圍的人都說：天哪，性太噁心了。但我卻覺得不是，認爲它看起來很有趣。我想了解更多。」莉迪亞讚揚大學大體普遍的「性積極」（sex-positive）氛圍：「有些組織會分發保險套，所以我認爲人們得到了性行爲是可以接受的訊息。」但她也指出，現有資源可能無法惠及那些最需要它們的人；根據她的經驗，可能去尋找有關性的資源的人是那些已經了解很多，並且對性行爲持相當正面看法的人。

我覺得並不是每個人都擁有同樣多的知識——不僅是性和生理學方面的知識，還是關於同意和如何讓性行為變得愉快和有趣的知識。為此開一個研討會很奇怪，那樣每個人都會受到像幼兒園小朋友一樣的對待。但是，人人都有基本知識會很好。

「我會用最響亮的聲音大吵大鬧。我會讓你感到羞恥」：質疑同意

談論LGBTQ學生的「經驗」是錯誤的，因爲沒有單一的經驗。例如，順性別男同性戀者的經驗可能與跨性別男同性戀者不同，一如他們的經驗有別於順性別異性戀男性。當我們分析LGBTQ學生如何實踐同意時，我們開始看出預防性侵害的新可能性和理解性侵害發生原因的新方法。在某種程度上，這些洞見的出現是因爲我們在挖掘資料時所遇到了一個困惑。正如我們指出過的，研究（包括我們自己的研究）發現，LGBTQ學生遭受性侵害的機率遠高於異性戀和二元性別學生。然而，當我們訪談這個紛雜的人群時，我們也發現，他們的同意實踐通常（但非一律）更接近積極同意的理想狀態。[ix] 然則，何以這些更有可能徵求積極同意的人會更有可能遇到性侵害呢？[22]

ix 譯注：指他們更有可能在發生性關係前先徵得對方同意。

我們得到的第一個體認是，LGBTQ學生遭性侵害的經驗並不僅見於性情境。當然，性侵害也發生在非性情境中這種事在各種群體的學生中間皆見，但我們聽說過許多LGBTQ學生在異性戀環境中遭到性侵害的故事——他們去異性戀環境是希望與人社交，不是尋求性行為。這並不是說他們一定是異性戀者的目標，而是異性戀者經驗為「正常」的性活動會被LGBTQ學生經驗為性侵害並如此歸類。

這種模式在有色人種酷兒女性中間最為明顯。一個例子是米凱拉，她講述了她在一場大一時的兄弟會派對的遭遇。她去參加派對不是為了找男人或找女人。這些派對是社交盛事，她去那裡只是要感受一下她宿舍室友感受過的熱烈氣氛。然而，她感受到的卻完全是另一回事。

人們抓你、摸你，喝得酩酊大醉，大聲說話，尖叫……氣氛咄咄逼人……（男人）不斷勸人喝酒，儘管別人已經喝醉……他們不斷勸女生喝酒。我和一個女性朋友在那裡，被人以十種不同的方式褻褻……有人會把酒潑到女生身上，然後說：「把襯衫脫掉！」這種情形讓人震驚，但其他人對此一笑置之：「哈哈哈，查理喝醉了。」……但事情非常接近暴力的邊緣……當有人抓我時，我會說：「你抓錯人了，因為我會用最響亮的聲音大吵大鬧。我會讓你感到羞恥。我會確保你記住，你做了不是你需要做的事。」通常他們會說：「呃，呃，對不起。」我說：「為了什麼對不起？」這時，我們的情況會引起別人的注意，而幾乎每一次，抓我的人都會感到尷尬萬分，會說：「呸。再見。」這時我會說：「啊，我毀了你的興致嗎？那太好了。因為這就是你對我所做的事。希望你現在會享受這個派對，因為每個人都知道你幹了什麼好事……」不能這樣修理他的話會讓人氣結。

這番話的引人注目之處不是有人會在擠滿人的派對空間裡亂抓別人，而是米凱拉拒絕把這種事視爲「正常」。對於LGBTQ學生所受到的高比率性侵害，我們提供的部分解釋與此類似：他們更傾向於給會被異性戀學生（尤其是女生）視爲「正常」的事情貼上「未經同意」的標籤。[x] LGBTQ遭性侵害的高比率可能部分反映了他們拒絕接受異性戀學生將性侵略行爲常態化。大多數LGBTQ學生在上大學時都已經歷了一輩子的言語抹拭；遭性別錯稱（misgendering）[xi]、被假定是異性戀者，以及被迫在每個轉彎處——更衣室、浴室、畢業舞會——覓路穿過一個不承認他們身分的世界。因此，他們會更快地譴責性侵害是可以理解的。反觀他們受到性別二元論和異性戀庇護的同儕卻比較願意忍受性侵害。

在徵求同意的方式方面，我們也發現，LGBTQ學生的做法有著顯著差異。對於某些

x 譯注：指異性戀學生比較會把性侵害視爲「正常」而不將其歸類爲性侵害。

xi 譯注：一個例子是把一個性別認同爲男性的人稱爲「她」。

類型的性行為，男同性戀者徵求同意的方法與異性戀同儕相似。梅傑是白人男同志，他的說法呼應了我們從異性戀男性聽到的說法，後者通常認為同意是透過非正式而非明確的溝通來實現。被問及他徵求同意的方法時，梅傑指出，那「更像是身體語言。你看得出來他們是不是同意，是否能夠接受某種做法或是否感到非常不舒服。」然而，這種心照不宣的同意是有局限性的。梅傑指出，「身體語言式」的同意並不能涵蓋所有的性行為——在他和性伴侶進行肛交時尤其不適用。「特別是在進行肛門插入時，我認為徵求同意通常包括很多確認，會一再問對方：『你還好嗎？』……對，我認為這是約定的一部分，不限於和某人頭幾次（肛交）才是這樣。每一次總是有很多確認，像是『這樣可以嗎？』」

這些確認有一些是實務性的，例如用以協商誰當「0號」誰當「1號」，或是確保當0號的人不用擔心他們的肛門腔留有糞便。但這也是因為不想引起性伴侶疼痛。亞裔雙性戀男子雅各向我們憶述了第一個與他肛交的男生的善良。「當時有點痛。我被觸底了，所以開始當然會痛。但他很體諒，所以最終還是很愉快的……」聽著這類故事時，我們慢慢看出來，因為缺乏性腳本和事前規定的互動模式，取得同意的方式往往必須更加刻意。這在某種程度上反映了這些學生缺乏關於性親密的文化再現（cultural representations）；只有從過去十年起，美國主流電影和電視節目才開始嘗試性地描繪女同性戀、男同性戀或雙性戀的青少年羅曼史。而即便如此，它們一般還是會迴避那些不是清楚地符合性別二元論的角色。有些性教育課程固然有顧及LGBTQ，但我們訪談過的每個酷兒或跨性別學生都表示他們接受的性教育「不適用於」他們的性生活。這種對他們性公民權的否認帶來了始料未及的後果（對跨性別和酷兒學生尤其如此），那就是積極同意成爲了他們的卽興性行爲的框架。一個性別酷兒學生這樣描述他與當前性伴侶的第一次性經驗：「對，我當時心想：『我甚至不確定自己應該做些什麼。』……因爲我們知道我們都沒有過同性性經驗……所以我就說：『我說不準，但我們可以試一試。』」這樣，明確的溝通成爲了性互動的幾乎必要特徵。

我們找不到證據證明這種現象是由身分造成的；反而是性行爲的特殊經驗非常重要。因此，只經歷過異性性接觸的雙性戀和酷兒女性傾向於以與異性戀女性非常相似的方式描述她們的同意實踐。但那些有過非異性戀性行爲的人，例如我們採訪的雙性戀女性克拉麗絲，描述了根本不同的同意實踐。

克拉麗絲指出，當她與其他雙性戀女性、女同志或酷兒發生性關係時，她必須與他們談話，以知道他們想要什麼。「事情不會像是T（butch）／婆（femme）[xii]之分或之類的……它會有點兒模糊。」一旦她開始不依賴性別化腳本而與性伴侶進行這一類討論，她與順性別男性的性行爲也開始有所改變。

xii 譯注：「T」指陽剛氣質的女同性戀者，「婆」指陰柔氣質的女同性戀者。

在一次互動中……他真的很含糊。他說：「如果我脫掉襯衫會很酷嗎？」我說：「你想做愛嗎？」(笑)我當時想：「我不喜歡在性的事情上含糊。」……他說：「對。」因為我個人認為，當有人說：「對，我被妳吸引。我想和妳做愛。」這會激發你的自信。這太棒了，所以這就是我的看法，所以如果我徵求同意，我會說：「你想做愛嗎？」

這提供了一些證據，表明徵求同意很重要。行動不只是出於思慮，它們有時也是由我們依賴的習慣所塑造的。[23]在分析酷兒經驗時，我們開始看出異性戀經驗的一些重要事情，特別是異性戀性腳本可能會產生出一些很大程度上依賴非言語溝通的同意習慣。但在那些不能依賴這些腳本的人(他們的同性戀性行爲或酷兒性行爲需要他們以更明確的方式表達欲望)，這些習慣要麼永遠不會養成，要麼可能變得不穩定。我們發現這會影響到雙性戀者或酷兒進行異性戀性行爲的方式。了解同意重要還不夠：同意還是必須去經驗和實踐的。這些洞察對於尋求促進積極同意的潛在預防措施至關重要。

「我眞的眞的眞的很擔心這個。」

斯蓉在哥大從不擔心歸屬感的問題。她指出，由於她之前受過的教育，還有她父母都念過大學（事實上她家裡其他人全都上過大學），她對自己的大學生身分悠然自得。然而，對於其他學生來說，無論他們先前對性行爲了解與否，他們的同意實踐反映了他們在大學裡的不安全感——他們擔心的與其說是他們是否有權利找人發生性行爲，不如說他們是否有權利在哥大就讀。[24]大四黑人學生馬拉奇向我們談到了他在哥大要跟上課業有多艱難，以及他對於能夠在哥大就讀感到多麼幸運。在講述他的哥大生活的過程中，他反覆談到他的邊緣感，談到老師對學生運動員的「尖酸刻薄」，核心課程缺乏「有關各個少數族群的內容」，他爲了跟上課業而焦頭爛額：「即使我在高中時成績已經非常接近名列前茅……來到這裡之後，我得學一些初級水平的東西，例如微積分。我坐在那裡，感覺自己像是『什麼都不知道。』但那顯然是我周圍的人都在高中時學過的。」然而，他卻認爲獲得這種程度的教育是「一輩子一遇的機會」，因此喜不自勝。「這裡的人都是天才……這是這裡最棒的部分：可以聽到各種我從未聽過的東西。怎麼可能我們同年齡，但你卻知道這麼多我從來不知道其存在的事情？」他在大一上學期曾考慮輟學（這件事他從未告訴父母），但最終說服自己留下。他想，能進入常春藤聯盟是他的大突破。「我覺得很多可能比我聰明得多的人都沒有取得這樣的突破，所以我心情很糟糕，就像我搶了別人的位置一樣。難道我這就準備放棄嗎？」

他能安頓下來部分是靠找到歡迎和支持他的空間。他找到了最像他成長期間上的教會，透過教會認識了一些朋友。馬拉奇基本上會更樂於加入黑人兄弟會，但當他還是大一新生時，校園裡還沒有黑人兄弟會。後來他加入的兄弟會有著和他「最相處融洽的人，因爲他們較爲隨和，而且並不總是喝醉。」尋找自己的道路也包括離開那些他覺得不歡迎他的地方。[25]他回憶了退掉一門課的經過。「因爲當我們走進教室時，教授說（語帶嘲諷）：『啊，你們是足球員，那我們一定會有一個了不起的學期。』我說：『對，我根本不會待在這個班上。』」大一上學期，他和隔壁房間起了衝突。那裡住著個「非常富有、令人討厭的人」，那傢伙每週六晚上都會喝得酩酊大醉，「還沒到十點就在浴室裡嘔吐。」但他的室友是個「非常安靜的電腦科學傢伙」。每當電腦科學小子回長島探望父母，富有的討厭小子就會「讓別人睡他的床和用他的東西。」最終，馬拉奇和他的室友看不過去，「覺得這太亂來，就對他說：『如果你再這樣做，那麼，第一，我們會告訴你室友，第二，我們會讓你不好過。』因爲我們塊頭比較大，他有一點被我們嚇到。但我的意思是，我們這樣做是有充分理由的。」和許多黑人大學生和家境不富裕的學生一樣，馬拉奇到二十一歲才開始喝酒。他沒有假身分證，知道用假身分證是犯法的，不想承擔與執法人員發生不必要衝突的風險。喝得酩酊大醉並不是他的大學計畫的一部分，不是他從小認定的大學經驗的重要組成部分。

馬拉奇的同意實踐表明，與其他學生不同，他不認爲自己理所當然地能對他人的身體予取予求。在徵求同意一事上，他總是如履薄冰。[26]醉酒勾搭——「那天晚上你認識她們，然後那天晚上你和她們上床」——對他來說是「完全不可取的」。有過幾次勾搭後，他認識了現在的女友。「每逢我們打得火熱時，我總是會問：『妳確定要這樣做嗎？』我總是會問這個問題，爲了讓自己內心踏實……我始終覺得確認對方意願很重要。」他解釋說，他這樣做與「身爲黑人男性所背負的社會污名」有關。「我知道很多時候，如果發生了什麼事，如果對方指控我做了什麼而其實我沒做，但因爲我是黑人，別人可能會相信她說的。特別是如果對方是白人女孩或者非黑人女孩。我對黑人女性就不會有這種顧慮。」

另一位大四黑人學生卡爾呼應馬拉奇對種族化虛假指控風險的顧慮，與此同時話中又多了一層悲傷和恐懼，這提醒我們有許多學生是有很多悲傷和恐懼要應付。他不喝酒，而且非常在意別人對他的看法，因此在正式訪談結束後，他花了整整十五分鐘和我們一起探討他的回答與同儕相比如何。[27] 即使在訪談過程中，他也多次停下來詢問他的回答是否符合預期。當我們問他爲什麼不喝酒時，他笑著回答說：「人們老是問我：『你爲什麼不喝酒？是爲了鍛鍊身體嗎？』我說不是。『是因爲宗教信仰嗎？』我說不是。」

答案有兩個。一是我那官方的、敷衍的答案，這樣我就不用多說什麼，其實都是廢話。我的意思是，它就像一個真正的答案，但簡單的答案是：我總是想對我的為人負責。我永遠不想身在一個房間裡，說那是酒精造成的。你在這地方遇到的人和你在教室或派對中遇到的是同一個人。

這種講法看來是練習過的，不完全是假，但也不完全是眞。他繼續說：

> 誠實的答案是，我父親在我六歲時去世了，我不知道他希望我成為什麼樣的人。我認為我的所有行為都是為了不辜負我對他的記憶。我真的不知道他是否希望我成為美式足球選手或主修政治學，但我做這些事情是希望它能實現某種價值。

卡爾透過對父親的記憶來衡量自己，但驅使他的不僅僅是個人性的事情。他還感受到了代表性的重量：成爲「有才能的十分之一」（the talented tenth）[xiii]的責任。[28]「我認爲在這個校園裡，在這個並不總是歡迎黑人（實際上是有色人種）的地方，你應該每天朝著成規慣例的臉吐口水，並繼續茁壯。」

在黑人學生組織的一次派對上，我們注意到當卡爾穿過人群時，很多女生都對他投以目光。他英俊和顯然很受青睞。他承認：「唔，我有很多約會。」正如其他人可能看他的那樣，他形容自己是個「總不喝酒但卻比你有更多樂子的人」——但這也是個精心策劃的自我，按照他的描述，這個自我拒絕讓哥大爲他準備的「克拉倫斯．托馬斯未來[xiv]」跳出「黑人身分的範疇」。他承認，他公開承諾只與黑人女性約會給了他一定的社交優勢，因爲這告訴了她們，她們不用與「她們在一百萬年內也變成不了的貝姬[xv]競爭」，表明「我看重我的黑人身分，但我也看重妳們身上的黑人身分。」他從跨種族約會的話題轉向了他自己的遺緒的問題，指出有一件事情著實讓人感到無比奇怪：光是他會從哥大畢業這一點就足以對一個尚未被懷上的孩子的生活機會產生正面的影響。他回憶起他的祖父母，他們「是採棉花的……他們的父母也只懂採棉花……我是很多人的努力成果……我能來到這裡，全靠上帝的恩典。」他在哥大接受的教育是世代奮鬥的結果。「我努力想像我是一個更大故事的一部分。」家境富裕的學生偶爾也會對家裡提供的一切表示感謝，但很少將自己視爲「更大故事」的一部分。對卡爾來說，這個更大的故事反映在他日常的社交選擇上，包括他喜歡的派對空間：「我眞的很喜歡專門爲跳舞而設計的空間，特別是爲黑人跳舞而設計的空間。因爲喝酒根本算不上是活動。」

就像馬拉奇、羅莎和斯蓉一樣，卡爾的同意實踐與他更大的大學故事密不可分。其中一個明確考慮因素是關於酒精和風險的：「這讓我不必考慮她是否喝醉了之類的問題……因此，如果她在這裡待了兩個小時，那就意謂著無論她做出什麼決定，都是因爲她眞的想和我在一起。」我們打斷他的話：「這是你眞的擔心的風險嗎？」他回答說：「是的，我眞的眞的

xiii 譯注：指美國黑人中有才能的十分之一人。他們被認爲可以崛起成爲本民族的思想領袖和文化傳教士。
xiv 譯注：克拉倫斯．托馬斯爲美國最高法院黑人大法官。
xv 譯注：指白人女性。

眞的眞的很擔心這個。」一連四個「眞的」。他繼續說：「同意非常重要。我討厭兩件事情，一是讓妳不能獲得充分享受，二是讓妳對我們的互動感到後悔。」卡爾又指出：「做爲一個男人，我有很多好損失的。」他的同意實踐反映了這種恐懼：「有女生對我說：『請不要問這麼多問題。』這很棒，但卽便如此，我還是會說：『不不不，我還是要問。』妳說妳此刻說了什麼並不重要，但那確實重要，因爲等妳離開了這個房間，等到二十四小時之後，妳可以說出一些非常不同的話。妳的嘴巴是我無法控制的。」

卡爾講的一件事情讓人感覺得出來他有多害怕。有一次，他在派對上認識一個女生，對方問是否可以跟他一起回他的房間。他說可以，但「懷疑她可能有點醉」。於是他帶她到處走了四十五分鐘，去到他房間後兩人又坐下來聊了四十五分鐘。然後，

她仍然想要待著，我們便廝混起來。但後來我錄下了她的話——她不知道這一點，因為紐約是一個「一黨制」的州[xvi]。在錄音中，我說：「好吧，妳很開心，玩得很盡興。這是妳樂意的吧？」她說：「對，很棒。」這錄音對我大有幫助，在她離開的那一刻讓我感到舒服自在得多。我至少掌握了一些可以證明我清白的證據。

令我們驚訝的是他爲這一刻所做的準備工夫有多充分。他知道紐約州對錄音談話的「一

黨制」規定——他不需要得到女方的許可。他顯然做足了功課。想想看是多大的恐懼和擔憂會導致學生研究州政府對給談話錄音的規定。

有這種恐懼的不只是黑人男性。幾乎與我們交談過的每個年輕人，都不分種族地流露出對正確徵得同意的熱切渴望，又非常擔心做得不對。男性當然是應該害怕的：他們知道自己有責任徵求同意，而這種同意不能是在喝醉時爲之，並且除非有明確的口頭肯認，否則不能算數。以男性做爲預防訊息的宣傳對象是有道理的，因爲絕大多數性侵害事件都是由他們所爲，但強調男性的責任，缺乏對性別和權力的批判性談話，會無意中將男性定型爲性侵略者（sexual aggressor），將女性定型爲性阻擋者（sexual blocker）。男性知道，當兩個喝醉的人發生性關係時，他們被認爲有責任不讓任何人受到傷害。然而許多異性戀學生——尤其是醉酒的白人學生——並不會口頭交流同意。

爲什麼醉酒的異性戀性侵害是男性的「錯」？如果雙方都醉得無法表示同意，爲什麼我們通常會把性侵害發生的責任歸咎於男性？這種思路的基本理路是認爲造成傷害的人就是責任人。在這個意義下，醉酒性侵害與大多數其他性侵害無多大不同——兩者都是一方認爲自己在做愛，而另一方認爲自己是被性侵害。責任都是被歸在引起傷害而非遭遇傷害的人，

xvi 譯注：「一黨制」（one-party）是個政治學術語，但這裡語帶相關，指在紐約州，把自己與別人的談話錄音不需要徵得對方同意，單方面進行即可。

無論他們是喝醉還是清醒。男性在異性戀性行爲中更有可能造成傷害，部分是因爲男性擁有更大的權力，部分是性腳本致之。雖然男性在性關係中並不總是擁有更多的權力，但社會安排讓異性戀性行爲中的男性往往年紀較長和控制空間，並且已經社會化，會關注自己的性欲。他們也通常塊頭較大，身體較強壯。最重要的是，性別化的性腳本教導男性透過促進性接觸來完成他們的「性別任務」。在醉酒的情況下，執行這項任務會讓他們面臨犯下性侵害的風險，因爲這個時候，他們沒有充分的認知能力，而對方也可能難以表達她們是什麼感受。

研究顯示，男性大大高估了虛假指控的頻率，但這種恐懼是男性在校園裡對同意的切身體驗的重要組成部分。[29]這種恐懼是可以理解的，性侵害指控有可能「毀掉你的人生」（男生和女生都這樣告訴我們）。這種對誤解對方意向的後果的強烈恐懼代表了一種共識的出現，即性行爲有必要雙方同意。恐懼可能是希望做得更好的表示，但它並不是一種預防方法。要有效地進行合意性行爲，需要明確地將其表明爲一目標（我們訪談過的大多數學生都這樣做了），然後培養實現這一目標的技能。

我們不知道那個在斯蓉睡著時把手伸入她褲子裡的男人在想什麼，但如果他是在圖書館而不是在他家沙發上看到她睡著了，似乎不太可能這樣做。容易被性侵害部分是性地理所導致。由於有大量性行爲是發生在宿舍房間裡，那些感覺無法或沒有興趣徵求同意的學生會將對方願意身處性欲化空間這一點詮釋爲某種對性行爲的同意。性計畫形塑了學生尋求的性行爲類型，以及他們看待性伴侶的方式（是視之爲一個溫暖的身體、下一個數字，還是他們關心的人）。異性戀學生——甚至是那些有著親密取向的性計畫的學生——嚴重依賴性別化的性腳本，這讓他們更相信一種觀念：女性的同意可以是表現爲不說「不要」。有些學生都是在喝醉時進行性行爲，這一點增加了彼此之間清晰溝通的根本不可能：喝醉的整個目的就是爲了發洩情緒，做一些你不喝酒時可能會覺得難爲情的蠢事。要求雙方都徵得同意並不會將同意「去性別化」，因爲性行爲仍然發生在一系列常常帶有性別色彩的權力關係中。但男性並不總是比女性擁有更多的權力，並非所有性行爲都是異性戀，而且有很多權力與性別無關。「相互同意」不是要假裝那權力不存在。實際上，它需要那權力的認可。

所有這一切的基礎是性公民意識：承認自己的性自決權，也承認他人有著同等權利。覺得自己有權說「好」、有權渴望性行爲，是能夠認眞地說「不要」的基礎。在以下的情況下，兩個人之間口頭交換的同意是毫無意義的：任何一方有著文化加諸的強烈信念而相信別人有權碰自己身體的時候，或者當一個學生的語言或對性的理解非常貧乏以至於甚至不知道自己想要什麼的時候。許多年輕人——無論男女——在成長過程中都未能處於可促進他們的性公民權，或尊重他人性公民權的環境中。例如，一個女大生在談到自己的性經驗時順帶提到，她覺得拒絕是不禮貌的。還有一個女生指出（這種事我們經常聽到），當她不想和一個男人進行陰道性交甚或「只是不想在他房間裡多待一會兒」，就會幫對方口交。

有些性行爲雖然不是性侵害，但如果其中一方把另一方視爲物品，或者雙方都接受這事情是以單向愉悅爲特徵，那會訓練年輕人忽視別人的性公民權。它們不是性侵害，但卻會在文化上和人際上爲性侵害鋪平道路。但爲了更清楚地顯示這一點，我們會轉而看看向那些自己承認或在他人眼中犯下過性侵害的人的自述。

CHAPTER 6

天經地義、只顧自己和暴力的行爲
Acts of Entitlement, Self-Absorption, and Violence

「劇透警告：這一次換成我是那個跨越性界線的人。」

犯下性侵害的人常常被形容爲不道德和工於心計。雖然絕大多數性侵害行爲都是由男性犯下，但我們發現性侵害的類型有很多種。例如，我們在第四章介紹過的戴安娜（昂貴早午餐用餐團的一分子）就怎麼看都不符合性侵者的形象。但她的故事爲我們審視那些性侵者（無論這是他們自己承認還是別人如此認定）的經驗和想法提供了一個合適的起點。在初中和很大部分的高中時間裡，她都是個「書呆子類型的聰明孩子」。她告訴我們，當時她並不受歡迎，也對自己不太滿意。對我們採訪過的許多學生來說，上大學不僅僅是個擺脫父母監視的機會。它還是一個重塑自我的機會，讓戴安娜可以把她的「糟糕行爲」留給高中男友，對自己的身體、外表和個性進行刻意的轉化。

但戴安娜的調整並不平順。她在迎新週的大部分時間都喝得酩酊大醉，並與好幾個她幾乎不記得的男人上了床。她對此不是很後悔，但這並不是她所期待的新開始。一個男的告訴她，他二十一歲，是一個哥大學生的親戚。隨著他們在一起的時間愈來愈多，戴安娜發現他其實是二十六歲，與哥大也沒有任何關係。戴安娜告訴我們，他不是個「壞人」，但他顯然很樂意對她撒謊以獲得他想要的東西。

在學校的最初幾個月裡，戴安娜的性計畫是關於自我的：了解自己是誰和如何融入同儕群體。她似乎很清楚自己的性公民權的一些部分——她有權去探索，尋找讓她感受到她想要的感覺的性經驗。但她比較不記在心上的，是與她發生性關係的人也是人。如第四章所述的那樣，她和朋友們將性行為視為一種運動，更精確地說是視為一種競賽（哥大的許多事情都是被這樣對待）。這種以成就為導向的性計畫，加上她對別人的性公民權缺乏關注，讓她變得脆弱——既容易受到性侵害也容易性侵害別人。

大一到一半的時候，她認定「早午餐用餐團」並不是她真正的朋友，所以交了一批新的朋友，對於自己在朋友圈中的崇高地位（她是當中性經驗最豐富的一個）得意洋洋。有一次，她以朋友圈中的專家身分，指導其中兩個人（一男一女）接吻技巧。她覺得有必要親自示範一下。她對那女生說：「我也可以教妳如何接吻。我可真是個接吻高手。」戴安娜會這麼有自信，部分是因為她喝多了又嗑了藥。她記得自己說話結結巴巴，含糊不清。

被她指導接吻的那個男生是清醒的。在指導他不久後，酒精就對她狠狠一擊。她感到不舒服，躺了下來。這時，那男生拿了一根香蕉，「開始把它放入我嘴裡，又說：『妳就像在吸雞雞，眞好玩。看起來很有趣。』我有點太醉，不明白是怎麼回事。」她先前吻過的女生阻止了他，擔心戴安娜會窒息。

> 第二天醒來，我感覺前一晚發生的事「真的很噁心」，但我沒有再多想，沒有認為他做了什麼錯事。但現在回顧起來，以這種充滿性意味的方式把東西放進我嘴裡，他的做法基本上符合未經同意就越過了別人的性界線的定義……我們後來沒有再談過這事……

這事件是一次不受歡迎的非合意性互動，但戴安娜不認爲發生在她身上的事情是性侵害。現在回顧起來，她認爲這「從技術上來說」是一次性侵害，但她在感覺上卻並非如此。

隨著大一的推進，黛安娜與一名男同志的關係愈來愈密切。正如她早期的許多男女關係一樣，性態是一個玩耍和表演的領域。他們會在派對上喝醉或嗑了藥之後公開親熱，以讓自己嚇一跳（也希望可以嚇別人一跳）。這有趣極了——直到只剩他們兩人而沒有觀衆爲止。有一晚，他們在參加完派對後在他的房間裡親熱。戴安娜認爲，他們差點就要發生性關係了，但她臨時叫停。她來月經了，而雖然她不會爲一個以前與女人上過床的男人擔心這樣的事情，但她卻擔心她的朋友因爲是第一次與女人上床，不知會對月經有何感受。他們一起睡在床上，但沒有性交。

第二天早上，戴安娜很興奮，因爲她想到，她朋友的性認同可能不會成爲她的欲望的障礙。早餐時，他對她說：「我想我正在爲妳下調金賽量表的等級[i]。」這是她聽過最性感的話。

那星期戴安娜無法專心工作。她幾乎沒睡。她有一個執念。她想成爲讓他轉向異性戀的女生。

戴安娜告訴我們：「這是一種類似征服的事情。我認爲這種心態是不健康的，而且是不好的。另外，劇透警告：這一次換成我是那個跨越性界線的人。」這時候，三件事情匯聚在一起：她的性計畫的明確性，即感到被渴望——渴望到她甚至可以「讓某人變直」；她對自己性公民權的充分肯定，這讓她覺得有權去實現自己的性計畫；她對別人性公民權的漠視。戴安娜以成就爲導向的性計畫同樣使她容易犯下性侵害。一直以來，她都像對待物品一樣對待別人（他們也是以同樣態度待她）。但這一次卻不是如此。[ii]

接受我們訪談時，戴安娜意識到，她對自己「讓他變直」的能力所帶來的興奮感讓她忽視了她朋友可能想要的東西，換言之，她的性計畫讓他的欲望變得看不見。[1]但她習慣了成爲別人欲望的對象，而不是充當性接觸的能動者，所以不確知該如何進行。[2]於是她去找了一位專家：打電話給一個男人。

戴安娜的前男友推薦她使用「溫水煮青蛙」的方法——慢慢地提高性接觸的激烈程度，

直到有人最終做出一些他們最初不會同意的事情。[3]這個類比既恰當又令人不安。懷著明確的目標，戴安娜制定了一個「逐步推進到性行爲」的計畫。

她的執行很笨拙；畢竟，她不習慣扮演這個角色。她邀請她的男同志朋友到她房間玩。兩人都很清醒。一等他覺得自在之後，她就說：「我們來做愛吧。」

「我是同志。」

她改變話題，待過了一段長時間等他恢復自在之後，她建議他們把衣服脫得只剩內褲。他同意了，這時，她再次提出做愛的事。

「我還是不知道。」他回答。

她只願自己當時是說：「好吧。我們穿回衣服，去散散步，買點冰淇淋什麼的來吃。」但她沒有這樣說。她不顧一切地專注於得到自己想要的東西。

他先吻了她。戴安娜知道有事情不太對勁；感覺眞的很彆扭。她開始脫他的內褲。

「我不想——」他說。

戴安娜打斷他的話說：「啊，你不必那麼做。」她以爲他是說不想給她口交。「直到今天，我都不知道他是不是準備要說『我不想和妳做愛。』」

i 譯注：指有向異性戀邁進的趨勢。

ii 譯注：指戴安娜這一次不是把她的男同志朋友當成物品對待。

戴安娜對他進行了口交。當她引導他進行插入式性行爲時，問道：「你準備好迎接生命中的這一刻了嗎？」

「是的……」

戴安娜問了他兩三次：「你覺得這樣好嗎？」

「嗯嗯……是的。」她的成功獲得口頭同意突顯出積極同意的局限性。[4]

當他們完事後，戴安娜請他留下來過夜。但他還是走了，回自己的床上睡覺。她感覺有什麼不對勁。但第二天，她向朋友們炫耀說：「我有本領讓男同志變直！」

下次見到她時，他說：「那次是不錯的性愛，但我眞的不想和妳有持續的性關係，因爲我實際上是男同志。」

大約一個月後，戴安娜感到沮喪，因爲他們不像以前那樣常常在一起。爲表達自己的憤怒，她指他欺騙了她，說他把她騙上床之後就甩了她。

「我不想做愛。」他回答說。

戴安娜一開始對這話不以爲意，但一天後卻心煩意亂起來。「難道我是個強暴犯嗎？」她想。

她立卽給他發簡訊。「你必須過來。我們得談談。我有性侵你嗎？例如，我強暴了你嗎？

戴安娜說：「他必須讓我冷靜下來，因爲我很沮喪。我們也就此進行了很多其他談話。

他基本上是說，『妳沒有性侵我，但我不想做愛。』」

戴安娜突然對他們的互動有了全新的觀照。她並不具備把男同志變成異性戀的本領。他沒有下調金賽量表的等級——是她想要把他拉下來。[5]她知道她從他「得到一個『是的』」。他她強調：「我認爲自己非常在意同意，那一次也是如此。我那麼重視同意卻仍然基本上可以性侵害別人，這一點確實令人震驚……這讓我覺得，我所學到的關於同意的知識只是非常初步的。它教我：『你需要得到一句『好的』[iii]。我不就獲得了一句『好的』了嗎？」但現在回想起來，她明白了如果其中包含強迫成分，這個「好的」就沒有意義了。[6]他堅稱自己沒有因爲這件事而感到情緒困擾。但戴安娜的生活發生了改變。

在接下來的幾個月裡，戴安娜再次重塑自己。當她向我們講述她的故事時，她承認，「我猜大麻確實在我人生中的許多故事扮演重要角色，但我不再吸大麻了。」她剪掉了頭髮。從此她沒有發生過性行爲，也不再追求性行爲。在我們訪談她的時候，她形容自己「以前是個異性戀者，現在是個無性戀者。」她把以前的錯誤部分歸咎於自己對女性氣質（femininity）的投入。

> 我對傳統的女性氣質套索感到非常不滿。我基本上厭倦了做那種人，因為女性氣質在

iii 譯注：指對方同意做愛。

我眼中突然顯得是一種軟弱無力的姿態。我仍然對發生了的事情感到非常沮喪，因為我對自己非常非常生氣，並且擔心整件事意謂著什麼。女性氣質似乎非常危險。所以當時我基本上是這樣想：「我想改變我的性別認同」，因為我感覺自己非常男性氣質……很多時候，這是讓人明白自己是跨性別的典型訊號，會讓人在兩種性別認同中掙扎。但在我，情形從來沒有去到這種地步。我剛剛經歷了這個階段，然後它就沉澱下來了……我不再顯得超級女性化。

因爲意識到她可能傷害了自己關心的人，她覺得恢復道德自我的唯一方法就是拒絕女性氣質和性。原本讓她感覺現代、勇敢和酷的事情[iv]（這事情讓她能夠在早午餐競爭中獲勝），她突然覺得是自私和不仁的。她的轉變有一個性別向度——只有當她擺脫了性經驗累積者的角色後，她才能直面將別人視作物品的局限性。她高中時期的糾葛，還有她大一時與大四帥哥的「噁心」經歷（對方在完事後把衣服遞給她打發她走），都是源於以她以成就爲導向的性計畫和她對男性性自決權的漠視。但這些互動（都是發生在認定男性是性行爲發起者的異性戀邏輯的框架之內）無一促使她認爲自己可能需要關心性伴侶的性公民權。

在治療中，我真正想談論的是我對人痴迷的不健康傾向。部分是這個原因，我忽視了同意的警告訊號。回顧我的所有關係時，我心想：「我是那樣的人嗎？我以前那樣做過嗎？我的行為本質上是傾向於給別人施加壓力的嗎？

在治療中，戴安娜發現忽視「同意的警告訊號」與她更一般的人際互動模式之間存在著關聯。這不僅是認知工作，不僅是學習行事準則：它還是一個自我重建的計畫，涉及重新構想她處理人際關係的方式。並非所有性侵害他人的學生都有這樣的自覺。

「我打了領帶。所以我知道我將會做愛。」

用於談論性侵害的語言和觀念所包含的道德譴責讓我們無法想像犯下性侵害的人有可能是我們的兒子和女兒，或者是我們的朋友和同儕。我們想像一些邪惡的陌生人，一種特定類型的人：加害者。這個詞讓焦點被放在他們的毛病（性格、態度或其他個人特質的深刻缺陷）而不是「我們」——我們的社區、我們的關係、我們的行爲——的可能出錯之處。它表明我們的任務是保護自己免受掠食者的侵害，就像抵禦獅子一樣。也就是說，是對抗非人類的物

iv 譯注：指追求累積性經驗。

事。這是思考性侵害的一種便捷方式。但它也不完整得帶有危險。

我們建議考慮把**犯罪**（perpetration）而不是**加害者**（perpetrator）做爲思考的焦點，前者是人們有時會犯下的行爲，後者是某些人一貫表現出的身分。[7]我們對性侵者的特徵所知很多。[8]由凱蒂・沃爾什利用「性健康倡議」調查數據領導執筆的一篇論文呼應並推進了這些研究，顯示在哥大校園裡，有幾種人傾向於犯下性侵害：在過去一年曾是性侵害受害者、相信並依賴非言語的同意策略的人、暴飲的人、有憂鬱症狀的人，以及上大學前犯下過性侵害的人。[9]

跳出「好人／掠食者」二分法的話，預防工作將有很大發揮空間。我們聽到了許多性侵害的故事，講述的學生認爲他們只是在告訴我們他們有過的有趣或奇怪的性經驗。他們不僅沒有試圖性侵害，而且不解他們所做的事情爲何會被人那樣看待。我們並不是要主張傷害他人的人不應該受到責備，或是性侵害從不是故意的。但只關注性格缺陷和個人責任會讓人錯失預防一類性侵害的機會：這類性侵害的起因是對他人的性公民權欠缺考慮而不是故意抹殺這身分。而且，公道地說，我們是社會科學家，寫這本書的目的是研究制度和社會結構而非個人心理如何促進性侵害。

從被性侵害的學生那裡，我們聽到了很多聽起來像是掠食的故事——有人故意創造環境，藉著強制力或灌醉或二者兼之去性侵害別人（想想艾絲美或盧佩的遭遇）。我們也聽過一些故事，其中一方明確表示不想發生性關係，但另一方卻置之不理（想想露西和史蒂夫的情形：她說「不要」，他說「沒關係的」）。一個將校園視爲狩獵場的學生不太可能坐下來和我們談論他們的策略、動機和欲望。十二個從性侵者角度說出的性侵害故事無一是像這樣子。它們描述的固然是傷害性的行爲，卻很難解讀爲邪惡。本章代表了性侵者中間一個非常獨特的子集的觀點。這些聲音很少被聽到，但非常值得去傾聽。

艾迪來自芝加哥的一個富裕家庭。他是網球選手，長相英俊，一直很受歡迎。他從來沒有和父母眞正談論過性、毒品或酗酒的話題。只要他在學業和體育上表現出色，沒有製造醜聞，他們基本上是採取「不過問」的政策。還是高中時的一個週六晚上，他和朋友們在某人家喝酒。他們的父母都外出了。他知道那裡的一個女孩喜歡他，但他對她並不是特別感興趣。兩人都喝醉了，最後開始親熱。他們漫步走進剛完工的地下室，遠離其他人，開始在彼此的衣服下摸索。她開始爲他打手槍。但他並不性致高昂，所以最終站起身返回樓上的派對。大約一小時後，一群女生向他大吼大叫。

「搞什麼啊，艾迪！你怎麼讓她醉倒，赤身裸體躺在下面的沙發上！」

艾迪說她們「基本上指控我強暴」。他不知道該說什麼。但他認爲一個安全的策略就是繼續和她待在一起。當她的朋友看到她和艾迪依偎在沙發上時，認爲兩人應該不會發生過什麼不好的事，所以就沒有再提。

上哥大之後，艾迪稍微減少了飲酒量，因爲這會妨礙他的運動和學業，有時還會讓他陷入事後後悔的境地。但除此之外，他並沒有太大改變。到大三的時候，他已經和溫蒂有過一點「交往」：這基本上表示他們在幾次派對上見過面，出去玩過，還發生過幾次性行爲。做爲一個受歡迎的姊妹會的成員，她邀請他參加姊妹會舞會，而這是表示喜歡他的清楚訊號。被著名姊妹會一名女性選中讓艾迪很自豪；這是他在校園中的社會地位的正面標誌。他覺得接受邀請是一種義務，與他的感覺無關。

「我打了領帶。所以我知道我將會做愛。」

艾迪回憶說，他在舞會中故意不「全力以赴」，因爲第二天早上有訓練，而且他也本來就決定了要少喝酒。他的約會對象卻是另一回事。她在一行人的第一站——一家墨西哥餐廳——便一杯接著一杯喝。然後他們前往夜店參加正式的舞會。艾迪告訴我們，他故意不出示他的假身分證來獲得手環，因爲他不想喝酒。他的約會對象繼續豪飲。他在淩晨一點告辭，因爲早上六點便要開始訓練，她說她要和他一起回去。他眞的很想一個人回宿舍，這樣他就可以睡覺了。他覺得叫計程車開到姊妹會會所再叫她下車很不禮貌，但如果他送她進去，計程車就會離開，那樣的話他就不得不在傾盆大雨中步行回家。他叫司機開去他的宿舍。當他們下車時，她用雙臂摟住他——部分是爲了調情，但也是因爲她無法獨自站著。正如艾迪所描述的：「她和我一起到我的房間去。」他其實不希望她這麼做。和她共睡一張單人床意謂著他的睡眠時間會更少。但他沒有告訴她自己的感受。「我沒有盡力防止事情發生。」

兩人的性行爲沒有讓他覺得愉快。保險套破了。她時而清醒時而意識不清。她告訴他她沒有做避孕措施。他們做了第二次，這一次沒有戴保險套。他很沮喪，因爲她整夜都在旁邊，他無法眞正睡著。他也很擔心第二天的訓練：最近他都打得不好，擔心教練可能會降低他在隊中的位置。不過他還是挺過了第二天早上的練習。練習結束後，他去藥局執行了B計畫——買事後避孕丸。經過姊妹會時，他把避孕丸交給了溫蒂。之後他們的互動沒有很好。艾迪認爲，溫蒂因爲他沒有常找她而感到不高興。做爲同一個小社交圈的一部分，他們在一年之內就「修補了關係」。他們沒有再交談過，但她似乎不再生氣了。我們也訪談過溫蒂，但她未提到那個晚上的事。她倒是憶述了她在上大學前遭遇的一次性侵害（這相當普遍：在「性健康倡議」調查中，有五分之一的學生經歷過某種形式的大學前性侵害），這似乎顯示她願意談論她認爲是性侵害的經驗。

正如艾迪所描述的，當他們發生性行爲時，她的意識時有時無，也就是醉得不省人事。他似乎眞誠地相信有一種社交債務的存在：只要是和一個女生參加一個舞會，你就有責任和她上床。她約他出去，對他感興趣已經有一段時間了。他覺得有義務回報。事實上，艾迪會向我們談他的經歷（他形容爲「奇怪」但肯定不會視之爲一次性侵害），突顯出我們的觀點：性侵者既有刻意的掠食者，也有過於專注於自己的欲望、不安全感、目標或社會義務的人——這些人因爲過於專注，以致聽不見對方在說什麼或注意不到對方所處的狀態。在那些不了解自己可能會犯下性侵害的人中，艾迪是典型的。和喝醉但喜歡他的女生（至少是他自以爲對方喜歡他）發生性行爲（或性接觸）是一種他看來不自知的模式。那只是他性生活的一部分。

在數據收集的過程中，我們備有一名隨叫隨到的臨床醫生，以防有接受訪談的學生太過情緒激動，需要診治。我們的擔心是，遭遇過性侵害的學生可能會在訪談的過程中變得極度痛苦。這種情況確實發生過，但那些講述遭性侵害經驗的人更爲典型的反應是說：「終於把這件事情說出來的感覺眞好。」就連弗蘭也對我們表示感謝（她高中時會爲已婚男子口交換錢購買古柯鹼），說她希望她的故事可以提醒家長們，不要只關注兒女的學業成績和曲棍球表現。說完她拿起外套，背上背包，施施然往外走去。訪談完弗蘭的珍妮佛緩緩走在阿姆斯特丹大道上，兩眼垂淚。她必須打電話尋求鼓勵：爲了她自己尋求。

但在訪談過程中，還有第三類人流露出非常強烈的情緒：那些意識到自己犯下性侵害的人。當戴安娜想到她的行爲可能帶給她的男同志朋友什麼感覺時，震驚得不能自已。當奧斯汀回憶起他在大一和一個女生上床和如何撫摸她的胸部時，他對我們說：「唉，去我的。」眼裡湧出淚水。有時，我們聽到的事情明明是性侵害，但講述這些事情的人——比如艾迪——始終沒有覺得它們是性侵害的表示。但其他人卻有這樣表示（有些是在接受訪談時這樣表示，有些是在更早些）。他們被壓垮了。在某些男生，我們懷疑他們的這種反應是出於恐懼——擔心他們的人生可能會因爲他們的所作所爲而被永遠「毀掉」。但還有更多理由。大多數人都希望自己被認為是有吸引力的，會想像別人是真的被他們的吸引力吸引，想像自己是精於床第工夫。他們不想將自己的性功績視為是靠著強迫而非性魅力得來。[v]他們一直被教導徵求同意的重要性。許多學生所屬的群體——從運動隊伍到兄弟會再到樂隊和辯論隊——都明確制定衡量同意的標準。大學也正在努力發展這些文化規範。學生大多接收到了雙重訊息：性侵害是壞事，而且被指控性侵害（正如學生所說的那樣）會「毀掉你的人生」。

我們不是要讓那些犯下性侵害的人看起來像是受害者，或暗示他們沒有責任。雖然將「加害者」妖魔化可能有助於實現重要的政治目的，為預防性侵害創造廣泛的社會支持，但這樣做也縮窄了理解。自從首次發現許多校園性侵害是由朋友或親密伴侶犯下以來，已經過去了幾十年，但這些性侵者在很大程度上仍然是面貌模糊的人物。[10]他們還沒有被完全整合到我們對性侵害的發生原因和對應之道的理解中。因此，以下我們要提供性侵者的家庭背景和教育背景的一些細節。這些細節是導致校園性侵害的故事的一部分。

v 譯注：這是學生對於自己犯下性侵害而惶恐不安的「理由」之一，以下是其他「理由」。

「但願我是生長在一個更容易談性的環境。」

艾略特是個聰明但笨拙的少年，有一個經濟舒適和穩定的家。他出生後，他母親就不再工作了，而他的父親雖然工作時間很長，但每晚固定回家和家人吃晚餐。他們所居住的密西根社區富裕而保守，設有很好的學校。他的高中同學很少喝酒，嗑藥的人就更少了。在學校，性活躍並不會讓你成爲一個「酷哥」。艾略特的同儕不太注重累積性經驗。他們更多是受到父母的鞭策，要去開創一番事業。

對於性行爲，艾略特從父母那裡學到的主要是不要談論它：「性行爲在我的家庭中不一定是被污名化的，但它不是公開的話題。」他從學校學到的兩件事都是壞事：發生性行爲「可能會讓人懷孕」和「感染性病」。自此，艾略特一直在焦中掙扎，他早期的性經驗幾乎沒有任何快感、喜悅或親密連結可言；他提它們主要是視之爲需要克服的經驗。隨著高中一年一年過去，他開始爲自己的處子之身煩惱——既渴望失去它，又擔心保留童貞也許是更好的選擇。[11]他在高二那一年約會一個高三女生，對方鼓勵他談論他在性方面想要什麼，又指出自己想要什麼，以及兩人可以一起做什麼。她的坦率讓他覺得自己一直把性看得太嚴重了。最後，有一天，女朋友對他說：「嘿，你想結束處男身分，展開你的第一次，然後繼續前進嗎？」他回答說：「好啊，沒問題。有何不可？」

有一個週末，趁父母出了城，她把他帶回家裡，自己搞定這件事。他回憶說：

她很高大，很能夠主持大局……我太緊張了，沒能幫她脫掉襯衫之類的。所以她就自己做了一切，並告訴我該怎麼做，例如說：「脫掉衣服。」我很緊張，但顯然很興奮。我對正在發生的事情感到非常舒適自在，所以並不介意。我只是讓它發生。

艾略特在其他方面很善於表達，但談到自己的性經驗時卻結結巴巴，常常使用「彆扭」和「不舒服」等字眼。

高三時，艾略特複製了他的失去童貞經驗，只不過這一次他是「主導一切」的人。他的新女友從未有過性行爲，但想要這樣做。她和艾略特一樣，也被極度焦慮所苦。他掂估，如果他事前問她要不要做愛，她就會被焦慮壓垮。所以有一天，艾略特一面坐在沙發上脫衣服，一面對她說：「我要去拿一個保險套。」他繼續說：「我希望她要麼是說不要，要麼是說繼續。」她沉默不語。艾略特看得出來她很緊張。當他們開始性交時，她沒有表現出任何愉悅。但她也沒有表示感覺很糟糕。艾略特估計，如果她想的話，是能夠開口叫他停下來的。「她非常獨立、自覺，輕易就會是我所認識中最成功、最有驅力的人。」然後她眞的說了些什麼。她「因爲感到痛，要求我停下來。」於是他退了出來。

她淋浴之後艾略特陪她回家。這是一趟彆扭、安靜的路程。因爲是在一個人們不談論性的社區長大，他們都不知道要說什麼。隨著他們繼續約會，性生活變得更好。多年後，放假回家時，他們在一個派對上相遇。兩人都喝醉了，笑著回憶起她的第一次是多麼糟糕。與他交談時，我們問他，他是否對這些早期的性經驗感到後悔。

> 回顧起來，我真的對它們一無後悔。但願我是生長在一個更容易談性的環境，因為即使時至今日，我與家人在談論這個話題時還是不太自在。我隱約覺得他們都知道我的性生活狀況，但卻不會去談論它。不過，即使是和朋友在一起，我也沒有很開放。沒有人會談論自己有過的性行為。更多是談誰和誰上床的八卦。

上哥大時，艾略特已經累積了更多的性經驗，但性詞彙卻很少。他繼續感到焦慮，並開始感到憂鬱。最後他去看了醫生並開始服藥；吃藥有幫助，但日常生活仍然讓他覺得難過。[12]後來他找到一個讓他有歸屬感的學生團體，對於處於一個新的、較開放的性環境中感到興奮。和許多同年紀的人一樣，他的性生活涉及大量酒精，但沒有多少情感親密性。例如，有一天晚上，在與一個他幾乎不認識的女人發生醉酒性行為之後，他問對方是否願意留下來過夜。她笑著說：「有人會這樣做的嗎!?」

除了自小被教導應該對性沉默和恐懼以外，一些性互動也教導他應該將親密與性分開。他大一時很喜歡一個女生，但對方沒有興趣和他發生任何形式的情感關係。不過兩人還是勾搭了幾個月才疏遠開來。對艾略特來說，這是孤獨的一年；「模擬聯合國」在高中時對他來說非常重要，但現在他不再覺得那麼有意義。他感覺四周都是對大學畢業後的道路充滿信心的人，都已經在尋找實習的機會。[13]他得了傳染性單核白血球增多症，錯過了一次重要的會議，因此被研究團隊隊友抱怨。再加上成績平庸和覺得大學裡其他人都表現得比自己好，他嫌暑假來得不夠快。

十二月的時候，凱蒂走進宿舍的公共休息室，而艾略特就在那裡準備期末考。他後來得知，她服用了一些氯硝西泮（一種用於治療癲癇和恐慌發作的鎮靜劑），並且一直在喝酒。凱蒂覺得氯硝西泮可以讓她「放鬆」，而這種感覺在期末考週難能可貴。凱蒂向艾略特抱怨，說她自從與前任分手（艾略特在「模擬聯合國」與該人是熟人），就沒上過床。她談論孤獨的方式引起艾略特的共鳴。他問她是否想跟他上床。她說不想。

他們繼續交談。沒喝酒的艾略特建議他們在異常溫暖的夜晚一起散步。他們在同一棟宿舍住了一個學期，但從未眞正說過話。在凌晨時分，兩人漫步校園中，又穿過晨邊高地的社區，邊走邊談大學和他們的生活中令人沮喪的事情。艾略特感覺他們現在有了連結，再次問凱蒂是否想上床。她說不想。

天亮前一、兩個小時，他們最終回到宿舍的公共休息室，並繼續聊天。這時，艾略特最後一次問她是否想上床。她同意了。當時是凌晨五點，兩人的室友都已熟睡，所以無法用自己的房間。凱蒂回房間拿了一些潤滑劑，再到公共休息室去。他們拉上百葉窗，做了愛，然後回各自的房間睡覺。

幾天後，一位共同的朋友來找艾略特。原來凱蒂爲發生了的事情擔心。因爲艾略特與她前男友關係密切，她不想讓人們知道他們發生性關係的事。這位朋友告訴艾略特，凱蒂擔心「社交後果」。先前，艾略特專注於準備期末考，本來就沒想過要告訴別人他和凱蒂的事。他沒把這事放在心上，也沒有聯絡凱蒂，直接回家準備放假。

下學期初，艾略特收到一封不妙的電子郵件，傳喚他到「基於性別的不當行爲辦公室」（Office of Gender-Based Misconduct）。原來凱蒂將他們的事上報爲性侵害事件。調查在幾個月後完成，艾略特被叫去見他的院長。他被判有罪。她多次說「不想」。她一直在喝酒，而且正在服用藥物，這進一步損害了她的判斷力。他一直消磨她的意志，直到逼出一個她本不願意也沒有能力給出的『好』。

正如艾略特所說，這次經歷對他的身分認同來說是災難性的——他從沒想過自己會是性侵害別人的人。他的憂鬱症惡化了。他曾考慮自殺。當他停學後重回校園時，他感覺自己像個被社會遺棄的人，也被如此對待。他的老朋友不肯和他說話。「大家甚至把我當成空氣。」

一天晚上，凱蒂的朋友們看到他要進入酒吧，就朝他尖叫說：「強暴犯!!!」這段經歷迫使他成長。他回憶說：「我承認我對待別人的方式有時有點糟糕，會刻薄或不接納。所以，在回顧那件事時，我把它變成改變我自己的積極經驗。我認爲，我現在是個善良、溫柔的人。」

在被認爲應該對性侵害負責任之後第一次發生性行爲時，艾略特出現嚴重的驚恐發作。上床前，他告訴對方凱蒂的事和校方的決定。她向他保證，他們即將發生的性行爲是雙方同意的。儘管如此，一結束他就把自己鎖在淋浴間裡哭泣。如今他爲自己訂定了規則。其中一條是一定要告訴性伴侶發生過的事。「如果不向她們說明這一點，我就無法與別人發生肉體關係。因爲這對那個人來說幾乎是不公平的。由此也解釋了我的很多焦慮。」即使他告訴過她們凱蒂的事以後，大多數女生仍然對他採取接納態度。在與她們發生性行爲之前，他需要大量的保證，確保她們不會「以任何方式利用性來對付我。因爲在這個節骨眼，顯然只需要一個女的翻臉說：『艾略特也強暴了我』，我就會坐牢——至少我自己覺得會。」

他說他再不會搞一夜情了。「那會讓我太焦慮。」這不是因爲艾略特需要情感連結，而是他需要信任。然而艾略特仍然繼續進行醉酒性行爲。和他現任女友在一起時，他會「和她的朋友們一起喝酒和參加派對。我會待在她的宿舍房間，和她上床，這時我們都喝醉了。這讓我很害怕，因爲由此會出現一個問題：『我們的性行爲眞的是合意的嗎？』這個問題讓我揮之不去。」事實上，他告訴我們，他在喝醉後曾與女友發生他不想要的性行爲。

她八成不知道我處於什麼狀態。我起床後會說：「我們下次不要這樣了。對你我來說，這都不是一個好的選擇。我的意思是我喝得太醉了，沒有從中得到享受。」聽了我這樣說，她的感覺比我本來想讓她感覺的糟糕得多，因為就像我說的，我絲毫沒有感到受到傷害或被利用。我只是知道那樣做十之八九是不值得的。

儘管如此，他無論如何都不視之爲強暴——儘管女朋友是在他不想要的情況下與他發生性行爲，而他也喝得太醉，無法同意。艾略特沒有爲此感到受傷。他也感覺到和明確表達出他不希望這種情況再次發生。部分透過發展更充分的性詞彙和更深入地反思自己的性經驗，他將他必須對性侵害負責任的經歷轉化爲了某種「積極」的東西。

我認為應該創造另一個字眼。並不是說我認為約會強暴或類似的事情不是強暴，但我相信強暴在文化上隱含著涉及肢體暴力的意涵，它讓人對同意有錯誤看法。我想要創造另一個字眼——我相信女性主義者會指出我想提出的這個字眼是完全錯誤的，但沒關係——透過創造另一個字眼，你可以在某種程度上把錯誤意涵（涉及肢體暴力）從它拿掉，並突顯同意在酒精、藥物或毒品和各種改變了的精神狀態的脈絡中實際上是什麼。醒來後，我沒有感覺自己被虐待、強暴或性侵害。但我認為有些人看到這種事之後會說：

「對，你被強暴了，她應該為此坐牢。」或者認為應該以某種方式懲罰她，但我不認為這會有任何效果。對我自己和對她來說更有用的方法，我想是說：「嘿，這不是同意。我不會因此對妳反感，但不要那樣做。」歸根究柢，沒表示同意就是沒表示同意。

我們提到的很多性侵害事件中，犯事的學生都不擅長人際交往，而他們與之發生性行爲的是他們不熟悉的人——有時還是在醉得很的情況下發生。有些人可能會認爲這種情況下的性行爲是錯誤的、粗鄙的或剝削性的。我們的觀點不同：身體是一塊社交畫布，而當人們用自己的身體做事時，這些經驗是訓練人去感受何謂正常的訓練場。多年前，珍妮佛在墨西哥鄉村進行田野調查時，教導兩個年幼的兒子向陌生人問候時親吻對方的臉頰，以符合當地人對禮貌的期待。他們最初因害怕而退縮。但幾個月後，出於嚴厲的目光[vi]、一些溫和的羞辱和對良好行爲的社交正增強，他們開始盡責地向陌生人奉上臉頰，把以前讓他們覺得噁心的事經驗爲正常。（接下來幾年，人們對這類型的強迫親吻進行了積極的討論，認爲那是關於同意和界線的關鍵教學時刻。）以類似的方式，學生與他們不熟悉的人發生的許多性行爲能以一種親密和具身（embodied）的方式將他們社會化，讓他們將非交流性和基本上是自戀性

vi 譯注：應該指他們媽媽的嚴厲目光。

的性接觸視為獲得同意的性行為。vii 儘管有些性侵害看起來與徵得同意的性互動非常不同，但在黛安娜、艾略特和許多其他學生的情況中，合意性行為往往是以有限的溝通和甚至更少的親密性做為特徵。[14] 因此，令人不安的是，他們感覺合意的往往與非合意非常相似。這就是被指控性侵害有時會讓被指控者大惑不解的部分原因。先前的性經歷——雖然可能是徵得同意的——會為後來的性侵害埋下伏筆。這在很大程度上是因為，他們關注的主要問題是「我想要什麼？」，而沒有人——父母、老師和導師——和他們談論過性的意義，或者教導他們也應該問問對方：「你想要什麼？」

戴安娜與高采烈和朋友談論碰到的事。艾略特那天晚上沒有理會凱蒂的意向，在她一再拒絕後一直試圖說服她發生性關係。後來，她的朋友找他說她想談談這事時，他沒有放在心上。再後來，由於他的行為所造成的後果，艾略特對非合意性行為變得敏感，乃至能夠對女朋友說：「嘿，這不是同意。我不會因此對妳反感，但不要那樣做。」無論是好事還是壞事，同意並不只是發生在當下。這是人們會隨時間的推移而處理的事情。溝通的問題不僅存在於性行為的時刻，也存在於性行為的前後。請記住，這兩個故事中的性侵害代表了一個非常特殊的子集，它們是植根於天經地義的權利感和只顧自己的心態，不是刻意要侵犯別人的性界線。我們經常看到的性侵害產生自圍繞性行為（性行為前、期間和之後）的溝通缺乏。[15]

「所以到了她感到不舒服的地步，她還是沒有說什麼。」

馬丁的例子說明了，當年輕人的性好奇心完全是靠色情內容來滿足而沒有得到家庭談話或學校性教育所補強的話，會有多大的風險。馬丁所做的事沒有被舉報，他也沒有將其歸類爲性侵害。那可能眞的不是一起性侵害，但從他的敍述來看，對方在性互動的過程中感到不舒服，而出於什麼原因，她覺得無法把不舒服說出口。撇開性的部分不談，被一個塊頭大得多的人掐住喉嚨和無法阻止正在發生的事這一點聽起來很可怕。

在幾次讓人頗爲不安的訪談中，這個故事被零零碎碎地講了出來。馬丁在愛達荷州富裕但非常農村的社區長大，他不記得成長期間接受過任何性教育。他強調，他不僅從未與家裡的任何人談論過性，他也永遠不想談：「我的性生活是我的性生活。我不去問——我沒有興趣知道我的父母做些什麼，我沒有興趣知道我的哥哥和姊姊做些什麼……我想和很多人談論性，但不想跟父母和手足談論性。」

美國有二十幾家大學設有BDSM社團或學生興趣小組。絕不可將BDSM與性侵害混爲一談。[16]例如，熱衷於搞怪的莉迪亞（她的故事見第五章）是我們遇到過最謹愼和最刻意

vii 譯注：這是習非成是。

的性表演者之一。她表現出一種對自己和他人的良好性公民意識、一種對性交流的細緻和以愉悅爲導向的方法，以及對自願性行爲的流利遵守。

馬丁對BDSM的興趣則更多是私人的事情。校園社團的學生不讓他覺得是他的自己人。他豐富的BDSM知識（主要來自於觀看色情片）擴展至特定的演員和他們的專長。但至少在一個例子中，他自學的性技巧，加上他堅持提前協商性接觸的條款，導致了一個「複雜」的經驗。當被問到他是否有過非合意成分的性經驗時，馬丁說：「確實有過一次，確實有過這樣的事。在和一個女生發生性關係一星期後，她說：『我不是眞的想做。』這讓我有一點點生氣。」

> 我們開始做一些事……她向我解釋說，她喜歡表現出拒絕服從……因為這會讓對方變得更加強硬。但她一直表現出拒絕服從，乃至什麼都不說，所以到了她感到不舒服的地步，她還是沒有表達。
>
> 我們問他如何知道性情景中的反抗是表演還是對方對正在發生的事情的實際反對。
>
> 當我說她表現出拒絕服從時，是指她以一種很挑逗的方式反抗。當我叫她做什麼時，

她說她不會做去。她就像是說：「我不會這樣做，必須由你來做……」她的語氣之類的沒有任何變化……那是用一種非常挑逗的方式說出來的。她一直用同樣的聲音，而不是更嚴肅的說：「不，不要這樣做。」她的態度沒有任何轉變。

馬丁苦惱地講述了之後發生的事情。她給他發了簡訊：「她說她感覺不舒服，而我回說：『我眞的不知道在那種情況下我能做什麼，因爲妳沒有做一些非常關鍵的事情。』」馬丁提供了更多細節：

事情有點可笑，因為她生氣了——顯然，我一度很用力掐住她脖子……但她始終沒說什麼，只是出於某些原因一直慫恿我……她從來沒有說過「不要那樣做」之類的話，她說的話更多帶有挑逗味道……她不表達，沒有像扮演順從角色時應該有的樣子，因為那種時候需要大量的溝通……事後她在簡訊裡說我太粗魯。我回說：「妳當時什麼也沒說。」她說：「我害怕。」「什麼！」我說。我真的無法明白……因為她說她不喜歡。她認為我太粗魯之類的，但她當時什麼也沒說。我不知道她想我怎樣做。

馬丁是透過應用程式認識對方，但如果把注意力集中在他們賴以聯繫的數位媒介元素上，就會忽略了他們是兩個在進行複雜性互動的陌生人：兩人各在尋求自己的肉體滿足，甚至沒有商定一個安全詞（safe word）viii，更沒有事先了解對方的溝通模式和性偏好。馬丁吸收了校園裡關於同意的訊息，他總是預先協商，透過應用程式討論他喜歡什麼、對方想要什麼和其他不宜公開談的事情。[17] 當他把完全壓制對象的幻想化爲現實時，他接受同意與性行爲的暫時分離，而這種分離只是很多學生「實踐」同意的一個較極端版本——這種同意被認爲顯示在對方不反對一起到其中一方的房間。一旦進入房間，他們就相當認定對方同意了。在一個以壓制性伴侶爲務的環境中，要能夠注意到對方的不適是個很大的挑戰。透過色情片學習性知識，就像透過觀看汽車廣告中專業車手表演特技來學習開車。但汽車廣告帶有警語：「由專業車手在封閉路段駕駛，請勿模仿。」色情片卻是沒有任何警告標示。[18]

按名單挑選他要的

我們前面就介紹過提姆。他家境富有，有吸引力，並決心成爲一個以提供派對知名的人。他豪飲，常常還吸食大麻或古柯鹼。在第二章，他向我們講述了他被性侵害的故事。他因無法舉報而感到沮喪，他喝醉了，那個女人大可顛倒是非，讓他惹上麻煩。提姆以一種近乎傲慢的大膽展開他的大一學年。他有一張信用卡，帳單由家人每月支付（他們不會問任何問題），還有一張他在上大學前幾個月就弄到的假身分證。在迎新週稍早，他買了一些伏特加，在自己房間裡舉辦了一場派對，邀請了隊友、一些和他念同一所高中的女生和他認爲有吸引力的女生參加。提姆講述了他們是如何一杯又一杯地喝酒——這對他來說沒什麼不尋常的。派對進行到一半時，一個女生靠過來，問他是否想跟她一起到她的宿舍房間。他們一起離開時，提姆向其中一位隊友點了點頭。

事態迅速升級。很快他們就赤身裸體，但她沒有保險套，而她想他戴保險套。提姆衝回自己的房間去拿一個。當他離開房間時，他亮出了保險套——以勝利者的姿態要去領取他的獎品。派對上的人繼續喝他買來的酒，爲他加油。她的門鎖著，但當她聽到他在外面時，就讓他進房來。當他戴上保險套時，他看到她伸手拿起手機，輸入了一個字：

「救命。」

她把這條訊息發送到了一個群組，該群組包括好些提姆高中時認識的女生。她們就在一層樓之外他的派對上。提姆迅速穿上衣服，跑去和她們交談。他驚呼說：他什麼也沒做！

viii 編注：在實踐BDSM時喊停的代用詞，通常是因爲其中一方感到任何的不舒服而需要立即中止。

他們甚至還沒有發生性關係！她要他拿一個保險套！她喝醉了，甚至發了瘋。在提姆的堅持下，幾個女生和他一起到那個女生的房間，要說服她相信她不需要任何幫助。當他們到達她的房間時，她裸體跳上跳下，大笑著，語無倫次。見狀，她們掉頭離去。

我們不知道她爲什麼發簡訊「求救」，也不知道她當時爲什麼不能對提姆說些什麼。我們只知道提姆的說法。他告訴我們，第二天她又開始跟他調情。他很沮喪，決定「永遠不會去那裡」，因爲她暗示他做錯了事，暗示他要強暴她。有一段時間他百般迴避她。幾個月後他們才發生了性關係。

這個故事不清不楚。有鑑於他們喝了不少酒，提姆和那個女生很可能對這件事情也不甚了然。但可以確定的是，該名女性無法表示同意。根據提姆的敍述，她行爲古怪、語無倫次、胡亂大笑和喝了一堆酒，這讓我們覺得她已經失去行爲能力。所以很明顯，他們不應該發生性行爲，對吧？但我們也可以理解爲什麼提姆不認爲這是一次性侵害。她要他拿一個保險套。這不符合見於愈來愈多州法律中的「積極同意」標準，但它是學生表示同意的一種相當常見的方式。[19]

然而，當一個喝醉的人要求拿回汽車鑰匙以便開車回家時，我們不會給他。我們不會對自己說：「對，這是他們眞正想做的事。」相反，我們會想：「他現在不具備這樣決定的條件。我不會爲他提供便利，即使這意謂著我會錯過一次令人愉快的搭順風車之旅。現在我要等一個多小時才會等到下一班公車。」拒絕滿足別人的要求也許會貶損對方的能動性。但有大量情形是我們會對自己這樣說：「這個人固然說他想要這個，但他眞的太沒有行爲能力，無法下這樣的決定。」性行爲何獨不然呢？

雖然我們往往認爲酒精會帶來受害風險，但愈來愈淸楚的是，酒精也會大大增加加害風險。我們研究的一個重要結論是，學生應該注意飲酒量，因爲喝醉意謂著減損判斷力。他們也可能會性侵害別人。[20]這種情形不僅適用於男生。

「這讓我想要更加了解自己醉酒時所做的事情。」

張某人是個穿卡其色衣服和戒了菸的香港學生，他會與女友一起乘坐天鵝船遊湖這一點（見第五章），顯示他不會逼一個伴侶發生性關係：「我會花足夠長時間去了解一個人。我不會那麼猴急。」當被問到他是否有過未得到對方充分同意的性接觸或親密接觸時，他最初的回答是「不算有過。」但隨後他憶起他的兩件不受歡迎求歡事件。兩者都是受訪學生中最爲普遍的性侵害形式：不受歡迎的性觸摸。[21]在第一件事件中，他「偸吻」了最終成爲他女朋友的那個女生（他在相對較短的訪談過程中提到這件事兩次，顯示他認爲它與我們對性侵害的檢視相關）。事情發生在他們早期的一次約會中，他們當時在一家爵士樂俱樂部消遣。被偷吻之後，「她大吃一驚，說道：『我不喜歡這樣。』」

還有一次，一位後來成爲他朋友的女子向他描述了他在一次派對上所做的事——他已經不記得這事了。「她說我當時已經很醉，當她走進來時，我拍了她的屁股。」張某人此時緊張地笑了。「我不記得發生過類似的事情。」當我們問他對此有何感想時，他說他「眞的很驚訝，眞的很震驚我會這樣做，因爲那不是我可以想像自己會做的事。」他的笑聲更緊張了。他說，當她告訴他時，他表示「抱歉」。當我們問他會否將所發生的事情歸類爲性侵害時，他毫不猶豫地說：「會，我會說是。」我們問他是否告訴過任何人。他又笑了起來，只是這次笑聲較輕。「我仍然會和她就這件事情開玩笑，但我們不會告訴人們我拍了某人屁股一下。」但這是一次學習經驗：「這讓我想要更加了解自己醉酒時所做的事情。這樣我就不會做任何可能讓我後悔或可能冒犯別人的蠢事，因爲我不喜歡我的屁股被某個陌生人抓住。」

對張某人來說，被摸的經驗讓他感到不舒服，這部分是他新萌發的尊重女性意識導致。一天晚上，在市中心的一家酒吧裡，有個女孩對他「太過熱情」，讓他整個晚上都在「躲著她」（他一面回憶這段往事一面笑），好讓不致被她抱住和親吻臉頰。「那讓我感到不舒服，因爲她在我印象中不是這種人，而且我對女孩的觸摸極端敏感。」他感到不自在——一方面對兩人的互動方式不自在，一方面對決定對抗對方不自在。第二天，當他們步行去圖書館爲經濟評論課做準備時，他告訴她，他不喜歡昨天晚上的事。她喝得太醉，根本不記得了。更尷尬的是整件事情必須由他說出來。她表示抱歉，又說事情有點諷刺，因為「這類事情已經在她身上發生過好幾次……男人往往很有攻擊性，所以她不預期自己會樂於做這等事。」

張某人對性行為很有反省性，總是設法體貼別人和從自己的經驗中學習。然而這兩件不受歡迎的性觸摸事件，再加上他和女友第一次發生性關係時並沒有討論過她是處女這一點，都讓我們想起那個把男性的職責定為推進性行為進程的腳本。這個類比將性描繪為你與一個對手進行的比賽。你不是要和一個夥伴攜手合作，而是要和她們爭勝。這場比賽一定有贏家，也一定有輸家。但是，如果我們改變這個腳本，少考慮些攻防——少設法去「偷吻」——而更多地考慮同一隊的兩人在想取得勝利需要共同討論的話，情況又會是如何呢？[22]

• • •

我們對校園地景的介紹引出了一個更大的問題：想要讓學生準備好在多種形式的社交差異中相互尊重地互動，需要做些什麼？酷兒學生指出，為了教導別人尊重他們，他們需要做很多事。少數種族和少數族群學生中間有類似的說法。為教育他們的同儕了解基本的尊重原則，需要付出大量的情緒勞動，非常累人。這項工作的認知和情緒負擔讓這些學生對大學經驗的感受有所不同。要能承認別人就像擁有更廣泛的公民權一樣擁有性公民權，需要努力、回饋和實踐。然而，年輕人不得不自行設法解決這個問題——教育學生如何不傷害他人的主要責任落在了那些更容易成爲暴力對象，以及通常處於更不穩定地位的群體身上。[23]

圍繞性的沉默會產生傷害——這種傷害無法透過在「迴避風險」性教育ix中添加基於恐懼的校園性侵害訊息來解決。將性攤開在陽光下不能只靠那些有「奇怪」經驗或將所遭遇的事定位爲性侵害的人的志願工作。人們不願意上報自己遭遇性侵害有很多原因，但其中之一是受害者擔心那個侵犯他們的人。這個人可能是朋友、是他們群體的一員，以前一直很正派。考慮到被性侵者的顧慮，校方可能會考慮採用「不追究責任的報告」程序。很多校園酗酒事件就是採取這種做法。[24]如果有人飲酒過多，危害到自己，學生可以告知宿舍助理，以便他們的朋友可以得到諮商。[25]如果性侵者是四處遊蕩的掠食者，就沒有理由爲他們提供庇護。但受害者希望的往往是承認和修復，不是報復。那些性侵害別人的人常常認爲自己只是在做愛，不是性侵害。然則，如果我們找到方法讓他們知道別人和他們發生性行爲是什麼感覺，是否會帶來不同？如果這種溝通能夠以被性侵者在不必擔心「毀了另一個人的人生」的情況下進行，是否會帶來不同？這樣就能把教育年輕人的工作轉回到父母和照顧者、他們所屬的宗教社群、經過充分培訓和得到機構支持的教師，以及校園健康促進服務部門手上。這將比我們現在的做法要好得多：讓受害者自行決定是否進行情緒和實際工作，去跟性侵害他們的人或是和他們有過「類強暴」性接觸的人，討論發生了什麼事以及爲什麼那樣做是不對的。[26]這肯定比要求他們不僅教育那個人還要進入反對那個人的程序要好。

這一章從戴安娜開始談起是有原因的：提醒讀者並不是只有男性會性侵害他人。校園存在「強暴文化」觀念，還有「有毒男子氣概」會產生性暴力的觀念，近來引起了很多關注。我們並不否認這些觀念的力量。但對於許多性侵害，這些觀念並沒有足夠的解釋力。「性健康倡議」調查顯示，近六分之一男生在學期間曾遭受性侵害，而且遭受性侵害比率最高的（正如我們指出過的）是LGBTQ學生。[27]對於男性和LGBTQ學生所受到的性侵害，需要一個對校園權力關係的不同解釋。毫無疑問，艾迪對與他並不特別關心的女性上床可能會造成什麼後果一無所知，這讓人感到極爲要不得——至少是過度的只顧自己。但讓我們最後一次回到戴安娜身上。她正在與她的治療師一起研究她在自我實現的道路上將他人視爲被消耗對象的傾向。她生命中教導她應該將別人視爲人而不是物品的成年人在哪裡？[28]問題不是出在戴安娜、艾迪、艾略特或提姆自身，而是他們所屬的社區和機構：這些社區和機構認爲與「地位高」的人上床是「勝利」。問題也出在艾略特一類的人的家庭與同儕：他們對所有有關性的事情都諱莫如深。艾迪從別處學會把性視爲一種責任性的互相回報形式。馬丁在處理親密關係方面唯一的導師是色情片。我們創造了什麼樣的生態，讓這類性計畫看起來合理？我們是如何培養這些如此成功的年輕人的：他們在其他方面知多識廣，但卻覺得自己有權去忽視那些與他們分享最親密時刻的人的性公民權？

ix 譯注：指強調性行爲會讓人有懷孕風險和感染性病風險的性教育。

CHAPTER 7 群體的力量 The Power of the Group

「我猜他們來了個『愛爾蘭式告退』。」

吉莉安和十幾個朋友、熟人在東校區（East Campus）一間大套房的起居室裡渡過了一個好玩的夜晚。東校區是一座宿舍的名字，裡面住的大多是大四生，可以遠眺哈林區的景色，望見閃爍的燈光一直延伸到東河和再過去。起居室裡播放著音樂，但音量沒有大得讓人無法交談。頭頂上的刺眼日光燈關上，天花板上掛著一大串聖誕彩燈，讓起居室被溫暖的光芒籠罩。他們傳遞著一大瓶紅酒和一些塑膠杯。吉莉安是大三學生，住宿環境很糟糕：她和一個朋友合住一個相對較小的房間，沒有任何公共空間來招待更多的人。這是她常常渴望的那種夜晚——和一群人坐在一起，有些是她認識的，有些是她不認識的，大家只是聊天。讓人感覺尷尬、氣味難聞和喧鬧的兄弟會派對是她過去的一部分，她對此並不後悔，但很高興能夠將其拋諸腦後。

吉莉安起身去洗手間，回來後坐在一個她不太認識的男生旁邊。他們在同一個圈子活動，他看起來很有趣。儘管校園裡有超過九千名大學部學生，但結識新朋友卻不是太容易。[1]鮑比是大四生，住在一間單人房：就在起居室外頭的走廊的遠處。兩人都是主修歷史，選了一些同樣的課。他們談論了他們喜歡的教授，也談到其他似乎備課不足或回覆電子郵件緩慢的教授。他們談得很起勁，這也許是酒精的作用，但他們其實沒喝多少；主要是兩人談得來、地方舒適和不存在日常壓力。當吉莉安和鮑比都喝完杯底的酒後，她想她應該斟最後一杯酒，然後或許他們可以去附近一間酒吧和更多人會合。然而當她抬起頭要看酒在哪裡時，卻發現了一個讓人吃驚的情況：昏暗的起居室裡只剩她和鮑比兩個。

情況有了變化。她驚訝地望向鮑比，只見他面露微笑。「我猜他們來了個『愛爾蘭式告退』。」他開玩笑說，指每個人都奇怪地沒有跟主人告辭就走了。後來什麼事也沒發生。鮑比注意到吉莉安的尷尬表情，於是他們就出發到別處找朋友。但吉莉安由此學到了重要一課（她認為與我們討論這一點很重要）：無須她有任何行動，與朋友的休閒飲酒可能會轉變為更親密的環境。當晚的事顯然是有意的，否則她的幾個朋友為什麼不跟她說一聲就離開了？那可能是自發的——他們看到她和鮑比全神貫注地交談，決定溜走，給他們機會獨處。但那也可能是事先安排的——或許鮑比曾請託朋友，給他一個和吉莉安單獨相處的機會。畢竟他的房間就在一門之隔。吉莉安可以確定的是，這種性機會的出現不是她自己創造，而是她的朋友們創造的。

我們並不是說可怕的事發生在吉莉安身上了。她也沒有這樣說。不論是有意或無意，她的朋友們製造了一個性情境。吉莉安感覺自己被迫面對一個她沒準備好的情況。如果有人事先問過她就好了。吉莉安的故事顯示出，性地理（鮑比的房間就在那裡）和同儕如何創造性機會交織在一起，而她自己的性自決權不一定會被列入考慮。

讀者可能會認為並體會到性是一件極其私人的事，是由人與人之間的親密關係來定義。然而，吉莉安的處境突顯出幾十年來對性的社會科學研究所表明的事實：性是一種社交活動，同儕會努力為彼此創造性體驗。[2]導致性行為的社交活動通常涉及朋友、室友、隊友、教友、同一學生組織或社團的成員。這些學生群體往往頗有意地為其成員創造性機會、定義理想的性伴侶並創造性情境。但在創造這一類情境的同時，他們也為性侵害創造了條件。性侵害經常發生在既有的同儕群體中，而這些群體在解釋和定調所發生的事情及在塑造後續上起著重要作用。

「你被強暴了。」他告訴她。

麗貝卡希望能享受一段好玩時光。那是一個星期五晚上，學期即將結束，她經歷了漫長的一週。她給朋友們發去一條簡訊，看看誰願意一起玩。他們知道「一起玩」意謂著什麼——在宿舍房間碰面，喝醉，再去附近的酒吧，然後也許與某個人「耳鬢廝磨」。根據麗貝卡的評估，她自己和朋友們都喝很多酒。那天晚上，在去酒吧之前，麗貝卡和幾個朋友大喝熱身酒，講了各自的近況（在音樂震耳欲聾的擁擠酒吧裡聊天幾乎是不可能的）。[3]到她們喝得夠醉時，已經很晚了。她們知道其他人這時也會到她們要去的酒吧，便出發前往。麗貝卡沒有遇到對象，只不過她也沒有刻意想要遇到。她的朋友們也沒有太多運氣。那是一個典型的夜晚。這群人跳舞、聊天和主要是喝更多的酒。

酒吧打烊時，麗貝卡和幾個朋友們都酩酊大醉。有人擔心她能否平安回家，幸好她的兩位男性朋友住在她隔壁樓。他們陪她走下從酒吧通到街上的陡峭樓梯，並說會確保她安全回到家。她記得這個。她也記得，當這兩個朋友輪流與她發生性關係時，她的意識迷迷糊糊。隔天早上，她獨自在自己的房間裡醒來，神智朦朧、頭疼和宿醉得厲害。她覺得事情有些不對勁，於是去找傑德交談；傑德是她朋友群的一員，昨天晚上也在場。他向她保證這沒什麼大不了的，她反應過度了，而且她在酒吧裡很輕浮，又跳舞又吻她的朋友。這並沒有太不尋常。朋友圈內發生性關係也不是什麼特別的事。她仍然感到困惑，但因爲要參加一個她擔任執委的學生組織會議已經遲到了，所以就離開宿舍，開始步行穿過校園。半路上，她打電話給昨晚不在場的朋友謝潑德，告訴他發生了的事。他嚇壞了，堅持要她立即去醫院。「妳被強暴了。」他說。麗貝卡仍然不知道該如何看待昨晚發生的事。但在謝潑德的敦促下，她同意到當地醫院進行性侵害法醫檢查。當她躺在醫院病床上時，傑德前來探望她。謝潑德打了電話給他，既表示擔心麗貝卡，又對所發生的事表示憤怒。傑德告訴麗貝卡（他對謝潑德說過一樣的話）：她眞的弄錯了。她遇到的事不是強暴。難道她想毀掉幾個朋友的人生嗎？

麗貝卡的可怕故事既典型又不典型。這是我們在訪談中聽過的唯一涉及多名襲擊者的性侵害事件。但麗貝卡對她與傑德的關係、與謝潑德的關係，甚至傑德和謝潑德之間的關係的擔憂，對於理解這個經歷爲她所帶來的痛苦至關重要。儘管那很可怕，但她經歷的不僅僅是性侵害。舉報意謂著冒著失去整個社交世界的風險。如果麗貝卡的朋友圈因此事件而分崩離析，她該依靠誰呢？這不是小顧慮。而且在大多數性侵害個案中，這種顧慮都是不可避免的。任何質疑校園性侵害正式舉報率太低的人都應該知道，手足性虐待的舉報率也很低——而當學生來到校園時，他們的同儕在他們的感覺上就像家人。[4]

我們一開始很難理解麗貝卡何以不願意將她的兩個朋友在她意識迷糊時輪流與她發生性關係的行爲視爲性侵害——就像我們很難理解爲什麼另一位向我們講述她故事的學生會願意繼續待在一個學生組織，跟曾經強暴她和安排這種情況的人共事（儘管那些人可能以爲他們安排的是有趣的性接觸，不是強暴）。[5]這些年輕人在大學裡建立的社交網絡是過渡性的親屬關係網絡。它們幫助學生減輕與家人分離之苦，但作用還不止於此；它們是身分認同的來源，讓學生進入舒適自在社交空間的途徑，也是提供各種資訊的網絡，從週末八卦到打工資訊不等——不僅是如何申請工作，還能透過校友網絡幫你找到工作。[6]更重要的是，在一個性探索和性宣示的時代，大學朋友網絡會幫助年輕人與人勾搭。

「社區會積極塑造人們的性生活」這觀念並不激進。家人經常試圖發表他們對潛在伴侶的看法。[7]各州對允許和不允許的性行爲類型制定了規則。[8]我們社區中的大多數機構都在組織和規範性活動方面發揮作用。教堂、猶太會堂和淸眞寺幾乎都明確表達了它們對「可接受的」性關係的看法，並成爲具有相同信仰和背景的人聚集在一起尋找另一半的場所。任何曾被父母鼓勵參加宗教青年團體的年輕人都知道，在父母看來，這種團體提供的不僅僅是宗教教育。父母還希望孩子能在那裡遇到一個他們樂見他帶回家裡渡假的人。宗教機構利用它們的權力——例如祝福婚姻中的性結合的權力——來組織性行爲，以使其反映社群的共同價值觀。

朋友們常常非常賣力地、非常有目的地爲彼此創意性機會。我們甚至有專門名稱來稱那以安排性關係爲職責的人的社會角色，例如媒人（matchmaker）和把妹軍師（wingman）。[9]還有一個字眼是用來形容那些阻礙性機會的人：cockblocker（老二阻擋者）。有關情侶是如何認識的故事幾乎總是涉及朋友。「約會」或「約炮」應用程式尚未完全讓同儕網絡失色；許多學生將搜尋範圍限制爲朋友的朋友，或是會去「研究」和他們在網路上配對成功的人有沒有共同認識的朋友。通常，只有當一個人被介紹給朋友和家人認識時，我們才會認爲一段性伴侶關係是認眞的。

了解了同儕和社交網絡如何影響我們的性生活，我們便可能去思考，可以如何動員它們去幫助創造健康而非有害的性體驗的機會。學生生活涉及同儕網絡和數以百計的學生組織——韓國學生協會、基督教團契、遊戲社團，甚至還有BDSM社團。這些團體透過創造性機會（並在第二天早上聚會時詮釋這些性經驗），在校園性侵害中發揮著至關重要且幾乎完全未被認識的作用。

我們在第四章介紹過奧克塔薇亞，她對麥考利不願「娶她爲妻」感到遺憾。一天深夜，奧克塔薇亞傳簡訊給朋友說：「你們不會相信我現在在誰的床上？去搜尋他的名字吧，他太辣了！」正如我們所看到的，她並不是唯一一個將自己的性生活視爲一種征服的人，而她朋友們的評價是每次征服價值的關鍵因素。並非所有學生都是這種導向，但毫無疑問，有這種導向的人並不都是男性。還記得念神經外科的羅蔓和她在迎新週的勾搭嗎（見第三章）？她說這種事是「非常大學調調的」。性不只是（甚至不主要是）關於肉體快感，也不一定是私人的。當人們將性視爲一種征服時，這種征服的要件之一就是說給其他人聽並得到他們承認其爲成功。在很大程度上，這種取徑非常適合常春藤聯盟學生以成就爲導向的生活。但它的根源要更深，更普遍。親密關係是個人表達的一種形式，但也是向他人傳達該種身分的一種方式：它在性市場上給人訂出一個大約價值，讓人分出排名高下。[10]

想想看「她超出了你的聯盟」(She's out of your league)[i]這句話。「聯盟」的概念標誌著學者所說的「地位等級制度」。[11]由於吸引力、社會地位、家庭財富和種族的差異，不同人群的地位高低各自不同。美國電影常常用這種觀念製造橋段：例如描述一個美式足球隊隊長沒有帶啦啦隊隊長去參加年終舞會，卻出人意表地帶了一個人們認爲不屬於他的「聯盟」的「新女孩」。此中的意涵是，我們不是因爲想要而與某人約會（或約炮）——我們是因爲被認爲應該如此選擇而這樣做。回想一下張某人，他的女朋友是他的兄弟會老大在「招新活動」(rush)舉行時爲他挑選的。他的老大不是在作弄他，而是在幫助他。或者回想一下莫瑞和他的「臉書成員名單」——那是一個制定具體計畫把他在高中的崇高地位延續到大學的時刻。他有自信，他一定可以跟他在名單裡選中的女生一一上床（事實證明他基本上做到了）。除了我們個人想要的東西之外，社會就什麼是值得追求的認定對我們也有著重大影響。[12]

因此，想要了解性行爲，我們需要讓個人欲望與社會價值對話。這意謂著，其他人（尤其是那些與我們相關的人）在我們的親密生活中占據著重要地位。性計畫在一個不小的程度上也是「地位計畫」(status project)。確保成員維持標準才符合團體的利益。[13]不受社會歡迎的行爲可能會損害團體所有成員的地位。諾曼強調，他那次不幸的勾搭並不是性侵害。他遺憾的只是，那個女的就像「放了三天的披薩」，以及他的朋友們因爲他和她上床而非議他。團體的力量甚至會抑制快樂：例如，女生在圖書館幫普拉蒂什打手槍後，他既享受了生理的愉悅，又認爲他有個好故事可以在社交場合分享。然而，當他告訴朋友時，這段經歷失去了所有光彩——只因那個女生不是他們喜歡的類型。

團體爲成員安排性機會一事本身並無好壞可言。當然，我們已經開始認識到，同儕群體會形成性侵害的機會結構。畢竟，研究兄弟會和性侵害的大量文獻都指出過：大學環境中的有組織男性團體會創造出讓性侵害更有可能發生的條件。[14]但較少受到關注的是，各種同儕團體——包括同儕網絡和正式的學生組織——在產生和詮釋校園性侵害上起著更普遍的作用。團體會建構讓人認識性伴侶的脈絡，因爲它們會創造情境（例如派對）、使用空間（例如透過在校內或校外安排活動）和組織人員（團體成員和他們應該去認識的人）。因此，團體就像個人一樣有著性計畫，而這性計畫是關乎團體的凝聚力和威望。就像個人一樣，團體也利用性行爲來競爭地位。

華金是大四生，也是被大多數學生稱爲「最炫」兄弟會的成員（提到這個稱呼時他們都有點不情願或語帶輕蔑）。他英俊，在高爾夫球隊當隊長，非常用功，已經在一家金融公司

i 譯注：意爲「她是你配不上」、「她是你高攀不起」。

鋪設好一個讓人艷羨的未來。他很受同儕的歡迎和尊敬。我們和他一起坐在他兄弟會會所一樓的脹鼓鼓深色大沙發上。四周放著東一把、西一把椅子，褐砂石建築的內部建築細節已不剩多少。地下室裡飄來一股廉價啤酒的酵母味。當他帶我們參觀地下室時，地板黏得令人不安。從樓上，偶爾飄來一股更衣室的氣味，其中混合著汗味和噴霧除臭劑味。華金看得出我們對這個地方作何感想，爲此感到有點尷尬。但這裡也是他在校園裡的家，是一個可以讓他在一群「兄弟」中做自己的地方。儘管這房子有氣味和黏搭搭，我們還是可以理解華金爲什麼喜歡它。這是屬於他的地方。牆上掛滿了兄弟們的照片。我們坐在那裡的時候，男生們進進出出。有些人看到他們的社會學教授出現在他們的會所，感到有點震驚和擔心。但當時是一個星期二的中午。沒有人在做什麼特別有趣的事情，更別說是違法或讓人難爲情的事情。當他們互相交談時，他們把東西隨意丟放在公共空間的樣子傳達出一個強有力的訊息：這裡是他們的家。他們放心讓裝著手提電腦和課堂筆記的包包離開身邊。這種事不會見於校園的任何其他地方。

我們問華金，是什麼讓這些兄弟會會所與衆不同？他的回答和我們的想像不太一樣。他知道我們在找什麼——對喧鬧的「啤酒派對」和醉酒越軌行爲的描述。當然，這一類事情確實有發生（雖然不是用啤酒桶，因爲校園已經禁止了），而我們的研究團隊花了相當多的時間在兄弟會的地下室觀察過這類派對。他們以前甚至來過這個特殊的地下室，以及去過東校區的套房（在那裡，大汗淋漓的身體擠得如此之近，以至於衆人的舞蹈更像是一個單一的有機體在移動，不是一些個體在隨著音樂搖擺）。在大多數情況下，我們的團隊在這些派對上看到的事情並不有趣，因爲它們幾乎和我們料想的一樣。年輕人一直在喝酒。他們在派對上的滑稽舉止看起來就像是電影場景的重演。他們正在體驗許多學生想要的「大學經驗」，而雖然這種經驗看起來很「狂野」，其劇本看來卻是很久以前就寫好的。

華金認爲，是交誼會（mixer）而不是醉酒的地下室派對定義了他的兄弟會——所謂交誼會，是指與一群精選的女性進行更小型、更親密的聚會，其中不會邀請會外男性。華金描述了兄弟們爲交誼會所做的精心準備。他們把整個地方從上到下徹底清掃。他們買的是葡萄酒而不是便宜的淡啤酒，並大肆購買冰塊。他們不會喝熱身酒，也沒有人在交誼會中大杯喝酒。因爲交誼會的目的不是爲了享受喝得醉醺醺的美好時光，而是爲了認識某個人：這本身就是一種不同的美好時光。交誼會最重要的部分是確保有「正確的」女生參加。兄弟們會邀請較著名的姊妹會的女生——有兩個姊妹會是他們經常搭配。男生和女生都穿著精心挑選的服裝，不會太正式，也不會太休閒。音樂是「弛放風」，大家三三兩兩一面小酌一面聊天。男生和女生可能會交換電話號碼，但沒有男女會成雙地上樓去親熱。在哥倫比亞大學，姊妹會的女性人數多於兄弟會的男性。在這個特定的兄弟會裡，所有男生都是異性戀者——這有點不尋常，因爲很多兄弟會都有公開的同性戀成員。[15]在他們的交誼會上，兄弟會的男生就像所有異性戀男生一樣，有更多的潛在性伴侶可以選擇。部分原因在於性別比例，校園內有六成學生是女性；因此，姊妹會的成員比兄弟會多。這種不平衡給了男性權力。[16]如果你可能有更多選擇，退出一段關係就會更容易。但這種權力不只是男女比例導致。隨著男性年齡的增長和地位的提高，他們「可選擇」的女性就更多。大四男生可以輕易地約會或勾搭大一女生，就像要約會或勾搭一個大四女生一樣。但在女生，地位的累積卻產生了反效果。很少有大四女生會和大一男生勾搭。對男生來說，地位往往帶來更多權力，但對女生，隨著地位的提高，她們的性選擇可能會減少。

參與者看重兄弟會的交誼會，因爲它們會提供「正確」類型的性伴侶。各兄弟會和姊妹會都全力以赴來促進連結。這對男女雙方都傳達了很多訊息。由於都是兄弟會／姊妹會的成員，他們每個人都被認爲是適當的未來性伴侶。每個人也都部分受到所屬群體的保護。兩個群體又保護著彼此之間的關係。華金深情地回憶起這些交誼會，因爲兩年半前他在其中一次交誼會中認識了他現在的女朋友。他倆毫無疑問是互相挑選的，但仍然是在經過安排的明確界線內挑選。他們的組織創造了一個環境，在其中，同意並不是絕對預先決定的，但透過定義何謂理想的性伴侶，這同意斷然會更加有可能獲得。

當然，像兄弟會這樣的團體不僅促進了華金與女友之間幸福的性結合，也助長了性侵害——包括派對上的強暴和非自願的觸摸。需要明確指出的是：「性健康倡議」調查並沒有發現兄弟會成員犯下性侵害的比率明顯較高，但發現兄弟會成員比非兄弟會成員更容易受到性侵害。[17]對兄弟會成員性侵害的研究結果不一，而且對性侵害的研究也面臨著挑戰，這在很大程度上是因爲性侵害防治宣導使得加害者更不可能談論這種事。由沃爾什領導的「性健康倡議」調查數據分析，還有我們的觀察和訪談，都呼應了其他許多研究人員有過的發現：兄弟會並不是安全的地方，但也沒有比其他地方危險上許多。[18]

「我一開始會去那個地方就有夠蠢的。」

大一新生面臨雙重挑戰：找到一個可以認識朋友的地方，以及搆得著酒，好讓交朋友的過程更有趣（和壓力變較小）。這常常驅使他們參加兄弟會或高年級生辦的派對，因爲那裡有酒也有人群。[19]高年級生控制的空間是酒的主要來源，特別是在開學最初幾個月。這也是學生最可能遭受性侵害的時期。兄弟會的部分「問題」很可能在於它們是以過度飲酒文化爲中心的全男性空間。但正如我們指出過的，問題的另一面可能是姊妹會不能提供酒類的規定，還有那些把好奇的大一新生（包括沒喝過酒和性經驗不足的）推入這些空間的法律和政策。[20]

兄弟會可以提供酒類，部分是因爲它們的準獨立性。但對過度飲酒的擔憂在各大學產生了大相逕庭的規定。在哥倫比亞大學，這些規定包括禁止在派對上提供烈酒和桶裝啤酒。就像第三章描述過的，校方代表會在派對當天抵達兄弟會，確認派對舉行區只供應啤酒。兄弟會指派一名「合規專員」（或稱「風險專員」）去配合校方代表的檢查；學生在這方面非常認眞，因爲他們不希望自己的會所被收回，或失去一個全國性兄弟會總會的特許狀。這意謂著烈酒大部分是藏起來的——從公共空間轉移到私人空間。許多兄弟會成員在會所裡有住處，就睡在舉行派對的地下室和一樓上方的樓層。那些不住那裡的成員會在兄弟的房間消磨時間，以避開混亂和噪音；他們或是吸食古柯鹼或大麻，或只是聊天打屁。「禁止烈酒」政策產生了一個始料不及的後果：讓一些人（通常是女性）因爲受到邀請，從樓下的公共空間移動到遠離人群的私人空間。這樣的邀請對那些像大多數人一樣不喜歡喝廉價溫啤酒的女生特別有吸引力，以及那些想逃離派對喧囂混亂的女生（她們可能是想要吸毒或透透氣）。絕大多數時候，在會所樓上空間中發生的事情——無論合法與否——都是雙方同意且開心的。但也不總是如此。

當奧克塔薇亞受校園裡一個極負盛名的兄弟會邀請參加星期六晚上的派對時，她心花怒放。她以前不需要請柬就可以進門，但收到請柬就表示她已經受到了注意。兄弟會主辦派對時，會派一名成員守在門口——常常是爲了將非兄弟會男生拒之門外，但同時也是爲了規範可參加派對的女性類型。打開邀請她參加派對的請柬後，奧克塔薇亞心想：「哇，我眞酷！

我只是個大一新生，卻收到ABK的邀請。眞是太酷啦！」

當奧克塔薇亞被邀請到會所樓上去玩時，她不敢相信自己還有這進一步的好運。在那裡，她和校園裡最酷的一些男生一起喝一口飲盡的小杯烈酒。她覺得自己特別，是被選中的。她不再是個無人認識的新生。她和校園裡最受歡迎的群體在一起。一切都很好，直到情況突然改變。彷彿得到暗示似的，除了一個人之外，所有的人都起身離開。他們說他們想到樓下參加派對去。唯一還坐著的男生（一名大四生）叫奧克塔薇亞留下來再喝一杯。這和吉莉安身上發生的事情很相似，但奧克塔薇亞斷然感覺這是安排好的。她想和大家一起離開，但又感到有留下來的壓力。離開是不禮貌的。她可能不會再被邀請，從而毀了她與酷哥們一起玩的機會。她決定留下來再喝一杯。那名大四生開始親吻她；她不介意但也不眞正感興趣。隨後對方強行脫去她的衣服，強暴了她。

奧克塔薇亞後來沒有上報這件事。「我很尷尬，因爲我一開始會去那個地方便有夠蠢的。難道他們不就是要安排我和那個傢伙發生性關係嗎？……我覺得自己很蠢，竟然不知道我爲什麼會被邀請。」她責怪自己。她感覺自己無法理直氣壯地指控ABK的一個大四生。他們有權勢，受人尊敬，是校園裡「最酷的」一群。[21]她沒有一丁點機會可以扳倒他們。把奧克塔薇亞留在房間裡的兄弟會成員可能不知道她會被強暴，又或者他們無法想像她不會因爲可以與他們其中一人做愛而樂翻。然而，他們確實慫恿她去了一個大四生的房間，勸她喝了幾杯烈酒，然後集體離開，讓本來的社交場合變成明顯的性情境。場合固然是性情境，但對奧克塔薇亞來說，發生在她身上的事不是性愛，而是強暴。該兄弟會先是用計安排了那情境，然後其聲譽又影響了奧克塔薇亞的行爲。他們沒有想辦法封她的嘴——可能是因爲強暴她的那個人仍然認爲發生了的事情是性愛，不是強暴。但他們本來就不需要採取任何行動：權力的懸殊讓他們吃定了她。

有些兄弟會因「有強暴味」(rapey）而知名，換言之，是個你必須保持警惕的地方。這個詞是學生的象徵符號世界裡一個重要的路標，而且關鍵的是，它有時反映的是較不佳的聲譽，不是實際遭遇性侵害的風險。被我們訪談過的兄弟會成員對這種聲譽表示極度擔憂，因爲即使他們不是性侵犯，這種相提並論也會讓他們背負污名。一位兄弟告訴我們：

> 在一個兄弟會裡，你必須特別小心，因為任何人都很容易遽下「兄弟會的傢伙愛強暴」的結論。我不僅不想強暴任何人，而且如果我這樣做了，也會影響到與我有聯繫的每個人！

好強暴的惡名可能很難洗雪。一位接受訪談的姊妹會女生這樣描述校園裡一個地位較低的兄弟會：「那裡老是傳出些古怪事。他們都是些怪咖。我不會到他們那裡去。全都是些盛氣凌人的傢伙。我的意思是，他們總是設法掠食大一的小女孩。」

我們對此進行了查證，調查了這個地位較低的兄弟會（以下稱之爲PDQ）的聲譽和實際情況。我們前往那裡，找一些成員談話。各人的反應相當一致：強烈否認，也爲兄弟會必須拚盡老命以維護形象表示哀嘆。PDQ似乎做什麼都於事無補。無論他們如何反駁，就是無法改變別人對他們的觀感。該兄弟會的一名成員便曾嘩啦啦地這樣反駁說：

有人在社群媒體上發文稱，一個女生在我們會所遭人強暴。我嚇壞了。我當時想：我是不是加入錯了兄弟會？和我在一起的這些人是誰？我做了錯誤決定嗎？那個晚上，酒是我調的，再由我和朋友遞給每一個人！我進行了調查，與每個人都談過，但沒有人那樣做！所有酒都是我調的，而我特意調得有點淡，就是因為我不想有人很快喝醉，讓她們覺得自己被下了藥。我們的兄弟寧可不上床也不做那樣的事。我的意思是，我知道他們雖然沒什麼上床的機會，但仍然不會那樣做。

地位較高的兄弟會，像是讓奧克塔薇亞遭強暴的那個，往往不具有好發生強暴的惡名。男性主導或全男性組織獲得「崇高地位」的方法之一（至少在哥大是如此，但在其他地方也愈來愈常見），就是將自己標榜爲女性主義者，或至少是性別平等主義者。[22]許多兄弟會都有男同志成員，以此顯示它們反對恐同和異性戀本位。[23]然而，我們知道，地位高和地位低的兄弟會都發生過性侵害事件。地位高的兄弟會因爲地位高，其成員具有性吸引力，至少是具有性方面的社交吸引力，使得舉報或談論「非自願的」性行爲時難度大增。有時，就連受害者本人都難以將這種性行爲視爲非自願的——她們會在不愉快的經歷和向朋友炫耀自己與校園名人上過床之間權衡得失。高地位爲男性提供了一些免受性侵害指控的保護，因爲其他人很難想像與這類男性發生性關係會是不受歡迎的。這導致了一個令人不安的結論：社團的聲譽可能有助於保護成員，使其免責。

我們一再看到團體成員如何明確和認眞地維護或提升他們的地位。我們聽到地位高的團體稱地位低的團體爲「好強暴的」、「盛氣凌人」、「性別歧視的」或「卑鄙傢伙」，要以此對照出他們自己沒有這些成分。團體利用它們的聲譽來維護自己的地位和凌駕其他地位較低的團體。這種趨勢在兄弟會和體育隊伍中非常顯著，而在基於身分的團體、宗教性團體和其他類型的課外活動社團中則不明顯得多。地位高的人和群體有可能確實較不會犯下性侵害——也就是說，他們的地位反映了更符合社會理想的實際行爲；相反的，地位低的團體的好強暴污名反映了實際行爲，而不是相對的社交聲望。但也有可能是，地位高意謂著當他們犯下性侵害時，他們不太可能遭到舉報，而即使被舉報，指控者也不太可能被人相信。又或者，所有這些情況加在一起才最接近事實（我們相信是如此）。在奧克塔薇亞的情況中，強暴她的人在很多方面都得到了團體的幫助，從他的兄弟們起身離開以便他可以和奧克塔薇亞獨處一室，到他所屬團體的權力和威望，都導致了奧克塔薇亞的自責和對所發生的事情的不聲張。

「我只是擔心和他耗在一起會發送出某種訊號。」

傑德強迫麗貝卡詮釋兩個朋友對她的所作所為這件事[ii]，是學生們相互詮釋工作的一個極端例子。在大多數情況下，我們看到年輕人深深地相互關心——我們的民族誌研究和「性健康倡議」調查顯示，大多數學生都感受到朋友的鼓勵支持。[24]同儕所做的詮釋工作常常是爲朋友著想，但朋友也因此經驗到了重大的二次壓力。同儕團體和正式組織致力於管理自己的聲譽。組織當然不總是保護其成員；事實上，有些組織會把行爲不可接受的成員驅逐。但出於對組織的忠誠和自身利益（因爲組織的聲譽會影響其成員），我們在同儕網絡和正式學生組織中看到的普遍方向是避免將性行爲歸類爲非合意的。我們沒有訪談傑德，所以無法知道他的動機是什麼。在處理這些情況時，學生們極常將其「降級」，不稱其爲性侵害而稱之

ii　譯注：指要求麗貝卡把兩個朋友對她做的事理解爲強暴。

爲「叫人噁心的」、「草率的」或「形同強暴的」。看起來，這背後的原因並不完全是要不得的。通常，主要動機似乎是維持朋友圈的和諧。這種將社交和諧置於承認和補救傷害之上的做法讓人不安。同儕和組織不僅透過安排性機會來製造同意，還透過詮釋工作和社交壓力來達成這一點。[25]

在第六章，我們曾講述當提姆跑回自己的房間去拿保險套時，得到同伴們的歡呼喝采，但當他回到女生身邊時，對方卻發出喊「救命」的簡訊。不過讓我們也來回想一下接下來發生的事情：提姆回到他的群體，帶著他高中時認識的女生，讓那個女生相信她不需要幫助，她完全誤會了。這些女生看到她歇斯底里地大笑、表示很高興看到她們，而且顯然完全失去了理智（至少提姆是這樣說的）。她們擔任證人，證明沒有發生什麼不好的事情。提姆可以動員上大學前的人脈助他擺脫複雜的處境只是他獲得特別保護的許多方式之一。[26]

我們可以將這種目擊證詞視爲惡意的，而且很有可能確實如此。但在保護朋友的時候，人們也是在保護這樣的觀念：他們的社群是好社群；與他們親近的人都爲人正直；他們圍繞自己建立的世界和他們賴以定義自己的世界是值得欽佩乃至讓人忌妒的。除了傑德之於兩個朋友之外（我們對他的行爲只有二手了解），我們沒有看到任何公然設法「保護強暴犯」的例子。不過，我們倒是看到和聽到學生會努力維護一個觀點：他們的群體是一個正直的、有價值的和有道德的群體，他們自己和他們周圍的人是好人。有時，這態度會——我們認爲是無心的——保護了犯下性侵害的人。[27]

訓練學生發現和介入不受歡迎的性親近，並尋求促進校園有關相互尊重的關係的討論，這些旁觀者計畫[iii]是少數對減少校園性侵害有明顯效果的預防措施之一。[28]在我們對學生如何充當旁觀者的分析中（該分析由亞歷山大・溫保德〔Alexander Wamboldt〕領導），我們看到了旁觀者介入（bystander intervention）的始料不及影響，包括學生充任旁觀者的方式有時反而會保護了群體成員的地位。[29]學生（幾乎一律是男性）會出於責任、聲譽和道德擔當等原因而進行介入。

兄弟會和大學之間的法律界線存在爭議，但兄弟會的準獨立性讓未達喝酒法定年齡的大學生能搆得著酒，經驗到「大學體驗」[iv]。我們訪談過的兄弟會年輕人承認這一點，而我們理解爲什麼他們認爲這是一種解除責任的方式。兄弟會全國總會明確指示年輕人去介入有問題的行爲，部分是因爲這些行爲是不對的，部分則是認爲兄弟們應該能夠對發生在他們會所裡的事情承擔個人責任。正如一位兄弟會會長告訴我們的那樣：「我們必須超級小心，因爲如果發生任何事情，我們眞的沒有保險。所以我們總是必須小心翼翼。」許多兄弟會都設有

iii 譯注：「旁觀者計畫」是要將人訓練成主動的旁觀者（active bystander），讓人能在目睹危險情境時幫受害者脫離險境，並能夠在後續階段糾正或舉發加害者。

iv 譯注：大量喝酒被認爲是一種「大學體驗」。

一名「風險管理專員」，其職責是確保飲酒死亡或性侵害不會發生在他們的活動中。畢竟，沒有任何保險公司會承保這種事。

無論是否有加入兄弟會，我們訪談過的男生都擔心與「有強暴味」的人有牽連。學生經常互相交換資訊，好知道應該避開哪些地方和哪些人。聽到一番這種談話之後，一個男生覺得有點可惜，但他可絕不想碰上從前是他朋友的那個人：「他是個該死的賤民。儘管聽起來很糟糕，但我他媽的不想被人看到我和他在餐廳裡坐在一起，因爲那樣一來，你就會像是強暴犯的朋友，不是嗎？這也可能會毀掉你的人生！」讀者可能會想：「好，如果我們嚴厲懲罰這些人，讓他們徹底淪爲社會賤民，他們就會停手！」但犯罪學家已經表明，極端懲罰是用以阻止行爲的最無效工具之一。[30]

除了出於對責任和聲譽的擔憂之外，我們採訪過的大多數男生都有做好人的道德擔當。[31]將潛在的「性罪犯」從群體中驅逐，既可表現一個人的道德本質，又可表達對性暴力防治的眞誠支持。一個學生團體的會長自豪地告訴我們，在他們的一次活動中，一個男生不斷找一個女生外出，不接受「不要」的回答，也不明白她的迴避是一種禮貌地要求他離開的方式。注意到這事之後，會長出手介入。但會長也指出，他需要不斷保持警覺。因爲在同一活動中，另有一個女生遭到了猥褻。他的心情也從自豪轉爲沮喪。「這種事就發生在我眼皮底下著實讓人害怕。我的意思是，我看到了這一件事並且能夠阻止它，但卻無法阻止另一件非常糟糕的事情。這眞是讓人難過。」

同儕網絡和正式的學生組織提供了預防性侵害的機會，但有關聲譽的社交壓力，還有關心彼此的眞誠意圖，也創造了性機會、性侵害機會和錯失的介入機會。有時，學生們將旁觀者取向（bystander approach）理解爲他們應該留意「掠食者」，然而事實上，注意朋友的舉動會讓他們更稱職。他們並不總是知道如何介入。我們看到有些學生在朋友和同儕做了不好的事時找他們談。但更常見的是，人們只是將有問題的人趕走，必要時會使用涉及肢體的強制力。當一個同儕被認爲在性方面過於咄咄逼人時，一種策略是把他灌醉，好讓他（借一個男生的話說）「睡著或冷靜下來，或者……只要一動就開始嘔吐。」這是假定在嘔吐之後，他們性侵害別人的可能性便會降低。

儘管向學生介紹「旁觀者介入」的培訓都是把阻止性侵害視爲每個人的職責，但我們卻看到，會這樣做的幾乎一律是男性，他們認爲透過保護女性免受其他男性的性侵害是一種美德的表現。此中的異性戀規範的局限性明顯可見，而女性主義者也合理地批評，這是對女性性能動性一種「新維多利亞時代式」抹殺，是把女性定位爲需要保護的對象。[32]當男性注意到女性喝得太醉時，我們觀察到他們傾向採取的介入方式是將這些女性從他們控制的空間中移走。這可以是一種「幫助」的方式，但也是一種避免後果的方式，讓一個女性不會因醉酒而受到性侵害或經歷其他可怕遭遇。這種介入可以有不同的方式，包括陪同走路回家、帶她到一個私人房間使其免受潛在掠食者的侵害，或者找到她朋友請他們把她帶離此地。然而，正如我們看到過的，有人陪著走路回家或被帶到私人空間並不一定能保護女性免受性侵害。

對於那些是「討厭鬼」的男生[v]，介入措施很大程度上取決於他們是否為團體或組織的一分子。男性會避免公開讓一個朋友難堪，或讓很多人注意到一個朋友的問題行為。在一次觀察中，我們看到一群男生注意到，他們一個朋友對酒吧裡鄰座的女生有點太咄咄逼人。其中一人採取轉移注意力策略，用手臂摟住那個惹麻煩的朋友，對他說：「嘿，夥計，我們需要找個人來玩投杯球。」摟著自己朋友離開時，他向那個女生頷了頷首。「放煙幕」的策略也相當常見，尤其在校園派對上。有時，想要解除一個緊張局面，需要的只是插入談話中和改變話題。有個知名兄弟會成員頗為自負地說自己「以高尚聞名」，又指出他會用較微妙方法教育後輩：「我們有些兄弟對女生說話太急躁了，因為他們比較年輕，不懂如何與女生交談。我們努力幫助他們。我們說：『你需要再冷靜一點點。』」對非兄弟會成員的人，他的態度卻是大相逕庭，以儘快把對方趕走為目標。使用這種方法的人可能會聚集在一起，決定「把這傢伙踢出去」。如果他不走，他們並不反對使用武力。策略非常直接：「將那傢伙的頭夾在腋下，把他驅離！」

這些不同的策略會產生意想不到和有時不好的個人後果和社交後果。接受過我們很多訪談的一名女生談到，她宿舍裡有個「出了名的強暴男」，而雖然她不覺得他有什麼問題，但還是千方百計避開他。當我們問她爲什麼他是個「出了名的強暴男」時，她說，大一的時候，他有一次因爲行爲不檢點而被趕出一個派對，成爲「不受歡迎人物」。他的惡名已經牢固，她也不打算做任何事情來爲他洗雪。「我只是擔心和他耗在一起會發送出某種訊號，讓人覺得我是要表示他是值得信賴的。」在本章的一開頭，我們談過團體動力如何與地位等級制度密切相關。將一個人的頭夾在腋下把他從派對趕走可以服務多種目的。此舉有可能阻止了惡劣行徑。它保護了一個團體的聲譽。它幫助這樣做的男生把自己確立爲「高尚傢伙」，同時給那個被攆走的人加上一個難洗雪的污名。兩相對照下，「高尚傢伙」會顯得是不強暴別人的好人，因而更受潛在的性伴侶青睞。

當然，有些男性可能眞是因爲他們的惡劣行徑致使社交聯繫變少，而校園八卦網絡所傳遞的訊息有些也眞的可能是精確的。但我們沒有找到很多可以證明這一點的證據。我們聽說有些性侵害是發生在受害者和襲擊者剛到過有很多其他人的公共場所之後；這些朋友本來可以充任旁觀者卻沒有這樣做，是因爲他們假定了兩人都性欲高張。學生們被灌輸的訊息是要對非自願的性接觸進行介入，但這些接觸常常是從雙方都有點意思開始的。更重要的是，學生最強烈的衝動常常是嘗試成爲「把妹軍師」或「媒人」。他們也常常正在語言溝通困難的

v 譯注：指在派對或酒吧的場合糾纏女生的男生。

地方喝酒——在音樂震天價響和擠滿人的小空間裡。

性別化的性腳本，以及由此產生的「只有女性需要保護」的想法，讓男性陷入風險。學生在看到醉酒的男性被摸和灌酒時大多不當一回事，甚至事後還會拿來當笑話。男性失去同意能力的問題並未被眞正考慮。把男性描繪成對性行爲來者不拒的性腳本讓人很難認眞思考介入措施。提姆告訴我們，當一票朋友看到一個女的不斷給他灌酒，他們只是認爲他交了桃花運。他們不想礙事。

麗貝卡被送她回宿舍的兩個男生所強暴。她的遭遇並不獨特。莎曼珊談到，有一天晚上，當她醉得無法回家時，一個朋友「幫助」了她。她的敍述大概就像她的記憶一樣是支離破碎的，但它也顯示出一種爲理解所作的掙扎。

> 我認為他是一個非常好的人。他見我不舒服，便對我說：「我送妳回家吧。」於是我……於是我回家了。我沒事。我只是……我真的不記得是否發生過任何事情。回想起來，我不認為我們有性行為。但我很擔心，那週我得了傳染性單核球增多症，月經也停止了，所以我非常擔心我們發生了性行為。我做了妊娠檢查。但沒事，我只是病得厲害。不過沒錯，事情真的很可怕。

她仍然不確定發生了什麼事，更不知道該如何思考。他們仍然是朋友。我們寫這個不是爲了反對旁觀者介入；代之以，學生如何運用這些觀念的例子突顯出有需要設計更多教程來幫助他們批判性地思考校園中的地位和權力。此外，旁觀者介入分爲**回應取向**（reactive approach）和**預防取向**（proactive approach）兩大類：回應取向訓練學生打斷進行中的侵犯性互動，而預防取向旨在促進對尊重性互動的更多批判性討論。[33]有鑑於正式和非正式學生團體在塑造校園性行爲上的基本角色，以及許多團體都熱切渴望在聲譽上和實際上都成爲不鼓勵性侵害的空間，預防取向具有巨大的潛力。對於那些主動請纓把某個人安全送回家卻又性侵害他們的個案，我們不知該如何評論，但不可忘記的是，社會分析到了某個地步是無法解釋個人的惡劣行徑的。

我們指出過，將某些男性指爲「強暴男」已成爲某些團體讓自己占據制霸地位和凌駕其他男性團體的一種方法。男性特別努力輕描淡寫化自己朋友的性侵害，又會去突顯其他與己無關的男性的侵略性。這在很大程度上是因爲性侵害會帶來的污名愈來愈大。控制空間和有強大盟友的人可以利用這種污名來排斥他人，以此增強自己的地位，並在某種程度上讓自己免於受到性侵害的指控。對社交聯繫脆弱的男性的公開羞辱，以及保護在體制內已確立地位的男性，可增強本已大權在握者的權力。這也會扭曲掉校園地景中的風險。[34]

即使在沒有任何目擊者的情況下發生的性侵害，團體的力量一樣可以發揮作用。傑琳自認爲很有藝術氣質，而她被哥大吸引的部分原因是它位於紐約。她的富裕家庭毫不猶豫地花大把錢讓她從事純社交的課外活動，因此她加入了美食家社，該社團經常光顧城市各處的餐館，也讓她有機會認識其他學生（全都是富家子弟）。大一下學期，她開始熱烈迷戀其中一名負責設計活動的高年級生。她必須有所表白。她艱難地走過雪地去到他的宿舍房間。但隨後，她因爲不知所措而突然離開，跑去參加一個派對，試圖「減壓」。冷靜下來後，她重回他房間去表白。他的回應是伸手拉她的手，然後要她吻他，「看看是否有火花」。傑琳本來只打算表白，看看對方是否也對自己有意，但她還是同意吻他。畢竟，她喜歡他。他們轉移到床上，繼續接吻，但事情開始「升級」。因爲他們是朋友，以前就談論過性，所以當他要求她給他口交時，她很驚訝。傑琳過去曾明確告訴他，這是她永遠不會做的事情，因爲她覺得這樣做不舒服。她一直試圖交談，但他一直親吻她並要求口交。最終，她不堪他的催迫而屈從。回想起來，她覺得他在操縱她。後來他們談起這件事，他承認他利用了她。他的單人房裡沒有其他人，但社團的所有人儼然都在四周。她最終做了她不想做的事情，部分原因是擔心失去與已成爲她身分一部分的團體的連結。

同儕團體是校園性侵害這種社會產品的基本成分，但其作用的方式遠遠超出奧克塔薇亞大一那個晚上所經歷的情況。這些團體層面的影響力無法消除，但大概可以加以利用，方法是了解團體如何爲其成員和其他人帶來風險、關注團體對其成員施加了多大（或多小）的控制，並思考選拔過程會如何放大而不是挑戰某些成員的濫用權力傾向。團體本身並不是問題，但組建和管理團體的特定方式可能是一個大問題。無論學生團體的類型爲何——不管是猶太組織希勒爾（Hillel）、黑人學生組織、哥倫比亞酷兒聯盟、衆多南亞文化團體之一，還是數以百計構成社交景觀的身分群體和活動群體——社團生活都是人們大學計畫的核心部分。社團是讓學生有在家之感的地方。社團成員是他們的家人。華金在兄弟會成員中得到的安全感讓我們感動，對他來說也很重要。具有巨大潛力的做法是組織團體層面的討論，去鼓勵學生釐清他們的性計畫，主張自己的性公民權和承認其他人（包括不屬於其團體成員的學生）的性公民權，以及了解他們控制下的校園性地理是如何產生性侵害風險。它們之所以具有潛力，是因爲事實證明，這些團體不僅創造了性侵害發生的條件，還對後續起著至關重要的作用。

CHAPTER 8 後續 The Aftermath

「我不想成爲『那個女孩』。」

詩歌社是莫琳在校園裡的家。她在大一初期便拚命尋找自己的歸屬，但要到十一月參加過詩歌社的第一次會議之後，她才認識了一群志趣相投的人。該團體每星期碰面一次，每個月一次會在聚會結束後到附近的酒吧去喝酒。這通常是一件輕鬆的事。大二學年進行到一半的有一天，莫琳和詩歌社的一位大四男生一起離開酒吧。他們已經互相調情有一段時間了。兩人都沒有喝醉。她很高興能回到他的房間親熱。她想要一點身體接觸，但不想發生性行爲。結果他強暴了她。莫琳繼續參詩歌社每週的聚會，包括到酒吧喝酒的社交時間。在這些活動中，她都看到強暴她的男生。她從未告訴任何人發生過的事。

一天晚上，戴維斯和擊劍隊一起喝了很多酒。一個他一再表示不感興趣的女人不斷給他買酒，最後把他帶回家裡發生性關係。第二天早上，當他把這件事告訴一票朋友時，他們笑了，說她很明顯努力讓他喝醉，好把他帶回家去。有好幾個人有過同樣經歷。這幾乎成了一種通過儀式[i]，有助於團體的鞏固團結。[ii]戴維斯覺得這種說法有點「古怪」，但還是加入了他們的笑聲。

蔡斯被一個關係緊密的酷兒社群的成員強暴。蔡斯試圖「訴諸社會正義框架」，集合有過同樣遭遇的同儕來指控強暴他們的人。事情最後失控，一個曾經是校園裡許多人的家的社群就此分裂，其中的每個人必須選邊站。

根據辛蒂自己所述，當她陪一個她偶然認識的男人回到他的公寓時，她已經喝得太多。他在那裡強暴了她。她向警方報告了這件事，因爲她覺得這是她應該做的事情。她後來形容這是她一生中「最糟糕的決定之一」，指的不是導致性侵害的原因，而是把警察牽扯進來。

亞當從來沒有和男朋友談過對方在性方面有多麼的咄咄逼人和硬來，包括有一晚，對方喝了一整晚的酒回家後「基本上強暴」了他。除此之外，他對他們的關係很滿意，不想讓男朋友陷入麻煩。

史蒂芬妮很沮喪，感到孤獨。她的感情關係似乎是維繫她生活的唯一元素。她沒有性驅力，因此他們發生性關係的頻率減少了。她的伴侶威脅要分手，對她說：「如果我們永遠不準備做愛，爲什麼還要談戀愛呢？」史蒂芬妮躺著忍受她不想要的性行爲，是爲了維持這段關係。隨著關係的破裂，她的憂鬱症惡化了。

凱倫在公園被前男友強暴的故事出現在第一章。她告訴我們這件事，部分是因爲她知道事情有些不對勁。她不想做愛。她甚至多次大聲喊「不」。但她發現她感到了生理上的快感。她用這種快感，還有她仍然關心前男友的事實，來淡化所發生的事情。當她向我們描述這段經歷時，是笑著說出來的。她看來應付得了，並沒有受到太大的影響。

在性侵害了朋友之後，戴安娜完全謝絕性行爲。（見第四章和第六章）她以前非常活躍的性生活終止了，現在她把自己形容爲無性戀者。

我們也聽說過有些學生在遭遇性侵害之後，因爲受創嚴重，終而輟學。他們一生大部分時間圍著打轉的那個抱負——念大學——變成是他們無法忍受。因此，我們的敍述可能無法充分涵蓋那些遭受最嚴重創傷的人的經驗。[1]

在第一章中，我們勾勒了性侵害經驗有多麼多種多樣。本章透過強調這些性侵害的「後續（創傷反應）」有多麼多樣化，來做一個首尾呼應。[2]我們所謂的「後續」包括是否將事件定調爲性侵害的決定、是否告訴別人此事、是否正式舉報，以及背負彼此負擔和在一個充滿性侵害倖存者的性地景中航行的社群層次經驗。在數以十計有關創傷、韌性和復原的故事

i 譯注：通過儀式（rite of passage）是人類學術語，指一個人要離開一個群體進入另一群體時接受的儀式，會讓當事人的社交地位發生顯著變化。如成年禮便是一種通過儀式。

ii 譯注：這是開玩笑的說與那女人上床就像是接受通過儀式，可加強擊劍隊的凝聚力。

中，存在著一些驚人的社會規律性。

爲什麼明知會繼續遇到強暴她的那個男生，莫琳還是回到詩歌社去？爲什麼不少學生仍然維持一段由親密伴侶（性）暴力所定義的關係？人們怎麼可能和一個性侵害過他們的人約炮？如果性侵害造成的創傷如此嚴重，那爲什麼有些人拖了許久才與他人談論這事情，又爲什麼有些人根本不談論它們？對於我們這些沒有遭遇過性侵害的人來說（甚至是對我們之中一些遭遇過的人來說），這些情形似乎說不通。想像中的性侵害後續階段與實際經驗之間的落差導致有些人懷疑那些自稱遭到性侵害的人的說法。「社會風險」的概念——第三章曾提出來解釋塑造醉酒性行爲的文化原委和社會目標——幫助我們理解這些行爲。它突出了將一段經驗定調爲「性侵害」、告訴朋友此事和向學校或公共機構舉報所包含的風險。[3]

管理性侵害後續階段的部分工作是一種個人選擇或思慮。但社會風險也可以是關係性的或機構性的。我們指的是同儕和組織會影響被性侵者的想法和感受。想想前一章的麗貝卡，她被兩個在她喝醉時主動請纓送她回宿舍的朋友所強暴。當她在醫院等待性侵害法醫檢查時，她的另一個朋友介入了。他堅稱她對所發生事件的詮釋「完全錯誤」。了解一起性侵害事件不僅意謂著了解「發生了什麼事」，還需要了解經驗是如何被賦予意義。朋友們會一起處理和歸類難以了解的經驗。個人對性侵者的感受，以及他們是否覺得自己曾經尋求與該人發生性接觸，也會影響創傷反應。[4]他們的概念資源（他們就性行爲和性侵害所學過的知識）

很重要，同樣重要的是他們有關向學校或警方舉報時會發生什麼的知識。[5]那些不相信裁決過程會產生公正結果的人不太可能走舉報的路。被性侵者會權衡舉報的成本和效益，特別在意舉報所需花費的時間和精力。有鑑於他們比較可能得不到他們尋求的承認和決議，他們會質疑付出這種努力是否值得。在性侵害後續階段，受害者的不被當一回事會讓他們有二度受害的感覺。避免這種情況是許多人決定不舉報的原因之一。

在講述她被強暴的事並解釋她爲什麼拒絕以這種方式思考發生的事情時，費莉西蒂告訴我們：「我不想成爲『那個女孩』。」「那個女孩」對她來說是那個被強暴的女孩。若她是「那個女孩」的話，其他人可能就會不想和她約會或上床，或是根本避之唯恐不及。「那個女孩」是那個在派對上失控並因此陷入困境的女孩。「那個女孩」是那個在性方面無法控制自己生活的女孩。「那個女孩」是那個「毀了」朋友[iii]人生的女孩。「那個女孩」並不是所有女性都應該成爲的那個現代女性——有自信、無所不能和什麼都應付得了，享受著二十一世紀的性自由並巧妙地管理著所有由此產生的風險。「那個女孩」沒有名字，人們會知道她存在只是因爲她被強暴了，又或是因爲她自稱被強暴了。[6]

iii 譯注：指性侵害加害者。

受到性侵害後，不將這次遭遇視爲性侵害可以讓他們感覺受到保護。此舉可以幫助學生維持他們當前對自己和身分的理解。此舉爲他們的未來提供了更多選項（無論是想像的還是眞實的）。他們甚至可以把自己視爲有德之人：他們以德報怨；他們有能力寬恕和同情；他們不是由「受害者」這個可怕和被剝奪權力的字眼來界定的。對選擇以「倖存者」自居的人來說，這可以是一種賦權的回應方式，一種利用自己的痛苦來減少恥辱並推動社會變革的方式。但我們發現很多學生並不想這樣被公開定義。當他們的朋友或伴侶強暴了他們，他們受到威脅的並不只是他們的身分。將一次遭遇稱爲「性侵害」或「強暴」（這是更糟的）會爲他人帶來後果，也潛在地會爲分享的朋友圈或學生活動帶來後果。給那個朋友貼上「強暴犯」的標籤眞的公平嗎，特別是如果你相信這個標籤會「毀了他們的人生」？被性侵害的學生面對的地景充滿社會風險——對他們的友誼，對他們稱之爲「家」的組織，對他們的未來，甚至對於性侵害他們的人來說也是如此。

「我想感覺這事對我沒有影響。」

凱蒂是我們第一批訪談的大一生之一，她曾在開學後幾星期內遭到強暴。當我們詢問她此事時，她拒絕了性侵害的標籤。她說，對，那次性行爲是「非自願的」，不是她想要的。對，她是對她的伴侶說過她不想發生性行爲。但她強調：那不是「性侵害」。她看出來我們很難消化這一點，所以解釋說：「『不想要的性行爲』是最可怕的事情。」凱蒂是個有威嚴的年輕女子，對自己似乎有著完全的掌控。這毫無疑問有表演的成分，但卻是令人信服的表演。她希望把自己視爲一個總是能夠實現自己的欲望的人。她不願意向自己或任何人承認，她受制於他人的權力和意志。凱蒂拒絕承認自己受過性侵害。「我不想給他權力可以說他對我做了那樣的事。我想感覺這事對我沒有影響。」

隨著時間的推移，基於我們決心了解學生那些令人費解的行爲方式的社會原因，我們逐漸認識到，凱蒂並不缺乏對性侵害的認識。她的回應方式毋寧是校園性侵害被成功提升爲一個公共問題的部分結果。社運人士和學者對提升意識所做的工作取得了巨大成效，將一些學生的個人經驗轉變爲引起廣泛關注的公共議題。[7]但爲了提高這個長期被忽視的問題的矚目度，社運人士不得不把他們的聲音抬得愈來愈高。一種策略是將性侵害形容爲「有史以來最糟糕的事情」。對於一些受到性侵害的學生來說，情形確實如此——它會導致憂鬱、孤立，甚至自殺。但其他人卻沒有這些感覺。還有一些人可能有這些感覺，但不想這樣感覺，所以不肯將所發生的事情定位爲性侵害。

在校園內外，受到性侵害的人會受到質疑、誹謗或排斥。[8]有些人不認爲自己符合對受害者的一般假設：這可能因爲他們是男性，因爲他們沒有喝醉，或者因爲強暴他們的人是他們的伴侶而不是掠食者。有些人責怪自己因爲想要性愛而陷入這種境地，覺得這種想要心態必然會帶來風險和傷害。以「倖存者」自居固然可以將受害者經驗轉變爲一種較積極的社會身分，但這種身分與其他可能身分存在著緊張關係，從而讓一些性計畫和人生計畫感覺上較不可能成立。

艾爾絲在酒吧喝得酩酊大醉，然後去了她先前勾搭過的一個朋友的房間。當她醒來時，她的褲子反穿了。發生了什麼事？誰把她的褲子脫了又穿上？她對此感覺很不舒服。艾爾絲納悶她朋友是否有份。但爲什麼？他有什麼要隱瞞的？她後來沒有對他或其他任何人談論過此事。與我們交談是她第一次講述這件事。她喝得太醉了，不記得發生了什麼事。她不知道自己是否同意，甚至不知道自己是否發生了性行爲。當她試圖弄懂這事情時，她的思緒不斷旋轉。「我不認爲那一定意謂著我們上過床，但我也不認爲……但我也覺得那超爛的。我真的不記得了。太爛了……」艾爾絲停下來，眼睛望向別處。然後她回過神來說：「我只是因爲自己沒有做得好一點而難過。我爲自己感到難過。」

艾爾絲認爲她的遭遇部分是她的錯，這種態度是典型的。凡是將自己置於「那種境地」的學生都會感到內疚和羞愧——不管那是指參加某種類型的派對、喝得太多、太輕浮，或是沒有意識到自己行爲的「可預期」後果。在遭受性侵害之後，學生通常會一次又一次地質疑自己。[9]

卡姆登是中西部黑人，他向我們講述了他大一時參加一次派對的情形。派對很有趣。他喝醉了。有一段時間，他認爲這就是大學之所爲。然後，和他一起跳舞的一個大四女生抓住他胯部。他很震驚，不知道該怎麼辦。他把身體挪開了一點，但隨後另外兩個女生輪流做了一樣的事。他納悶，她們是她的朋友嗎？他沒有留下來尋找答案。在三次被女生抓住生殖器後，他尷尬難當，很快離開了派對。即使是兩年後，想起這件事，他的眼睛似乎還是有點濕潤。這些事件符合性侵害的定義——非自願的、未經同意的性接觸——但他並沒有這樣定義它。「如果有人問起的話，我會說不是。」他回憶說。但他也覺得自己應該更懂事。「那就是人們互動的方式；就是人們享受大學生活的方式。」[10]我們在卡姆登的故事中讀到了種族成分（他自己沒有提這種成分）。黑人學生的身體似乎被以驚人的頻率觸摸，被視爲可以玩耍和評論的物品。[11]就像艾爾絲一樣，卡姆登在和我們談論這件事之前沒有告訴任何人。但這種沉默並不常見。

對「性健康倡議」調查的分析發現，百分之八十一經歷過「未經本人同意的性接觸」的學生，無論他們是否認爲遇到了性侵害，都會與朋友談論。[12]傑瑪在與朋友德里克發生了「事情」之後不久，就去找他們的共同朋友尚塔爾談論此事。她不斷納悶自己是否對所發生的事情有「非理性的不安」。她希望尚塔爾能給她一些意見。傑瑪只記得自己一直在喝酒。她不認為德里克喝得像她那麼醉。她不記得他們是如何回到她房間的(不過她很確定她有邀請對方)。他們發生性關係時,她的意識模模糊糊。她還記得其中的一些片段。她的下一個明確記憶是醒來:當時她獨自一人,赤裸地躺在床上。幾天後,她發簡訊給德里克,問他是否想去時代廣場買當天的百老匯門票(他們商量要看一齣舞台劇已經有一段時間)。她還問他那天晚上發生了什麼事,說自己不太記得了。「他說:『我們親熱了起來和做了愛。』我說:『好吧……』我有點心煩意亂,又說:『我當時有點模模糊糊。』」

尙塔爾讓傑瑪相信,她有理由感到心煩意亂,並且她不是不理性的。這提供了一些安慰。傑瑪很確定自己有邀請德里克回房間去,並且表現輕浮。但令她感到不安的是,她當時喝得酩酊大醉,而且在她給他發簡訊前,他一直沒想過要和她聯繫。他從來沒有問過:「妳還好嗎?我們應該談談這個嗎?」最後,傑瑪很高興尙塔爾肯定了她的經歷。她和德里克去看了百老匯舞台劇,但兩人的關係再不一樣。她的整個人生都變了調。她在課堂上無法集中注意力,也難以維持友誼。她想知道自己做錯了什麼。她懷疑自己的識人之明,懷疑自己的朋友是否眞正尊重她。德里克怎麼能如此漫不經心?回想起來,困擾她的不只是性。一切都變得不牢靠。「生活讓我感到很糟糕……」

羞愧和對社交失敗的擔憂讓大多數人除了將所發生的事告訴親密朋友之外,什麼都不會做。傑瑪兩種感覺都有——她既懷疑自己判斷別人眞實性格的能力,也害怕知道一個她認爲是朋友的人根本不尊重她。與我們交談的另一位女性曾多次遭到性侵害，她擔心出面舉報會讓她做爲「時尚」女性的聲譽受到威脅。她說，舉報會「牽扯太多人。那意謂著我經常見到的一卡車的人都會知道。」她不樂見強暴她的人會遭到讓她不安的懲罰，更不想去應付調查：到時她必須反駁他的敍述，而那些在她被性侵害前曾與他們在一起的朋友也將被傳喚作證。他們必須選邊站。她對所發生的事情感到憤怒，但她也相信那種一般的看法，即如果她說了什麼，就會「毀掉他的人生」。她認爲這種懲罰太重，特別是因爲她預期他們的共同朋友們會認爲她應該承擔部分責任；畢竟，她很能喝，所以有點咎由自取。

對性侵害的舉報需要調查。調查需要證人。被找來調查的人通常是朋友，因爲他們往往在事件發生之前在場。然而對於那些被性侵害的人來說，這正是他們所不樂見的：他們不想讓別人知道。回想一下出現在第一章的卡拉，她大一在床上睡覺時被一個相對陌生的人性侵害。她對爲什麼不想舉報此事的解釋完全集中在她和室友的關係上。兩人的關係一直頗爲緊張。事情最近似乎開始好轉了。她回到宿舍房間之後會比較舒坦一些。但這是一個脆弱的休戰。她想，如果她說了些什麼，她的室友「只會更恨我，以更可怕的方式對待我。」在那一刻，避免與室友發生衝突比啓動一個程序來懲罰那個趁她喝醉時逼她口交的陌生人更重要。

對「性健康倡議」調查數據的分析顯示，百分之七十五的受害者認識攻擊者。但雙方不一定只是稍爲認識——在被問到他們遭遇過的最嚴重的性侵害事件時，超過百分之三十的學生形容其爲類似親密伴侶暴力，這讓學生不只是爲了維護朋友圈而對將之定調爲性侵害和舉報有所顧慮。[13]正如吉爾伯特對「性健康倡議」調查數據的分析所顯示，這些親密伴侶性侵害更有可能是透過強制力實施，而在醉酒情況下發生的可能性較小。[14]遭受這種性侵害的人會感到強烈的羞恥感（這是處於虐待關係的人常有的感覺），因而絕口不提，但也會因爲受到外部壓力而絕口不提，因爲他們的經歷與校園性侵害的主流敘述不符。拒絕將發生的事情視爲性侵害——哪怕他們會在有關性侵害的訪談中談論該事件——有助於保存那個與學生有伴侶關係或曾經有伴侶關係的人的身分。回想一下第一章的凱倫，她被前男友壓在公園的岩石上，到她說「不」的時候又被拖到地上。爲了爲他的行爲辯解，凱倫指出他可能認爲她說「不」是反對他們做愛的地方（覺得岩石不舒服？），不是反對性行爲本身。對她來說，他仍然是個好人。要能繼續以這種方式思考他，需要做一些認知和情感工作：儘量不去想發生過什麼，而當她確實回想起來時，則避免把她多次明確表示拒絕的「性行爲」歸類爲「強暴」。我們在亞當身上看到了類似的東西。他是男同志，對他所認爲的男同志隨便上床的文化持極其批評的態度。他很高興找到了男朋友，不再需要在市場上認識那些只爲了與他上床而和他交往的男人（這些人上過床後就會無影無蹤）。當然，當他男朋友想要時，會極爲不顧一切。有一天晚上，他去到亞當的房間，「基本上強暴了他」。亞當滴酒未沾，完全清醒。他試過阻止事情發生。但他沒有上報這件事，事後甚至沒有和男朋友就此談論過。他不想讓自己的感情面臨風險或讓男友陷入麻煩。他含糊地向一些朋友講述了所發生的事情，但他不想他們討厭他的男朋友。

亞當和凱倫的故事都突顯出將性侵害視爲是壞人所爲而不是做壞事的人所爲，會有另一個什麼後果。亞當和凱倫都無法想像稱他們如此親近（甚至愛戀著）的人爲罪犯。因爲這豈不是說你愛著一個強暴犯或者與強暴犯有著親密關係？這種做法可能會玷污甚至摧毀美好的回憶和有意義的共享經驗。這可能意謂著放棄一段感情，而這段感情又是你生命中最重要的部分之一，甚至是你身分的核心部分。這還可能意謂著你認爲自己判斷力差勁。

有時人們會強調他們沒有因爲所發生的事情而受創。這尤以男性爲多見。提姆和布特羅斯（見第一章）都是這樣說的，但也有女性表示被性侵害的經驗並沒有傷害到她們。

碧翠斯正在和一些朋友玩投杯球。幾輪之後，阿列克謝邀請她到他的住處再喝點酒和抽根大麻菸。最後她吐得滿屋子都是。她很窘迫，但當阿列克謝盡力清理時，她完全無法幫忙。碧翠斯記得自己昏倒在床上。後來——她不太確定是什麼時候——她被阿列克謝的吻和試圖與她發生性關係的舉動驚醒。雖然仍然模模糊糊，但她清楚地記得自己說過「不要」。然而由於阿列克謝堅持不休，她決定「熬過去」，幫助他盡快達到高潮。她又睡著了，隔天大清早醒來後匆匆回家去，心裡充滿尷尬和迷茫。碧翠斯想知道：既然她吐得到處都是，他爲什麼還要跟她發生性關係？那不是太噁心了嗎？誰還會想接吻呢？她甚至沒有刷牙。阿列克謝後來再找她一起玩，但碧翠斯避開他。她告訴我們，她避開他是因爲她對嘔吐感到羞愧。「我自己都快噁心死了，對我來說，那是最可怕的時刻。是我有過的最羞愧時刻……我羞愧的成分更多。我的第一反應是：『啊，天哪，我太糗了。』而不是：『啊，天哪，他性侵害了我。』」碧翠斯向另一個朋友講述這件事，對方堅持認爲她遭到了性侵害，應該加以舉報。但這種詮釋不爲碧翠斯所接受。她堅定地告訴我們，她並沒有感到「受創」。她繼續向朋友講述這個故事，但卻刪去了關鍵的細節。「我告訴別人我如何在那個人的房間裡嘔吐……但我沒有講更多的細節……只說我吐了這個人的房間一地，然後這個人後來試圖約我出去。」碧翠斯當晚決定要幫助阿列克謝「完事」。但他在她不省人事時吻她和試圖與她發生性關係之舉卻符合教科書上對性侵害的定義。在她說「不要」之後堅持下去也是如此。碧翠斯決定不這麼想，拒絕接受她朋友提議的標籤。

我們不是心理健康專業人士，也沒有進行臨床研究，所以不知道這種拒絕貼標籤是否是有效的自我保護，抑或此舉會無意中放大性侵害的傷害。[15]我們的焦點是社交地景。絕大多數與我們談及被性侵害的學生都談到了痛苦——那些從未與任何人談論過這事的學生尤其如此。有人有自殺的念頭，有人成績崩潰，有人陷入深度憂鬱。有些學生在談他們的經歷時，會出之以極端超然的方式，這讓我們感到擔憂。其中一些故事十足可怕。但我們絕不是暗示像布特羅斯、提姆、碧翠斯、亞當或凱倫之類的人是活在謊言中。他們是活在他們想要活在其中的事實中。

不想稱發生在他們身上的事情爲「強暴」或「性侵害」的學生不太可能向專爲幫助他們而定名的機構求助，例如「強暴危機處理中心」。我們不是主張要給這些中心更名——它們的名稱充滿象徵意涵。但對於那些不認爲所發生的事情是「強暴」和不覺得自己身處「危機」的人來說，想找到具備必要專業知識的人員的支援機構可能大不容易。這也許會妨礙許多人獲得他們需要的幫助。

這也對預防產生影響。像阿列克謝這樣的人不太可能被告知他們正在犯下性侵害。阿列克謝很「幸運」，因爲碧翠斯拒絕接受朋友的詮釋，沒有上報自己的遭遇。阿列克謝可能認爲他與她發生的非合意性行爲是「正常的」。他大概自己都不知道的是，他在玩賭輪盤：雖然碧翠斯表示他對她做的事沒有構成傷害，但從這件事的性質可以推知，換成是其他人，有很多一定會感到受傷害。

在我們的生態框架內思考這一點是有幫助的。[16]我們看到學生們因爲各種擔憂而做出不舉報的決定：擔心失去朋友，擔心沒有做「對」事，擔心將惡名加給了現在或從前所愛的人，擔心被視爲「那種女孩」或「那種傢伙」，或者擔心會被認爲是幼稚的、缺乏經驗的或可笑的。與其強迫人們上報他們的遭遇，或接受倖存者的身分，我們更應該把我們的社區組織成爲可以讓被性侵者更堅定地站在他們的決定的中心。面對性侵害發生後的創傷沒有所謂對的方式；支持受害者的首要原則就是不要讓已經承受了許多的他們承受更多。

「處理公共安全？和警察打交道？那只會讓我分身乏術。」

異性戀男性在理解發生在他們身上的事情時，面臨著他們獨有的挑戰。他們受的傷害往往是別人難於看到，甚至是難以想像的。在第一章，提姆描述有一個女的趁他意識時斷時續時「坐在我的臉上」。他明確地將其歸類爲性侵害，但又堅稱自己不能談論或上報此事。[17]他喝得很醉，記憶也很模糊。但如果他上報他的遭遇，會有什麼後果？「她只需說：『他喝醉了，他不記得了，他強暴了我。』對不對？」提姆認爲，性別化腳本中的男性總是對性行爲來者不拒，加上人們在醉酒問題上的雙重標準，他會處於不利位置。如果他承認醉酒並發生了性關係，基本上就等於承認自己犯了強暴罪。提姆曾與一名輔導員談論過自己的遭遇，現在已經感到釋懷。但仍讓他耿耿於懷的是，他覺得因爲自己是男性，所以無法舉報發生在他身上的事。

提姆有很好理由以這種方式理解他的經歷。但舉報對幾乎每個人來說都是困難的。[18]每個遭受性侵害的人看來都會問自己一個問題（很多情況下也會問同儕這個問題）：「在這件事之後，我還可以有什麼樣的計畫？」他們擔心自己的人生計畫、大學計畫和性計畫。在大學環境中，年輕人有學業和職業目標、身分目標和課外興趣。他們也是正式學生組織的成員，這些組織對他們來說充滿意義，而且關係到組織的聲譽。學生們向我們談到他們本來就充滿壓力的生活：他們的時間是多麼不夠用，常常幾乎不堪重負。[19]再加一件事情就太多了。由於有許多其他的投入和活動，他們大多數決定他們最好將精力分配到其他目標上（一些長遠來看有正面和有利結果的目標，一些他們對結果有更多控制權的目標）。正如一位年輕女性果斷地說的那樣：「要去應付校園警察？和地方警察打交道？那只會讓我更加分身乏術。」對大多數學生來說，遭遇性侵害後他們最關心的不是發起道德運動或將其做為提出政治訴求活動的機會。我們的學生是完美的理性演員，他們淹沒這些痛苦和令人困擾的經驗（還有許多其他經驗），以優化他們在大學的時間，避免公開談論發生在他們身上的事情所需付出的時間與情感成本。在學生的權衡考量中，重要的是，透過學報過程成功獲得他們想要的結果的可能性很低。校園不平等在此中扮演了重要角色。

塔妮克是獲得「全額補助」的學生。大二的時候，她被一個她形容爲「校園大人物」的人性侵害。對方很富有。當他父母出現在校園時，總是受到高階行政人員的歡迎接待。除了握有經濟和制度權力之外，他還握有社交權力。他炙手可熱。人們喜歡他。他燦爛的笑容、畢挺的衣著、自信而不傲慢的氣質，讓他成爲每個人都想圍著轉的人。當他對她表現出性趣時，塔妮克很興奮，甚至有點飄飄然。但在被他性侵了之後，她逐漸看出，他的權力與性感是兩碼子事。她告訴我們，她承擔不起站出來指控他的個人投資。何必付出這個努力？他的社會地位意謂著其他學生不太可能在調查中說太多不利他的意見。即使哥大校方保證爲那些無力聘請律師的學生免費提供法律顧問，她仍然知道對方可以聘請紐約最好的律師——更不用說他家裡與校方長期關係密切。塔妮克掂估，就算她竭盡全力去追究他的責任，他有的資源還是比較多，而權力不平衡會導致她的失敗。[20]

學生的多樣性創造了更具代表性和更豐富的學習環境，但也帶來了更不平等的環境。因爲富人現在的財富多更多，不平等變得更加極端。學生們把這個看在眼裡。他們每天生活在其中。家境富裕學生因爲對抽籤抽到的宿舍房間不滿意，便慫恿父母在校園附近給他們買一套公寓，甚至在城裡「更時髦」的地段買一套。就像塔妮克推想的那樣，如果他們負擔得起，就會想到他們負擔得起的其他一切：找律師爲他們辯護，找調查員爲他們挖掘醜聞。對塔妮克來說，做這些根本划不來。遭遇性侵害之前，她在哥倫比亞大學悠然自得。但這一切都改變了。她成績下滑，很難激勵自己去關心學業。原本被她認爲是追求「成功」的機會現在更像是在坐牢；再過一年多一點她就能離開這裡。她等不及了。

「有人眞的是可以請個律師來否定我的遭遇。」

當人們確實與當局（指安全部門、警察或負責調查和評估案件的中央辦公室）接觸，會發生什麼事？說來可悲，答案是：不會發生太多對舉報人來說有好處的事。[21]我們的研究固然是在一家大學裡進行，但我們相信，這不是哥倫比亞大學特有的問題。此外，我們的研究設計很可能會引起那些對自己的遭遇最不滿意的人的反應，讓他們要「以講故事的方式」表達對校方的憤怒。那些有舉報、伸張了正義和對結果感到滿意的人可能只是太忙了，或者不認為有必要，所以沒有報名參加我們的研究。

在轉向我們確實聽到過的那些人的遭遇之前，我們認為重要的一點是從調查機構的角度來看待這些過程，並給予它們我們努力給予所訪談的每個人的同樣尊重。身為研究人員，我們的職責不是將我們的觀點強加給別人，而是嘗試理解和傳達他們的觀點。這並不意謂著我們不下判斷，或者不去論證我們認為發生了什麼事。但我們的職責是去搞懂人們和組織為什麼會做他們所做的事。

被指控的人也是有權利的。不實指控的比率極低：這個比率根據學術文獻的估計是二十分之一左右。[22]但它們的數字不是零。因此調查人員會要求受害者講述他們的故事。這些調查人員不是一般的調查人員。為了回應學生對於受到未經性侵害方面訓練的教職員或院長詢問的投訴，哥倫比亞大學聘請了受過創傷知情（trauma-informed）訪談訓練的前性犯罪調查員。他們直接從舉報人（也就是申訴人）那裡得知他們的遭遇，然後他們要求答辯人把同一件事再講一次。之後他們會再次詢問申訴人，因爲雙方的說法並不總是兜得攏。舉報遭受性侵者可能會覺得自己受到懷疑。[23]他們必須一次又一次地重述細節。他們必須解釋一些第一次陳述時沒提到的新細節。第三方會被邀請作證。然後又有更多的問題。記憶往往是模糊的。[24]觀察者的證詞也不總是可靠。調查過程拖延許久。我們的法律體系採用學者所說的對抗式程序。這並非偶然；它被設計成讓有關各方在一個中立評估員面前進行辯論，以促進自己的利益爲目的。這個過程不鼓勵雙方達成共識。代之以，人們被迫各持一說。它按照設計是爭議性的。而當調查的後果包括被開除，或被停學而後復學要面對「強暴犯」或「掠食者」的罵名時（或者對於提出申訴的人來說，被稱爲「神經病」或「說謊者」），調查過程就變得更具對抗性。

創傷經驗會影響記憶和敍事。[25]經歷創傷的人很少能對他們所經歷的事情提供前後一致的描述，會常常不記得關鍵細節。當我們對遭遇過多次性侵害的學生進行兩到三次訪談時，我們自己也看出了這一點。新的細節出現了。其他細節從講述中消失。我們的訪談環境是低風險的，不是高壓力的環境，不需要學生堅持自己的立場而去反對別人的立場，也不會在他們記憶支離破碎的情況下反覆問他們：「發生了什麼事？」對那些舉報遭到性侵害的學生來說，這些要求和詢問是難以忍受的。[26]但調查人員卻幾乎不可能不這樣做。幫助受害者減低傷痛的步驟（一個步驟是承認他們的遭遇）與「盲目」的法律程序背道而馳。對發生了什麼事做出決定並不簡單。只要有人鄭重表示「事情不是那樣的」，調查人員就得傾聽。在風險很高的對抗過程中，被告幾乎肯定會採取這種立場。透過調查得出結論並不容易。這就是爲什麼我們的重點不在於裁決的部分原因。

有位女士說得好：「第一，性侵害事件調查過程是荒謬的，因爲做爲調查過程，它表示有人眞的是可以請個律師來否定我的遭遇。第二，它是創傷性的。[iv]」我們在前兩章都談到麗貝卡的故事，她被兩個主動請纓送她回宿舍的朋友強暴了。她向負責管理學生紀律的大學辦公室、「基於性別的不當行爲辦公室」和當地警方報告了她的遭遇。在校方調查期間，她的朋友被找來訊問，其中包括傑德：他繼續堅稱她沒有受到性侵害，儘管他對這件事所知道的一切都是來自兩個犯事人。兩名被告都承認他們與麗貝卡發生性關係，但堅稱她是自願的，甚至熱切地參與。他們否認她的意識時斷時續。一切都變得太過分了，麗貝卡想要喊停。警方沒有進行全面調查；他們認爲沒有足夠的證據來起訴，特別是麗貝卡沒有與他們合作。麗貝卡也不想參與哥倫比亞大學的調查，尤其是調查的進展速度比她希望的要慢得多，但她被告知，無論有沒有她的參與，校方的調查都會繼續進行。當然，這是可以理解的，因爲校方想要對治有學生報告遭到強暴的一種處境。儘管繼續查下去符合校方的利益，但麗貝卡的

iv 譯注：指性侵害事件調查過程是創傷性。

態度是宿命論：

在調查的每一階段，我都在想：「唉，但願我當初沒舉報。但我又必須舉報。」沒有其他選項，因為……我不能假裝事情沒有發生過。那太不切實際了。所以我想：「無論如何我都必須面對。這個過程真的很糟糕，但它是唯一的機制。所以，我非舉報不可。」

她確實體驗到了舉報的一些好處；她和其中一名被告都是運動員，經過校方的協調，她出外比賽時不必與他的隊伍乘坐同一輛巴士。但不斷被盤問讓她感到沉重。她覺得她必須爲自己的飲酒行爲辯護，將其形容爲「非失控」。她的朋友們覺得他們必須選邊站，因此本應成爲支持打氣來源的社交網絡在她周圍瓦解了。她感到無法充分參與學生生活，因爲襲擊她的人仍在校園裡。這是個不間斷的打擊。在接受我們訪談期間，校方的調查尚未得出結論，但麗貝卡聲稱她不在乎調查結果。整個經歷只是讓事情變得更糟。麗貝卡告訴我們，強暴事件的後續比強暴本身更讓人難受。她已經失去了很多朋友、失去了自我感、失去了與學校的連結，有時還失去了繼續前進的意願。

麗貝卡和許多學生一樣，主要的抱怨是沒有人聆聽他們的願望。他們的聲音沒有被聽見。對他們自主性（autonomy）的第一次侵犯是性侵害的時候。然後他們經歷了一個他們的聲音受到質疑的裁決過程。即使他們想要停止，這個過程也不會停止。感覺上，這就像是對他們自主性的第二次侵犯。[27]

除了麗貝卡之外，接受我們訪談的人中只有一位向警方報告了所發生的事情。這反映出舉報的情況多麼罕見。警方是有接獲校園性侵害事件的通報，但受害者很少願意配合。唯一一位解釋箇中原因的女士認爲，在她看來，警察處理得更糟。[28]

我們在本章開頭提到了辛蒂的故事。她在校外被非哥倫比亞大學的人強暴。她立即將自己的遭遇認定爲強暴，把此事告訴朋友和家人，又前往醫院接受醫療護理和性侵害法醫檢查，並向警方報案。她做起這些事情來毫無半點猶豫。她告訴我們：「這是你所應爲的。」辛蒂感到自己被對社區和對正義的責任驅使。她覺得警察能提供正義。但事實證明警察不僅沒有幫助，反而具有壓迫性。負責她案件的探員希望她給襲擊者打電話，讓電話監聽逮到他不打自招。辛蒂不想做這事，不想和對方有任何接觸——無論是眞接觸還是假裝的。整件事讓她感覺「噁心」。她說警察給她施加巨大壓力。她堅定不移。她告訴那個探員：「我不打算這樣做。」但對方只是一而再、再而三施壓。當她和我們談話時，事情已經過去一年多了。她現在明白了爲什麼這麼多人不想報警或向任何人舉報。「現在我明白了，因爲我的第一個直覺是：『報警去，這才合理。』」但在經歷這一切之後，她用一個簡單的字眼描述後果：「可怕。」

學生遭受性侵害的經歷就像他們的同意實踐一樣，無法與他們更廣泛的生活經驗分開。

性侵害會放大其他常見的不被尊重、不被傾聽或不被當一回事的經驗。有這些經驗的不僅限於女性、LGBTQ、有色人種和工人階級背景的學生，但以這些群體最爲常見。有時，舉報會加劇你的話沒人傾聽、你的遭遇沒有被尊重的感受。我們看到了，大衆對校園性侵害的熱烈討論、倖存者站出來的勇敢行爲，還有校方努力傳達的明確訊息（「未經同意的性行爲是不可接受的」），都產生了正面的文化漣漪效應。這些效應讓女性受用多於男性，男性被性侵害的遭遇仍然常常是同儕所難以理解。儘管如此，大多數學生還是依靠同儕來思考和界定他們的遭遇。[29]麗貝卡不知道該如何理解發生在自己身上的事情。她的朋友們努力爲她詮釋這件事。對接受我們訪談的絕大多數學生來說，集體詮釋是必經的一步，參與其事者通常會受到壓力，會朝維持和平而不是發出警報的方向移動。

但同儕所做的所有這些工作有一個重要但尚未被充分討論的後果：性侵害的社群負擔。朋友會互相擔負負擔，而這是一份沉重的負擔。人們努力去把性侵害對他們的大學計畫和性計畫的影響減到最低。梅林斯對「性健康倡議」調查數據的分析顯示，校園內超過三分之一的女性和六分之一的男性於在學期間遭受過性侵害，平均次數是兩到三次，而百分之八十遭性侵害的學生有把事情告訴什麼人。因此，性侵害事件幾乎觸及大學社群的每個角落。[30]我們在實地調查中注意到了這一點的影響。學生們意識到他們的朋友可能太累了，不願意或無法幫助消化他們的經歷和後續影響。珍妮遭到性侵害之後，尋求她最好的朋友傾訴。但談話很快就轉向她朋友遭受的更爲暴力的強暴經歷——珍妮之前甚至不知道這件事。她很高興她朋友終於向她傾吐，但這導致她自己的遭遇和她對這遭遇的消化被擱置。「我告訴我的一位女性朋友，而她說了一個戰爭故事。她的故事更加暴力。因爲她的情況要更糟，我的事被忘記了。我感覺我不太能夠……我不知道……」

這讓我們對學生不舉報性侵害的最常見原因有了新的體認：事情似乎不夠重要。在聽到其他學生的「戰爭故事」後，年輕人可能會淡化自己的遭遇。我們發現，當一個朋友圈的情緒已經變得過度飽和，群體中的個人會感覺不再樂意談論自己的遭遇。當我們結束與珍妮的談話時，她說：「我不再和我的女性朋友談論這件事，因爲她們都有自己的事情要煩惱……她們似乎覺得它不重要。」在我們追問之下，她表示她並不是認爲她的朋友不關心她。是她們的關心能力已經達到極限。要離開時，她就像許多受訪者一樣，似乎有一種因傾吐而來的輕鬆感。她終於有機會和人說說她的遭遇了。

「要走出那種境地仍然是一場艱苦奮鬥。」

戴安娜，那個性侵了自己同志好友的女生，在開始反省之後就停止了性行爲。但她是極其罕見的例子——無論是就她反思自己行爲的能力，還是選擇完全停止性行爲這一點上。事實上，由於那些被性侵害的人往往會多次成爲受害者，有大量證據表明他們仍會繼續進入涉及性的情境。[31]這也表示校園裡有許多人與倖存者發生性關係。[32]

當然，在大多數情況下，人們並不知道他們的性伴侶是倖存者。在第六章（其中討論性侵者的觀點），我們曾遇見艾略特。在被認定性侵責任成立後，他把這事告訴了潛在的性伴侶。我們懷疑這種情況相對罕見——無論是在被指控的人還是在倖存者都是如此。我們從未聽說過有人對勾搭對象或約會對象說：「在我們做這個之前，你需要知道我去年被強暴過。」倖存者不會想在進行一次合意的性接觸之前重溫他們的創傷。但隨著關係的推進，伴侶會談論他們過去的遭遇。另外，在小型社群裡，關於過去經歷的謠言也會四處傳播。

弗蘭（她的故事見第一章）在九年級時遭到強暴，現在已經不沾酒好幾年了。談到與男友建立的親密關係時，她說：「我必須學習如何做愛，不讓自己完全抽離。這眞的很難，但他是個我可以誠實相待的人。我會對他說：『我難於與男性親密接觸。』他能體諒這點，我們一直能一起努力克服。」但這與他也是不沾酒有分不開的關係，而這個事實讓他倆的關係有別於她與之前的任何其他男性。「這是我第一次對男生誠實。我甚至會說出自己心情不好，說出今天過得很糟糕。」她在匿名戒酒會的「幫助者」（sponsor）[v]曾敦促她說：「好吧，說說看妳想變成什麼樣的女人？讓我們朝著那個方向成長吧。」弗蘭繼續說：「那是很療癒的，在性方面也是如此。因爲我現在很享受性愛，不再覺得有壓力。」在她的講述中，我們聽到她最終確立了自己的性公民權。

當我剛開始這段關係時，我總是在心裡給自己壓力：「我需要靠做愛去取悅他，否則他就會離開我。」諸如此類的。這是因為我已經習慣用這樣的方式想事情。然後當我發現，我說「我今晚不想做愛」之類的話時，他完全不介意和支持我……我以前從未碰過這種事……在那之前，我的大部分生活和決定都像是我唯一的選項……所以我發現「哦，我真的可以做我想做的事，特別是在與男人的關係裡。」將伴侶視為與我平等的人，而不是我試圖控制他們或試圖從他們那裡得到什麼……就是，真正地把他們當作另一個人來看——一個會被我的行為影響的人。這對我來說完全是新鮮事。我以前真的認為男人是沒有感情的，我根本傷害不了他們。

對弗蘭來說，身爲性侵害的倖存者和從物質使用障礙症（substance use disorder）康復的人，學會將性行爲視作一種選擇乃是將自己視爲是有自決性的，也是將男性眞誠地視爲「另一個人」。

v 譯注：參加戒酒會的嗜酒者大多會在其他戒酒者中找一個「幫助者」，這個人一般已戒酒較長時間，對戒酒會戒酒步驟有較全面的了解，能夠在對方戒酒過程中有困難時提供幫助與指導。

賈菲看起來像個土生土長的科羅拉多人——頭戴寬鬆針織帽，腳蹬登山靴，身穿格子襯衫。他積極參與全市的社會正義運動，對訪談邀請的最初反應是懷疑一項大學資助的研究想要從他那裡得到什麼，或者他的意見是否會被聽取。不過，一旦接受了訪談，他就表現得深思和反思，談到了他有興趣學習「社會變遷爲何發生和怎樣帶來……去殖民化。」他最近基於原則成爲一名素食主義者：「在沒有另一有意識生物的同意下、僅僅根據我是人類物種成員的身分去吃牠，是說不通的。這種心態和殖民者的心態是一樣的，和暴力對待其他民族的人的心態是一樣的。」他在飲食上的意向性反映出他對自己行爲如何影響周圍世界的認識具有一定的一致性。他不是唯一一個向我們分享如何與性侵倖存者發展親密關係的學生，但他的故事特別突出，不僅因爲他對女友身心狀態表現出的關懷，也因爲他坦誠地談論自己的困擾。

他是在勒納堂（Lerner Hall）[vi]外的一個自行車停放架旁邊認識他的女朋友。那個停放架太擁擠了，他們的自行車踏板卡在了彼此的輪子裡。每個人都急著要去某個地方，所以都把車停得很隨便。他倆必須將所有自行車一輛一輛地移動（當然都是仍然鎖在停放架上的），才能把兩人的自行車解開。當賈菲戴上頭盔時，她脫口而出問道：「我可以要你的電話號碼嗎？」與此同時掏出了手機。不久之後，據賈菲說，他們「一起喝了咖啡和看了電影，最後開始……親熱。我們躺在她的床上，打得愈來愈火熱，所以我伸手去抓她的腰帶。她說：『不要。』於是我停下來。她說她只是還沒準備好，所以我們就沒有更進一步。」他繼續說：

老實說，最初幾次都不太順利……她花了一段時間才能投入。她以前有過一些非常糟糕的性經驗，所以她很難投入其中……她告訴我，在和我發生關係之前，她從未有過性高潮，她甚至很難想像性是為了她的快樂……那是一個過程，但現在已經好多了。我們需要的只是溝通，有時我們必須停下來。我告訴她，如果她覺得不舒服就對我說，那樣的話我們會停下來。

他描述了自己有多小心翼翼騰出空間來讓她表達她想要什麼（這方面的逐字稿長達好幾頁）：「即使時至今日，我們也會常常問對方：『你想要嗎？』或者問對方：『我想要你，你想要我嗎？』然後就順其自然。有時我們單靠感覺，不需要太多言語交流……有時，我們會不得不停下來，但我們一直都願意在事前、過程中和事後開誠布公溝通。」在請他舉例說明他們停下來的時候實際上是怎麼做的，他更深入地解釋了她要應付的一些事情：

就像我所說的，我的女朋友以前有過很多非常糟糕的性經驗，所以有時她會因為創傷後壓力症候群而在眼前閃現過去的一些畫面。在那些情況下，她有時在做愛時會非常難

vi 譯注：哥倫比亞大學學生中心所在。

過。有一次她甚至哭了起來。我會停下問她：「嘿，怎麼了？妳現在在想什麼？妳有什麼感覺？」我們會討論它。這在最近的假期中也發生過。我說：「妳知道嗎，妳難過我也難過。也許我們應該停下來一會兒。」但最後她還不想停下來……在某些方面，她覺得她不想讓她的創傷後壓力症候群和她以前的經歷妨礙我們的關係。我想給她空間去處理這些。但如果她覺得她已經準備好了，那我也沒關係。不過，就像我說的，要走出那種境地仍然是一場艱苦奮鬥。

儘管賈菲有意自我反省，但他有時也顯示出人是矛盾的集合體。被問到是否有過令他後悔的性互動時，他講了一件事，最後承認他講述的性行爲並不是完全合意的。他的整個敘述斷斷續續，不斷改來改去。最後，他堅持說重要的是他沒有感到受傷害：

我只是和一些朋友一起玩。有個女生是我一個朋友很喜歡，而我——我覺得她很可愛，但不是很了解她。她在臉書傳過一次訊息給我。我們有過一次非常簡短的交談。我之前在校園裡見過她幾次，但從沒真正和她說過話。所以那天我們只是想放鬆一下。我們買了一些酒，喝了起來，當時我們坐在我朋友的床上，然後她突然把臉貼到我的臉上，和我親熱。我當時的感覺就像在說：我猜這是我想要的，我會樂意為之。但我甚至沒有時間去思考，而且我在情感上也不是必然想要她，因為沒有時間供我培養這種情感。還讓人覺得奇怪的是，我的幾個朋友都在那裡，他們像是問我：嗯，要上嗎？

我們問：「你們在同一個房間裡？」他斬釘截鐵地回答：「對，而且還坐在同一張床上！」

然後他繼續說：

是的，真的很奇怪。她就這樣把我帶到她的房間，拿了個保險套，然後我們就做了。對，第二天真的很尷尬，你可以想像……我就離開了。她不想讓我離開，但我不知道剛剛發生了什麼，需要一些時間來思考。她偷了我的襯衫，現在還留著。（他停頓一下，笑了）對，我直接離開。我們沒有真正談過這件事，我想她後來把我從臉書好友名單移除了。就像我說的，我的幾個朋友都在場，所以他們知道這件事情……我那個朋友也在場，我猜他對此感到難過，但沒辦法。

當被問到對此有何感覺時，他的回答很有啓發性：

呃，沒事。已經有一段時間了。我感覺沒事，不覺得受傷。我希望她不會懷恨在心，但如果說我有什麼感覺的話，那就是事情是她加諸我的。那時候我根本來不及思考。那十之八九是我唯一沒有予以充分同意的一次……整件事情很奇怪，但我並沒有感到受傷害或其他什麼的。

他的遭遇概括了我們一直試圖說明的許多事情。他顯示出一個鮮明的對比：一方面對女友因爲「非常糟糕的性經驗」而遭受的傷害充滿關注，另一方面把自己因被迫倉促發生的性行爲評估爲對自己相對未受影響。我們看到朋友是如何受到影響，以及他在這次性互動中（無論是之前還是之後）的主要擔憂是它會對他的朋友圈產生何種影響。男性需要對性行爲負責的觀念是如此根深蒂固，以致卽使在他描述中那個年輕女子明顯是性互動的推進者，他仍然不得不指出他「希望她不會懷恨在心」，指出「如果說我有什麼感覺的話，那就是事情是她加諸我的」——彷彿卽使他是受到脅迫，別人仍然可以要他對所發生的事情負責。

在性侵害事件發生後，遭受性侵害的學生得爲自己的身分認同而掙扎。他們想像（無論正確與否），受害者的身分可能會讓一些大門關上，讓某些未來變得較難實現。很多人希望被傾聽，希望自己的遭遇獲得承認，並獲得需要的幫助。但他們也想繼續過他們的「正常」生活，並嘗試盡可能保留本來的自我。友誼同時變得比以往任何時候都更重要，也更脆弱

——這是他們最需要支持鼓勵的時刻，但性侵害的故事有可能導致朋友圈破裂。維持社交關係往往比打破現狀更重要。有時，友誼社群會因爲負擔過重而出現沉默。但維持一個人的人生計畫、大學計畫和性計畫並不是唯一的關心。人們如何經驗性侵害後的創傷，從根本上與他們如何想像自己的反應有關，而他們對事件的理解方式也會影響他們的身分認同。

由沙姆斯和艾倫．薩維特（Aaron Sarvet）主導的「性健康倡議」調查數據分析發現，百分之五十七遭遇過性侵害的學生表示，性侵害以某些方式影響了他們的生活。[33]我們較少使用「受害者」一詞，更多是使用「被性侵者」，以此來代替社運人士所說的「倖存者」，部分原因是「倖存者」這個詞會把受害狀態轉變爲一種身分認同，而許多人並不想接受這種身分。這顯示，擺脫使用「倖存者」或「加害者」之類的身分範疇，轉而使用經驗的範疇來理解性侵害，是有實用價值的。[34]大約二十年前，愛滋病毒研究者和社運人士開始使用「男男性行爲者」（men who have sex with men）來代替「男同志」一詞。[35]理由很簡單：許多男男性行爲者並不認爲自己是同性戀，因此指出「男同志」或從事「同志性行爲」的男性有很高的感染愛滋病毒風險並無法有效地觸及這群人。類似地，人們有可能不會談論甚至認爲他們的遭遇是「性侵害」，也不會將自己定義爲「倖存者」。我們不需要強迫他們這樣做，需要的是思考如何使用語言和有助他們獲得所需幫助的理解。

在我們接觸過的所有受害者中，不論他們是如何界定自己的遭遇，都充滿了自責。他們喝太多酒了。他們太天眞了。他們沒有抗議或反擊。[vii] 當聽到人們自責時，一種普遍和善意的衝動是告訴他們不要自責。但這是一種否定他們感受的回應：當人們責怪自己時，他們是在向我們提供寶貴的訊息，告訴我們導致他們的脆弱性背後更深層的社會問題。當受害者談到他們的過度飲酒時，聽取這一點很重要，因爲它可能反映出成癮的問題，或者可能與心理健康問題（悲傷或憂鬱）有關。[36] 但在其他情況下，過量飲酒是對性的強烈不自在導致。這種不自在是社會地產生的，因此是可改變的。受害者沒有過錯。但他們責怪自己的地方卻指向了轉變性地景的關鍵機會。這種轉變的重要一步是對治學生之間的權力不對稱——無論這不對稱是由校園生活所塑造，還是有著更根深蒂固的原因。

vii 譯注：這些都是被性侵者的自責。

CHAPTER
9
性別和以外
Gender and Beyond

她說：「不，不要。」他回答說：「沒關係的。」

讓我們帶著從以上各章累積的教益回到一開始。回想一下露西，她在大一開學幾星期期間遭一個大四生在他臥室裡強暴。那時她還是處女。她是在一家酒吧認識強暴她的史考特。他邀請她回到他的兄弟會再多喝一點，體驗大學派對的樂趣。露西樂於和史考特在他的房間裡親熱——直到他開始做得太過分爲止。他脫掉她的褲子，開始將陰莖插入她體內。露西驚呼：「不，不要。」他回答說：「沒關係的。」結束後，他發現她很可能還是處女（她否認），所以找了個朋友（一位大四女生）送露西回家。正如露西所說的，史考特很明顯是對她進行了掠食，而她聽說他也對別的女生做了同樣的事。

如果不考慮性別不平等——被社會地組織的男女之間的不平等關係——我們便會無法理解發生在露西身上的事。[1]但如果我們光認爲性別是權力不對稱的唯一原因，就會看不見很多東西。有好些因素加在一起讓史考特的掠食性行爲得逞：他對空間的控制、他有能力動員其他人讓露西相信他們的性行爲是合意的、露西在校園裡的嫩，以及他弄得到額外的酒的能力。這是高年級生（通常是男生，但在某些情況下是女生）專享的資源組合。正如常見於倖存者的那樣，露西有部分責怪自己，但她的自責本身就是一種社會產物。了解社會力量如何產生極可能引發性侵害的情境，並不意謂不應該對性侵者究責。我們不是要主張史考特有權說：「社會讓我性侵了她。」畢竟，我們聽過很多故事，它們的開頭和這故事一模一樣，但結局卻大相逕庭。

達莉亞是在一群大四生在「東校區」[i]套房舉辦的派對上認識羅布。他們每人各喝了好幾杯奇怪的潘趣酒；在回顧時，達莉亞形容自己喝得很醉。羅布送她回宿舍，跟她一起上樓。一進她的房間，他就用雙臂環抱她，親吻她，解她的襯衫鈕扣。她回吻他，但不是很喜歡，所以表示自己想睡覺，要他離開。他向她要電話號碼，對於她喝得那麼醉感到擔心。第二天早上，他給她發簡訊問她可好，又相約喝咖啡。幾個月過後，兩人成爲了朋友。

大多數學生不想互相強暴。部分原因是所有大學都教導學生同意的重要性；同意的時刻正是事情可能失控的關鍵點。但同意本身並不是事情的全部。有些性侵害是透過言語脅迫發生的，是其中一方逼另一方在口頭上表示同意。對權力關係一個更複雜且完整的解釋指出了我們可以如何重塑軌道，而不僅僅是關注事情可能會脫軌的那個時刻。這需要了解除了道德破產或對「同意」規則的不完全掌握之外ii，是什麼決定了那一刻的結果。[2]例如，想一想達莉亞在自己房間裡成功要求羅布離開，和露西在兄弟會三樓史考特房間裡的區別。

我們聽到的大多數性侵害故事都不是以兄弟會裡的掠食性大四生爲主角。對校園性侵害的研究向來主要透過檢視異性戀男女和男性單性別組織（如兄弟會）來研究性別化權力。[3]權力常被認爲僅僅存在於人際或機構層次，並且僅僅包含一個分層軸心：性別（被理解爲異性戀順性別男性對異性戀順性別女性的權力）。甚至政策圈中用來稱呼這個問題的名稱——卽「基於性別的暴力」——也是強調單一視角。毫無疑問的是，多數校園性侵害的襲擊者都是男性，被襲擊者都是女性，因此從人際和機構層次審視男性對女性施加的權力至關重要。但卽使在符合這種敘事的性侵害中，個人也是座落在多重的階層中——除了性別之外，還有種族、社經地位、性認同、性經驗、對大學的適應、搆著物質資源的能力和同儕網絡。[4]還有其他形式的權力——例如年齡、對空間的控制和相對清醒——則更具情境性。

我們用以研究權力和性侵害的方法必須要符合一個要求：可幫助我們了解LGBTQ學生何以更常被性侵害，以及了解異性戀男性遭女性性侵害的較少見案例。[5]不同類型的性侵害是由不同類型的權力動力產生的。想更好地解釋校園性侵害中的權力關係，必須以兩種方

i 譯注：一座宿舍的名稱。
ii 譯注：指除了性侵者心術不正或不完全了解「同意」的重要性之外。

式超越對性別的單一關注：它必須更具交叉性，並且必須承認權力的社會流動性（即承認有些形式的權力會因情境的不同，讓同一個人落在等式的這邊或那邊）。[6]

「他大老遠來了一趟。」

辛蒂第一次遭到性侵害是在大一上學期。她完美的直髮向後梳成一根經典的姊妹會女孩馬尾辮，而在訪談中向我們傾吐時，她將長腿蜷縮在椅子上。她曾三次遭受性侵害，因此我們安排了後續訪談，讓她有機會訴說和反思這些故事。大一下學期，被她列為首選的姊妹會拒絕接受她的入會申請，這讓她擔心她渴望有一段特殊大學體驗的夢想成爲泡影。受邀參加一個由大三和大四生舉辦的派對是她向「成爲一個永不說不的人」的目標邁出的一步。那個晚上，她和朋友們盛裝打扮。辛蒂選擇穿上露臍上衣和氨綸裙子，因爲她深知，雖然穿得性感和解放，她在一群女性友人的保護不用擔心什麼。

後來，她被她在派對上認識的一個大三生強暴。她沒在派對待太久，但他拿到了她的電話號碼。整個晚上，她和朋友們一再轉移陣地（先是去了「東校區」的一個派對、去逛了酒吧，然後再回宿舍房間），而他的簡訊不斷傳來。她不確定自己是否感興趣，但當她問一個朋友是否應該和他一起玩玩時，朋友說：「有何不可？」這話與她「永不說不」的抱負產生共鳴，淹沒了她的保留。儘管如此，她仍然傾向於不理他。她的手機沒電了，這似乎無形中爲她做出了決定，因爲她再收不到他的簡訊了。但當她回到宿舍時，他卻在大廳等著。她覺得他「大老遠來了一趟」，所以就同意跟他到他的宿舍去——不過也沒有跟他鬼混的打算。

一到那裡，她的不適感就增加了。她插上手機，又試圖請對方帶她參觀他的宿舍來改變氣氛。他勉爲其難地帶她去參觀了廚房和起居區，不一會兒又把她帶回到房間去。她給一位朋友發去簡訊，問先前去過的派對是否還在持續，想要找到藉口閃人。然後他開始脫她的衣服。她表示抗議，明確表示不想發生性關係。她求他罷手，說自己還是處女和一年級學生。他問她有沒有男朋友。她繼續要他停下來。他按住她並插入她體內。他比她高大，過程中使用了蠻力，但正如露西的故事一樣，在這種互動中發揮作用的力量遠不只是身體力量。他們人在他的單人房裡（住單人房是大三生和大四生的特權），而在那裡，辛蒂比在她自己的新生宿舍套房裡更加容易受到傷害。群體的力量也在這個個案中起作用：剛被一個姊妹會拒諸門外，她心情欠佳，所以當她的朋友主張她那天晚上應該和那個男的一起玩，應該「享受享受生活」時，她就更傾向於聽從。在這件事情的背景處，是正確「做性別」（doing gender）想法對一名年輕女子的複雜要求：對辛蒂來說，這同時意謂著她得體貼（她因爲他走了大約五分鐘穿過校園到宿舍來等她，所以認爲對他負有義務）和證明自己「什麼都準備好」，有願意在性方面冒險的理想化自我。

毫無疑問，有些性侵害事件——例如露西受到的性侵害——是發生在男性單性別社會組織中，在這些組織中，對空間的控制和對酒的控制這兩大因素所起的作用會被組織的聲望所放大。回想一下史考特爲什麼會請一位女性朋友送露西回家——他是爲了自己著想，不是爲了露西。但露西和辛蒂受到的性侵害的其他相似之處也很有啓發性：她們和性侵她們的男生之間的年齡差異並不大，只有兩、三歲。不過這種小差異是有重大社會後果的，因爲學生會隨時間的推移而積累社會資源。就像在高中一樣，在大學裡，年齡成爲社會權力、占據理想空間、對規則知多識廣、自信、弄得到酒，以及擁有較強大同儕網絡的同義詞。

如果說民族誌的目標是讓熟悉的事物變得陌生，那麼我們在這裡要做的就是引導讀者批判性地思考性伴侶關係中的性別年齡差異。大一女生與高年級男生的配對帶來了一種情境，在其中，年級帶來的權力不對等有理由被認爲就像性別帶來的一樣大。

「我最終得到了濫交的名聲，得到了婊子的名聲。」

莉莉安娜搖搖頭，捲髮一彈一彈。她正在講述一段「可能是我最感困惑的關係」——即使已經事隔兩年，她仍然無法對其進行分析。當她第一次提到這段關係時，她將他們頻繁且非常激烈的衝突——她稱之爲「令人窒息的衝撞」——歸因於他們「來自截然不同背景」的事實，並暗示兩人在Tinder上認識，應該就是「第一個警訊」。在這個暴力故事的背景下作用的是複雜的權力不對等，包括性經驗的落差。莉莉安娜告訴我們，她男朋友不斷辱罵她。他屬於「哥大的一個我完全格格不入的小眾群體……他們非常反女性主義者……他們稱我爲『女權納粹』（feminazi）[iii]，喊我『婊子』。這些人是我男友最好的朋友。」[7]莉莉安娜在回首往事時帶著一種曾處於虐待關係中的人常見的羞愧：「我對那段時期感到非常尷尬。它完全沒有反映我所秉持的任何價值觀……我有爲自己挺身而出，但沒有達到我應該達到的程度。」[8]她解釋說，這部分是因爲她當時是個沒有太多自己觀點的大一新生：「我想那是因爲我是個女工程師，在學校沒有認識很多男生，所以猜想哥大男生就是他那個樣子——猜想約會就是那個樣子。」[9]當被問到爲什麼這段關係維持了八個月之久時，她沉吟了很長時間，以至於我們需要問她是否還好。然後她繼續說：

> 是的，我正在努力思考。這是個好問題。我能給的最好答案是非常私人的——在和他約會之前我並沒有真正的性經驗……他是我第三個發生過性關係的人，而他……我不知道他有多少性經驗，只知道遠遠超過我。我會說，他的經驗是我的三倍多。

iii 譯注：指極端的或者好戰的女權主義者，有戲謔意味，經常被美國保守派用來稱呼一些他們眼中的激進女權主義左派。

隨著她繼續講述他們關係的故事，事情明顯不僅僅是和他們的性經驗不對等有關。莉莉安娜的形容非常精確：

他給我口交，但因為他有唇皰疹HSV－1，所以將HSV－1傳染給我的生殖器。這顯然是每個女孩的惡夢，尤其是沒有性經驗的女孩。這超出了精神創傷，因為我沒有性經驗，而我認為我的性機會已經結束了……

她沉吟了一下。

我說的事聽起來好戲劇性。它蹂躪和摧毀了我。我考慮過請病假離開學校。我當時想：「好吧，我永遠不會結婚，我永遠不會生孩子。」那是很初期的時候，我知道那時我們的關係完全是一團糟。我當時想，「天哪，我毀了我的一生。」我感覺我的人生已經結束了……我想：「好吧，我想我的餘生都會孤獨一人，除非我繼續和這個傢伙在一起。但我不喜歡他，他對我不好，他的朋友討厭我，我所有的家人和朋友都認為他爛透。」……直白地說就是，我沒有機會重來一次，一切都結束了。我告訴我媽媽。顯然應該找個婦科醫生。做所有你能做的事。繼續服用藥物，這樣我就不會傳染給其他人。

但我當時想：「天啊，這種事怎麼發生在我身上？」因為我只有採取保護措施。[iv] 在我受過的整個進步教育中，我從未被教導在口交時使用口腔保護膜（dental dam）。我為此討厭自己。我的感覺是：「好吧，妳搞砸了，妳搞砸了大學。」我覺得我不能生孩子了。

我們很少打斷學生去糾正錯誤訊息。我們也努力表現出不論斷的態度，避免以插話的方式暗示我們想聽些什麼，或暗示受訪者說的事情是對是錯。我們的目標是為年輕人創造一個講述他們遭遇的空間。但對於莉莉安娜，我們卻自制不住。我們打斷她的話，溫柔地說：「妳說的這些都不是事實。」[10] 她又搖搖頭說：「對，我知道這些都不是事實。我想我只是對自己非常挑剔，而且我一直都知道自己犯了一個錯誤。所以，透過一個來自宇宙的訊息確認了那個錯誤——我覺得我犯了一個巨大、巨大的錯誤，而我在大學的機會已經結束了。」她找媽媽談這件事，她媽媽「非常體諒，非常冷靜。」莉莉安娜明確道出了所有在起作用社會因素——不僅僅是性經驗的不對等，她相信染上病毒性性傳播感染（STI）不只會破壞她的大學計畫，還會破壞她的人生計畫，從而讓她脆弱不堪。莉莉安娜對一個特定的性計畫有著非常強烈的信奉，而她的身分也因此受到了強烈的影響。在描述這個性計畫時，她兩面下注，同時

iv 譯注：指性交時使用保險套。

運用和批評了性別化的性的理念：

以一種受社會影響的方式，我以前總是想：「我一直在等待是好事，我沒有隨便與人發生關係是好事。」……你知道，在某種程度上，這種觀念完全是由社會灌輸的，把女性的童貞、純潔、純真奉為圭臬……我避免了這些事情，因為我覺得它們在社會上是不受歡迎的——只是到頭來我被完全搞砸了，得到了濫交的名聲，得到了婊子的名聲——我不知道如何將這一點調和於我與同儕相比沒有太多性經驗的身分……

在分享了她的故事的這一部分後，她解釋說：「這就是我繼續和他在一起的主要原因。」莉莉安娜將男友的行爲理解爲他的社會背景的反映。她認爲，他的工人階級成長經歷很艱辛。辱罵只是他的家庭日常運作方式的一部分。當然，也有些學生的跨階級男女關係沒有演變成激烈的謾罵。她描述了她男友家裡面臨的法律、經濟和健康危機。因爲沒有觀察過他的人際或群體動態，我們很難知道這背景如何會讓他把她當成「一文不值」對待，讓他的朋友喊她「女權納粹」，說她好醜和是個賤人。但有一些重要線索是我們可以憑藉的。

莉莉安娜的男友在校園裡的地位敬陪末座。來自工人階級家庭，他和他的朋友屬於一個不受尊重的團隊。哥大各體育項目的聲望是強烈以階級爲依歸。划艇（這運動在牛津、哈佛和菁英寄宿學校備受推崇）位居榜首，緊追其後的是網球、壁球和帆船等其他「富人運動」。相比之下，她男友所屬的運動隊伍廣遭看扁。[11]他的身體看起來像是爲戰鬥而生，但莉莉安娜承認它有著某種「吸引力」。在他成長的環境中，「那太弱智了」或「那太同志了」[v]之類的話是日常用語的一部分。但在哥大，這讓他顯得心胸狹窄和是個恐同者。他的政治觀點比大多數學生保守，而這在校園環境中會讓他覺得自己被邊緣化。根據我們的分析，他和同儕用以回應象徵性地支配著他們的較高地位男性的方法，是挑戰那些他們感覺讓他們被置於等級制度底層的事物。[12]這包括女性主義，但也包括他們所理解的「政治正確」態度：假裝堅持主張讓社會保持開放但卻壓制和羞辱像他們這樣的男性的觀點和經驗。

這些理由不能給予虐待行爲以正當性，但有助於我們理解虐待行爲。校園中的性別化權力關係既涵蓋男性與女性之間的關係，也涵蓋男性之間和女性之間的關係。性別化威望結構使某些男性（和女性）比其他男性（和女性）更有優勢。正如我們主張的，處於等級制度底層的男性群體被認爲是不受社會歡迎的，並經常被形容爲是「好強暴的」。在哥倫比亞大學，較有權力的男性將自己呈現爲「現代人」，暗示他們是女性主義者和歡迎同性戀者。他們用自己的社會權力來打壓處於等級制度底層的男性，暗示這些男性某種程度上和他們是相反的

v 譯注：指「那太遜了」，見前文。

人。[13]這種社會支配以兩種方式助長了性別化性暴力。首先，與被認為不太受歡迎的男性發生性接觸更有可能被界定是「非自願的」。其次，地位較低的男性會試圖破壞等級制度賴以維持的原則來反抗他們所受到的支配。一種寬泛的解釋是，他們可能不是性別歧視者、恐同者或種族主義者，而是透過歡迎厭女、恐同或種族主義的暴力和語言，來反抗他們所受到的支配。

莉莉安娜的男友和他的同儕大幹各種不受社會歡迎的事。我們不只從她那裡聽說這個，也從其他人那裡聽說，還在實地調查中看過他們。他們喊女性為「婊子」，又使用「娘炮」(fag)一詞。他們抨擊女性主義，表現出許多被其他學生認為是可鄙的政治態度。他們之所以社會地位較低，既是這些態度和行為的結果，也是對設法將他們置於校園等級制度底層的主流道德和規範的一種回應。這一類態度讓他們犯下性侵害的風險大增。正如我們在前一章中所看到的，這種男性等級制度也保護了更具支配地位的男性，他們被視為受歡迎性伴侶這一點讓他們的性接觸更有可能被視為是對方渴望的，也因此是得到同意的。這顯示，學生在尋找性伴侶時對地位的關注，是導致性侵害的部分原因。過度重視潛在性伴侶的社會期許可能會讓學生忽略自己是不是對對方真正感興趣。還記得葛溫嗎（見第一章）？她室友鼓勵她去和一個大四生約會，結果兩人一起躺在床上時，她懷疑自己是在逼自己「憑空產生」一些她沒有的感覺。

然則，理解權力意謂著思考人們與特定團體或機構的聯繫如何使他們在聲望結構中處於更具支配性或更受支配的位置，以及這些位置如何促成某些類型的行爲和態度，或至少使它們更可能出現。莉莉安娜的遭遇有時被稱爲「關係暴力」（relationship violence）。但這種說法僅將注意力集中在施虐者和被虐者的關係上。我們對莉莉安娜的故事的詮釋指向了造成該暴力的許多其他關係，包括她前男友和他隊友之間的關係，以及他的運動隊伍和校園其他人之間的關係。

「他是『臉書名人』。」

剛上大學是令人興奮的和有壓力的，也是危險的。對學生來說，這是一個高賭注時刻：在這個有點長的時間段裡，他們要決定參加哪些課外活動，然後爲了能夠參加，經常得要投入競爭。他們可以著手把自己重塑得與高中時不同，啓動他們計畫好了的大學計畫——對許多人來說這包括了一個特定的性計畫。學者們將大一學年頭幾個月稱爲「危險區域」（red zone），也就是更容易受到性侵害的時期。[14]「危險區域」固然是風險最高的時期，但它是社會地被產生出來的，不是不可避免的。我們需要更好地理解造成這種風險暫時性升高的社會過程，以期能夠想像如何改變這些過程。

我們訪談過念大三時的瑪拉，她在校園裡曾遭遇多次性侵害——主要都是男生在她喝醉了而無法同意的情況下與她發生性關係。身爲在田納西州長大的青少年，瑪拉受到了母親的無情羞辱（很可能是出於善意）：母親堅持要她穿寬鬆、樸素的衣服讓她既感覺自己沒有吸引力，也感覺世界充滿了性危險。在迎新期間，她開始體驗到一種令人興奮的性力量：「在派對上我只要想和誰親熱或想和誰勾搭，我就會去做。我只需……進行眼神交流，事情就會發生。」做爲大三學生，她已經能夠反省自己的新生心路歷程，知道自己當時會尋求男性的關注，是爲了確認自己的性感和魅力。然而在那個時候，對自己魅力的自疑也讓她變得極度脆弱。迎新活動的第四個晚上，參加完一輪派對回到宿舍後，她收到一位大一男生的簡訊。但對方並不是個普通的大一生——他是班上最炙手可熱的男生之一。事實上，她和室友甚至未住進校園之前就已經討論過他。[15]

當他發簡訊問她「妳醒著嗎」時，她同意到樓梯間見他，心想他們也許會親熱。畢竟，那個晚上稍早他都在跟另一個女生聊天，沒花時間陪她，所以她覺得他不能期待更多。但他卻打算發生性關係。他們親熱，然後他拿出一個保險套，把她推到樓梯間的牆上。她缺乏性經驗，也因爲酒醉而變得脆弱，再加上他是一個那麼理想的性伴侶和有著一個極清晰的性計畫（也明顯沒有去理會她有可能不想分享這個「性計畫」），凡此皆使得他對她的性侵害變得幾乎不可避免。我們只能從她的角度了解到這件事，所以難以知道那個男生的性計畫是什麼，但可以滿有把握地說，這不包括表達對她的尊重。

然而，正是性公民權的有時不受尊重讓不平等的社會地貌更加輪廓分明。當史考特對露西說「沒關係的」時，他是在一片她的性欲根本不存在的土地上對她說話，在那裡，她的身體自主性主張模糊不清。同樣，當強暴辛蒂的大三生問她是否有男朋友時，他是暗示另一個男人對她身體的聲索權或可成爲讓他罷手的理由，但她的抗議卻不是。他可能必須尊重那個人的「權利」，但辛蒂沒有權利可言。異性戀順性別的性接觸顯示，許多女性已經被社會化得會質疑自己的性公民權。辛蒂是因爲考慮到對方「大老遠地」穿過校園來找她，才會在不是那麼感興趣的情況下和對方一起走回他的宿舍。有些人覺得自己對別人的身體擁有天經地義的權利，也有些人覺得他們對自己的身體沒有天經地義的權利。這表明，在大學裡提倡促進性公民權的策略和計畫是有價值的——我們主張，這樣做是有點晚了，但大概還不算太晚。

但最尖銳地揭示了校園特有的社會權力模式的（這種模式會招引和產生惡劣行爲），是我們的第三個關鍵概念，卽性地理。空間創造和限制機會。這些機會分配不均；性別和年級一次又一次地結合在一起，迫使大一女生進入高年級男生控制的空間。空間也是塑造學生生活的機構權力的關鍵維度。讓一年級學生有室友可能是基於很好的理由，而在許多機構，安排室友的唯一方法是讓兩名學生同住一間臥室。[16]但這些同住臥室常常迫使年輕女性進入由較年長男性控制的空間。

「這是我第一次看到酷。」

酷兒和跨性別學生的經驗以更根本的方式挑戰了對性別和性侵害兩者關係的單獨關注。[17]夏琳是個白人性別酷兒學生，身材高挑，有著舞者般的身姿和溫暖迷人的笑容。生長在明尼蘇達州的一個小鎮，他們[vi]沒有太多機會接觸酷兒社群，因此高二暑假在聖保羅表演戲劇時的見聞對他們來說是一次醍醐灌頂。他回憶說：「我在那裡演了一齣音樂劇。那是我第一次遇到同性戀者——更具體地說是也在表演戲劇的白人同志……我當時想，天哪，他們是同志，太酷了。」他們年紀都較長。「所以他們自然而然地更酷。我想成爲那樣的人，因爲這是我第一次看到酷（queerness）。」夏琳把他的第一次性經驗形容爲「強暴」。當時夏琳喝醉了，對方清醒著，雙方的權力不對等也表現在年齡和性經驗方面。「我不知道發生了什麼。因爲權力動力作祟，那也是個充滿壓力的情境。因爲這個理由，我有非做不可的壓力。」在這個遭遇中，我們看到了LGBTQ年輕人生活中的一些特殊之處（在性和性別社群中尋找連結，那是他們第一次感到被看見、可能擁有一席之地和有歸屬感的地方），以及這如何與瑪拉故事中相似的脆弱性交織在一起（包括了雙方年齡、性經驗和醉酒程度的落差）。[18]夏琳在那個戲劇季流露的脆弱性是孤單感造成的，許多酷兒和跨性別年輕人都有同樣的孤單感。那是社會造成的，不是不可避免的。

進入哥倫比亞大學後，夏琳非常融入紐約地區各大學酷兒學生的網絡。大二那年，他和JD在一起——JD在出生時指派爲男性，後來進行了性別過渡。JD在附近一所學校念書；他們會在JD的宿舍裡一起溫習功課、放鬆一下，有時看看電視。JD和夏琳有時會發生性關係，但JD比夏琳更頻繁地想要，並且會以一種讓夏琳難於拒絕的方式如願。如果夏琳在兩人接吻後想要就此打住，JD會說「你不愛我」,「你理應想要和我一起做這件事」，甚至說「你認爲我不漂亮」。夏琳知道懷疑自己沒有吸引力是什麼感覺（特別是在性別過渡期間），所以眞的很想成爲JD的支持來源。事情不只一次以夏琳的屈服結束：關上電腦，躺下來，讓JD幫他口交，然後禮尚往來。因爲完全清醒，而且是發生在一段對夏琳很重要的感情中，這種在脅迫下的同意看起來與露西的經歷完全不同。雖然在我們所學的一些例子中，犯下性侵害的人顯然「擁有」權力（表現爲資源、氣力和地位等），但我們不清楚JD是否擁有這些東西。但權力並不總是需要擁有才能發揮。JD能夠利用夏琳易受情緒操縱的弱點來行使權力。權力不是僅與男性、白人或異性戀有關。擁有權力和行使權力之間的區別不僅僅是學術上的，它對進行預防也有著重要意涵。人們沒有「擁有」權力並不妨礙他們不能利用權力去實現他們的目標。這對預防的意涵是，對那些覺得自己沒有太多社會

vi 譯注：「他們」在這裡指夏琳，因爲酷兒不喜歡使用單性別代名詞自稱。爲免中譯本讀者混淆，以下的「他們」都改作「他」。

權力的人，仍然應該教導他們注意在人際關係中使用權力的方式。[19]

值得注意的是，夏琳的經驗是發生在JD的房間裡。出於團結而想要確認伴侶身分的衝動似乎至少是酷兒學生特有的一種權力關係。[20] JD可能一直在操縱夏琳，因為他知道這種衝動，而且知道對方敏銳地感受到他覺得自己「沒有吸引力」，或兩者都有一點點。把重點放在同意、旁觀者介入或酒精之害的預防計畫對於扭轉這種情況幾乎沒有作用。

酷兒當然也會遭受醉酒性侵害。雅基是念工程的白人性別酷兒，家境富裕，對校園社會正義工作積極參與。做為自己高中唯一的酷兒學生，雅基興奮地迎接迎新週：他當時已經透過班級的臉書認識了另一名酷兒學生。開學第三個晚上舉行的酷兒派對看來是和新朋友一起去的好地方，也是與校園裡其他身分相似的學生建立聯繫。雅基在高中時沒怎麼參加過派對，所以沒能預知在一個高年級生房間裡喝嗨，然後又在樓下派對主場地喝了幾杯伏特加的感覺。他感到非常醺醺然，動作和知覺遲緩，昏昏欲睡。他跟隨一群人出去吃通宵餐廳，然後回到新朋友的宿舍房間，整個過程都有點「身處水底下」的感覺。當其他一些酷兒學生在看電視時，雅基躺在床上，意識時斷時續。一群人把雅基和他的新朋友留在房間裡獨處。雅基試圖離開，但無法自行站立。新朋友把他帶回床上，然後親吻、撫摸和指交。雅基不希望這種情況發生，但又無法動彈，或說出任何話。新朋友移動雅基的手，試圖讓他禮尚往來，但雅基太醉，無法做到。這時，新朋友說自己母親第二天會來，所以雅基得要離開。他不知怎地走到了電梯，回到了宿舍。

在雅基的感覺裡，這次性侵害極度有傷害性。在高中時，他沒有可以聯絡的酷兒同學。然而，在大學裡與其他酷兒學生見面的這第一次經驗卻非常不對勁，讓他沒把握以後可以找到一個讓他舒服自在的地方。酷兒社群的應許本身就產生了一種深深的孤獨感和傷害感。導致這次性侵害和讓雅基後來遭受痛苦的因素只有透過了解酷兒學生經驗的特殊性方能顯現出來。他們在高中時經常受到污名化和孤立，所以認為大學提供了一個最終讓他們有歸屬感的社會地景。但他們在校園面對的相對幽閉社交世界意謂著社群內的負面經驗——即使是在紐約這樣一個充滿可能性的城市一樣是如此——可以創造一個虐待行為不受挑戰的情境。離開這個環境會讓酷兒學生幾乎無家可歸。

種族、性地理和性侵害

除了性別，種族也建構了空間。在哥倫比亞大學，反映高地位白人學生品味和偏好的社交空間和音樂選擇占了大宗。這驅使一些有色人種學生在校園外尋找伴侶，遠離那些可能受過旁觀者訓練的同學或那些由於社群規範而願意介入幫助他們的人。[21] 回想一下克麗斯瑪的例子，她對主流校園社交場景感到厭煩。在她眼中，兄弟會的白人男生喝酒太凶、音樂品味差勁、不真正跳舞，淨喜歡直髮和窄鼻的瘦巴巴女生。她也對哥大校園裡黑人和拉丁裔男性的數量較少感到沮喪（她認為他們是更合適的伴侶）。她最終去了布魯克林一個她幾乎不認識的男人的公寓裡，以為只是抽點大麻、放鬆一下和看看電視。但她卻遭到了性侵害。校園空間的種族化本質也是盧佩故事中的一個元素。因為校園裡沒有地方播放他最喜愛巴恰塔音樂，盧佩去了市中心的一家酒吧。一名男子走過來給他買了一杯酒。接下來，盧佩唯一知道的是該男子叫了一輛計程車把他帶回自己公寓，在那裡強暴了他。盧佩對可能遭到殺害的恐懼突顯出雙方的權力不對等有多大；接受訪談的學生提及過性侵害的很多可怕後果，但沒有一個學生提到他們曾擔心可能會被另一個學生謀殺。[vii]

有色人種學生的被過度性化（hypersexualization）反映在他們屢屢遭受非自願的性觸摸。接受我們訪談的一名男生推測，白人女性在酒吧裡抓住他下體時的大剌剌態度，反映出不尊重他的自主性的種族歧視，以及白人對黑人陰莖的幻想。黑人女性對此有更一致的表達。我們訪談過的每一位黑人女學生都在校園裡碰到過非自願的性觸摸。再說一遍：每一位都是如此。這成為黑人女性所承受的無形負擔的一部分。在訪談中，她們指出這一點，但只是聳聳肩，認為那只是黑人受到的另一種侮辱。要建立讓黑人女性感覺自己是平等公民的校園，需要以把重點放在同意、酒精和健康關係的預防措施做為補充，而這些措施又是立基在一個反種族主義、人際尊重和身體自主性的框架中。

醉酒校園性侵害的問題——有關調查和裁決的困難，還有當雙方都喝醉時如何能公平地追究一個人的責任的問題——主導了公眾的討論。社會科學家所稱的「論述」（discourse）——人們談論校園性侵害的方式、那些受到媒體關注的事件、家長的警告話語或預防規劃中的舉例——形塑了人們如何理解性侵害問題的本質。這反過來又會影響預防規劃的資源投資。不可忘了，吉爾伯特對「性健康倡議」調查數據的分析顯示，學生遭遇的性侵害有很大一部分不是在醉酒情況下發生的。[22]正如我們對校園飲酒情形的討論一樣，對醉酒性侵害的過分關注有著一個種族成分：假定了白人學生的經驗具有普遍性。有鑑於有色人種學生一般飲酒較少，不意外的是，沙姆斯和薩維特對「性健康倡議」調查數據的分析也顯示，有色人種學生更有可能是在親密關係中經歷由言語脅迫造成的性侵害，而不是被他們在派對上認識的伴侶藉酒性侵。[23]

「他們有點懷疑。」

主流的性別和權力論述也讓異性戀男性遭女性性侵害的事變得不可見。[24]這些故事（其

vii 譯注：指出了校園之外這種可能性會大增。

中一些已見前文）在數量上並不像男性性侵害女性那樣普遍，發生率也不像酷兒和跨性別學生所經驗的那樣高得嚇人。將其命名為性侵害具有立刻的實用價值，因為它有助於讓感到受傷害的男性獲得療癒所需的資源。但破壞男子氣概與性能動性的等式同樣有著象徵價值和政治價值：將男性描繪為有可能成為別人性侵害的對象，可授予他們不去當性侵害加害者的社會許可。它還會讓防治性侵害變為一件對男性有切身關係的事情。

很難想像還有哪個男生比瑞克更能體現霸氣的男子氣概。他在西部一個農場長大，訪談開始前曾開玩笑說他的套牛技能在晨邊高地一無用處。他家境並不富裕，會答應參加「性健康倡議」計畫是為了錢。起初，他似乎對我們的問題的直接性感到不安，彷彿要逃避似的向後靠在椅背上，雙手輕拍膝蓋和桌子。但隨著談話的推展，他放鬆了下來。談到他的前女友時，他會用揮手表示強調，用揚起眉毛表示開玩笑，並微笑著向前傾身。

他沒有將那天晚上發生的事情稱為性侵害。和許多這樣的故事一樣，事情開始於「東校區」（大四生的宿舍），當時一個派對剛結束。瑞克在寒風中站在聯排別墅式宿舍外的水泥地上，看見朋友的朋友卡西娣向他走來。他們和其他朋友先去了一家酒吧，然後又去了另一家。整個晚上，卡西娣給瑞克買了一杯又一杯的酒，不斷用身體擠壓他，最後和他一起回到他的房間，發生了性關係。第二天早上，瑞克醒來時充滿疑慮和困惑。他問他的朋友們發生了什麼事。他們證實，從他們一行人走進第一家酒吧的那一刻起，卡西娣似乎一心想把他灌醉。

他們沒有想到要介入，反而覺得瑞克走運：不需要把妹軍師，甚至不用付酒錢就可以做愛，瑞克夫復何求？但他的朋友蕾妮對這次互動有不同的看法，從性別的角度去看問題。她說：「如果你是女人，你現在就會是在地獄裡。」最終，瑞克認定這不是一次性侵害，只是件極其讓人厭惡的事情。

但並不是所有有過這一類經驗的男生都會不當一回事。馬多克斯快速和有效率地回答了我們的問題（他曾出現在第二章，就是那個死不肯將他和死黨發現的好酒吧名字告訴我們的人）。他說話時身體前傾，讓頭髮遮住眼睛，或轉過頭避免目光接觸。原來，馬多克斯在大一一次派對上遭遇過性侵害——能聽到一個順性別異性戀男性用這字眼描述自己的遭遇是很不尋常的。那派對是為招待一齣戲劇的全部演出者而設，每個人都喝得很醉。第二天，馬多克斯必須經過拼湊，才大致知道發生了什麼事情。

我記得我當時大多數時候都好端端的，跟這個人說話，然後我一直一直喝酒，我就不省人事了。除了像是出現在她房間裡的幾道閃光之外，我不記得任何其他事情。然後我被告知發生了什麼事（是她的室友說的，這室友先前也有參加派對）。聽了之後，我感到有點不舒服。爛透了……我有一些很要好的朋友，構成了一個非常好的支持網絡。我的一位朋友告訴我，無論有什麼問題，都可以撥打熱線電話。我這麼做了，覺得非常有幫助。那熱線就像是一雙聆聽你傾吐的耳朵……它類似一種治療。我父母要消極多了。我過了一段時間才告訴我爸爸，他沒有很認真對待，也不理解。所以我們後來就沒有再談這件事。我認為我媽媽奮力要理解我，但她更多是在安慰我。

「他們奮力去理解什麼？」我們問。

我想就是去理解這種事怎麼會發生在一個男人身上。我父母都奮力理解這一點……（他們認為）這種事必須要非常花力氣，非常像強暴，像暴力強暴，所以有點懷疑，心想：「啊，這怎麼可能發生。」我媽媽……奮力去理解，但只是為了幫助我。我爸爸就沒有這樣，所以我們就沒有再談這件事。

馬多克斯是我們訪談過的人中少數自稱無性戀者的男生之一。這種性認同可能爲了拉開他與霸權陽剛性之間的距離，從而讓他能夠將發生在他身上的事標籤爲性侵害。如果我們將勃起視爲欲望的晴雨表（馬多克斯的父親可能就是如此），就不可能想像一個經歷插入式性行爲的男人是被性侵害——除非他是被插入的那個。如果一個人性交時是在插入，他怎麼可能會是被性侵害呢？

如何思考權力

本章的故事沒有窮盡給性侵害的發生創造條件的所有權力形式。在我們分析過的所有故事中，權力不對等是關乎年齡、校園環境的舒適程度、對遊戲規則的掌握程度、社會地位落差、醉酒程度、性經驗多寡、性計畫的清晰度、種族、財富和對空間的控制等。有時候，只有一個主要的權力不對等在運作，也有時候，權力不對等似乎是層層疊加的。一位派對參加者告訴我們，她認為自己「險些」遭到一群較年長和富有的外國學生性侵害，他們在市中心的公寓是一個富麗堂皇的男人窩，裡面堆滿了含酒精的飲料和古柯鹼，由Uber XL載著女性進進出出。告訴我們這件事的女子在進入那間公寓後感到非常惶恐，幾乎立即便離開了。

在指出權力的多樣性時，我們並不是反對這樣一種觀念：某些兄弟會、運動隊伍或任何其他單性別男性組織都可能創造出讓性侵害易於發生的脆弱性。不過，我們主張，認為在這些情況下發生的性侵害僅反映兩性權力落差的想法過於簡化。並非所有團體都是為平等而創建。兄弟會和男子運動隊伍等單一性別組織跟樂隊、辯論隊或學生報社等組織的不同之處在於，領導階層不存在女性，從而有可能形成為求團結一致而形成的共同規範，把對享有他人身體的權利視為天經地義。但男女混合團隊和學生活動團體也帶有創造脆弱性的其他因素：在其中，學生們一起熱烈地工作，有時一起旅行，並經常透過豪飲來慶祝勝利或哀悼失敗。

在這些活動團體中發生的性侵害事件（還有未被報告的那些），說明了團體同時具有製造性接觸機會和淡化性侵害事件的權力。爲了維護群體和諧，也因爲個人不希望失去參與有價值社交活動的機會，這類事件被重新貼上可疑的、怪異的或讓人噁心的標籤。

權力可以被視爲是人們擁有的東西、他們行使的東西，或是他們因結構優勢而享有的東西。第一種形式的權力——做爲財產的權力——是某人「擁有」的東西，比方說他們身體魁梧、非常有吸引力或控制著爲數不少的社會資源或金錢資源。第二種形式的權力是某人「做」的事情，比方說如果他們的性經驗非常豐富，會很容易在性情境中知道如何行動來幫助他們得到他們想要的東西。第三種形式的權力是他們占據的職位所賦予的：運動隊伍的隊長或是學生組織的領導幹部都是如此。權力可以是個人性的，可以是關係性的，可以是制度性的。

這些形式的權力無疑是性別化的。但社會不平等的其他面向也極爲重要。我們一直強調種族和經濟不平等，以及非異性戀或性別二元之外的學生的特殊脆弱性，但這沒有窮盡與性侵害相關的不平等形式（例如殘疾就值得更多關注）。所以，在承認權力是個人性、關係性和制度性的同時，留意反映更廣泛社會不平等的權力形式，是有必要的。

雖然沒有一個社會沒有權力不平等，但我們不是要主張權力和性的不可避免互相交織必然意謂著「同意」是不可能的，因此所有的性行爲都是強暴。[25]那樣的想法並不反映大多數人的經驗。此外，它還因爲暗示性侵害在某種程度上與「正常」或典型的性行爲相同，從而淡化了性侵害造成的痛苦。這是一種決定論式的思維方式，讓性侵害看起來不可避免。它使那些犯下性侵害的人能卸去責任，辯稱那是社會的錯，不是他們的錯。揭示性侵害的深層社會根源表明，性侵害的預防與更廣泛的社會正義方案密不可分。

我們很少談到那些沒犯下性侵害的人的能動性和選擇：他們要麼提出求歡而沒獲得同意但仍尊重對方的意願，要麼是得到了對方同意卻沒有採取行動。但這些事例也很重要。一位拉丁裔男生告訴我們，有一次他和一位女生「勾搭」。她對性行爲說「好」，但他認爲她喝得太醉，無法眞正同意。於是他毅然結束這次性接觸。他的性能動性至關重要，特別是出於擔憂對方心理狀態而決定不發生性關係的能動性。另一名男生講述，他與女友發生性關係時，發現她面無表情地看著天花板。他停下來，和她談話。他懇求她更清楚地表達她的感受；不管是什麼，他都想聽聽。

雖然權力差異可能是不可避免的，但學校和塑造高等教育的社會政策可以減輕不對稱性。實施關係到經濟援助、學生債務、住房和職業服務的政策可以對打造一個更安全環境的願景有所貢獻。減輕不對稱性的方法也包括在迎新週之前減低脆弱性的社會根源：例如，如果夏琳的高中有一個同性戀與異性戀聯盟存在，那麼她的「第一次看到酷」就不會是第一次。[26]還可以採取更多措施來提高人們對那些不可改變的權力不對稱的意識——特別是讓學生對年齡差距的力量心存敏感。

雖然權力會產生特權，但擁有特權並不等於行使特權。我們中一些人有幸擁有明確定義的性計畫，而這是一堆原因造成的：我們是異性戀者，所以我們的性計畫被廣泛接受；我們來自一個向我們提供有關性和性態資訊的社區；我們的家人和朋友都認可我們的性計畫。其他人則不然。實現我們的性計畫的一個關鍵部分是承認我們的特權，承認我們所擁有的、我們所行使的和機構所賦予我們的權力。本書使用的性計畫概念是描述性的，強調人們想要從性行爲或透過性行爲得到什麼。對於什麼是正確的、什麼是道德的，或人們彼此之間有什麼義務，採取不過問態度。性計畫的規範維度是人們不會彼此同意的事情，要由各自來決定。這也是性公民權的用武之地：平等是公民身分的根本要素。承認每個人的性公民權意謂著節制我們的特權並彼此關心。把對性計畫的關注結合於對性公民權的促進和對性地理的轉化，將可望打造一個性侵害較不常見的世界。

結論：培養性公民
Conclusions: Forming Sexual Citizens

如果普遍的苦難就足以使某些事情被視爲一個社會問題，那麼我們每天起床後都會讀到同樣的頭條：「世界上三分之一的人口仍然沒有足夠的衛生設施」和「數億人沒有安全的飲用水」。然而，我們並沒有讀到這樣的頭條。知識本身也不足以推動政策改變。舉例來說，在發現吸菸會導致肺癌之後，要過了幾十年才出現導致美國菸草消費下降的政策。又儘管吸菸有害的訊息已廣爲傳播，全球一些地區的菸草消費量仍持續上升。[1]

具有巨大後果的問題可能會被忽視或漠視。想要將痛苦轉化爲廣泛承認的問題從而引發集體對策需要付出努力。[2] 想想看校園霸凌：在我們的這一輩子中，它從童年光景的一部分（就像滑梯和鞦韆一樣必然存在）演變成了立法、官方聲明和譴責，以及廣泛防治工作的焦點。但會有這樣的變化，並非因爲霸凌變得更普遍。是個人和組織的努力致之，讓我們將其視爲社區的道德失敗，一個我們既有責任又有能力補救的問題。將公共問題視爲「社會建構」

的思維方式讓我們更明白，有賴個人和聯盟的努力，人們才會注意到需要採取行動的特定議題、認定這些問題的責任歸屬和勾勒出糾正問題的路徑或計畫。

雖然對年輕的讀者來說難以想像，但性侵害並不總是被視爲一個問題。在美國，《模範刑法典》（Model Penal Code）——一系列旨在使各州刑法現代化的修訂案，在二十世紀中葉向各州建議並被廣泛採用——將強暴定義爲男性對「妻子以外的女性」犯下的行爲。[3]這有力地使得婚內強暴成爲不可能（也使得強暴男性成爲不可能）。直到一九七〇年代，各州才開始制定反對婚內強暴的法律，而直到一九九三年，美國全部五十個州才都制定了將婚內強暴定爲犯罪的法律。[4]截至本書撰寫之時爲止（二〇一九年），仍有十二個州讓婚內強暴有漏洞可鑽；例如，在南卡羅萊納州，該類事件必須在三十天內報告，且必須涉及武器、武器威脅或「性質嚴重的」暴力行爲。[5]雖然在歷史上有些性侵害事件曾受到認眞對待，但受害者的性自主權遭到侵犯這一點，傳統上並非引起公衆關注的原因。性暴力，無論是男性對其妻子施加的，還是白人（不論是否爲奴隸主）對黑人女性施加的，長期以來一直被用作種族和性別支配的工具，很少被稱爲「性侵害」。[6]

當我們在二〇一四年一起踏上這段旅程時，建立校園性侵害是一個問題的文化共識已接近達成。一世代的研究人員辛勤地收集和分析數據，其中許多人只得到所屬機構很少的支持，有時還面臨積極的反對。[7]富有熱情的社運人士、紀錄片製作人和記者把那些遭受校園性侵害的人的故事傳揚開來。倖存者本身也拒絕被噤聲或羞辱，將他們的故事從邊緣推向中心，遂使得校園性侵害成爲了美國所有高等教育機構都必須承認和對治的問題。民選官員感受到了風向的變化，提出了一系列立法對策。在本書撰寫期間，#MeToo運動風起雲湧，標誌著人們對性侵害這個社會問題的關注進一步擴展和鞏固——從校園擴大至職場、公共空間和家庭。

但要讓一個問題是個問題的社會共識能夠出現，還需要另一個艱鉅任務：就解決方案達成共識。有些問題的原因很明確，政策目標也很明確。以肺癌爲例，它在大多數情況下是導源於單一原因（吸菸），因此可以要求單一產業（菸草製造商）負責。這種因果清晰性和可以明確鎖定的目標有助於整合組織和行動。但正如我們所示，校園性侵害並不是一件事，而許多種類的性侵害都有一系列的原因導致，因此沒有可供敵意和精力瞄準的明確機構性敵人。有些人試圖以打擊「有毒男子氣概」或「強暴文化」爲號召，把人們組織起來。但這些都是相對分散的目標。再者，對男子氣概的單一關注忽視了女性所犯下的侵害，沒有能完全解釋有色人種女性持續遭受的非自願觸摸，並且使酷兒學生遭遇的性侵害變得不可見。學運人士經常將憤怒傾洩到學校本身，但如我們所示，雖然性侵害顯然是學校必須承擔責任的問題，但它不全然是學校造成。

我們並不否認某些男子氣概的表達方式存在問題。但就像純粹心理性解釋（把性侵者解釋為反社會人格）是不完整的那樣，全然的文化性解釋（用有毒男子氣概做為解釋）也是如此。我們全部人都有責任。我們大多數人從未犯下性侵害。但我們所有人都默許社會條件繼續存在，包括：許多年輕人在成年後都不懂得怎樣談論他們的性欲；他們被羞恥感所壓倒；他們不習慣考慮他們相對較大的社會權力會讓同儕沉默；他們高度關注自己的需要而對他人的需要充耳不聞；他們被社會化得無法對別人說「不」或清晰明確地說「好」。毫無疑問，個人對自己的行為負有責任：尊重他人身體自主性的事例所在多有，其中，一方會在另一方表示不感興趣後收手。但是，學生的性計畫的混亂、他們對自己和他人的性公民權的欠缺明確認識，以及會加劇權力不對等的性地理的形成和維持，凡此都是**我們**的過錯。

正如我們在科學論文中分享過和在提交給哥大校方的「性健康倡議」最終報告中總結的那樣，有些做法是還未受到充分利用而深具潛力的：找出校園環境中許多可修正的維度、採取干預措施去影響個人態度和信念，以及教授人際交往的技能。[8]在解決校園性侵害問題的責任歸屬時，我們希望擴大對話範圍。聚焦在裁決的好處是有一個明確和明顯的目標（高等教育機構和它們正確處理案件的責任），但這種取徑有其局限性。

學校的預防工作應把技能和批判性思考兩者整合到教育的核心使命中。目前的預防規畫的重點過於狹窄，主要環繞著同意教育著墨。我們相信，我們提供的框架——引導年輕人思考他們的性計畫和怎樣將性計畫融入他們更廣泛的人生計畫中，培養自己的性公民權和尊重他人的性公民權，以及批判性地思考性地理和它們與權力的關係——將可望取得更大的成功，會帶來遠遠超出性侵害範圍的好處。老實說，大學到現在才開始做這樣的事已經晚了。但有鑑於它們在較早期的廣泛猶豫不決，這些機構有道德義務將此類討論收入課程的基本組成部分。

我們提出的建議遠比我們所希望的更爲權宜；這在很大程度上是因爲可供預防性侵害參考的證據基礎有限，而且已被證實有效的方法幾乎完全集中在個人和人際層面。在一九七〇年代末和一九八〇年代初，國家心理健康研究所（National Institute of Mental Health）的國家性侵害防治中心（National Center for the Prevention and Control of Rape）曾資助提高對性侵害的認識及其預防方法的知識的研究，但那段日子早已過去。[9] 美國國家衛生研究院（National Institutes of Health）目前沒有資助任何關於性侵害的研究計畫，更不用說校園性侵害的研究。國家酒精濫用和酒精中毒研究所（National Institute on Alcohol Abuse and Alcoholism）資助大量由調查人員發起的關於酒精和校園性侵害的研究，但正如我們主張的，這只是問題的一部分。也沒有任何大型基金會介入來塡補這一空白。在整個聯邦政府中，可用於與性暴力相關的研究和計畫的資金，只是用於癌症、冠狀動脈疾病或愛滋病毒的一小部分——儘管美國女性一生中遭受性暴力的風險更高。[10]

「外部成本」是指一種產品的生產、分銷或消費所產生但未計入產品價格的成本。典型例子是一家發電廠污染了鄰近河流的水，造成「負外部成本」，得由發電廠的下游鄰居來承擔。值得考慮將性侵害視爲一種「負外部成本」，哪怕我們不可能像要求一家電力公司爲污染河流負責那樣要求任何一個營利性實體爲性侵害負責。但釀酒業的利潤以數十億美元計，性侵害是它一種連帶的「負外部成本」——這部分是因爲性侵害是飲酒文化的延續，以及飲酒可以提高樂趣和性趣的觀念被大力提倡。酒精稅可以成爲防治性侵害的資金來源，特別是資助以學校爲基礎的全面性性教育。色情產業的成功反映了年輕人因爲無法從學校和父母得到教育和資訊，對性心癢難耐。他們會被色情品吸引，部分是爲了尋求某種性教育。但他們並沒有學到自己需要的東西，與此同時，該行業正在賺取數十億美元的利潤。這個行業也應該被徵稅，收入用於支持實際的性教育。色情品和酒不會導致性侵害，但這兩個行業利潤豐厚，並助長了脆弱性的出現，因此或可要求它們負部分責任。

創造較安全的空間

以教育個人的方式來對治性暴力問題很重要，但並不充分。位於公衛取徑核心的是系統思維，那表示要考慮更大的生態系統，將個體置於人際關係、制度環境和文化脈絡中。我們主張應該從聚焦在做爲口頭交換的同意，轉爲提供學生釐清自己的性計畫的機會，並提供課程，讓他們有機會批判性地反思他們要如何基於尊重性公民權（包括自己和他人的性公民權）來實施這些性計畫。這將涉及對人際和團體間權力關係（包括性別和其他方面）的反思，也涉及談話、傾聽和詮釋非語言線索同運用身體語言的技能的建立。那意謂著要打破性別化腳本（正是這些腳本，讓有些人將「沒說不」詮釋為「同意」，將勃起或其他形式的身體興奮理解為同意的訊號）。那意謂著幫助學生思考如何在他們（做為朋友和同儕團體一分子）設置性情境的承諾與（做為同一群體的朋友和成員）照顧社群所有成員的願望之間取得平衡。那將意謂著對校園性侵害類型的社會承認的擴大，即不只關注主導全國討論的醉酒派對強暴，還關注親密伴侶暴力、非自願觸摸，以及酷兒學生和男性遭遇的性侵害。

一旦弄清楚宿舍和派對空間的性地理本質上是一種性侵害機會結構，我們就可以開始想像要怎樣才能讓校園生活較安全。屆時，派對空間將是由女性、酷兒學生、較年輕學生和有色人種學生控制。所有學生都可以使用包含著社交機會的空間（不管是為了親密聊天還是玩桌遊），而這些空間不會自動被理解為帶有性意味。屆時，將會為那些有過困惑或不愉快性經驗的學生提供相關課程，這些課程不要求他們將經歷標籤為性侵害，也不要求他們以會導致對方受懲罰的方式舉報（如果他們不想這樣做的話）。對於一些經歷過性侵害的學生來說，倖存者身分是韌性的源泉，也是利用自己的經驗創造政治變革的一種方式。但對於那些不這麼看自己的人來說，清楚指出在遭遇性侵害之後——甚至在經歷了令人尷尬、困惑、受傷或貶低的性行爲之後——不是只有一種正確感覺方式的機構訊息，可以幫助學生獲得所需的支持。如果我們的論點正確，即許多性侵害並不是性侵者蓄意犯下，那麼找到向性侵者提供反饋的方法就至關重要。例如這樣反饋說：「你和別人發生的『性關係』是個問題。你的伴侶覺得這些行爲缺乏充分同意。你需要就此思考並努力改進。方法是……」

這些轉變應該會降低性侵害的可能性，但性侵害不會消失。如我們所示，學生對要不要舉報的考慮是複雜的，會把時間、情感和聲譽成本考慮進來，還會涉及其他的關切，包括希望看到惡劣行爲得到適當的懲罰和不讓同樣事情發生在其他人身上。[11]理想上，學生可以選擇向傷害過他們的同儕尋求修復式正義。[12]這種方法將受到傷害的人置於制定決議的中心，而不是要求他們爲自己的立場力爭。它更堅持承認傷害而不是要求懲罰，並要求整個社區攜手合作，確保類似的事件不再發生。與要求兩造對立和各維護自己利益的做法不同，它將提供一種結構性、調解性的機會，讓兩造能夠相互接觸、承認所造成的傷害，並支持重新融入朋友網絡或學生團體的過程。這種做法並不是在所有情況都是有效的，甚至不是在所有情況都是好的，但它可能對許多人有幫助。其實施需要承認參與的機會成本：正如將性侵害視爲限制女性獲得平等教育的機會是強有力的見解一樣，我們也必須考慮機構對性侵害的反應對倖存者的時間和情感資源有何衝擊——他們上大學的目標是接受教育，不是教導他們的同儕如何行爲。

對於那些受到性侵害的學生，關鍵不在他們是否有正式報告所發生的事情，而在他們是否獲得了處理他們遭遇的所需、繼續他們的學習，並盡所能地恢復他們的生活。大多數學生的情感支持不是來自心理學家、醫生、院長或教職員，而是來自朋友。不僅是經歷過性侵害的人是倖存者，更大的共同倖存者社群也可能因支持處於危機中的同儕而不堪重負。機構因應措施需要針對的不僅是個人，因爲受傷害的體驗遠遠超出了個人的範圍。這並不意謂著將所有工作外包給同儕團隊，反而有可能是相反：幫助同儕了解他們不是心理健康專家，了解他們可以同時支持朋友和管理自己的界線。有鑑於性侵害帶給了所有學生頗大的社區層次心理健康負擔，我們的社區需要做更多的事情，更系統性地思考那些支持被性侵害同儕的學生——在學生整體心理健康狀況持續惡化的情況下特別是如此。

採取行動改善性侵害發生後的流程和回應是必要的，但這種做法最終來說是不充分的。主要目標必須是防止人們性侵害他人。要對治想像中最有可能犯下性侵害的人時，大學校方特別著眼於由具有特定類型（有毒的）男子氣概的男性組成的團體：男性運動隊伍和兄弟會。各大學的男性聲望結構各不相同，但在哥倫比亞大學，兄弟會之間和運動隊伍之間的社會地位差異，大得就像它們和沒有參加它們的男性之間的社會地位。對運動隊伍和兄弟會的反覆強調並未能保護不在這些組織之內的學生。確實，許多被最廣泛討論的校園性侵害案件都涉及運動員和兄弟會成員，但撇開這些團體的性侵害率眞的是否較高的問題不談（因爲相關證據參差不齊，而且情況很可能是因大學而異），我們相信這些案件更容易受到強調，因爲它們符合既有的解釋模型。

儘管幾乎沒有人（至少我們訪談過的人中沒有人）想要性侵害別人，但光是這樣並不能防止性侵害。代之以，這僅僅意謂著人們往往不願意或無法將自己的行爲視爲一種性侵害。大多數校園都有許多學生（大多數是男性）與他人發生對方不想要和未表同意的性行爲。當學生覺得自己有缺失並想要學習改進時，他們需要有一個可以尋求幫助的地方——一個願意伸出援手而不會把他們趕出學校的地方。應該有管道讓犯下性侵害的人去補救他們對同儕造成的傷害，然後學習改進。在許多人，這種學習包括去認識豪飲會讓他們性侵害他人的風險大增。我們可以從最近與犯罪有關的社會政策的失敗和成功學到許多，也可以從女性主義者對以監禁方式「保護」婦女的方法的批判中學到許多。[13]監禁對犯罪固然產生了一些影響，但其影響力往往被高估，而這類政策造成的道德代價厥爲巨大。[14]確保人們遵守社會規範是重要的，投資在能幫助他們這樣做的方法也是重要的。但維持治安和懲罰不是一回事，而防止人們傷害他人並不需要我們完全排斥那些傷害他人的人。犯罪學家長期以來一直主張，我們應該把花在維持治安一樣多的時間來組織社區。具體地說，這意謂著創造一個讓學生感到能夠發展自己的人生計畫、建立自我效能感（self-efficacy）和尊重他人的校園環境，而這校園環境也是銳意減少而非加劇權力的不對稱。能夠實現和支持「集體效能」（collective efficacy）的社區——被理解爲成員之間具有社會凝聚力和願意爲了公益的緣故進行干預——是人們可以蓬勃發展和性暴力較不可能發生的地方。[15]

四大機會

建立一個讓所有學生都能茁壯的校園——建立一個性侵害較少發生的世界也是如此——需要在四個相互關聯的領域採取行動：多樣性、權力和不平等的議題；性與性侵害；物質使用；心理健康。男女不平等是最容易想到的權力不平等形式，也是我們必須透過多種方式去對治。這些方法包括了實行認眞對待性別的同意教育和性教育（致力培養女性的性公民權和教育男性尊重這身分），也包括採取地理干預措施，以矯正男性對分發酒類和舉辦派對的空間的不平等把持。但正如我們在第九章主張的，權力不平等會催生出沉默。性侵害防治必然是關於多樣性的（包括但不限於性別）。例如，如果性侵害防治未能考慮性別認同和性認同，或未能考慮種族和族裔多樣性，那麼，在向來以白人爲主的大學裡保護學生免受性侵害的努力，就會集中在向來佔大多數的學生的遭遇上。這一點在今天也是明顯可見：被公衆討論得最多的校園性侵害類型——雙方先是在派對上喝酒的類型——是白人學生最有可能遭遇的。

這並不是說我們應該忽視酒精。酒顯然與某種相當普遍的性侵害類型有關。美國國家酒精濫用與酒精中毒研究所（National Institute on Alcohol Abuse and Alcoholism）的「大學酒精防制框架」（College Alcohol Intervention Matrix）指出，有大量證據顯示，限制歡樂時光i的時段、禁止週日賣酒、強制執行法定飲酒年齡法令和增加酒稅，都是有效的環境策略，有助於減少未成年人飲酒和過度飲酒。[16]正如菸害防制工作所發現的，年輕人對價格變化高度敏感。然而，儘管我們看出將性侵害視爲飲酒成本並因此提高酒價的好處，我們仍擔心這麼做會有意想不到的後果。家境富裕的學生總是有辦法弄到他們想要的東西：例如，儘管古柯鹼非法又非常昂貴，他們還是弄得到。社區層次提高酒精成本的努力雖然會減低整體的飲酒水平，卻可能會加劇校園權力的不平等。因此，社區層次的行動需要輔以減少傷害的方法。[17]這表示接受學生喝一些酒，而校方也想辦法去減少飲酒的傷害。我們告訴學生不要空腹喝酒，但他們不能帶一瓶葡萄酒或六罐裝啤酒進入食堂，也不能輕易在新生宿舍一邊煮飯一邊與朋友共飲。事實證明，尊重年輕人的自主性、想方法將豪飲的傷害減到最低，以及著重支持而不是懲罰，都比簡單的禁酒要更有效。

最後，我們不能在不考慮心理健康的情況下談論性侵害。性侵害和心理健康之間的關聯是複雜的，心理健康問題可能既是性侵害的原因，也是其結果。[18]就像對治校園的空間結構、制定減低飲酒傷害的政策和關注校園內的權力及不平等一樣，對抗心理健康問題對於解決社區內的性暴力問題至關重要。這包括提供個人層次的臨床服務——校園面臨著對此永無止境的需求——但除此以外也應該採取更具預防性的方法，去關注導致心理健康問題的多層次因素：從個人困擾到學業成績，再到支付大學學費的壓力。提供學生能一起運動和遊戲的空間，教導教授們除了做出評判外也要表達關懷，也許還要增加治療犬。促進心理健康是防治性侵害的基本要素；這不僅意謂著擴大臨床服務，還意謂著採取社區層次的心理健康方法，並研究如何適應環境來改善心理福祉。[19]

目前性侵害防治融入迎新會的方式更加具體地說明了這種注重多樣性、物質使用、心理健康，以及性和性侵害教育的多領域方法的潛力。大學第一年——尤其是第一學期——是學生需要在短時間內處理很多事情的階段，包括選擇課外活動、認識朋友、應對大學程度的課業、開始尋找校內工作或暑期打工、學習洗衣服和調節睡眠等。無論是從一年級生體重增加率還是心理健康疾病的高發生率來看，這都是一段艱難而充滿壓力的時期。[20] 性侵害已經穩固地融入了學前迎新中；事實上，已有一整個行業提供線上入學前防治課程，許多學校也透過強制性的面對面課程做爲補充，教學內容包括強調積極同意的重要性、性侵害資源和要求強制舉報。大學生的入學後適應期通常還包括有關物質使用、多樣性與權力、心理健康的課程。做爲向大學過渡的一部分，這些也是學生們積極地（有時是危險地）嘗試弄淸楚的主題。

i 譯注：酒吧減價的時段，通常在傍晚。

但欠缺的是讓學生在這四個領域之間建立連結的空間。把迎新活動重新想像爲滿足學生社交和情感需要的一種方式，然後思考怎樣在大一上學期的過程中繼續滿足這些需要，可能意謂著有些學生不需要喝那麼多酒或有些學生不會跟隨一個大四生上樓。同樣重要的是要提高年級學生的意識，讓他們了解到這些權力不對等在大一新生的感覺上有多巨大。新生可能不是唯一需要接受指導的人；隨著學生獲得地位[ii]，可能也應該教育他們明白這種獲得的後果。有鑑於權力和不平等的多種多樣，可以做的防治工作厥爲衆多。一如被性侵害的遭遇可以同時反映多種權力不平等，負責防治的機構也應充分考慮不平等的複雜性。

教育年輕人：每個人的工作

五十年前，有超過四成的學校會要求學生在畢業前接受游泳測驗。如今，包括哥大在內的少數美國大學仍然要求學生在畢業前學會游泳（或至少踩水五分鐘）。但在美國，一生溺水一次的風險爲五千七百三十二分之一。[21]相較之下，「性健康倡議」發現，到了大四，受訪者中有百分之三十六的女性和百分之十五的男性遭遇過某種非合意的性接觸。[22]百分之二十的大四女生和百分之六的大四男生曾報告遭到強暴。桑泰利領導的對「性健康倡議」調查數據的分析顯示，近兩成受訪學生在上大學之前遭遇過非自願的性接觸。同一篇論文顯示，在大學前遭受性侵害的學生在進入校園後遭受性侵害的可能性更大。[23]把有關性侵害的談論延後到大學是太晚了。

許多進入大學的學生缺乏取得成功所需的基本技能。這是讓教育工作者極爲沮喪的事。但是，當初中和高中寫作課程沒有讓學生學好寫作時，我們不會只說「停止寫爛文章」。我們設有新生必修的寫作課程，還設有一個寫作中心，讓學生尋求進一步的幫助，不斷去完善和發展他們的寫作能力。這些課程幫助年輕人以他們想要的方式表達自己，爲中學製造的巨大差異創造公平的競爭環境。性是一項關鍵性的生活技能，對於我們的自我意識和與他人的親密連結至關重要。然而許多學生爲性活躍（sexually active）所做的準備嚴重不足。大學應該將性教育視爲其教育使命的重要組成部分，至少爲許多性教育有限的學生提供選修的線上性教育，做爲補救。

如果美國有哪個單一對象是社運人士應該向其發洩憤怒的，我們會主張這對象不是大學管理層，而是那些讓許多年輕人在沒有獲得全面性教育的情況下邁入成年的各州和聯邦民選官員。優質的性教育可以改變一些對性別和性行爲的信念和態度，降低性侵害的傾向。[24]對「性健康倡議」調查數據的分析顯示，在大學前接受過包括拒絕技能訓練的全面性教育的女

ii 譯注：指升上高年級而獲得的地位。

生，遭到強暴的可能性減半。如果有一種疫苗能預防一半的校園性侵害，但卻只提供給全國一半學區的年輕人，以及那些父母負擔得起進行進步私人教育的人，那麼全國一定會一片嘩然。然而這基本上就是美國的現況。

毫無疑問，做爲爲新生制定社區規範的一部分，高等教育機構有必要傳達人際行爲標準，包括尊重其他學生的性公民權。但那應該是一劑加強針，而不是第一劑；對許多學生來說，這些關於同意的課程完全不足夠，部分原因是缺乏可據以建構這些課程的基礎。

性教育政策的黨派偏見反映了政客的偏好，不是公衆的偏好。各種政治傾向的美國家長都強烈且壓倒性地支持提供基於學校的全面性教育。[25]零碎的、不完善的和日益惡化中的性教育現況製造出讓性侵害有機可趁的脆弱性，代表著錯失了防治性侵害的一個重要機會。這不僅僅是拒絕給予年輕人資訊：未能反駁青少年性行爲本質上是壞事的觀點，會導致年輕人對等在前頭的事情準備不足。州立法機構應該接手這個議題，而不是將其留給個別學區，但有關性和生殖健康的州層級政策的日益分歧也表明需要聯邦來制定標準。在一個平均壽命因郵遞區號不同而相差二十多年的國家，如果聯邦和州政府沒有對性教育採取行動，會發生的情況就是美國通常發生的情況：富裕的學校和學區將接受性教育和性侵害的新知識，而對性公民權的親子討論也會被融入美國菁英文化中，成爲密集教養的一環，如此，家境最富有的孩子將會在有充分準備的情況下被送入大學。[26]其他人將會繼續是原來的樣子，從而讓不平等更加擴大。性教育一直是本書的重點，但確保獲得負擔得起的、保密的性和生殖健康服務，並顧及年輕人的多樣性需求，是承認和促進性公民權的另一種方式。[27]

當我們努力推廣全面性的適齡性教育時，想要充分發揮K-12教育的力量，就需要探索學校的「隱藏課程」。學校的教室、操場、浴室、餐廳和更衣室，以及舞會和返校節等重要時刻，都傳達了強烈的訊息，關於誰的身體受到重視，誰的聲音重要，以及成功是什麼樣子。在學前班，男孩就學會追逐女孩，被灌輸了性腳本和異性戀的早期課程。在英語課、社會研究課、體育課和課間休息時間，有同樣多甚至更多的機會談論男子氣概、女性特質、酷兒和種族不平等，其效果會有如教授性教育的一個單元。在整個高中時期，從奧維德（Ovid）[iii]到珍・奧斯汀的經典著作，都爲討論性和權力提供了豐富的文本，而哈波・李（Harper Lee）[iv]可以提醒讀者，種族長期以來一直是美國性侵害敘事的一部分。

當家長、教師和學校校長在等待立法者爲全面的性教育提供支持時，學校層級的課程創新不是不可能出現的。[28]珍妮佛做爲家長的經驗和沙姆斯做爲高中老師的經驗提醒了他們，高中最後一學期的課是多麼的少。這可能是一個特別適合實施珍妮佛在她大兒子上大學前曾在家嘗試過的電影節的時機——但用意是把它用作批判性媒體研究課程，用那些經典大學

iii 譯注：羅馬帝國詩人。
iv 譯注：小說《梅岡城故事》作者。

電影連同《學校萬花筒》（*School Daze*）和《親愛的白人》（*Dear White People*）之類的電影去探討多樣性和包容性在高等教育和更廣泛社群中的狀況，也讓年輕人藉此談論自己的性計畫和大學計畫。也有愈來愈多刻劃性侵害的青少年文學，其中一些遠早於#MeToo運動就已經出現。做爲我們最激進的表現，我們熱烈鼓吹開設「色情識讀課程」，以教導學生將他們的批判性思考技能運用在觀看上。[29]不過我們承認，想像一個在性教育問題上一直推諉的國家會接受以年輕人已經是色情品頻繁消費者這一事實爲出發點的課程，確實有點天眞。[30]

讓學校和政府進行這項工作需要大規模的動員。但就目前，仍然有些具體的事情是我們可以做來幫助年輕人。我們區分性教育和性的社會化，前者是學校在得到足夠資源和政治支持的情況下可以做得很好，後者是家庭和社區的責任。[31]對於不同的性計畫的適當性存在很大的意見分歧——在性與情感的連結、相互單一伴侶制、甚至婚姻的問題上尤其如此。家庭、社區和宗教機構的職責是清晰而明確地賦予性計畫以道德願景，但同時也必須謙虛地承認，年輕人邁向成年的過程中必然涉及爲自己的身體做出選擇，而這些選擇有時會讓關心他們的人感到不安和擔憂。我們有集體責任培養孩子對自己的身體和性感到自在，讓他們對自己的性計畫足夠清楚而無須透過飲酒來麻醉自己，並且明白無論他們的性計畫是什麼，與他們發生性關係的人都是自主和自我決定的，不是物品或性玩具。

許多父母和照顧者覺得談論性非常尷尬。那麼讓我們來提供一些建議。從小孩很小開始，就應該使用身體部位的實際名稱。如果我們從不說「肘」或「頸」這兩個字，就會暗中傳達出一個訊息：「肘」和「頸」兩個部位很丟人。陰莖和陰道也是如此。別放過可用於教學的時刻：書籍、電影、電視節目或甚至迷因都充滿了關於身體、尊重他人和親密關係意義的訊息。向孩子舉出一些人們以關懷和承認對待親密伴侶的例子。不要太著重「談話」，即不要太著重灌輸有關生殖生物學的資訊。相反地，談性的時候應該一併教孩子以體貼且善意的方式與他人互動。這些關於性計畫和性公民權的談話需要承認性別動態而不是一以概之，爲那些性認同仍在形成中或性別認同與天生生理結構不同的年輕人騰出空間。父母和照顧者有時會犯錯，但他們有近二十年的時間來糾正這個過程。我們教導年輕人踩到別人的腳時要道歉，同樣的原則也是表達性尊重的基礎。儘量不要傷害任何人。如果你可能會這樣做，請停下來，道歉，並與對方談談發生的事情。我們的守則和我們的沉默都會發送出強烈的訊息。

父母有權告訴年輕人「在我的屋簷下不可以」。但他們不應該自欺欺人地認爲，這條規則會阻止年輕人發生性行爲。它的作用是有效地傳達一種拒絕將他們視爲性成熟年輕人的態度。有些人不願讓高中子女的親密伴侶過夜，在這麼做的時候，他們並不會導致孩子更容易遭受性侵害，或增加孩子性侵害別人的可能性。但父母和照顧者是孩子最重要的道德仲裁者。無論他們對婚前性行爲的價值觀如何，我們的觀點是，那些關於在什麼情況下可以對別人說「好」的親子談話是對年輕人性公民權的認可，因此也是一種幫助他們準備好有權威地說「不」的策略。這樣的談話並不容易，對於自己是在對性沉默的家庭長大的父母輩尤其如此。但是，他們要培養不是活在那麼強大的沉默中的下一代是有可能的，這樣，他們的孩子便有機會過上更充實的性生活——可以幫助他們與伴侶建立更深層連結的性生活。

當然，父母和照顧者儘管做了這一切，他們的孩子仍然可能受到性侵害，或犯下性侵害。但回想一下艾絲美的例子。她告訴我們：「感謝老天，出事的人是我。」她不是慶幸自己遭遇性侵害。但她慶幸遭遇性侵害的是她而不是她的朋友，因爲儘管這很難熬，但她知道她可以和媽媽談論發生的事情，並且會得到支持；她不用擔心媽媽會譴責她不是處女。或者回想一下莉莉安娜的例子。當她告訴媽媽她的伴侶將性病傳染給她時，她媽媽的冷靜態度讓她如釋重負。莉莉安娜得到了她需要的支持。艾絲美比其他人更能經受性侵害的衝擊，莉莉安娜能夠覺得自己沒有受到永久性傷害，這都是因爲她們的父母一直都表現出願意談性問題的態度。令人驚訝的是，學生們經常談他們母親在他們面對親密關係、性和性侵害的挑戰時提供的照顧，卻很少提及父親或其他男性導師。儘管女性承擔過多情緒勞動的情形並不令人意外，但爲年輕人的得體、愉快成年性生活做好準備並不僅僅是女性的工作。無論年輕人生活中的成年人是如何配置，做爲導師的父親、叔叔和擔任導師的成年男性都必須挺身而出，投入培養性公民的工作。家庭一直以來就是以這種方式對待酒。做父親的總是對高中生孩子耳提面命，說他們還太小，不該喝酒，同時也會讓他們知道，無論在何種情況下，只要他們求助，家裡都會伸出援手，在深夜接他們回家，但求他們平安而不加申斥。

雖然在引導年輕人以理解和同情的心態過渡爲性活躍成年人一事上，立法者、學校和家長都各有可起作用之處，但還有其他重要的機構和組織在幫助締造性公民一事上可以做得更多或秉持更高標準。教堂、清眞寺和猶太會堂等各種宗教組織都有用武之地。它們傳達人際行爲的道德框架的任務可以強調多行善少爲惡。珍妮佛在佛寺教授性教育的經驗證明這是可能的。宗教機構可以向年輕人顯示，宗教參與不僅僅有關節日和儀式，甚至不僅僅有關道德。它還可以引領人過充滿意義和讓人滿意的生活。

宗教機構發揮積極作用的同時也有責任避免傷害，特別是避免仇恨。美國LGBTQ年輕人嘗試自殺的比率是異性戀同儕的三倍，並且面臨更高的焦慮、憂鬱和性侵害風險。[32]這些傷害性經驗是我們的社區污名化某些種類的身體和欲望所致。學者認爲，這些年輕人的經驗是由「結構式污名化」（structural stigma）造成的：法律、規範、政策和機構行事方式共同創造出敵意環境，讓正在成長爲成人的年輕人被邊緣化。[33]這包括更高比率以學校和家庭爲基礎的迫害、社區層次的暴力，以及遭受宗教團體和其他團體的排斥。這些經驗大概最清楚地表明了，如果一個人的社會公民身分受到損害，他的性計畫就不可能實現。對治性侵害問題意謂著要直面各種對少數族群的歧視和傷害。

自從我們致力於這個研究以來，多年下來，許多來自不同高等教育機構的人都向我們探詢如何才能做得更多，如何才能做得更好，如何使用以實證爲基礎的方法。大多數經過研究檢驗而被視爲「以實證爲基礎」的方法，都是公共衛生所稱的「干預手段」：溝通努力、小組教學、技能培養課程或線上教育。但我們關注的是環境，關注性地理如何塑造脆弱性的模式，以及機構政策如何加劇或未能減少這些脆弱性。所以，本書並不提供單一解決方案；代之以，除了一些非常具體的建議外，還提出了一種思考這個問題的新方法，由之可產生許多不同的干預研究。

父母不會遞給孩子一副車鑰匙，說聲「祝你學開車好運」——然後轉過身想：「希望他們學會安全駕駛，即使喝醉了也不會傷害任何人。」酒後駕車是思考性侵害防治的一個豐富隱喻，說明想要成功需要採取多層次的對策，包括：改變人們對這個問題的看法，把他們的技能培養得更好，並創造一個讓做得更好比做得更糟容易的環境。[34]立法變革（制定法定飲酒年齡），加上促進清醒駕駛（將其標榜爲一種道德行爲）和宣導運動，鼓勵了一種特定的人際互動：討論誰當指定駕駛。安全帶和工程變革使汽車駕駛起來更安全，更好的道路設計平順了危險的彎道，假期和除夕夜的加強執法對治了特定時段的危險；從許多方面來說，這是多層次防治的典型成功。令人驚訝的是，社會付出巨大努力去確保駕駛安全，卻沒有對性行爲如法炮製。我們所有人都需要爲對治年輕人缺乏性公民意識的問題做更多的事。我們的目標不僅是降低性侵害的可能性，還是減少與性相關的痛苦和不當對待。

讓我們在開始的地方作結：就同理心提個醒。校園性侵害已成功被轉化爲一個需要政策因應的公共議題。但這個成功的代價是：我們形成了一種過於簡化的性侵害者概念，而忽略了其他的情況。不錯，確實有一些我們需要直面的掠食者存在。但我們想要獲得最大的收效，便需要對治因爲只顧自己的性計畫和對別人的性公民權欠缺關注而引起的性侵害。我們看來有理由說，大多數年輕人並沒有在平等的環境中邁入成年，他們對自己的性計畫沒有清晰的認識，他們的性公民權沒有得到支持，也沒有承認他人的性公民權。我們的社會辜負了他們。然而，我們已經規畫了一條新的前進道路。我們面臨的挑戰是攜手合作，打造讓所有年輕人都能完全成長爲性公民的社區。

附錄一：方法
Appendix A: Methodology

「促進轉變的性健康倡議」由哥倫比亞大學資助，於二〇一五年初正式啓動，由珍妮佛・赫希和克露德・梅林斯共同主持。「性健康倡議」的總體目標是「推進性侵害防治科學的發展，爲打造一個較健康、較安全的大學生社區做出貢獻。」[1]哥倫比亞大學的管理階層和工作人員在研究過程中提供了助力。然而，「性健康倡議」的教師研究人員在研究監督、資料存取和決定發表內容及發表時間方面保留了完全的科學獨立性。與許多在自己學校進行性侵害研究的教師不同，「性健康倡議」團隊受益於校方的巨大支持，包括幫助確保豁免學報。聯邦政府規定大學僱員得學報所有基於性別的不當行爲，包括性騷擾、性侵害、性剝削、跟蹤、家庭暴力和約會暴力。在哥倫比亞大學，所有教職員工均是被指定的強制舉報者，如果沒有豁免，「性健康倡議」團隊將被要求就我們了解到的每起性侵害事件向大學提交正式報告。但由於大多數學生選擇不報告性侵害遭遇，這將使「性健康倡議」無法與大多數學生談論他們的遭遇。我們得到的舉報豁免讓我們可以以「性健康倡議」研究者的身分向與我們互動的學生保證保密（但我們的教師或行政管理者身分無此豁免）。

研究設計和以社區爲基礎的參與性研究方法

除了民族誌之外，「性健康倡議」的整體研究設計還涉及兩種形式的定量研究：對四百二十七名哥倫比亞大學部學生進行爲期六十天的每日日記研究，以及對兩千五百名哥倫比亞大學和巴納德學院大學部學生進行的基於人口的調查。[2] 該計畫借鑒了以社區爲基礎的參與式研究的原則，其中包括利益相關者的參與，藉此提高我們的研究品質，幫助我們提出創新的、制度上適當的和以實證爲基礎的策略去減少性暴力和促進性健康。[3] 具體地來說，這意謂著與一個機構諮詢委員會（由哥倫比亞大學和巴納德學院的一批行政員組成，專門負責大學部學生的安全和福祉）、一個大學部學生顧問委員會（UAB）和一個教師顧問委員會攜手合作。[i] UAB由哥倫比亞大學和巴納德學院的大約十八名大學部學生組成。他們代表了一系列不同的學生利益團體：從抗議大學處理性侵害事件方式的主要學生組織負責人到運動隊伍隊長、學生會成員和那些（根據他們自己的說法）相對不參與校園生活的人。他們也代表了一系列的性身分和種族身分，以及不同的社經背景和民族血統。在兩年的時間裡，我們每週

i 譯注：這三個委員會都是專爲「性健康倡議」組建。

一早上八點到十點都會與這群多樣化的大學部學生會面。委員會成員是有酬的，所以他們不必在參與委員會和在校打工之間做出選擇。UAB也幫助我們制定了爲研究的不同部分招募學生的策略，並提供了對哥倫比亞大學和巴納德學院生活的重要了解。他們大有貢獻於爲我們建立做爲一個值得學生信賴的友善組織的形象。UAB透過張貼傳單、組織學習間隙活動、在臉書上做宣傳和發送創意電子郵件等活動，在全校範圍內引發了對該計畫的熱議。由於我們的UAB由在校學生組成，我們爲他們與我們的合作制定了明確的指導方針。每個成員都簽署了集體制定和共同同意的規則，其中勾勒了我們在會議中共享的資訊的機密性和對委員會成員意見的尊重。UAB成員被排除在研究對象之外，而且我們從未向他們提供任何資料，讓他們可以識別任何受訪者或我們在實地調查中遇到的人的身分。

民族誌研究的時間框架與範圍

珍妮佛和沙姆斯在二〇一四年十一月首次會面，討論「性健康倡議」的合作事宜。我們花了九個月的準備工夫設計訪談格式、參與觀察指導方針和進行這項研究所需的廣泛研究程序。在此期間我們也聘請了工作人員。訪談在二〇一五年夏末開始，民族誌式觀察於不久後展開。研究持續至二〇一七年一月，歷時一個半學年。團隊共完成了一百五十一次學生深度訪談、二十五次學生追蹤訪談、十八次關鍵報導人（key informant）訪談、十七個焦點團體（每個小組約十名學生）和約六百小時的社區觀察和參與觀察。所有研究程序，包括為保護數據而採取的步驟，都經過哥大機構審查委員會的審查和批准。「附錄二」的三個表包含了我們訪談樣本和焦點團體的特徵的資訊，還有有關我們進行觀察的空間和時間長度的資訊。我們在收集數據的同時開始了分析。我們在二〇一六年起草第一篇論文。我們從二〇一八年一月開始撰寫本書，至二〇一九年夏天完成。

組建我們的研究團隊

為了進行民族誌式研究，我們聘請了一群在訪談和參與觀察方面接受過碩士級和博士級訓練的多樣化工作人員。我們給這五名工作人員提供額外訓練，包括研究目標和方法、保護被研究對象的程序，以及被研究者變得沮喪的共同應急方案。除了珍妮佛和沙姆斯的專業研究知識外，民族誌團隊成員還擁有以下研究背景：在人類學領域，研究有色人種酷兒社區、男子氣概、權力和關係暴力；在社會工作領域，研究創傷和性虐待；並且參與過就有色人種社區內性活動進行的一系列公共衛生研究計畫。就像參與「性健康倡議」的每個人一樣，團隊成員恪守「性健康倡議」的出版政策，其中規定了利用「性健康倡議」數據進行分析和建議科學出版品的流程。在我們準備出版這本書時，有七篇論文已經出版或排定日期出版（皆是由「性健康倡議」民族誌團隊成員列名第一作者），還有幾篇論文正在編寫或審查中。從研究一開始，珍妮佛和沙姆斯就向「性健康倡議」研究團隊清楚表明，他們打算寫一本以該民族誌式研究爲基礎的書。

招募訪談和焦點團體的參與者

我們透過六種方式招募接受訪談的學生：(一)與收到「性健康倡議」發給所有學生的電子郵件後回信要求接受訪談的學生聯絡。(二)透過我們的大學部學生顧問委員會：它幫助我們聯繫我們想要接觸的學生興趣團體，以及聯繫我們要爲我們的研究計畫進行現場簡報的地方。(三)利用滾雪球取樣法，請一些接受訪談者介紹朋友接受訪談。(四)鎖定性侵害倖存者，用電子郵件邀請他們如果「有故事要講」的話可與我們聯絡。(五)透過在學生報、傳單、路標和電子公告板發表文章的方式，加大訪談計畫在校園內的能見度。(六)透過我們的參與觀察：在參與觀察期間，我們探詢人們是否有興趣接受訪談。有大約一半參與深度訪談的學生是研究人員透過第六種方式招募的。

關於第一組別的學生，這裡有必要略作說明。我們在二〇一六年冬天發給所有學生電子郵件，宣布即將進行調查的事情。我們是用「性健康倡議」的總帳號（不再運作）——shift@columbia.edu——直接發信給哥大的所有大學部學生，同時也發送給了巴納德學院的大學部學生。我們頗感意外地收到許多學生的回覆，說他們想參加保密性訪談，因爲他們有故事要講。我們聘請了另一位訪談人梅根・科登布魯克（Megan Kordenbruck）——她具有創傷知情訪談（trauma-informed interviewing）的背景——來幫助我們回應這些訪談；梅根對每個人進行了跟進，然後他們接受由他們自己選擇的團隊成員訪談。我們驚訝地發現，很多學生熱烈渴望講述他們的故事，想要以此影響校方對性侵害的回應方式。出於我們選擇接受訪談的學生的方式，我們的取樣可能存在偏見。我們沒有訪談任何在性侵害別人時是明知故犯的學生。這是因爲我們不太相信，會故意傷害同儕的人有可能會選擇接受我們的訪談。那些遭遇性侵害又不滿意校方處理方式的人十之八九比滿意校方處理方式的人更有可能來找我們。

研究團隊追蹤了多樣性的各個維度，以確保能夠呈現學生群體的多元聲音和觀點。研究參與者都是經過篩選以確保他們目前是哥大或巴納德學院的大學部學生，並且他們還得提供人口統計資料[ii]。接受初次深度訪談的學生可獲得三十五美元；對於需要對其進行後續訪談以全面捕捉其經歷的學生，每次追蹤訪談可獲得四十美元。每次訪談平均約兩小時。「性健康倡議」網站上放有民族誌團隊每位成員的照片和簡介，參與者可選擇他們的訪談者。我們的七人團隊代表了多元的性別認同、性取向、宗教背景、種族身分和個人經驗。學生往往傾向於選擇最初與他們聯繫的人做爲訪談者。一名學生對他在訪談中所說的話表示後悔，所以

ii 譯注：指年齡、婚姻狀況、家庭構成等。

我們刪除了這份訪談，沒有在分析中使用。

進行我們的採訪

我們的深度訪談都是在校園的私人辦公室裡進行。在這些訪談中，我們收集以下的資訊：參與者上大學前的生活（包括他們與家人的關係）；物質使用和嗑藥的經驗；他們做為大學部學生的生活；當前和過去的性關係和親密關係（著重於大學期間的經驗）；同意在他們的性互動中如何發揮作用；非自願的性經驗；哥大或巴納德學院的組織規章和結構如何塑造他們的生活。我們的訪談從詢問學生怎麼會選擇念哥大開始，繼而問他們上大學之前與家人的相處情況、物質使用情況和對性的經驗。接著詢問他們在大學生活的情況，再請他們描述一次典型的性經驗、一次好的性經驗和一次糟糕的性經驗。在最初的談話中，我們從未使用「同意」一詞；代之以，我們只是要求學生描述發生了什麼事。他們常常會說：「嗯，你知道的……」以此避免更明確地描述他們如何最終與另一個人裸裎相對。對此，我們會用類似以下的話回應：「對不起，我不知道。我希望你能告訴我，用你覺得舒服的方式說出來就好。」在聽完對所發生的事的描述之後，我們從頭回顧事情的經過，利用這個機會談到同意的問題。學生們深諳同意的必要性，所以如果一開始就提到「同意」兩個字，他們就很有可能把整件事情都說得像是經過彼此同意。在他們描述完我們詢問的三種經驗後，我們問了性侵害的問題。我們沒有詢問有關跟蹤、色情報復（revenge porn）[iii]、性騷擾或非性形式的親密伴侶暴力的問題。我們刻意鑽探一系列與性侵害有關的較狹窄主題，不想為更廣泛的經驗提供較膚淺理解。有好些接受採訪的學生沒有太多性經驗，有些更是完全沒有。這些訪談比較簡短，不過我們問了有關他們的性計畫的問題。在我們的研究進行了大約四分之一的時候，我們根據訪談中有效和無收效的部分調整了訪談問題。訪談內容由一家與哥大簽有資料保護協議的公司轉為逐字稿。在引用訪談內容時，我們刪掉了一些「嗯」和「呃」，但除此以外沒有對原話進行任何改動。

焦點團體

焦點團體（均由沙姆斯主持）觸及的主題與深度訪談類似，但側重於學生團體如何思考這些問題，以及一般的行為模式和共有的想法。焦點團體為時約兩小時，參與者可獲得三十美元。每組平均約有十人參加。參與者要麼是看到張貼在校園內的海報或全校性電子郵件而自動請纓，要麼是因為代表或參與某個興趣團體而被直接招募。焦點團體參與者和訪談對象之間幾乎沒有重疊。除了有任何大學生皆可參加的小組外，我們還組成了一些成色一致的

iii 譯注：指出於報復將以前伴侶的私密性照片或短片放到網上的做法。

小組，其成員或是單一性別學生，或是國際學生、一年級學生、運動員、LGBTQ學生、參與宗教活動的學生、少數族裔學生、家族中第一個上大學的人的學生。我們的目標是捕捉校園裡的一般對話，以及我們感興趣的特定群體或校園經驗的對話。「附錄二」中的「表二」對焦點團體的構成方式有更詳細的說明。

對關鍵報導人的訪談

珍妮佛和研究人員對關鍵報導人進行了訪談，而這些人分爲兩類。首先是管理人員，他們的職責是監督與我們的研究相關的特定政策和程序，例如住房、飲酒政策或迎新活動。第二類是少數擔任學生領導職務或宿舍助理的學生。這些訪談的目的包括：了解行政人員對學生的社交、學業和人際經驗的所知或看法；行政人員如何看待和描述性侵害；學校對酒精、物質使用和性侵害的相關政策。接受關鍵報導人訪談的學生可獲得三十五美元酬勞；管理人員沒有酬勞。

參與觀察與社區觀察

從二〇一五年九月到二〇一七年一月的一個半學年多的時間裡，研究團隊在校園內外的不同場所進行了參與觀察和社區觀察。校園空間包括哥大和巴納德學院的宿舍、教學大樓、校園社區空間、運動空間、兄弟會—姊妹會生活空間和食堂等。校外空間（這是我們應學生的邀請造訪）包括紐約市各處的酒吧、餐廳、咖啡店、公共空間和社區空間。

珍妮佛和沙姆斯參與觀察的僅限大型公共活動；在某種程度上，對理解學生親身體驗最重要的經驗和活動是我們的禁區。因此，我們不得不建立機制，讓研究人員將他們的現場筆記和「摘要」轉移給我們。我們要求每週提交所有觀察結果的詳細現場紀錄和每週深度訪談的簡短紀錄。這些筆記在每週日提交。珍妮佛和沙姆斯審閱這些筆記之後，在週一或週二會面兩小時。每週四，我們整個民族誌研究團隊會舉行兩小時的會議，這時各成員也閱讀過彼此的筆記和訪談摘要。這些每週一次的會議讓我們可以提出問題、討論新出現的主題、推使研究人員緊抓特定的調查路線，並讓我們明確知悉哪些群體正在被研究，哪些群體尚未得到充分關注。它還允許研究團隊所有成員討論他們對前一週的研究和整個研究計畫的各種印象。

從二〇一五年秋季到二〇一七年春季，本書兩位作者每週至少會面六小時（通常爲時更長）：兩小時用於彼此討論現場筆記和訪談摘要，兩小時用於與UAB討論研究設計和研究結果，兩小時用於與整個民族誌研究團隊會面。我們也定期與量化團隊會面。量化團隊由梅林斯領導（青少年發展、心理健康、物質使用和創傷方面的專家），成員包括吉爾伯特（社會工作教授，在兩性暴力、物質使用和愛滋病毒方面學有專精）、桑泰利（兒科醫生，專研青少年、性健康和性教育，也是珍妮佛的丈夫）、沃爾（生物統計學家，具有公共衛生、流行病學和定量分析的專業知識）、沃爾什（心理學家，研究重點是創傷暴露，尤其是性侵害）和威爾遜（心理學家，對健康差距、愛滋病毒和較邊緣化的人群的健康結果有豐富的研究經驗）。我們偶而會舉行全團隊會議，與定量團隊和民族誌團隊分享發現。

在本書從頭到尾，所有實地考察活動都以第一人稱複數的形式呈現。也就是說，我們談論學生「對我們」說的話或書寫「我們」看到的事情。談到在公共場所進行的參與觀察，珍妮佛或沙姆斯親自對學生進行的訪談，所有對大學管理人員進行的關鍵報導人訪談和談到焦點團體時，這個「我們」都是指直接收集資訊的珍妮佛或沙姆斯。在所有其他情況中，「我們」指的是民族誌研究團隊的工作人員，他們的專稿是基於訪談逐字稿、訪談摘要、現場筆記和在資料壓縮及分析過程中產生的其他文件寫成。

與學生互動的原則

參與觀察的一個基本原則是在與學生互動時，研究者要表明自己的身分。團隊成員會始終表明自己是研究人員，告訴學生何謂「性健康倡議」，說明要不要與研究人員互動是自由選擇的，並提供計畫主持人的資訊以防學生有問題或疑慮時可以聯絡他們。「性健康倡議」的研究者從來不「祕密行事」。我們透過傳單、電子郵件和學生報《哥倫比亞觀察家》上的好些文章來宣傳我們的研究計畫。團隊成員總是在主人許可的情況下進入任何私人學生空間

（例如宿舍房間、套房或地下室派對），也會提供資訊讓學生知道如果有疑問可以向誰查問。珍妮佛和沙姆斯沒有在學生控制的私人社交空間（例如宿舍、校外學生公寓和兄弟會會所）對學生進行任何參與觀察。我們兩人都是哥大的教員，看來不太可能收集到可靠的數據，而且我們知道學生看到他們的教授在他們的派對中晃悠會感到擔心。在學生控制的空間中對學生進行的所有參與觀察都是由我們聘請的研究人員進行的，他們的年齡與學生比較相近，因此不會顯得格格不入。

對陷入危機的學生的處理

考慮到我們的研究主題，我們制定了一個流程來識別陷入危機的學生，並將他們轉介給可能爲他們提供幫助的服務機構。這套「緊急應變措施」是藉助梅林斯對弱勢青少年和年輕人的研究，爲我們的成員提供評估和適當轉介陷入危機的學生的指南。做爲進一步的安全措施，「性健康倡議」的兩位臨床醫生梅林斯和桑泰利總是有一位隨時待命。在我們的研究過程中，我們多次對我們的團隊進行危機評估和處理程序的再培訓。梅林斯也支持整個團隊管理情緒反應。我們團隊的每位成員都曾在某個時刻經歷過某種程度的「替代性創傷」，承擔了採訪對象所經歷的一些情緒負擔。梅林斯幫助我們所有人（包括兩位作者）管理這些經驗。

關於觀察非法活動

在我們的研究過程中，我們的團隊有時會觀察到非法活動，從吸食古柯鹼（較少見）到未成年飲酒（相當常見）不等。我們爲我們的介入義務制定了一個原則：簡單地說，如果有人看來面臨嚴重傷害自己或別人的危險，我們就有義務介入。否則，我們只是觀察。我們向研究人員明確表明，例如如果看到有個男人抱著個幾乎醉得不省人事的女人離開派對到別的地方去，就有義務介入，哪怕我們的觀察研究可能會大受損害。這樣的事從未發生過。然而，如果我們在遠離校園的一家市中心夜店看到一個女生喝得爛醉如泥，就有必要幫忙叫一輛救護車把她送去急診室。雖然她除了爛醉如泥，可能也未達法定喝酒年齡，但我們擔心的是她嚴重喪失行爲能力，不是她的年齡。我們的研究人員從未違法，也從未爲任何違法行爲提供便利。我們的角色不是監管別人的行爲，而是觀察他們的行爲。我們希望透過觀察，得到一些可以降低性侵害發生率的洞見。如果我們對每個非法行爲都進行介入，那觀察就無從進行。我們總是會讓研究對象知道我們在做研究，並向機構審查委員會提出我們研究過程中出現的任何道德疑慮。我們始終遵守我們所認定的道德義務和機構審查委員會的規定。

團隊會議

我們在每次民族誌團隊會議開始時都會進行心理健康檢查。這本書裡有很多叫人痛苦的故事，直接聽聞這些故事讓人在情感上不勝苛負，而彼此交談有助於減輕這一負擔。相互認同和相互支持對於團隊完成工作的能力至關重要。心理健康檢查也是分享壓抑著的感受的時候，因爲當學生傾吐會讓人產生強烈感受的故事時，我們總是努力保持相對中立的傾聽立場。有鑑於每位成員都刻意塑造社會自我（social self），我們要求參與觀察的團隊成員撰寫詳細筆記，說明這些社會自我是誰和他們身在其中的感受。這些筆記記錄了每位研究人員如何在自我展示方面做出深思熟慮的選擇，並爲我們閱讀和審視民族誌團隊每位成員進行的訪談提供了一個視角。這種反思對於我們的數據分析至關重要。

數據分析

這項研究的數據包括訪談逐字稿、焦點團體逐字稿、關於每次訪談和焦點團體的研究筆記（描述心情和其他無法在逐字稿中捕捉到的細節）、現場筆記，以及對每個研究人員的「社會自我」描述。訪談逐字稿總計近兩萬頁，其他材料幾千頁。我們以兩種方式分析數據。兩位團隊成員對所有資訊進行編碼，劃分爲十一個主要主題：社交互動、伴侶選擇、情感關係、性計畫、性侵害故事、同意、向他人講述性侵害、心理健康經歷、酒精和物質使用、性經驗（不是性侵害）和其他注解。我們還構建了多種類型的輔助文件：例如，從訪談中提取所有性侵害事件，並分析事件之前、期間和之後發生了什麼事。考慮到我們擁有的大量數據，這些輔助文件至關重要；它們也幫助我們看到了未編碼的主題。雖然如今許多質性研究者使用編碼和分析軟體，但我們並未採用。代之以，我們仔細研讀逐字稿和現場筆記，將它們寫下來，進行討論，最終達成某種理解。我們會關注某些主要主題，是受到文獻的引導。然而，還有一些主題是從我們近五年的攜手合作、彼此討論和團隊交流，以及撰寫研究成果的過程中逐漸浮現的。我們並未在書中引用每一位受訪學生的原話。但每個參與者的經歷都塑造了本書提出的分析；我們花了無數小時仔細閱讀他們的逐字稿，查看現場筆記，回顧每次訪談後立即撰寫的報告。

學生隱私和身分

爲了保護參與者的身分，除了不使用眞實姓名這一顯而易見的措施之外，我們還採取了一系列措施，包括更改關鍵的識別細節，例如家鄉城市、家庭特徵、外貌特徵和所參加的課外活動。我們也特別謹慎地掩蓋他們的社群歸屬。在在選擇替代性的社群時，我們設法挑選與原始群體的社會聲望和意義相近的社群。任何被稱爲隊伍的組織都不是原來的隊伍，也可能根本不是一個運動組織。[iv]然而，我們不會將足球隊成員改說成是國際象棋社成員。足球隊成員固然可能也是國際象棋社的成員，但這種改法卻會讓讀者產生不準確的印象，因此，我們在更改時，力求保留學生組織的核心社會意義。有些社團是我們虛構的，例如本書中提到的美食家社事實上不存在。

與此同時，有些資料我們不會去變更。所有記載在本書的性侵害故事都嚴格忠於學生的描述。我們可能會蓄意扭曲人口統計資料和個人資料，但對性侵害故事的描述皆是緊貼我們所聽到的。如果資訊對分析很重要（好比性別或種族方面的資訊），我們就不會更改。例如，黑人男性在獲得同意方面的獨特經歷全都是來自黑人男性。我們沒有創造任何「合成角色」，卽沒有將不同人的故事組合成一個人。然而，在少數情況下，我們會將一個人拆成不同的人，目的是講述彼此無關的不同故事（根據我們的評估，這些故事對彼此不重要）。這樣做可以降低研究參與者被朋友和同事認出來的可能性。我們相信，大多數人將無法在書中認出自己，儘管書中有些故事和他們講述的非常相似。有些研究參與者可能會懷疑，書中某個人的經歷是借用了他們的故事。

在某些情況下，參與研究的學生很難理解我們做爲教授或班級老師與研究者之間的角色差異。我們強調所有研究都將保密，資料將被去識別化，並使用研究ＩＤ和化名而不是眞名進行編碼。然而，學生常常昧於這個差異。例如，沙姆斯班上的一名學生告訴他，基於她

iv 譯注：指書中提到某個受訪者是（例如）足球隊隊員時，他所屬的隊伍其實不是足球隊，甚至不是運動隊伍。

在最近的深度訪談中提到的一些原因，她的作業不得不遲交（該訪談是由團隊的另一位成員負責）。爲此，沙姆斯不得不重申：他不知道他的哪些學生參與了研究計畫，而且她的名字不會見於她的訪談紀錄。同樣的，我們也反覆向研究參與者和UAB澄清，我們的團隊成員並非「間諜」：在公共和私人空間進行觀察時，我們始終表明自己是研究人員。

我們民族誌團隊成員之一亞歷山大．萬博爾德（Alexander Wamboldt）檢視了本書的手稿，著眼點有二：一、評估我們爲保護學生不被同儕識別出所做的身分更改是否足夠。二、檢驗我們對每個故事的陳述，確保它們緊貼逐字稿和現場筆記中的資料。他的第二個任務讓我們可以確認本書的陳述的可靠性。爲此，我們對亞歷山大深致謝忱。當然，任何錯誤都是責在我們自己。

附錄二：表格
Appendix B: Tables

表一：深度訪談取樣成分（總數：151）

成分	數目	%
年級		
大一新生	26	18%
大二	38	26%
大三	54	37%
大四	29	20%
學院		
哥倫比亞學院	100	68%
巴納德學院	28	19%
工程學院	14	10%
通識學院	5	3%
性別		
女性	85	58%
男性	55	37%
跨性別女性	1	1%
性別酷兒／其他	6	4%

種族（不互斥）		
美國印地安人／阿拉斯加原住民	8	5%
亞洲人	30	20%
美國黑人	28	19%
西班牙裔或拉丁裔	11	7%
屬於一個種族以上	22	15%
夏威夷／太平洋島嶼原住民	3	2%
其他	7	5%
白人	73	50%
性認同		
異性戀	107	73%
男同性戀／女同性戀	8	5%
雙性戀	12	8%
酷兒／無性戀／其他	20	14%
學生支付大學學費的方式		
靠爲低收入家庭子弟提供佩爾助學金	16	11%
只靠父母／家裡	80	54%
其他（多種方式的組合）	51	35%

表二：焦點團體類型（總數：17）

小組類型	數目
有男有女	3
僅有男生	2
僅有女生	3
僅有巴納德學院女生	1
大一新生	2
大一的少數民族學生	1
國際學生	1
少數民族學生	1
家族中第一個讀大學的人	1
參與宗教活動的學生	1
LGBTQ學生	1

表三：參與觀察的時間和地點

地點類型	小時
宿舍	160*
特殊旨趣團體房舍	10
兄弟會／姊妹會	19
食堂	9
宗教空間	19
族群空間與文化空間	27
校外空間：室外	55
校園空間（包括室外校園空間）	186*
校外空間：室內	111

*兄弟會和姊妹會活動在兄弟會會所、宿舍和校園空間舉行。

鳴謝
Acknowledgments

我們最深切感謝是那些與我們分享他們故事和生活的年輕人。一次又一次，學生們走進訪談室，扔下背包，以令人驚訝和難以置信的慷慨方式敞開心扉。其中一些學生也歡迎「性健康倡議」民族誌團隊的成員進入他們的日常生活：或是在百老匯大道碰面一起喝波巴茶，或是讓他們跟著一起去食堂吃飯，或是邀他們到兄弟會會所樓上一個房間休息和交談，或是帶他們到教堂做禮拜，或是在晚上一起逛酒吧。無論是在資料收集期間還是之後，我們都為他們的內心掙扎所感動，為他們的堅韌所鼓舞，為他們的悲傷而心碎，為他們願意分享複雜的經驗而感到敬畏——這些經歷往往是他們從未告訴過別人的。我們希望我們公正地對待他們的故事和生活。

從這本書開始成形的那一刻起，我們就開始在腦海中列出一長串要感謝的人的名字。有四個人我們不僅必須感謝，還必須承認，沒有他們的努力，這本書根本不可能問世。首先克露德・梅林斯在「性健康倡議」還沒有獲得資金（連簡稱都沒有）之前，珍妮佛便已徵召她爲共同主持人。她一直是珍妮佛的最佳研究夥伴和要好朋友，具有心理健康方面的淵博知識，與珍妮佛一樣總是有能力考慮到最壞情況，對我們研究的年輕人有著強烈關懷和同理心，且精通於應對科學上和機構上複雜的環境。第二位是哥大負責大學生活的執行副校長蘇珊娜・戈德堡（Suzanne Goldberg）：她在看出珍妮佛和克露德最初想法的潛力之後便大力擁護，協助「性健康倡議」在哥大創造最佳的研究環境，賦予我們大量行政和和財政上的支持，並尊重我們的科學獨立性。「性健康倡議」的傑出專案總監利・里爾登（Leigh Reardon）在第一天上班就迎接了數百名參加「性健康倡議」公開發布會的與會者，但混亂從未眞正停止過。如果沒有他鎮定自若的幽默感、對同時做多件事的熱情和螺旋裝訂的筆記本，我們就不可能一面建造飛機一面開著它飛。最後，萬博爾德除了出色且富有同理心的實地調查工作外，還在資料管理和寫作階段繼續擔任「性健康倡議」團隊成員，展現出巨大的奉獻精神、幽默感、創造力和韌性。

馬修・欽（Matthew Chin）、格洛麗亞・迪亞茲（Gloria Diaz）、梅麗莎・唐茲（Melissa Donze）和梅根・科登布魯克（Megan Kordenbruck）是進行長期實地考察的其他團隊成員。他們同樣傑出：他們記錄學生的痛苦故事，享受學生的有趣故事，以嚴謹和尊重的態度參與這項具有挑戰性的工作。賈米・貝肯斯坦（Jamie Beckenstein）爲我們的團隊提供了寶貴服務，幫助檢查、清理和去識別化逐字稿，並追蹤我們觀察的空間場地。民族誌只是更大的「性健康倡議」計畫的一個組成部分，而我們也感謝「性健康倡議」執行委員會的其他成員（桑泰利和威爾遜）與全體教員研究團隊（吉爾伯特、康斯坦斯・內桑森〔Constance Nathanson〕、馬蒂・湯普森〔Martie Thompson〕、沃爾和沃爾什）。雖然我們在實地考察過程中得到了來自各個方面的大量幫助，但還有三個人值得特別致謝：彼得・塔巴克（Peter Taback）、邁可・韋斯納（Michael Weisner）和阿隆德拉・尼爾森（Alondra Nelson）。塔巴克在我們碰到路上顛簸時表現出穩定的聲音和觀點；韋斯納以無限的耐心幫助我們想出並維護一個合作且安全的資料管理平台；尼爾森扮演了學術媒人的角色，撮合了我倆合作的機會。

我們對「大學部學生顧問委員會」的貢獻表示持久的感謝，其成員包括羅伯塔・巴尼特（Roberta Barnett）、艾瑪・博格勒（Emma Bogler）、梅雷迪斯・杜布利（Meredith Dubree）、艾琳・加西亞（Irene Garcia）、科里・哈蒙德（Corey Hammond）、羅伯特・霍蘭德（Robert Holland）、摩根・休斯（Morgan Hughes）、特倫達・亨特（Trendha Hunter）、莎拉・拉扎斯菲爾德（Sarah Lazarsfeld）、安柏・納維莎（Amber Officer-Narvasa）、西德尼・帕金斯（Sidney Perkins）、艾琳・帕特拉普拉西（Irin Phatraprasit）、格雷戈里・倫佩（Gregory Rempe）、蕭恩・瑞恩（Sean Ryan）、史蒂芬妮・斯坦曼（Stephanie Steinman）、莎基亞・文巴爾（Shaakya Vembar）、布倫丹・沃爾什（Brendan Walsh）、米歇拉・韋爾（Michela Weihl）、麗莎・沃爾伯格（Liza Wohlberg）和尼古拉斯・沃爾夫曼（Nicholas Wolferman）。他們那時都是大學部學生，每週一早上八點與我們開會兩小時。來自

校園生活的不同角落——他們有人是兄弟會—姊妹會協會的會長，有人是激進的反性侵害團體領袖，也有人（據他們自己說）「什麼都沒做」——這些學生充當了我們在校園的嚮導。與他們共處是從事本研究計畫的一大樂趣，我們深深感謝他們的投入、建議和愉快態度。

我們也感謝在「機構諮詢委員會」擔任委員的校園各部門的許多管理人員：既謝謝他們願意爲我們的初步調查結果提供諮詢意見，也謝謝他們對我們所看到的政策意涵的反思。我們希望他們在努力建立一個讓所有學生都能茁壯成長的校園時，繼續覺得我們的研究有用。我們特別感謝「大學部學生生活事務處處長」克莉絲汀・克羅姆（Cristen Kromm）和她的整個處，感謝他們的幫助和洞見。

當我們開始這個研究時，一群專家慷慨地參加了我們爲期兩天的會議，以幫助我們料想一些挑戰並檢討我們的想法和設計。我們感謝安東妮亞・艾比（Antonia Abbey）、伊麗莎白・阿姆斯特朗（Elizabeth A. Armstrong）、莎拉・德蓋（Sarah DeGue）、瑪麗・科斯（Mary Koss）、塔爾・佩雷茨（Tal Peretz）、莎琳・波特（Sharyn Potter）、勞拉・薩拉查（Laura Salazar）、馬蒂・湯普森（Martie Thompson）和米克爾・沃爾特斯（Mikel Walters）的慷慨和指導。我們也感謝那些慷慨地爲完整手稿提供意見的人：維多利亞・班亞德（Victoria Banyard）、凱瑟琳・克拉克（Kathleen Clark）、吉爾伯特、羅傑・萊赫卡（Roger Lehecka）、康妮・內桑森（Connie Nathanson）和亞當・賴克（Adam Reich）。阿姆斯特朗對第二章和第九章有精闢評論，萊斯利・坎特（Leslie Kantor）

審閱了結論部分。我們盡力回應他們的寶貴建議。除了與哥大的同事正式和非正式地分享研究成果外，我們還在一些其他高等教育機構展示研究成果，並且收到大受裨益的回饋。這些機構包括：卡爾頓學院（Carleton College）、哈佛德學院（Haverford College）、河內醫科大學（Hanoi Medical University）、布拉格哲學研究所（Institute for Philosophy in Prague）、挪威暴力與創傷壓力研究中心（Norwegian Center for Violence and Trauma Stress Studies）、普林斯頓大學、羅格斯大學（Rutgers University）、巴黎政治學院（Sciences Po）、史丹佛大學克萊曼研究所（Stanford University's Clayman Institute）、加州大學柏克萊分校（University of California–Berkeley）、都柏林三一學院（Trinity College Dublin）、麻薩諸塞大學阿默斯特分校（University of Massachusetts–Amherst）、奧斯陸大學（University of Oslo）、賓州大學（University of Pennsylvania）、維吉尼亞大學（University of Virginia）、滑鐵盧大學（University of Waterloo）、烏普薩拉大學（Uppsala University）、紐約州立大學石溪分校（SUNY–Stony Brook）、范德堡大學（Vanderbilt University）、華盛頓州立大學和耶魯大學。我們也在美國人類學協會（American Anthropological Association）、應用人類學協會（Society for Applied Anthropology）和美國人口協會（Population Association of America）的科學會議上介紹過我們的民族誌研究結果，並收到有用的回饋。當然，一路上被我們諮詢過的人都無須爲我們未能充分聽取他們的建議承擔任何責任。

我們很幸運能夠與諾頓出版社（W. W. Norton）的約翰・格羅斯曼（John Glusman）和海倫・

托梅德斯（Helen Thomaides）共事，與手稿的文案編輯喬迪・貝德（Jodi Beder）共事，以及與我們在弗萊徹公司（Fletcher and Co）的經紀人埃里克・盧普弗（Eric Lupfer）共事。他們都對我們充滿耐心，從建議到出書一直爲我們提供細心引領，一再提出高見和深思的回饋。我們也感謝安德烈斯・奧尤埃拉（Andres Oyuela）爲我們的作者拍攝肖像。

「性健康倡議」得到哥倫比亞大學資助，其中特別感謝拉文家族（Lavine family）的慷慨支持。本研究受益於哥倫比亞人口研究中心（Columbia Population Research Center）的基礎設施——該中心由美國國立衛生研究院（National Institutes of Health）的尤妮絲・甘迺迪・史瑞佛國家兒童健康和人類發展研究所（Eunice Kennedy Shriver National Institute of Child Health and Human Development）資助，獎項編號爲P2CHD058486。本書內容完全由作者負責，不代表美國國立衛生研究院或哥倫比亞大學的官方觀點。

一路下來，我們兩人各自累積了一些債務，債主主要是那些在有時精神上疲憊不堪的旅程中爲他們加油打氣的人。珍妮佛要感謝丈夫約翰，他一身三職：除了擔任「性健康倡議」科學團隊成員和性教育政策顧問，還在家裡充當辣椒燜雞啦啦隊的隊長。珍妮佛還要感謝的兒子艾薩克和雅各，感謝他們的支持並願意爲一些環繞勾搭的爭論充當參謀。她還要感謝凱西・萊希特（Kathy Leichter）和潔西卡・赫希（Jessica Hirsch）的鼓勵，以及感謝父母親大衛・赫希（David Hirsch）和愛倫・赫希（Ellen Hirsch）。她父親沒能看到這本書的完成，但他永遠在她心裡，而她每天都很感激有母親在她身邊。儘管這不是她在獲得古根漢研究獎助（Guggenheim Fellowship）期間著手寫的書（「性健康倡議」既打斷了該計畫又提供了一個非常不同的民族誌脈絡），但它使她能夠在性和公共衛生的交會處探索同一批問題。很難想像還有比俯瞰伍德．羅威爾遜學院噴泉的辦公室更寧靜的環境了，所以大大感謝普林斯頓大學健康與幸福中心在二〇一八至二〇一九學年對珍妮佛接待，並感謝特德．納多（Ted Nadeau）和克斯滕．索夫特（Kirsten Thoft）在林登巷（Linden Lane）分享他們溫暖的棲息地。

沙姆斯感謝那些提供高見、閱讀書稿和給予爲撰寫此類書籍所需的情感支持的人。他特別感謝以下諸位：彼得．貝爾曼（Peter Bearman）、山姆．坎森－貝納納夫（Sam Kanson-Benanav）、馬克斯．貝斯布里斯（Max Besbris）、馬克．比特曼（Mark Bittman）、扎克．布魯德（Zach Bruder）、安德魯．切利（Andrew Celli）、薩拉．克里斯托弗森（Sara Christopherson）、尼克．達維拉（Nick D'Avella）、馬特．戴斯蒙德（Matt Desmond）、穆斯塔法．埃米爾巴耶（Mustafa Emirbayer）、艾米．費爾德曼（Amy Feldman）、希瑟．福特（Heather Ford）、布蘭登．吉列特（Brendan Gillett）、菲爾．戈夫（Phil Goff）、馬克．古爾德（Mark Gould）、安迪．霍爾（Andy Hall）、克莉絲汀．霍爾（Christine Hall）、蘿拉．漢彌頓（Laura Hamilton）、麥克．赫希菲爾德（Mike Hirschfeld）、強尼．亨特（Jonny Hunter）、艾瑞克．克萊恩伯格（Eric Klinenberg）、珍妮佛．莉娜（Jennifer Lena）、莎朗．馬庫斯（Sharon Marcus）、泰．梅多（Tey Meadow）、克里斯．穆勒（Chris

Muller）、阿隆德拉・尼爾森（londra Nelson）、凱西・奧尼爾（Cathy O'Neil）、埃里克・施瓦茨（Eric Schwartz）、哈雷爾・夏皮拉（Harel Shapira）、帕特里克・夏基（Patrick Sharkey）、哈利・斯蒂芬森（Harry Stephenson）、亞歷克斯・蒂爾尼（Alex Tilney）、麗貝卡・維西（Rebekah Vaisey）、史蒂夫・維西（Steve Vaisey）、安德里亞・沃耶（Andrea Voyer）、凱蒂・沃爾伯特（Kate Walbert）、布魯斯・韋斯特（Bruce Western）、弗雷德・惠里（Fred Wherry）和凱蒂・扎魯姆（Kate Zaloom）。他的學生，特別是他的研究生，提供了無盡的熱情、靈感和支持。都柏林三一學院的長廊中心（Long RoomHub）爲他提供了一個美妙的夏季寫作場所。最重要的是，他的父母還有奧瑪（Omar）、迪維亞（Divya）和艾丹（Aidan）透過提醒他天倫之樂樂無窮，幫助他完成了這本書。

最後，我倆要感謝彼此。這研究是一個奮鬥，也是一種快樂。我倆——珍妮佛和沙姆斯——在開始這個計畫之前並不認識。今天我們會開玩笑說，由於我倆花了那麼多時間一起研究和寫作，以至於幾乎變成了同一個人。我們一起哭了很多次，但我們一起笑的時候更多。我們的研究主題可能看起來很可怕，但能夠彼此談論任何事情，能在研究中向彼此展現出完整的自我，不但讓研究變得可忍受，還可能讓它變得更佳。儘管賣力設計這個研究，儘管在研究時努力遵守最高的嚴謹標準，也儘管我們努力開發可爲其他學者利用的新理論框架和概念框架，但讓我們的研究成其爲它所是的樣子的，正是這種較爲人文主義的向度。本書的一個指導特徵是同理心：我們認爲，是同理心的納入讓我們的研究得以有所成。

Willer, Robb, Christabel L. Rogalin, Bridget Conlon, and Michael T. Wojnowicz. "Overdoing Gender: A Test of the Masculine Overcompensation Thesis." *American Journal of Sociology* 118, no. 4 (January 1, 2013): 980 –1022. https://doi.org/10.1086/668417.

Willis, Malachi, and Kristen N. Jozkowski. "Barriers to the Success of Affirmative Consent Initiatives: An Application of the Social Ecological Model." *American Journal of Sexuality Education* 13, no. 3 (July 3, 2018): 324–36. https://doi.org/10.1080/15546128.2018.1443300.

Wilson, Laura C., and Angela Scarpa. "The Unique Associations between Rape Acknowledgment and the DSM-5 PTSD Symptom Clusters." *Psychiatry Research* 257 (November 2017): 290–95. https://doi.org/10.1016/j.psychres.2017.07.055.

Wilson, Patrick A., Shamus R. Khan, Jennifer S. Hirsch, and Claude A. Mellins. "Using a Daily Diary Approach to Examine Quality of Sex and the Temporal Ordering of Stressful Events, Substance Use, and Sleep Patterns among College Students." In process.

Wolferman, Nicholas, Trendha Hunter, Jennifer S. Hirsch, Shamus R. Khan, Leigh Reardon, and Claude A. Mellins. "The Advisory Board Perspective from a Campus Community-Based Participatory Research Project on Sexual Violence." *Progress in Community Health Partnerships: Research, Education, and Action* 13, no. 1 (2019): 115–19. https://doi.org/10.1353/cpr.2019.0014.

Wolitzky-Taylor, Kate B., Heidi S. Resnick, Ananda B. Amstadter, Jenna L. McCauley, Kenneth J. Ruggiero, and Dean G. Kilpatrick. "Reporting Rape in a National Sample of College Women." *Journal of American College Health* 59, no. 7 (2011): 582–87.

Wright, Paul J., Robert S. Tokunaga, and Ashley Kraus. "A Meta-Analysis of Pornography Consumption and Actual Acts of Sexual Aggression in General Population Studies: Pornography and Sexual Aggression." *Journal of Communication* 66, no. 1 (February 2016): 183–205. https://doi.org/10.1111/jcom.12201.

Zaleski, Ellen H., and Kathleen M. Schiaffino. "Religiosity and Sexual Risk-Taking Behavior during the Transition to College." *Journal of Adolescence* 23, no. 2 (2000): 223–27.

Zinzow, Heidi M., Ananda B. Amstadter, Jenna L. McCauley, Kenneth J. Ruggiero, Heidi S. Resnick, and Dean G. Kilpatrick. "Self-Rated Health in Relation to Rape and Mental Health Disorders in a National Sample of College Women." *Journal of American College Health* 59, no. 7 (2011): 588 –94.

Zinzow, Heidi M., and Martie Thompson. "Barriers to Reporting Sexual Victimization: Prevalence and Correlates among Undergraduate Women." *ResearchGate* 20, no. 7 (October 1, 2011): 711–25. https://doi.org/10.1080/10926771.2011.613447.

——— . "Factors Associated with Use of Verbally Coercive, Incapacitated, and Forcible Sexual Assault Tactics in a Longitudinal Study of College Men." *Aggressive Behavior* 41, no. 1 (January 2015): 34–43. https://doi.org/10.1002/ab.21567.

Zweig, Janine M., Bonnie L. Barber, and Jacquelynne S. Eccles. "Sexual Coercion and Well-Being in Young Adulthood: Comparisons by Gender and College Status." *Journal of Interpersonal Violence* 12, no. 2 (April 1997): 291–308. https://doi.org/10.1177/088626097012002009.

Walsh, Kate, Sara Honickman, Zerbrina Valdespino-Hayden, and Sarah R. Lowe. "Dual Measures of Sexual Consent: A Confirmatory Factor Analysis of the Internal Consent Scale and External Consent Scale." *Journal of Sex Research*, March 18, 2019, 1–9. https://doi.org/10.1080/00224499.2019.1581882.

Walsh, Kate, Katherine M. Keyes, Karestan C. Koenen, and Deborah Hasin. "Lifetime Prevalence of Gender-Based Violence in US Women: Associations with Mood/Anxiety and Substance Use Disorders." *Journal of Psychiatric Research* 62 (March 2015): 7–13. https://doi.org/10.1016/j.jpsychires.2015.01.002.

Walsh, Kate, Aaron Sarvet, Melanie Wall, Louisa Gilbert, John S Santelli, Shamus R. Khan, Martie Thompson, Leigh Reardon, Jennifer S. Hirsch, and Claude Ann Mellins. "Prevalence and Correlates of Sexual Assault Perpetration and Ambiguous Consent in a Representative Sample of College Students." *Journal of Interpersonal Violence*, 2019. https://doi.org/10.1177/0886260518823293.

Wamboldt, Alexander, Jessie V. Ford, Shamus R. Khan, Jennifer S. Hirsch, and Claude Ann Mellins. " 'It Was a War of Attrition': Queer and Trans Undergraduates' Practices of Consent and Experiences of Sexual Assault." *Journal of Interpersonal Violence*, 2019, https://doi.org/10.1177/0886260518823293.

Wamboldt, Alexander, Shamus Khan, Claude Ann Mellins, Melanie M. Wall, Leigh Reardon, and Jennifer S. Hirsch. "Wine Night, 'Bro-Dinners,' and Jungle Juice: Disaggregating Practices of Undergraduate Binge Drinking." *Journal of Drug Issues*, 2019. 49(4): 643– 67. https://doi.org/10.1177/0022042619857549.

Wamboldt, Alexander, Shamus R. Khan, Claude A. Mellins, and Jennifer S. Hirsch. "Feminists and Creeps: Collegiate Greek Life and Athletics, Hybrid Moral Masculinity, and the Politics of Sexuality and Gender," n.d.

Wamboldt, Alexander, Shamus R. Khan, Claude Ann Mellins, and Jennifer S. Hirsch. "Friends, Strangers, and Bystanders: Informal Practices of Sexual Assault Intervention." *Global Public Health* 14, no. 1 (May 7, 2018): 1–12. https://doi.org/10.1080/17441692.2018.1472290.

Warikoo, Natasha Kumar. *The Diversity Bargain: And Other Dilemmas of Race, Admissions, and Meritocracy at Elite Universities*. Chicago; London: The University of Chicago Press, 2016.

Warshaw, Robin, and Mary P. Koss. *I Never Called It Rape: The Ms. Report on Recognizing, Fighting, and Surviving Date and Acquaintance Rape*. New York: Harper/ Perennial, 1994.

Wechsler, Henry. "Alcohol and the American College Campus: *A Report from the Harvard School of Public Health*." *Change: The Magazine of Higher Learning* 28, no. 4 (August 1996): 20 – 60. https://doi.org/10.1080/00091383.1996.9937758.

Wechsler, Henry, A. Davenport, G. Dowdall, B. Moeykens, and S. Castillo. "Health and Behavioral Consequences of Binge Drinking in College. A National Survey of Students at 140 Campuses." *JAMA* 272, no. 21 (December 7, 1994): 1672–77.

Wechsler, Henry, J. E. Lee, M. Kuo, M. Seibring, T. F. Nelson, and H. Lee. "Trends in College Binge Drinking During a Period of Increased Prevention Efforts: Findings from 4 Harvard School of Public Health College Alcohol Study Surveys: 1993–2001." *Journal of American College Health*, no. 50 (2015): 5.

Wechsler, Henry, and Toben F. Nelson. "Binge Drinking and the American College Students: What's Five Drinks?" *Psychology of Addictive Behaviors* 15, no. 4 (2001): 287–91. https://doi.org/10.1037//0893-164X.15.4.287.

Weinhardt, Lance S., and Michael P. Carey. "Does Alcohol Lead to Sexual Risk Behavior? Findings from Event-Level Research." *Annual Review of Sex Research* 11 (2000): 125–57.

Weiser, Dana A. "Confronting My ths About Sexual Assault: A Feminist Analysis of the False Report Literature: False Reports." *Family Relations* 66, no. 1 (February 2017): 46 – 60. https://doi.org/10.1111/fare.12235.

Wijk, Evalina van, and Tracie C. Harrison. "Relationship Difficulties Postrape: Being a Male Intimate Partner of a Female Rape Victim in Cape Town, South Africa." *Health Care for Women International* 35, no. 7–9 (September 2014): 1081–1105. https://doi.org/10.1080/07399332.2014.916708.

Wilkins, Amy C. "Stigma and Status: Interracial Intimacy and Intersectional Identities among Black College Men." *Gender and Society* 26, no. 2 (April 2012): 165–89. https://doi.org/10.1177/0891243211434613.

Thompson, Martie, Dylan Sitterle, George Clay, and Jeffrey Kingree. "Reasons for Not Reporting Victimizations to the Police: Do They Vary for Physical and Sexual Incidents?" *Journal of American College Health: J of ACH* 55, no. 5 (April 2007): 277–82. https://doi.org/10.3200/JACH.55.5.277-282.

Thornton, Arland, and Donald Camburn. "Religious Participation and Adolescent Sexual Behavior and Attitudes." *Journal of Marriage and Family* 51, no. 3 (1989): 641–53. https://doi.org/10.2307/352164.

Tienda, Marta. "Diversity ≠ Inclusion: Promoting Integration in Higher Education." *Educational Researcher* 42, no. 9 (2013): 467–75.

Title IX, 20 U.S.C. Education Amendments Act of 1972. §§1681–1688.

Toomey, Traci L. and Alexander C. Wagenaar, "Environmental Policies to Reduce College Drinking: Options and Research Findings," *Journal of Studies on Alcohol,* Supplement 14: 193–205 (March 2002), https://doi.org/10.15288/jsas.2002.s14.193.

Turchik, J. A. "Sexual Victimization among Male College Students: Assault Severity, Sexual Functioning, and Health Risk Behaviors." *Psychology of Men and Masculinity* 13, no. 3 (2012): 243–55.

Uecker, Jeremy E., and Mark D. Regnerus. "Bare Market: Campus Sex Ratios, Romantic Relationships, and Sexual Behavior." *The Sociological Quarterly* 51, no. 3 (August 2010): 408 –35. https://doi.org/10.1111/j.1533-8525.2010.01177.x.

Ullman, Sarah E. "Sexual Assault Victimization and Suicidal Behavior in Women: A Review of the Literature." *Aggression and Violent Behavior* 9, no. 4 (July 2004): 331–51. https://doi.org/10.1016/S1359-1789(03)00019-3.

Ullman, Sarah E., Mark Relyea, Liana Peter-Hagene, and Amanda L. Vasquez. "Trauma Histories, Substance Use Coping, PTSD, and Problem Substance Use among Sexual Assault Victims." *Addictive Behaviors* 38 (2013): 2219–23.

U.S. Department of Education, Office of Planning, Evaluation and Policy Development and Office of the Under Secretary. "Advancing Diversity and Inclusion in Higher Education: Key Data Highlights Focusing on Race and Ethnicity and Promising Practices." Washington, DC: US Dept. of Education, 2016. https://www2.ed.gov/ rschstat/research/pubs/advancing-diversity-inclusion.pdf.

Vadeboncoeur, Claudia, Nicholas Townsend, and Charlie Foster. "A Meta-Analysis of Weight Gain in First Year University Students: Is Freshman 15 a My th?" *BMC Obesity* 2, no. 1 (December 2015): 22. https://doi.org /10.1186/s40608-015-0051-7.

Van Der Kolk, Bessel A. "Trauma and Memory." *Psychiatry and Clinical Neurosciences* 52, no. S1 (September 1998): S57– 69. https://doi.org/10.1046/j.1440-1819.1998.0520s5S97.x.

Vander Ven, Thomas. *Getting Wasted: Why College Students Drink Too Much and Party so Hard.* New York; London: New York University Press, 2011. Violence Against Women Act of 1993:, 42 U.S.C § §13701-14040 (1994).

Vladutiu, Catherine J., Sandra L. Martin, and Rebecca J. Macy. "Collegeor University-Based Sexual Assault Prevention Programs: A Review of Program Outcomes, Characteristics, and Recommendations." *Trauma, Violence, and Abuse* 12, no. 2 (April 2011): 67–86. https://doi.org/10.1177/1524838010390708.

Voller, Emily K., and Patricia J. Long. "Sexual Assault and Rape Perpetration by College Men: The Role of the Big Five Personality Traits." *Journal of Interpersonal Violence*, 2009. http://jiv.sagepub.com/content/early/2009/05/14/0886260509334390.short.

Wade, Lisa. *American Hookup: The New Culture of Sex on Campus.* W. W. Norton &Company, 2018.

Wade, Lisa, Brian Sweeney, Amelia Seraphia Derr, Michael A. Messner, and Carol Burke. "Ruling Out Rape." *Contexts*, May 21, 2014. https://contexts.org/articles/ ruling-out-rape/.

Waechter, Randall, and Van Ma. "Sexual Violence in America: Public Funding and Social Priority." *American Journal of Public Health* 105, no. 12 (October 15, 2015): 2430–37. https://doi.org/10.2105/AJPH.2015.302860.

Wakefield, Sara, and Christopher Uggen. "Incarceration and Stratification." *Annual Review of Sociology* 36, no. 1 (June 2010): 387–406. https://doi.org/10.1146/annurev.soc.012809.102551.

https://doi.org/10.1016/j.socscimed.2010.04.006.
Smith, Paige Hall, Jacquelyn W. White, and Lindsay J. Holland. "A Longitudinal Perspective on Dating Violence among Adolescent and College-Age Women." *American Journal of Public Health* 93, no. 7 (2003): 1104–9.
Spohn, Cassia, and Katharine Tellis. "The Criminal Justice System's Response to Sexual Violence." *Violence against Women* 18, no. 2 (February 2012): 169–92. https://doi.org/10.1177/1077801212440020.
Spohn, Cassia, Clair White, and Katharine Tellis. "Unfounding Sexual Assault: Examining the Decision to Unfound and Identifying False Reports: Unfounding Sexual Assault." *Law and Society Review* 48, no. 1 (March 2014): 161–92. https://doi.org/10.1111/lasr.12060.
Stein, Joel. "Millennials: The Me Me Me Generation." *Time Magazine*, May 20, 2013. http://time.com/247/millennials-the-me-me-me-generation/.
Struckman-Johnson, C., D. Struckman-Johnson, and P. B. Anderson. "Tactics of Sexual Coercion: When Men and Women Won't Take No for an Answer." *The Journal of Sex Research* 40, no. 1 (n.d.): 76 –86.
Struckman-Johnson, Cindy. "Forced Sex on Dates: It Happens to Men, Too." *Journal of Sex Research* 24, no. 1 (January 1988): 234–41. https://doi.org/10.1080/00224498809551418.
Struckman-Johnson, Cindy, David Struckman-Johnson, and Peter B. Anderson. "Tactics of Sexual Coercion: When Men and Women Won't Take No for an Answer." *Journal of Sex Research* 40, no. 1 (February 2003): 76 –86. https://doi.org/10.1080/00224490309552168.
Stuber, Jenny M., Joshua Klugman, and Caitlin Daniel. "Gender, Social Class, and Exclusion: Collegiate Peer Cultures and Social Reproduction." *Sociological Perspectives* 54, no. 3 (September 2011): 431–51. https://doi.org/10.1525/sop.2011.54.3.431.
Subrahmanyam, Kaveri, David Smahel, and Patricia Greenfield. "Connecting Developmental Constructions to the Internet: Identity Presentation and Sexual Exploration in Online Teen Chat Rooms." *Developmental Psychology* 42, no. 3 (2006): 395–406. https://doi.org/10.1037/0012-1649.42.3.395.
Swartout, Kevin M., Mary P. Koss, Jacquelyn W. White, Martie P. Thompson, Antonia Abbey, and Alexandra L. Bellis. "Trajectory Analysis of the Campus Serial Rapist Assumption." *JAMA Pediatrics* 169, no. 12 (December 1, 2015): 1148. https://doi.org/10.1001/jamapediatrics.2015.0707.
Sweeney, Brian. "Party Animals or Responsible Men: Social Class, Race, and Masculinity on Campus." *International Journal of Qualitative Studies in Education* 27, no. 6 (July 3, 2014): 804–21. https://doi.org/10.1080/09518398.2014.901578.
Tabachnick, Joan, and Cordelia Anderson. "Accountability and Responsibility in the Era of #MeToo." *ATSA (Association for the Treatment of Sexual Abusers)* XXXI, no. 2 (Spring 2019). http://newsmanager.commpartners.com/atsa/issues/2019-03-13/2.html.
Testa, Maria, and Michael J. Cleveland. "Does Alcohol Contribute to College Men's Sexual Assault Perpetration? Between-and Within-Person Effects Over Five Semesters." *Journal of Studies on Alcohol and Drugs* 78, no. 1 (December 12, 2016): 5–13. https://doi.org/10.15288/jsad.2017.78.5.
Thaler, Richard H., and Cass R. Sunstein. *Nudge: Improving Decisions about Health, Wealth, and Happiness.* Rev. and expanded ed. New York: Penguin Books, 2009.
Tharp, Andra Teten, Sarah DeGue, Linda Anne Valle, Kathryn A. Brookmeyer, Greta M. Massetti, and Jennifer L. Matjasko. "A Systematic Qualitative Review of Risk and Protective Factors for Sexual Violence Perpetration." *Trauma, Violence, and Abuse* 14, no. 2 (April 2013): 133– 67. https://doi.org/10.1177/1524838012470031.
The Global Burden of Disease 2016 Injury Collaborators, Mohsen Naghavi, Laurie B. Marczak, Michael Kutz, Katya Anne Shackelford, Megha Arora, Molly Miller-Petrie, et al. "Global Mortality from Firearms, 1990 –2016." *JAMA* 320, no. 8 (August 28, 2018): 792. https://doi.org/10.1001/jama.2018.10060.
The National Museum of African-American History and Culture. "The Scottsboro Boys," 2019. https://nmaahc.si.edu/blog/scottsboro-boys.

Programs and Their Impact." *Journal of Adolescent Health* 61, no. 3 (September 2017): 273–80. https://doi.org/10.1016/j.jadohealth.2017.05.031.

Scanlon, Lesley, Louise Rowling, and Zita Weber. " 'You Don't Have like an Identity . . . You Are Just Lost in a Crowd': Forming a Student Identity in the First-Year Transition to University." *Journal of Youth Studies* 10, no. 2 (May 2007): 223–41. https:// doi.org/10.1080/13676260600983684.

Schalet, Amy T. *Not under My Roof: Parents, Teens, and the Culture of Sex.* Chicago: University of Chicago Press, 2011.

Schneider, Madeline, and Jennifer S. Hirsch. "Comprehensive Sexuality Education as a Primary Prevention Strategy for Sexual Violence Perpetration:" *Trauma, Violence, and Abuse*, May 2, 2018, 1–17. https://doi.org/10.1177/1524838018772855.

Scully, Regina Kulik, Paul Blavin, Kirby Dick, Amy Ziering, Thaddeus Wadleigh, Aaron Kopp, and Miriam Cutler. *The Hunting Ground.* Anchor Bay Entertainment, Inc., 2015.

Seo, Dong-Chul, and Kaigang Li. "Effects of College Climate on Students' Binge Drinking: Hierarchical Generalized Linear Model." *Annals of Behavioral Medicine* 38, no. 3 (December 1, 2009): 262– 68. https://doi.org/10.1007/s12160-009-9150-3.

"Sexual and Reproductive Health Care: A Position Paper of the Society for Adolescent Health and Medicine." *Journal of Adolescent Health* 54, no. 4 (April 1, 2014): 491–96. https://doi.org/10.1016/j.jadohealth.2014.01.010.

Sexual Trauma Services. "South Carolina Laws Regarding Sexual Assault and Consent." Columbia, SC: Sexual Trauma Services, 2019. https://www.stsm.org/south-carolina-laws-regarding-sexual-assault-and-consent.

Sharkey, Patrick. *Uneasy Peace: The Great Crime Decline, the Renewal of City Life, and the next War on Violence.* New York: W. W. Norton & Company, 2018.

Shtarkshall, Ronny A., John S. Santelli, and Jennifer S. Hirsch. "Sex Education and Sexual Socialization: Roles for Educators and Parents." *Perspectives on Sexual and Reproductive Health* 39, no. 2 (June 2007): 116 –19. https://doi.org/10.1363/3911607.

Shteir, Rachel. "50 Shades of Iv y: Kink on Campus." *Observer*, March 6, 2015. https://observer.com/2015/03/50-shades-of-iv y-kink-on-campus/.

Simon, Herbert A. "Rational Choice and the Structure of the Environment." *Psychological Review* 63, no. 2 (1956): 129–38. https://doi.org/10.1037/h0042769.

Simons, Herbert D., Corey Bosworth, Scott Fujita, and Mark Jensen. "The Athlete Stigma in Higher Education." *College Student Journal* 41, no. 2 (June 2007): 251–73.

Sinozich, Sofi, and Lynn Langton. "Rape and Sexual Assault among College-Age Females, 1995–2013." Washington, DC: Bureau of Justice Statistics, U.S. Department of Justice, December 11, 2014. https://www.bjs.gov/index.cfm?ty=pbdetail&iid=5176.

Sloane, Wick. "Veterans at Elite Colleges, 2016." *Chronicle of Higher Education*, November 11, 2016. https://www.insidehighered.com/views/2016/11/11/how-many-veterans-do-elite-colleges-enroll-not-enough-essay.

Slutske, Wendy S. "Alcohol Use Disorders among US College Students and Their Non– College-Attending Peers." *Archives of General Psychiatry* 62, no. 3 (March 1, 2005): 321. https://doi.org/10.1001/archpsyc.62.3.321.

Slutske, Wendy S., Erin E. Hunt-Carter, Rachel E. Nabors-Oberg, Kenneth J. Sher, Kathleen K. Bucholz, Pamela A. F. Madden, Andrey Anokhin, and Andrew C. Heath. "Do College Students Drink More Than Their Non-College-Attending Peers? Evidence From a Population-Based Longitudinal Female Twin Study." *Journal of Abnormal Psychology* 113, no. 4 (2004): 530 –40. https://doi.org/10.1037/0021-843X.113.4.530.

Smith, Daniel Jordan, and Benjamin C. Mbakwem. "Antiretroviral Therapy and Reproductive Life Projects: Mitigating the Stigma of AIDS in Nigeria." *Social Science and Medicine* 71, no. 2 (July 2010): 345–52.

Center Directors, 2013.
Resick, Patricia A. "The Psychological Impact of Rape." *Journal of Interpersonal Violence* 8, no. 2 (June 1993): 223–55. https://doi.org/10.1177/088626093008002005.
Reynolds, Celene. "The Mobilization of Title IX across U.S. Colleges and Universities, 1994–2014." *Social Problems* 66, no. 2 (May 1, 2019): 245–73. https://doi.org/10.1093/socpro/spy005.
Richardson, Diane. "Constructing Sexual Citizenship: Theorizing Sexual Rights." *Critical Social Policy* 20, no. 1 (February 1, 2000): 105–35. https://doi.org/10.1177/026101830002000105.
Richters, Juliet, Richard de Visser, Chris Rissel, and Anthony Smith. "Sexual Practices at Last Heterosexual Encounter and Occurrence of Orgasm in a National Survey." *The Journal of Sex Research* 43, no. 3 (August 1, 2006): 217–26. https://doi.org/10.1080/00224490609552320.
Rivera, Lauren A. *Pedigree: How Elite Students Get Elite Jobs*. First paperback printing with a new afterword by the author. Princeton and Oxford: Princeton University Press, 2016.
Robbins, Alexandra. *Fraternity: An inside Look at a Year of College Boys Becoming Men*. New York: Dutton, 2019.
Rodkin, Dennis. "College Comeback: The University of Chicago Finds Its Groove." *Chicago*, March 16, 2011. https://www.chicagomag.com/Chicago-Magazine/March-2011/College-Comeback-The-University-of-Chicago-Finds-Its-Groove/.
Rothman, Emily F., D. Exner, and A. Baughman. "The Prevalence of Sexual Assault against People Who Identify as Gay, Lesbian or Bisexual in the United States: A Systematic Review." *Trauma Violence and Abuse* 12, no. 2 (2011): 55– 66.
Rothman, Emily F., Avanti Adhia, Tiffany T. Christensen, Jennifer Paruk, Jessica Alder, and Nicole Daley. "A Pornography Literacy Class for Youth: Results of a Feasibility and Efficacy Pilot Study." *American Journal of Sexuality Education* 13, no. 1 (January 2, 2018): 1–17. https://doi.org/10.1080/15546128.2018.1437100.
Rumney, Philip N. S. "False Allegations of Rape." *The Cambridge Law Journal* 65, no. 01 (March 2006): 128 –58. https://doi.org/10.1017/S0008197306007069.
Russell, Brenda L., and Debra L. Oswald. "Strategies and Dispositional Correlates of Sexual Coercion Perpetrated by Women: An Exploratory Investigation." *Sex Roles* 45, no. 1 (2001): 103–15.
Russlynn, A. "Dear Colleague Letter." U.S. Department of Education, Office for Civil Rights, April 4, 2011.
Sable, Marjorie R., Fran Danis, Denise L. Mauzy, and Sarah K. Gallagher. "Barriers to Reporting Sexual Assault for Women and Men: Perspectives of College Students." *Journal of American College Health* 55 (2006): 157– 62.
Sampson, Robert J. *Great American City: Chicago and the Enduring Neighborhood Effect*. Chicago: University of Chicago Press, 2011.
——— . "Neighborhoods and Violent Crime: A Multilevel Study of Collective Efficacy." *Science* 277, no. 5328 (August 15, 1997): 918 –24. https://doi.org/10.1126/science.277.5328.918.
Sanday, Peggy. *Fraternity Gang Rape: Sex, Brotherhood, and Privilege on Campus*. NYU Press, 2007.
Sandberg, Genell, Thomas L. Jackson, and Patricia Petretic-Jackson. "College Students' Attitudes Regarding Sexual Coercion and Aggression: Developing Educational and Preventive Strategies." *Journal of College Student Personnel*, 1987. http://psycnet.apa.org/psycinfo/1988-27979-001.
Sanders, Stephanie, Brandon J. Hill, William L. Yarber, Cynthia A. Graham, Richard A. Crosby, and Robin R. Milhausen. "Misclassification Bias: Diversity in Conceptualisations about Having 'Had Sex.' " *Sexual Health* 7, no. 1 (2010): 31–34.
Santelli, John S., Stephanie A. Grilo, Tse-Hwei Choo, Gloria Diaz, Kate Walsh, Melanie Wall, Jennifer S. Hirsch, et al. "Does Sex Education before College Protect Students from Sexual Assault in College?" *PLOS ONE* 13, no. 11 (November 14, 2018): e0205951. https://doi.org/10.1371/journal.pone.0205951.
Santelli, John S., Leslie M. Kantor, Stephanie A. Grilo, Ilene S. Speizer, Laura D. Lindberg, Jennifer Heitel, Amy T. Schalet, et al. "Abstinence-Only-Until-Marriage: An Updated Review of U.S. Policies and

Jennifer S. Hirsch. "Social Risk, Stigma and Space: Key Concepts for Understanding HIV Vulnerability among Black Men Who Have Sex with Men in New York City." *Culture, Health and Sexuality* 19, no. 3 (March 4, 2017): 323–37. https://doi.org/10.1080/13691058.2016.1216604.

Pascoe, C. J., and Jocelyn A. Hollander. "Good Guys Don't Rape: Gender, Domination, and Mobilizing Rape." *Gender and Society* 30, no. 1 (February 2016): 67–79. https:// doi.org/10.1177/0891243215612707.

Paul, Elizabeth L., and Kristen A. Hayes. "The Casualties of 'Casual' Sex: A Qualitative Exploration of the Phenomenology of College Students' Hookups." *Journal of Social and Personal Relationships* 19, no. 5 (2002): 639– 61.

Paul, Elizabeth L., Brian McManus, and Allison Hayes. " 'Hookups': Characteristics and Correlates of College Students' Spontaneous and Anonymous Sexual Experiences." *Journal of Sex Research* 37, no. 1 (2000): 76 –88.

Paulk, David. "Columbia's Chinese Students Targeted by Racist Vandalism." *Sixth Tone*, February 14, 2017. https://www.sixthtone.com/news/1932/columbia-chinese-students-targeted-by-racist-vandalism.

Peace, Kristine A., Stephen Porter, and Leanne ten Brinke. "Are Memories for Sexually Traumatic Events 'Special'? A Within-Subjects Investigation of Trauma and Memory in a Clinical Sample." *Memory* 16, no. 1 (January 2008): 10–21. https://doi.org/10.1080/09658210701363583.

Perry, Maya. "The Constitution of a Community: Why Student Clubs Are Starting to Take Sexual Violence Response into Their Own Hands." *Columbia Daily Spectator*, February 24, 2019. https://www.columbiaspectator.com/eye-lead/2019/02/24/ the-constitution-of-a-community-why-student-clubs-are-starting-to-take-sexual-violence-response-into-their-own-hands/.

Peterson, Cora, Sarah DeGue, Curtis Florence, and Colby N. Lokey. "Lifetime Economic Burden of Rape among U.S. Adults." *American Journal of Preventive Medicine* 52, no. 6 (2017): 691–701. https://doi.org/10.1016/j.amepre.2016.11.014.

Peterson, Ruth D., and William C. Bailey. "Rape and Dimensions of Socioeconomic Inequality in U.S. Metropolitan Areas." *Journal of Research in Crime and Delinquency* 29, no. 2 (1992): 162–77.

Piccigallo, Jacqueline R., Terry G. Lilley, and Susan L. Miller. " 'It's Cool to Care about Sexual Violence': Men's Experiences with Sexual Assault Prevention." *Men and Masculinities* 15, no. 5 (December 2012): 507–25. https://doi.org/10.1177/1097184X12458590.

Piff, Paul K., Daniel M. Stancato, Stéphane Côté, Rodolfo Mendoza-Denton, and Dacher Keltner. "Higher Social Class Predicts Increased Unethical Behavior." *Proceedings of the National Academy of Sciences* 109, no. 11 (March 13, 2012): 4086. https://doi.org/10.1073/pnas.1118373109.

Pope, Justin. "The College Graduation Swim Test Has Gone Belly-Up." *Los Angeles Times*, June 18, 2006. https://www.latimes.com/archives/la-xpm-2006-jun-18-adna-swim18-story.html.

Potter, Sharyn, Rebecca Howard, Sharon Murphy, and Mary M. Moynihan. "Long-Term Impacts of College Sexual Assaults on Women Survivors' Educational and Career Attainments." *Journal of American College Health*, February 15, 2018, 1–37. https:// doi.org/10.1080/07448481.2018.1440574.

Potter, Sharyn J. "Reducing Sexual Assault on Campus: Lessons From the Movement to Prevent Drunk Driving." *American Journal of Public Health* 106, no. 5 (2016): 822–29. President's Commission on Slavery and the University. "Universities Studying Slavery," 2018. http://slavery.virginia.edu/universities-studying-slavery/.

Quinn, Mattie. "Marital Rape Isn't Necessarily a Crime in 12 States." *Governing*, April 10, 2019. https://www.governing.com/topics/public-justice-safety/gov-marital-rape-states-ohio-minnesota.html.

Ray, Rashawn, and Jason A. Rosow. "Getting Off and Getting Intimate: How Normative Institutional Arrangements Structure Black and White Fraternity Men's Approaches Toward Women." *Men and Masculinities* 12, no. 5 (August 1, 2010): 523–46. https://doi.org/10.1177/1097184X09331750.

Reetz, David R., Victor Barr, and Brian Krylowicz. "The Association for University and College Counseling Center Directors Annual Survey." Indianapolis, IN: Association for University and College Counseling

2007): 9.

Muehlenhard, Charlene L., and Stephen W. Cook. "Men's Self-Reports of Unwanted Sexual Activity." *Journal of Sex Research* 24, no. 1 (1988): 58 –72.

Muehlenhard, Charlene L., Terry P. Humphreys, Kristen N. Jozkowski, and Zoë D. Peterson. "The Complexities of Sexual Consent among College Students: A Conceptual and Empirical Review." *The Journal of Sex Research* 53, no. 4–5 (May 3, 2016): 457–87. https://doi.org/10.1080/00224499.2016.1146651.

Muehlenhard, Charlene L., and Melaney A. Linton. "Date Rape and Sexual Aggression in Dating Situations: Incidence and Risk Factors." *Journal of Counseling Psychology* 34, no. 2 (1987): 186.

Muehlenhard, Charlene L., and Zoë D. Peterson. "Wanting and Not Wanting Sex: The Missing Discourse of Ambivalence." *Feminism and Psychology* 15, no. 1 (February 2005): 15–20. https://doi.org/10.1177/0959353505049698.

Murnen, Sarah K., and Marla H. Kohlman. "Athletic Participation, Fraternity Membership, and Sexual Aggression among College Men: A Meta-Analy tic Review." *Sex Roles* 57, no. 1–2 (August 2, 2007): 145–57. https://doi.org/10.1007/s11199-007-9225-1.

Murnen, Sarah K., Carrie Wright, and Gretchen Kaluzny. "If 'Boys Will Be Boys,' Then Girls Will Be Victims? A Meta-Analy tic Review of the Research That Relates Masculine Ideolog y to Sexual Aggression." *Sex Roles* 46, no. 11/12 (2002): 359–75. https://doi.org/10.1023/A:1020488928736.

Nagin, Daniel S. "Deterrence in the Twenty-First Century." *Crime and Justice* 42, no. 1 (August 2013): 199–263. https://doi.org/10.1086/670398.

National Center for Education Statistics. "Fast Facts." Washington, DC: Institute of Education Sciences, 2018. https://nces.ed.gov/fastfacts/display.asp?id=372.

——— . "Table 303.70. Total Undergraduate Fall Enrollment in Degree-Granting Postsecondary Institutions, by Attendance Status, Sex of Student, and Control and Level of Institution: Selected Years, 1970 through 2026." Washington, DC: Institute of Education Sciences, February 2017. https://nces.ed.gov/programs/digest/ d16/tables/dt16_303.70.asp.

National Institute on Alcohol Abuse and Alcoholism (NIA A A). "A Call to Action: Changing the Culture of Drinking at U.S. Colleges," 2002. https://www.collegedrinkingprevention.gov/media/taskforcereport.pdf.

——— . "College Drinking—Fact Sheet—National Institute on Alcohol Abuse and Alcoholism," April 2015. http://pubs.niaaa.nih.gov/publications/CollegeFactSheet/ CollegeFactSheet.pdf.

——— . "Reducing Alcohol Problems on Campus: A Guide to Planning and Evaluation," 2002. https://www.collegedrinkingprevention.gov/media/finalhandbook.pdf.

Nicolazzo, Z. " 'Just Go In Looking Good': The Resilience, Resistance, and Kinship-Building of Trans* College Students." *Journal of College Student Development* 57, no. 5 (2016): 538 –56. https://doi.org/10.1353/csd.2016.0057.

NYC LGBT Historic Sites Project. "Student Homophile League at Earl Hall, Columbia University," 2017. http://www.nyclgbtsites.org/site/columbia-university/.

O'Byrne, Rachael, Susan Hansen, and Mark Rapley. " 'If a Girl Doesn't Say "No" . . . ': Young Men, Rape and Claims of 'Insufficient Knowledge.' " *Journal of Community and Applied Social Psychology* 18, no. 3 (May 2008): 168 –93. https://doi.org/10.1002/ casp.922.

Okamoto, Dina, and G. Cristina Mora. "Panethnicity." *Annual Review of Sociology* 40 (2014): 219–39.

Oosten, Johanna M. F. van, Jochen Peter, and Inge Boot. "Exploring Associations between Exposure to Sexy Online Self-Presentations and Adolescents' Sexual Attitudes and Behavior." *Journal of Youth and Adolescence* 44, no. 5 (May 2015): 1078 –91. https://doi.org/10.1007/s10964-014-0194-8.

Orchowski, Lindsay M., Amy S. Untied, and Christine A. Gidycz. "Factors Associated with College Women's Labeling of Sexual Victimization." *Violence and Victims* 28, no. 6 (2013): 940 –58.

Parker, Caroline M., Jonathan Garcia, Morgan M. Philbin, Patrick A. Wilson, Richard G. Parker, and

McCartan, K. F., H. Kemshall, and J. Tabachnick. "The Construction of Community Understandings of Sexual Violence: Rethinking Public, Practitioner and Policy Discourses." *Journal of Sexual Aggression* 21, no. 1 (January 2, 2015): 100 –116. https:// doi.org/10.1080/13552600.2014.945976.

"McCaskill: Campus Sexual Assault Survey Results a 'Wakeup Call' for Schools | U.S.Senator Claire McCaskill of Missouri." Accessed May 4, 2015. http://www.mccaskill.senate.gov/media-center/news-releases/campus-sexual-assault-survey.

McCaughey, Martha, and Jill Cermele. "Changing the Hidden Curriculum of Campus Rape Prevention and Education: Women's Self-Defense as a Key Protective Factor for a Public Health Model of Prevention." *Trauma, Violence, and Abuse* 18, no. 3 (July 2017): 287–302. https://doi.org/10.1177/1524838015611674.

McClintock, Elizabeth Aura. "When Does Race Matter? Race, Sex, and Dating at an Elite University." *Journal of Marriage and Family* 72, no. 1 (February 2010): 45–72. https://doi.org/10.1111/j.1741-3737.2009.00683.x.

McClure, Stephanie M. "Voluntary Association Membership: Black Greek Men on a Predominantly White Campus." *The Journal of Higher Education* 77, no. 6 (2006): 1036 –57. https://doi.org/10.1353/jhe.2006.0053.

McGuire, Danielle L. *At the Dark End of the Street: Black Women, Rape, and Resistance—A New History of the Civil Rights Movement from Rosa Parks to the Rise of Black Power*. New York: Alfred A. Knopf, 2010.

McMahon, Sarah, and Victoria L. Banyard. "When Can I Help? A Conceptual Framework for the Prevention of Sexual Violence Through Bystander Intervention." *Trauma, Violence, and Abuse* 13, no. 1 (January 2012): 3–14. https://doi.org/10.1177/1524838011426015.

McMahon, Sarah, Leila Wood, Julia Cusano, and Lisa M. Macri. "Campus Sexual Assault: Future Directions for Research." *Sexual Abuse* 31, no. 3 (April 2019): 270–95. https://doi.org/10.1177/1079063217750864.

Mellins, Claude A., Kate Walsh, Aaron L. Sarvet, Melanie Wall, Louisa Gilbert, John S. Santelli, Martie Thompson, et al. "Sexual Assault Incidents among College Undergraduates: Prevalence and Factors Associated with Risk." *PLOS ONE* 12, no. 11 (2017): e0186471. https://doi.org/10.1371/journal.pone.0186471.

Melnick, Merrill. "Male Athletes and Sexual Assault." *Journal of Physical Education, Recreation and Dance* 63, no. 5 (1992): 32–36.

Mengo, Cecilia, and Beverly M. Black. "Violence Victimization on a College Campus: Impact on GPA and School Dropout." *Journal of College Student Retention: Research, Theory and Practice* 18, no. 2 (August 2016): 234–48. https://doi.org/10.1177/1521025115584750.

Merrill, Jennifer E., Leah N. Vermont, Rachel L. Bachrach, and Jennifer P. Read. "Is the Pregame to Blame? Event-Level Associations Between Pregaming and Alcohol-Related Consequences." *Journal of Studies on Alcohol and Drugs* 74, no. 5 (September 2013): 757– 64. https://doi.org/10.15288/jsad.2013.74.757.

Messman-Moore, Terri L., Aubrey A. Coates, Kathryn J. Gaffey, and Carrie F. Johnson. "Sexuality, Substance Use, and Susceptibility to Victimization: Risk for Rape and Sexual Coercion in a Prospective Study of College Women." *Journal of Interpersonal Violence* 23, no. 12 (December 1, 2008): 1730–46. https://doi.org/10.1177/0886260508314336.

Messner, Michael A. "Bad Men, Good Men, Bystanders: Who Is the Rapist?" *Gender and Society* 30, no. 1 (February 2016): 57–66. https://doi.org/10.1177/0891243215608781.

Miller, Lisa, and Merav Gur. "Religiousness and Sexual Responsibility in Adolescent Girls." *Journal of Adolescent Health* 31, no. 5 (November 2002): 401– 6. https://doi.org/10.1016/S1054-139X(02)00403-2.

Moore, Briana M., and Thomas Baker. "An Exploratory Examination of College Students' Likelihood of Reporting Sexual Assault to Police and University Officials: Results of a Self-Report Survey." *Journal of Interpersonal Violence* 33, no. 22 (November 2018): 3419–38. https://doi.org/10.1177/0886260516632357.

Moreno, Megan A., Malcolm Parks, and Laura P. Richardson. "What Are Adolescents Showing the World about Their Health Risk Behaviors on MySpace?" *Medscape General Medicine* 9, no. 4 (October 11,

1993): 577– 80. https://doi.org/10.1002/jts.2490060414.

Lisak, David, Lori Gardinier, Sarah C. Nicksa, and Ashley M. Cote. "False Allegations of Sexual Assault: An Analysis of Ten Years of Reported Cases." *Violence against Women* 16, no. 12 (December 1, 2010): 1318–34. https://doi.org/10.1177/1077801210387747.

Littleton, Heather, and Craig E. Henderson. "If She Is Not a Victim, Does That Mean She Was Not Traumatized? Evaluation of Predictors of PTSD Symptomatolog y among College Rape Victims." *Violence against Women* 15, no. 2 (2009): 148 – 67.

Littleton, Heather, Holly Tabernik, Erika J. Canales, and Tamika Backstrom. "Risky Situation or Harmless Fun? A Qualitative Examination of College Women's Bad Hook-up and Rape Scripts." *Sex Roles* 60, no. 11–12 (2009): 793–804.

Livingstone, Sonia. "Taking Risky Opportunities in Youthful Content Creation: Teenagers' Use of Social Networking Sites for Intimacy, Privacy and Self-Expression." *New Media and Society* 10, no. 3 (June 2008): 393–411. https://doi.org/10.1177/1461444808089415.

Lonsway, Kimberly A., Joanne Archambault, and David Lisak. "False Reports: Moving beyond the Issue to Successfully Investigate and Prosecute Non-Stranger Sexual Assault." Harrisburg, PA: National Sexual Violence Resource Center, 2009. https://www.nsvrc.org /publications/ar ticles/false-repor ts-moving-beyond-issue-successfully-investigate-and-prosecute-non-s.

Lonsway, Kimberly A., and Louise F. Fitzgerald. "Rape My ths: In Review." *Psychology of Women Quarterly* 18, no. 2 (June 1994): 133– 64. https://doi.org/10.1111/j.1471-6402.1994.tb00448.x.

Lytle, Megan C., John R. Blosnich, Susan M. De Luca, and Chris Brownson. "Association of Religiosity with Sexual Minority Suicide Ideation and Attempt." *American Journal of Preventive Medicine* 54, no. 5 (May 2018): 644–51. https://doi.org/10.1016/j.amepre.2018.01.019.

Mabry, A., and M. M. Turner. "Do Sexual Assault Bystander Interventions Change Men's Intentions? Applying the Theory of Normative Social Behavior to Predicting Bystander Outcomes." *Journal of Health Communication* 21, no. 3 (2015): 276 –92.

MacKinnon, Catharine A. "Feminism, Marxism, Method, and the State: Toward Feminist Jurisprudence." *Signs: Journal of Women in Culture and Society* 8, no. 4 (July 1983): 635–58. https://doi.org/10.1086/494000.

Marshall, Ethan A., Holly A. Miller, and Jeff A. Bouffard. "Crossing the Threshold from Porn Use to Porn Problem: Frequency and Modality of Porn Use as Predictors of Sexually Coercive Behaviors." *Journal of Interpersonal Violence*, November 22, 2017, 088626051774354. https://doi.org/10.1177/0886260517743549.

Marston, Cicely, and Eleanor King. "Factors That Shape Young People's Sexual Behaviour: A Systematic Review." *The Lancet* 368, no. 9547 (November 4, 2006): 1581–86. https://doi.org/10.1016/S0140-6736(06)69662-1.

Martin, Elaine K., Casey T. Taft, and Patricia A. Resick. "A Review of Marital Rape." *Aggression and Violent Behavior* 12, no. 3 (May 2007): 329–47. https://doi.org/10.1016/j.avb.2006.10.003.

Martin, Patricia Yancey. "The Rape Prone Culture of Academic Contexts: Fraternities and Athletics." *Gender and Society* 30, no. 1 (February 2016): 30 –43. https://doi.org/10.1177/0891243215612708.

Martin, Patricia Yancey, and Robert A. Hummer. "Fraternities and Rape on Campus." *Gender and Society* 3, no. 4 (1989): 457–73.

Martin, Sandra L., Bonnie S. Fisher, Tara D. Warner, Christopher P. Krebs, and Christine H. Lindquist. "Women's Sexual Orientations and Their Experiences of Sexual Assault before and during University." *Women's Health Issues* 21, no. 3 (May 2011): 199–205. https://doi.org/10.1016/j.whi.2010.12.002.

Matier, Michael, and Cathy Alvord. "Undergraduate Enrollment Trends Fall 1998." Cornell University Institutional Research and Planning, 1998. https://dpb.cornell.edu/ documents/1000023.pdf.

Mauss, Marcel. *The Gift: The Form and Reason for Exchange in Archaic Societies*. New York and London: W. W. Norton, 1990.

2017.

Kirkpatrick, Clifford, and Eugene Kanin. "Male Sex Aggression on a University Campus." *American Sociological Review* 22, no. 1 (February 1957): 52. https://doi.org/10.2307/2088765.

Kleiman, Mark. *When Brute Force Fails: How to Have Less Crime and Less Punishment*. Princeton, NJ: Princeton Univ. Press, 2010.

Klein, Richard. "An Analysis of Thirty-Five Years of Rape Reform: A Frustrating Search for Fundamental Fairness." *Akron Law Review* 41, no. 981 (2008). https://papers.ssrn.com/sol3/papers.cfm?abstract_id=2341690#.

Kors, Alan Charles, and Harvey A. Silverglate. *The Shadow University: The Betrayal of Liberty on America's Campuses*. Portland, OR: Powells, 2000. http://www.myilibrary.com?id=899115.

Koss, M. P., and H. H. Cleveland. "Athletic Participation, Fraternity Membership, and Date Rape: The Question Remains—Self-Selection or Different Causal Processes?" *Violence against Women* 2, no. 2 (June 1, 1996): 180 –90. https://doi.org/10.1177/1077801296002002005.

Koss, Mary. "Restorative Justice Responses to Sexual Assault," February 20, 2008. http://dev.vawnet.org/materials/restorative-justice-responses-sexual-assault.

Koss, Mary P., Thomas E. Dinero, Cynthia A. Seibel, and Susan L. Cox. "Stranger and Acquaintance Rape: Are There Differences in the Victim's Experience?" *Psychology of Women Quarterly* 12, no. 1 (1988): 1–24.

Koss, Mary P., Christine A. Gidycz, and Nadine Wisniewski. "The Scope of Rape: Incidence and Prevalence of Sexual Aggression and Victimization in a National Sample of Higher Education Students." *Journal of Consulting and Clinical Psychology* 55, no. 2 (1987): 162–70.

Koss, Mary P., and Mary R. Harvey. *The Rape Victim: Clinical and Community Interventions* (2nd ed.), vol. xiv. Sage Library of Social Research, vol. 185. Thousand Oaks, CA: Sage Publications, Inc, 1991.

Koss, Mary P., Jay K. Wilgus, and Kaaren M. Williamsen. "Campus Sexual Misconduct: Restorative Justice Approaches to Enhance Compliance with Title IX Guidance." *Trauma, Violence and Abuse* 15, no. 3 (April 27, 2014): 242–57. https://doi.org/10.1177/1524838014521500.

Krebs, Christopher P., Christine H. Lindquist, Tara D. Warner, Bonnie S. Fisher, and Sandra L. Martin. "The Campus Sexual Assault Study (CSA) Final Report: Performance Period: January 2005 through December 2007." Rockville, MD: National Institute of Justice, 2007.

Langenberg, Andria G. M., Lawrence Corey, Rhoda L. Ashley, Wai Ping Leong, and Stephen E. Straus. "A Prospective Study of New Infections with Herpes Simplex Virus Type 1 and Type 2." *New England Journal of Medicine* 341, no. 19 (November 4, 1999): 1432–38. https://doi.org/10.1056/NEJM199911043411904.

Lerner, Gerda, ed. *Black Women in White America: A Documentary History*. New York: Vintage Books, 1992.

Lewis, Deborah K., and Timothy C. Marchell. "Safety First: A Medical Amnesty Approach to Alcohol Poisoning at a U.S. University." *International Journal of Drug Policy* 17, no. 4 (July 2006): 329–38. https://doi.org/10.1016/j.drugpo.2006.02.007. Lewis, M. A., H. Granato, J. A. Blayney, T. W. Lostutter, and J. R. Kilmer. "Predictors of Hooking Up Sexual Behaviors and Emotional Reactions among U.S. College Students." *Archives of Sexual Behavior* 41, no. 5 (2011): 1219–29.

Lindberg, Laura Duberstein, Isaac Maddow-Zimet, and Heather Boonstra. "Changes in Adolescents' Receipt of Sex Education, 2006 –2013." *Journal of Adolescent Health* 58, no. 6 (June 2016): 621–27. https://doi.org/10.1016/j.jadohealth.2016.02.004.

Linder, Christina. *Sexual Violence on Campus: Power-Conscious Approaches to Awareness, Prevention, and Response*. Great Debates in Higher Education Ser. Bingley, UK: Emerald Publishing Limited, 2018.

Lisak, David. "False Allegations of Rape: A Critique of Kanin," October 2007. http://www.davidlisak.com/wp-content/uploads/pdf/SARFalseAllegationsofRape.pdf.

——— . "Men as Victims: Challenging Cultural My ths." *Journal of Traumatic Stress* 6, no. 4 (October 1,

Kadison, Richard, and Theresa Foy DiGeronimo. *College of the Overwhelmed: The Campus Mental Health Crisis and What to Do About It*. Wiley, 2004.

Kalmijn, Matthijs. "Intermarriage and Homogamy: Causes, Patterns, Trends." *Annual Review of Sociology* 24, no. 1 (August 1998): 395– 421. https://doi.org/10.1146/ annurev.soc.24.1.395.

Kamath, Rahil, and Peter Maroulis. "Confusion Surrounding Cost of CUEMS Discourages Students from Calling Free Service." *Columbia Daily Spectator*, December 7, 2017. https://www.columbiaspectator.com/news/2017/12/07/confusion-surrounding-cost-of-cuems-discourages-students-from-calling/.

Kamin, L. "On the Length of Black Penises and the Depth of White Racism." In *Psychology and Oppression: Critiques and Proposals*, 35 –54. Johannesburg: Skotaville, 1993.

Kanin, Eugene J. "False Rape Allegations." *Archives of Sexual Behavior* 23, no. 1 (1994): 81–92.

———. "Male Aggression in Dating-Courtship Relations." *American Journal of Sociology* 63, no. 2 (September 1957): 197–204. https://doi.org/10.1086/222177.

Kanny, Dafna, Timothy S. Naimi, Yong Liu, Hua Lu, and Robert D. Brewer. "Annual Total Binge Drinks Consumed by U.S. Adults, 2015." *American Journal of Preventive Medicine* 54, no. 4 (2018): 486 –96. https://doi.org/10.1016/j.amepre.2017.12.021.

Kantor, Leslie, and Nicole Levitz. "Parents' Views on Sex Education in Schools: How Much Do Democrats and Republicans Agree?" *PLOS ONE* 12, no. 7 (July 3, 2017): e0180250. https://doi.org/10.1371/journal.pone.0180250.

Kanuga, Mansi, and Walter D. Rosenfeld. "Adolescent Sexuality and the Internet: The Good, the Bad, and the URL." *Journal of Pediatric and Adolescent Gynecology* 17, no. 2 (April 2004): 117–24. https://doi.org/10.1016/j.jpag.2004.01.015.

Kapner, Daniel Ari. "Alcohol and Other Drug Use at Historically Black Colleges and Universities." Newton, MA: The Higher Education Center for Alcohol and Other Drug Abuse and Violence Prevention, 2008. https://files.eric.ed.gov/fulltext/ED537617.pdf.

Karjane, Heather M., Bonnie Fisher, and Francis T. Cullen. *Sexual Assault on Campus: What Colleges and Universities Are Doing about It*. US Department of Justice, Office of Justice Programs, National Institute of Justice, 2005. https://www.ncjrs.gov/App/abstractdb/AbstractDBDetails.aspx?id=205521.

Kaukinen, Catherine. "The Help-Seeking Decisions of Violent Crime Victims: An Examination of the Direct and Conditional Effects of Gender and the Victim-Offender Relationship." *Journal of Interpersonal Violence* 17, no. 4 (April 2002): 432–56. https:// doi.org/10.1177/0886260502017004006.

Kernsmith, Poco D., and Roger M. Kernsmith. "Female Pornography Use and Sexual Coercion Perpetration." *Deviant Behavior* 30, no. 7 (August 19, 2009): 589– 610. https://doi.org/10.1080/01639620802589798.

Khan, Shamus. *Privilege: The Making of an Adolescent Elite at St. Paul's School*. First paperback printing. Princeton Studies in Cultural Sociology. Princeton, NJ: Princeton Univ. Press, 2011.

Khan, Shamus R., Jennifer S. Hirsch, Alexander Wamboldt, and Claude A. Mellins. " 'I Didn't Want to Be "That Girl"': The Social Risks of Labeling, Telling, and Reporting Sexual Assault." *Sociological Science* 5 (July 12, 2018): 432– 60. https://doi.org/10.15195/v5.a19.

Khan, Shamus, Aaron L. Sarvet, Tse-Hwei Choo, Melanie Wall, Kate Walsh, John Santelli, Patrick Wilson, et al. "Ecologically Constituted Classes of Sexual Assault: Constructing a Behavioral, Relational, and Contextual Model," n.p.

Kimble, Matthew, Andrada D. Neacsiu, William F. Flack, and Jessica Horner. "Risk of Unwanted Sex for College Women: Evidence for a Red Zone." *Journal of American College Health* 57, no. 3 (November 2008): 331–38. https://doi.org/10.3200/JACH.57.3.331-338.

Kindelberger, John, and National Highway Traffic Safety Administration. "Calculating Lives Saved Due to Minimum Drinking Age Laws." Washington, DC: NHTSA's National Center for Statistics and Analysis, March 2005.

Kipnis, Laura. *Unwanted Advances: Sexual Paranoia Comes to Campus*. First edition. New York: Harper,

Information Insurance Institute. "Facts + Statistics: Mortality Risk." New York: Information Insurance Institute, 2017. https://www.iii.org/fact-statistic/facts-statistics-mortality-risk#Odds%20Of%20Death%20In%20The%20United%20States%20By%20Selected%20Cause%20Of%20Injury,%202017%20(1).

"It's On Us, a Growing Movement to End Campus Sexual Assault." The White House. Accessed May 4, 2015. http://www.whitehouse.gov/blog/2014/09/24/its-us-growing-movement-end-campus-sexual-assault.

Jack, Anthony A. *The Privileged Poor: Rich College, Poor Students, and the Gap between Access and Inclusion.* Harvard University Press, 2019.

Jackson, Arrick, Katherine Gilliland, and Louis Veneziano. "Routine Activity Theory and Sexual Deviance among Male College Students." *Journal of Family Violence* 21, no. 7 (December 1, 2006): 449–60. https://doi.org/10.1007/s10896-006-9040-4.

Jager, Justin, John E. Schulenberg, Patrick M. O'Malley, and Jerald G. Bachman. "Historical Variation in Drug Use Trajectories across the Transition to Adulthood: The Trend toward Lower Intercepts and Steeper, Ascending Slopes." *Development and Psychopathology* 25, no. 2 (May 2013): 527–43. https://doi.org/10.1017/ S0954579412001228.

Jaschik, Scott. "Entering Campus Building While Black." *Inside Higher Education.* Accessed May 22, 2019. https://www.insidehighered.com/news/2019/04/15/barnard-suspends-police-officers-after-incident-black-student.

Jeanne Clery Disclosure of Campus Security Policy and Campus Crime Statistics Act of 1990, 20 U.S.C. § §1092(f) (2018).

Jedlicka, Davor. "Formal Mate Selection Networks in the United States." *Family Relations* 29, no. 2 (April 1980): 199. https://doi.org/10.2307/584072.

Jeffrey, Nicole K., and Paula C. Barata. " 'He Didn't Necessarily Force Himself Upon Me, But . . . ': Women's Lived Experiences of Sexual Coercion in Intimate Relationships with Men." *Violence against Women* 23, no. 8 (July 2017): 911–33. https://doi.org/10.1177/1077801216652507.

Jernigan, David H., Kelsey Shields, Molly Mitchell, and Amelia M. Arria. "Assessing Campus Alcohol Policies: Measuring Accessibility, Clarity, and Effectiveness." *Alcoholism: Clinical and Experimental Research* 43, no. 5 (May 2019): 1007–15. https://doi.org/10.1111/acer.14017.

Jerolmack, Colin, and Shamus Khan. "Talk Is Cheap: Ethnography and the Attitudinal Fallacy." *Sociological Methods and Research* 43, no. 2 (May 1, 2014): 178 –209. https:// doi.org/10.1177/0049124114523396.

Jessup-Anger, Jody, Elise Lopez, and Mary P. Koss. "History of Sexual Violence in Higher Education: History of Sexual Violence in Higher Education." *New Directions for Student Services* 2018, no. 161 (March 2018): 9–19. https://doi.org/10.1002/ss.20249.

Johnson, L. M., T. L. Matthews, and S. L. Napper. "Sexual Orientation and Sexual Assault Victimization among US College Students." *The Social Science Journal* 53, no. 2016 (2016): 174–83.

Johnston, Lynda, and Robyn Longhurst. *Space, Place, and Sex: Geographies of Sexualities.* Lanham: Rowman & Littlefield, 2010.

Jones, Maggie. "What Teenagers Are Learning from Online Porn." *New York Times*, February 7, 2018. https://www.ny times.com/2018/02/07/magazine/teenagers-learning-online-porn-literacy-sex-education.html.

Jozkowski, K. N. "'Yes Means Yes?' Sexual Consent Policy and College Students." *Change: The Magazine of Higher Learning* 47, no. 2 (2015): 16 –23.

Jozkowski, K. N., and Z. D. Peterson. "College Students and Sexual Consent: Unique Insights." *Journal of Sex Research* 50, no. 6 (2013): 517–23.

Jozkowski, K. N., Z. D. Peterson, S. A. Sanders, B. Dennis, and M. Reece, M. "Gender Differences in Heterosexual College Students' Conceptualizations and Indicators of Sexual Consent: Implications for Contemporary Sexual Assault Prevention Education." *Journal of Sex Research* 51, no. 8 (2014): 904–16.

——— . "Desire across Borders: Markets, Migration, and Marital HIV Risk in Rural Mexico." *Culture, Health and Sexuality* 17, no. S1 (2015): 20 –33. https://doi.org/10.1080/13691058.2014.963681.

Hirsch, Jennifer S., Jennifer Higgins, Margaret E. Bentley, and Constance A. Nathanson. "The Social Constructions of Sexuality: Marital Infidelity and Sexually Transmitted Disease—HIV Risk in a Mexican Migrant Community." *American Journal of Public Health* 92, no. 8 (2002): 1227–37.

Hirsch, Jennifer S., Shamus R. Khan, Alexander Wamboldt, and Claude A. Mellins. "Social Dimensions of Sexual Consent among Cisgender Heterosexual College Students: Insights From Ethnographic Research." *Journal of Adolescent Health* 64, no. 1 (2018): 26 –35. https://doi.org/10.1016/j.jadohealth.2018.06.011.

Hirsch, Jennifer S., and Claude Ann Mellins. "Sexual Health Initiative to Foster Transformation (SHIFT) Final Report." New York: Columbia University, March 2019. https://www.mailman.columbia.edu/sites/default/files/shift_final_report_4-11-19.pdf.

Hirsch, Jennifer S., Leigh Reardon, Shamus Khan, John S. Santelli, Patrick A. Wilson, Louisa Gilbert, Melanie Wall, and Claude A. Mellins. "Transforming the Campus Climate: Advancing Mixed-Methods Research on the Social and Cultural Roots of Sexual Assault on a College Campus." *Voices:* 13, no. 1 (2018): 23–54. https://doi.org/10.1111/voic.12003.

Hirsch, Jennifer S., Alexander Wamboldt, Shamus R. Khan, Melanie M. Wall, Chen Chen, Leigh Reardon, and Claude Ann Mellins. "There Was Nowhere to Cry: Power, Precarity, and the Ecology of Student Well-Being." In development.

Hirsch, Jennifer S., Holly Wardlow, Daniel Smith, Harriet Phinney, Shanti Parikh, and Constance Nathanson, eds. *The Secret: Love, Marriage, and HIV*. Nashville: Vanderbilt University Press, 2010.

Hirsch, Jennifer, and Holly Wardlow. *Modern Loves: The Anthropology of Romantic Courtship and Companionate Marriage*. Ann Arbor, MI: University of Michigan Press, 2006. https://doi.org/10.3998/mpub.170440.

Hlavka, Heather R. "Normalizing Sexual Violence: Young Women Account for Harassment and Abuse." *Gender and Society* 28, no. 3 (June 2014): 337–58. https://doi.org/10.1177/0891243214526468.

Hoffman, Kristi L., K. Jill Kiecolt, and John N. Edwards. "Physical Violence between Siblings: A Theoretical and Empirical Analysis." *Journal of Family Issues* 26, no. 8 (November 2005): 1103–30. https://doi.org/10.1177/0192513X05277809.

Holland, Alyce, and Thomas Andre. "Athletic Participation and the Social Status of Adolescent Males and Females." *Youth and Society* 25, no. 3 (March 1994): 388 –407. https://doi.org/10.1177/0044118X94025003005.

Holland, Janet, Caroline Ramazanoglu, Sue Sharpe, and Rachel Thomson. "Deconstructing Virginity—Young People's Accounts of First Sex." *Sexual and Relationship Therapy* 15, no. 3 (August 2000): 221–32. https://doi.org/10.1080/14681990050109827.

Holmes, Aaron. "Grad Student Banned from Pupin for Homophobic, Transphobic Vandalism." *Columbia Daily Spectator*. Accessed May 31, 2019. https://www.columbiaspectator.com /news/2017/04/10/physics -grad-student -banned-from-pupin-for-homophobic-transphobic-vandalism/.

Hunt, J., and D. Eisenberg. "Mental Health Problems and Help-Seeking Behavior among College Students." *Journal of Adolescent Health* 46 (2010): 3–10.

Hust, S. J. T., K. B. Rodgers, and B. Bayly. "Scripting Sexual Consent: Internalized Traditional Sexual Scripts and Sexual Consent Expectancies among College Students." *Family Relations* 66 (2017): 197–210.

Hustad, John T. P., Nadine R. Mastroleo, Rachel Urwin, Suzanne Zeman, Linda LaSalle, and Brian Borsari. "Tailgating and Pregaming by College Students with Alcohol Offenses: Patterns of Alcohol Use and Beliefs." *Substance Use and Misuse* 49, no. 14 (December 6, 2014): 1928 –33. https://doi.org/10.3109/10826084.2014.949008.

Iconis, Rosemary. "Rape My th Acceptance in College Students: A Literature Review." *Contemporary Issues in Education Research (CIER)* 1, no. 2 (2011): 47–52.

Sexual Assaults among College Women." *Journal of Women's Health*, November 27, 2018. https://doi. org /10.1089/ jwh.2018.7191.

Godfrey, Mike, and James W. Satterfield. "The Effects Athletic Culture Formation and Perceived Faculty Stereotypes in Higher Education." *Journal of Contemporary Athletics* 5, no. 2 (2011): 89–104.

Grajfoner, Dasha, Emma Harte, Lauren Potter, and Nicola McGuigan. "The Effect of Dog-Assisted Intervention on Student Well-Being, Mood, and Anxiety." *International Journal of Environmental Research and Public Health* 14, no. 5 (May 5, 2017): 483. https://doi.org/10.3390/ijerph14050483.

Gross, Alan M., Andrea Winslett, Miguel Roberts, and Carol L. Gohm. "An Examination of Sexual Violence against College Women." *Violence against Women* 12, no. 3 (2006): 288 –300.

Gross, Bruce. "False Rape Allegations: An Assault on Justice." *Forensic Examiner* 18 (2009): 66 –70.

Gusfield, Joseph R. *The Culture of Public Problems: Drinking-Driving and the Symbolic Order*. Chicago: Univ. of Chicago Press, 1994.

Guttmacher Institute. "Adolescent Sexual and Reproductive Health in the United States." New York: Guttmacher Institute, September 2017. https://www.guttmacher.org/fact-sheet/american-teens-sexual-and-reproductive-health.

———. "American Adolescents' Sources of Sexual Health Information." New York: Guttmacher Institute, December 2017. https://www.guttmacher.org/fact-sheet/ facts-american-teens-sources-information-about-sex.

Guzzo, Karen Benjamin. "Trends in Cohabitation Outcomes: Compositional Changes and Engagement among Never-Married Young Adults: Trends in Cohabitation Outcomes." *Journal of Marriage and Family* 76, no. 4 (August 2014): 826 –42. https://doi.org/10.1111/jomf.12123.

Halligan, Sarah L., Tanja Michael, David M. Clark, and Anke Ehlers. "Posttraumatic Stress Disorder Following Assault: The Role of Cognitive Processing, Trauma Memory, and Appraisals." *Journal of Consulting and Clinical Psychology* 71, no. 3 (2003): 419–31. https://doi.org/10.1037/0022-006X.71.3.419.

Hamilton, Laura, and Elizabeth A. Armstrong. "Gendered Sexuality in Young Adulthood: Double Binds and Flawed Options." *Gender and Society* 23, no. 5 (October 1, 2009): 589– 616. https://doi. org/10.1177/0891243209345829.

Hardy, S. "Adolescent Religiosity and Sexuality: An Investigation of Reciprocal Influences." *Journal of Adolescence* 26, no. 6 (December 2003): 731–39. https://doi.org/10.1016/j.adolescence.2003.09.003.

Harned, Melanie S. "Understanding Women's Labeling of Unwanted Sexual Experiences with Dating Partners: A Qualitative Analysis." *Violence against Women* 11, no. 3 (2005): 374–413.

Hatzenbuehler, M. L. "The Social Environment and Suicide Attempts in Lesbian, Gay, and Bisexual Youth." *Pediatrics* 127, no. 5 (May 1, 2011): 896 –903. https://doi.org/10.1542/peds.2010-3020.

Hatzenbuehler, Mark L., and Bruce G. Link. "Introduction to the Special Issue on Structural Stigma and Health." *Social Science and Medicine* 103 (February 2014): 1– 6. https://doi.org/10.1016/ j.socscimed.2013.12.017.

Heise, Lori L. "Violence against Women: An Integrated, Ecological Framework." *Violence against Women* 4, no. 3 (June 1, 1998): 262–90. https://doi.org/10.1177/1077801298004003002. Heldman, C., and L. Wade. "Hook-Up Culture: Setting a New Research Agenda." *Sexuality Research and Social Policy*, no. 4 (2010): 323–33.

Herman, Judith Lewis. "The Mental Health of Crime Victims: Impact of Legal Intervention." *Journal of Traumatic Stress* 16, no. 2 (April 2003): 159– 66. https://doi.org/10.1023/A:1022847223135.

Hicks, Terence, and Samuel Heastie. "High School to College Transition: A Profile of the Stressors, Physical and Psychological Health Issues That Affect the First-Year On-Campus College Student." *Journal of Cultural Diversity* 15, no. 3 (2008): 143–47.

Hirsch, Jennifer S. *A Courtship after Marriage: Sexuality and Love in Mexican Transnational Families*. Berkeley: University of California Press, 2003.

state/.

Fisher, Bonnie S., Francis T. Cullen, and Michael G. Turner. "The Sexual Victimization of College Women: Research Report." Washington, DC: Department of Justice, National Inst. of Justice, Bureau of Justice Statistics, 2000. http://eric.ed.gov/?id=ED449712.

Fisher, Bonnie S., Leah E. Daigle, Francis T. Cullen, and Michael G. Turner. "Reporting Sexual Victimization to the Police and Others: Results From a National-Level Study of College Women." *Criminal Justice and Behavior* 30, no. 1 (February 1, 2003): 6–38. https://doi.org/10.1177/0093854802239161.

Flack, W. F. " 'The Red Zone': Temporal Risk for Unwanted Sex among College Students." *Journal of Interpersonal Violence* 23, no. 9 (2008): 1177–96.

Fletcher, Jason M., and Marta Tienda. "High School Classmates and College Success." *Sociology of Education* 82, no. 4 (October 1, 2009): 287–314. https://doi.org/10.1177/003804070908200401.

Ford, J., and J. G. Soto-Marquez. "Sexual Assault Victimization among Straight, Gay/ Lesbian, and Bisexual College Students." *Violence and Gender* 3, no. 2 (2016): 107–15.

Foubert, John D., Angela Clark-Taylor, and Andrew F. Wall. "Is Campus Rape Primarily a Serial or One-Time Problem? Evidence From a Multicampus Study." *Violence against Women*, March 18, 2019, 107780121983382. https://doi.org/10.1177/1077801219833820.

Fox, Claire. *I Find That Offensive!* Provocations. London: Biteback Publishing, 2016.

Franklin, C. A. "Physically Forced, Alcohol-Induced, and Verbally Coerced Sexual Victimization: Assessing Risk Factors among University Women." *Journal of Criminal Justice* 38, no. 2 (2010): 149–59.

Frazier, Patricia A., and Beth Haney. "Sexual Assault Cases in the Legal System: Police, Prosecutor, and Victim Perspectives." *Law and Human Behavior* 20, no. 6 (1996): 607–28. https://doi.org/10.1007/BF01499234.

Freitas, Donna. *Sex and the Soul: Juggling Sexuality, Spirituality, Romance, and Religion on America's College Campuses*. Updated edition. Oxford and New York: Oxford University Press, 2015.

Gagnon, John H., and William Simon. *Sexual Conduct: The Social Sources of Human Sexuality*. 2nd ed. New Brunswick (NJ): AldineTransaction, 2005.

Garcia, Jonathan, Richard G. Parker, Caroline Parker, Patrick A. Wilson, Morgan Philbin, and Jennifer S. Hirsch. "The Limitations of 'Black MSM' as a Category: Why Gender, Sexuality, and Desire Still Matter for Social and Biomedical HIV Prevention Methods." *Global Public Health* 11, no. 7– 8 (September 13, 2016): 1026 –48. https://doi.org/10.1080/17441692.2015.1134616.

Gerhard, Jane. "Revisiting 'The My th of the Vaginal Orgasm': The Female Orgasm in American Sexual Thought and Second Wave Feminism." *Feminist Studies* 26, no. 2 (2000): 449. https://doi.org/10.2307/3178545.

Giacomo, Ester di, Micheal Krausz, Fabrizia Colmegna, Flora Aspesi, and Massimo Clerici. "Estimating the Risk of Attempted Suicide among Sexual Minority Youths: A Systematic Review and Meta-Analysis." *JAMA Pediatrics* 172, no. 12 (December 1, 2018): 1145–52. https://doi.org/10.1001/jamapediatrics.2018.2731.

Gibson, Megan. "I Am Woman, Hear Me Roar: Take Back the Night." *Time*, August 12, 2011.

Gidycz, Christine A., J. B. Warkentin, and L. M. Orchowski. "Predictors of Perpetration of Verbal, Physical, and Sexual Violence: A Prospective Analysis of College Men." *Psychology of Men and Masculinity* 8, no. 2 (2007): 79–94.

Gidycz, Christine A., and Christina M. Dardis. "Feminist Self-Defense and Resistance Training for College Students: A Critical Review and Recommendations for the Future." *Trauma, Violence, and Abuse* 15, no. 4 (October 2014): 322–33. https://doi.org/10.1177/1524838014521026.

Giele, Janet Zollinger, and Glen H. Elder, eds. *Methods of Life Course Research: Qualitative and Quantitative Approaches*. Thousand Oaks, CA: Sage Publications, 1998.

Gilbert, Louisa, Aaron L. Sar vet, Melanie Wall, Kate Walsh, Leigh Reardon, Patrick Wilson, John Santelli, et al. "Situational Contexts and Risk Factors Associated with Incapacitated and Nonincapacitated

Ellison, Nicole B., Charles Steinfield, and Cliff Lampe. "The Benefits of Facebook'Friends': Social Capital and College Students' Use of Online Social Network Sites." *Journal of Computer-Mediated Communication* 12, no. 4 (July 2007): 1143–68. https:// doi.org/10.1111/j.1083-6101.2007.00367.x.

England, Paula. "Has the Surplus of Women over Men Driven the Increase in Premarital and Casual Sex among American Young Adults?" *Society* 49, no. 6 (October 18, 2012): 512–14. https://doi.org/10.1007/s12115-012-9594-0.

Epstein, Steven, and Héctor Carrillo. "Immigrant Sexual Citizenship: Intersectional Templates among Mexican Gay Immigrants to the USA." *Citizenship Studies* 18, no. 3–4 (April 3, 2014): 259–76. https://doi.org/10.1080/13621025.2014.905266.

Erb, Sarah E., Keith D. Renshaw, Jerome L. Short, and Jeffrey W. Pollard. "The Importance of College Roommate Relationships: A Review and Systemic Conceptualization." *Journal of Student Affairs Research and Practice* 51, no. 1 (January 1, 2014): 43–55. https://doi.org/10.1515/jsarp-2014-0004.

Espenshade, Thomas J., Alexandria Walton Radford, and Chang Young Chung. *No Longer Separate, Not yet Equal: Race and Class in Elite College Admission and Campus Life*. Princeton: Princeton University Press, 2009.

Fachini, Alexandre, Poliana P. Aliane, Edson Z. Martinez, and Erikson F. Furtado. "Efficacy of Brief Alcohol Screening Intervention for College Students (BASICS): A Meta-Analysis of Randomized Controlled Trials." *Substance Abuse Treatment, Prevention, and Policy* 7, no. 1 (December 2012): 40. https://doi.org/10.1186/1747-597X-7-40.

Fantasia, H. C. "Really Not Even a Decision Any More: Late Adolescent Narratives of Implied Sexual Consent." *Journal of Forensic Nursing* 7, no. 3 (2011): 120 –29. Fantasia, Heidi C., Melissa A. Sutherland, Holly Fontenot, and Janet A. Ierardi. "Knowledge, Attitudes and Beliefs About Contraceptive and Sexual Consent Negotiation among College Women." *Journal of Forensic Nursing* 10, no. 4 (2014): 199–207.

Fedina, Lisa, Jennifer Lynne Holmes, and Bethany L. Backes. "Campus Sexual Assault: A Systematic Review of Prevalence Research From 2000 to 2015." *Trauma, Violence, and Abuse* 19, no. 1 (January 1, 2018): 76 –93. https://doi.org/10.1177/1524838016631129.

Fennell, Reginald. "Health Behaviors of Students Attending Historically Black Colleges and Universities: Results From the National College Health Risk Behavior Survey." *Journal of American College Health* 46, no. 3 (November 1997): 109–17. https://doi.org/10.1080/07448489709595596.

Fenton, Reuven, and Danika Fears. "Columbia Profs Creep out Students by Watching Them Drink for Sex Study." *New York Post*, October 21, 2015. https://ny post.com / 2015/10/ 21 /columbia-profs-creeping-out-students-by-watching-them-drink /.

Field, Caroly n J., Sitawa R. Kimuna, and Marissa N. Lang. "The Relation of Interracial Relationships to Intimate Par tner Violence by College Students." *Journal of Black Studies* 46, no. 4 (May 2015): 384 – 403. https://doi.org /10.1177/0021934715574804.

Fields, Jessica. *Risky Lessons: Sex Education and Social Inequality*. New Brunswick, NJ : Rutgers University Press, 2008.

Fine, Michelle. "Sexuality, Schooling, and Adolescent Females: The Missing Discourse of Desire." *Harvard Educational Review* 58, no. 1 (April 1988): 29–54. https://doi.org/10.17763/haer.58.1.u0468k1v2n2n8242.

Finer, Lawrence B. "Trends in Premarital Sex in the United States, 1954–2003." *Public Health Reports* 122, no. 1 (January 2007): 73–78. https://doi.org/10.1177/003335490712200110.

Finer, Lawrence B., and Jesse M. Philbin. "Trends in Ages at Key Reproductive Transitions in the United States, 1951–2010." *Women's Health Issues* 24, no. 3 (May 2014): e271–79. https://doi.org/10.1016/j.whi.2014.02.002.

Fishell, Darren. "Census Survey: Maine's Still the Oldest, Whitest State." *Bangor Daily News*, June 25, 2015. https://bangordailynews.com/2015/06/25/business/census-survey-maines-still-the-oldest-whitest-

org/10.1080/00224499.2018.1556238.

DeGue, Sarah, Linda Anne Valle, Melissa K. Holt, Greta M. Massetti, Jennifer L. Matjasko, and Andra Teten Tharp. "A Systematic Review of Primary Prevention Strategies for Sexual Violence Perpetration." *Aggression and Violent Behavior* 19 (2014): 346– 62.

DeJong, William, and Jason Blanchette. "Case Closed: Research Evidence on the Positive Public Health Impact of the Age 21 Minimum Legal Drinking Age in the United States." *Journal of Studies on Alcohol and Drugs,* Supplement, no. s17 (March 2014): 108 –15. https://doi.org/10.15288/jsads.2014.s17.108.

Demetriou, Demetrakis Z. "Connell's Concept of Hegemonic Masculinity: A Critique." *Theory and Society* 30, no. 3 (2001): 337– 61.

"Department of Justice: Sexual Assault False Reporting Overview," 2012. http://www.nsvrc.org/sites/default/files/Publications_NSVRC_Overview_False-Reporting.pdf.

Deresiewicz, William. *Excellent Sheep: The Miseducation of the American Elite and the Way to a Meaningful Life.* First Free Press hardcover edition. New York: Free Press, 2014.

Diamond-Welch, B. K., M. D. Hetzel-Riggin, and J. A. Hemingway. "The Willingness of College Students to Intervene in Sexual Assault Situations: Attitude and Behavior Differences by Gender, Race, Age, and Community of Origin." *Violence and Gender* 3, no. 1 (2016): 49–54.

DiIulio, John J. Fill Churches, Not Jails: Youth Crime and "Superpredators" (1996).

Doherty, Shannen, and Cypress Hill. "Is It Date Rape?" *Saturday Night Live,* season 19. NBC, October 2, 1993.

Donde, Sapana D. "College Women's Attributions of Blame for Experiences of Sexual Assault." *Journal of Interpersonal Violence* 32, no. 22 (November 2017): 3520 –38. https://doi.org/10.1177/0886260515599659.

Doornwaard, Suzan M., Megan A. Moreno, Regina J. J. M. van den Eijnden, Ine Vanwesenbeeck, and Tom F. M. ter Bogt. "Young Adolescents' Sexual and Romantic Reference Displays on Facebook." *Journal of Adolescent Health* 55, no. 4 (October 2014): 535–41. https://doi.org/10.1016/j.jadohealth.2014.04.002.

Doumas, Diana M., and Aida Midgett. "Ethnic Differences in Drinking Motives and Alcohol Use among College Athletes." *Journal of College Counseling* 18, no. 2 (July 1, 2015): 116 –29. https://doi.org/10.1002/jocc.12009.

Drope, Jeffrey, Neil W. Schluger, Zachary Cahn, Jacqui Drope, Stephen Hamill, Farhad Islami, Alex Liber, Nigar Nargis, and Michael Stoklosa, eds. *The Tobacco Atlas.* Sixth ed. Atlanta, GA: The American Cancer Society, Inc., 2018.

Du Bois, W. E. B. *The Souls of Black Folk.* New York: Vintage Books/Library of America, 1990.

Dunn, Patricia C., Karen Vail-Smith, and Sharon M. Knight. "What Date/Acquaintance Rape Victims Tell Others: A Study of College Student Recipients of Disclosure." *Journal of American College Health* 47, no. 5 (1999): 213–19.

Dworkin, Andrea. *Intercourse: The Twentienth Anniversary Edition.* New York: BasicBooks, 2007.

Dwyer-Lindgren, Laura, Amelia Bertozzi-Villa, Rebecca W. Stubbs, Chloe Morozoff, Johan P. Mackenbach, Frank J. van Lenthe, Ali H. Mokdad, and Christopher J. L. Murray. "Inequalities in Life Expectancy among US Counties, 1980 to 2014: Temporal Trends and Key Drivers." *JAMA Internal Medicine* 177, no. 7 (July 1, 2017): 1003. https://doi.org/10.1001/jamainternmed.2017.0918.

Edwards, Katie M., Jessica A. Turchik, Christina M. Dardis, Nicole Reynolds, and Christine A. Gidycz. "Rape My ths: History, Individual and Institutional-Level Presence, and Implications for Change." *Sex Roles* 65, no. 11–12 (December 2011): 761–73. https://doi.org/10.1007/s11199-011-9943-2.

Ehlers, Anke, and David M. Clark. "A Cognitive Model of Posttraumatic Stress Disorder." *Behaviour Research and Therapy* 38, no. 4 (April 2000): 319– 45. https://doi.org/10.1016/S0005-7967(99)00123-0.

Eilperin, Juliet. "Seeking to End Rape on Campus, White House Launches 'It's On Us.' " *Washington Post,* September 19, 2014. http://www.washingtonpost.com/blogs/post-politics/wp/2014/09/19/seeking-to-end-rape-on-campus-wh-launches-its-on-us/.

Coker, Ann L., Keith E. Davis, Ileana Arias, Sujata Desai, Maureen Sanderson, Heather M. Brandt, and Paige H. Smith. "Physical and Mental Health Effects of Intimate Partner Violence for Men and Women." *American Journal of Preventive Medicine* 23, no. 4 (November 2002): 260 – 68. https://doi.org/10.1016/S0749-3797(02)00514-7.

Coker, Ann L., Diane R. Follingstad, Heather M. Bush, and Bonnie S. Fisher. "Are Interpersonal Violence Rates Higher among Young Women in College Compared with Those Never Attending College?" *Journal of Interpersonal Violence* 31, no. 8 (May 2016): 1413–29. https://doi.org/10.1177/0886260514567958.

Collins English Dictionary. "Snowflake Generation." In *Collins English Dictionary*. Harper Collins, 2019. https://www.collinsdictionary.com/dictionary/english/snowflake-generation.

Columbia University. "Class of 2022 Profile," May 1, 2018. https://undergrad.admissions.columbia.edu/classprofile/2022.

——— . "Under1Roof," 2019. https://www.cc-seas.columbia.edu/OMA/diversityed/u1r.php. Columbia University Emergency Medical Service. "FAQ," 2019. https://cuems.columbia.edu/faq.

Columbia University Office of the Planning and Research. "Columbia College and School of Engineering Undergraduate Fall Admissions Statistics, 2009–2018." New York: Columbia University Office of the Provost, November 26, 2018. https://provost.columbia.edu/sites/default/files/content/Institutional%20Research/Statistical%20Abstract/opir_admissions_history.pdf.

Combahee River Collective. "Combahee River Collective Statement." In *Home Girls: A Black Feminist Anthology*, edited by Barbara Smith, 264–74. New York: Kitchen Table—Women of Color Press, 1983.

Connell, Raew yn. *Gender and Power: Society, the Person and Sexual Politics*. Cambridge (Cambridgeshire): Polity Press, 1987.

Connop, Vicki, and Jenny Petrak. "The Impact of Sexual Assault on Heterosexual Couples." *Sexual and Relationship Therapy* 19, no. 1 (February 2004): 29–38. https://doi.org/10.1080/14681990410001640817.

Cookingham, Lisa M., and Ginny L. Ryan. "The Impact of Social Media on the Sexual and Social Wellness of Adolescents." *Journal of Pediatric and Adolescent Gynecology* 28, no. 1 (February 2015): 2–5. https://doi.org/10.1016/j.jpag.2014.03.001.

Coulter, R. W., C. Mair, E. Miller, J. R. Blosnich, D. D. Matthews, and H. L. McCauley. "Prevalence of Past-Year Sexual Assault Victimization among Undergraduate Students: Exploring Differences by and Intersections of Gender Identity, Sexual Identity, and Race/Ethnicity." *Prev Sci* Epub ahead of print (2017). https://doi.org/ doi: 10.1007/s11121-017-0762-8.

Cranney, Stephen. "The Relationship Between Sexual Victimization and Year in School in U.S. Colleges: Investigating the Parameters of the 'Red Zone.' " *Journal of Interpersonal Violence* 30, no. 17 (October 2015): 3133–45. https://doi.org/10.1177/0886260514554425.

Crenshaw, Kimberle. "Demarginalizing the Intersection of Race and Sex: A Black Feminist Critique of Antidiscrimination Doctrine, Feminist Theory and Antiracist Politics." *University of Chicago Legal Forum* 1989, no. 1 (1989): 139– 67.

Crosset, Todd. "Male Athletes' Violence against Women: A Critical Assessment of the Athletic Affiliation, Violence against Women Debate." *Quest* 51, no. 3 (August 1999): 244–57. https://doi.org/10.1080/00336297.1999.10491684.

Crossman, Molly K., Alan E. Kazdin, and Krista Knudson. "Brief Unstructured Interaction with a Dog Reduces Distress." *Anthrozoös* 28, no. 4 (December 2015): 649–59. https://doi.org/10.1080/08927936.2015.1070008.

Cyr, Mireille, John Wright, Pierre McDuff, and Alain Perron. "Intrafamilial Sexual Abuse: Brother–Sister Incest Does Not Differ from Father–Daughter and Stepfather– Stepdaughter Incest." *Child Abuse and Neglect* 26, no. 9 (September 2002): 957–73. https://doi.org/10.1016/S0145-2134(02)00365-4.

Dawson, Kate, Saoirse Nic Gabhainn, and Pádraig MacNeela. "Toward a Model of Porn Literacy: Core Concepts, Rationales, and Approaches." *The Journal of Sex Research*, January 9, 2019, 1–15. https://doi.

Assault on Women's Mental Health." *Trauma, Violence, and Abuse*, 2009. http://tva.sagepub.com/content/early/2009/05/10/1524838009334456.short. Campbell, Rebecca, and Sheela Raja. "Secondary Victimization of Rape Victims: Insights From Mental Health Professionals Who Treat Survivors of Violence." *Violence and Victims* 14, no. 3 (1999): 261–75.

Campus PRISM Project, Promoting Restorative Initiatives on Sexual Misconduct at Colleges and Universities. "Next Steps for a Restorative Justice Approach to Campus-Based Sexual and Gender-Based Harassment, Including Sexual Violence." Saratoga Springs, NY: Project on Restorative Justice at Skidmore College, December 2017. https://www.skidmore.edu/campusrj/documents/Next-Steps-for-RJ-Campus-PRISM.pdf.

Canaday, Margot. *The Straight State: Sexuality and Citizenship in Twentieth-Century America*. Politics and Society in Twentieth-Century America. Princeton, NJ: Princeton Univ. Press, 2009.

Cantalupo, N. C. "Institution-Specific Victimization Surveys: Addressing Legal and Practical Disincentives to Gender-Based Violence Reporting on College Campuses." *Trauma, Violence, and Abuse* 15, no. 3 (2014): 227–41.

Cantor, David, Bonnie Fisher, Susan Chibnall, Reanne Townsend, Lee Hyunshik, Carol Bruce, and Gail Thomas. "Report on the A AU Campus Climate Survey on Sexual Assault and Sexual Misconduct: Columbia University." Rockville, MD: The American Association of Universities, September 21, 2015.

Carpenter, Laura M. *Virginity Lost: An Intimate Portrait of First Sexual Experiences*. New York: New York University, 2005.

Carrillo, Héctor. "Imagining Modernity: Sexuality, Policy and Social Change in Mexico." *Sexuality Research and Social Policy* 4, no. 3 (September 2007): 74–91. https://doi.org/10.1525/srsp.2007.4.3.74.

Casey, Erin A., and Taryn P. Lindhorst. "Toward a Multi-Level, Ecological Approach to the Primary Prevention of Sexual Assault: Prevention in Peer and Community Contexts." *Trauma, Violence and Abuse* 10, no. 2 (April 2009): 91–114. https://doi.org/10.1177/1524838009334129.

Centers for Disease Control and Prevention. "All Injuries," May 3, 2017. https://www.cdc.gov/nchs/fastats/injury.htm.

Centers for Disease Control and Prevention, U.S. Department of Health and Human Services, and National Center for Health Statistics. "Early Release of Selected Estimates Based on Data From the National Health Interview Survey, January–March 2016: Alcohol Consumption." Atlanta: Centers for Disease Control, September 2017. Chan, Candy. "Can Columbia's Fraternities Survive the National Threat to Greek Life?" *Columbia Daily Spectator*, November 13, 2018. https://www.columbiaspectator.com/eye-lead/2018/11/14/can-columbias-fraternities-sur vive-the-national-threat-to-greek-life/.

Chemerinsky, Erwin, and Howard Gillman. *Free Speech on Campus*. Paperback edition. New Haven: Yale University Press, 2018.

Chin, Matthew, Alexander Wamboldt, Shamus R. Khan, Claude Ann Mellins, and Jennifer S. Hirsch. "Time for Sex: Examining Dimensions of Temporality in Sexual Consent among College Students." *Human Organization* 78, no. 4 (in press).

Christophe, Ella. "Acceptance Rate Falls by One Third, Reaching Record Low of 18 Percent." *The Chicago Maroon*. April 2, 2010. https://www.chicagomaroon.com/2010/4/2/ acceptance-rate-falls-by-one-third-reaching-record-low-of-18-percent/.

Cisneros, Jesus. "College as the Great Liberator: Undocuqueer Immigrants' Meaning Making in and out of Higher Education." *Journal of Diversity in Higher Education* 12, no. 1 (March 2019): 74– 84. https://doi.org/10.1037/dhe0000075.

Cleary, Michelle, Garry Walter, and Debra Jackson. " 'Not Always Smooth Sailing': Mental Health Issues Associated with the Transition from High School to College." *Issues in Mental Health Nursing* 32, no. 4 (March 2, 2011): 250 –54. https://doi.org/10.3109/01612840.2010.548906.

Cloward, Richard A. *Delinquency and Opportunity : A Theory of Delinquent Gangs*. Edited by Lloyd E. Ohlin. Glencoe, IL: Free Press, 1960.

Approach to Posttraumatic Stress." *Society and Mental Health* 7, no. 2 (July 2017): 69–84. https://doi.org/10.1177/2156869317699249.

———. "Social Psychological Processes That Facilitate Sexual Assault within the Fraternity Party Subculture: Sexual Assault and the Fraternity Subculture." *Sociology Compass* 9, no. 5 (May 2015): 386–99. https://doi.org/10.1111/soc4.12261.

Braithwaite, John. *Restorative Justice and Responsive Regulation*. Studies in Crime and Public Policy. Oxford: Oxford University Press, 2002.

Branch, Kathryn A., and Tara N. Richards. "The Effects of Receiving a Rape Disclosure: College Friends' Stories." *Violence against Women* 19, no. 5 (May 2013): 658 –70. https://doi.org/10.1177/1077801213490509.

Brennan, Carolyn L., Kevin M. Swartout, Bradley L. Goodnight, Sarah L. Cook, Dominic J. Parrott, Martie P. Thompson, Amie R. Newins, Sarah R. B. Barron, Joana Carvalho, and Ruschelle M. Leone. "Evidence for Multiple Classes of Sexually Violent College Men." *Psychology of Violence* 9, no. 1 (January 2019): 48–55. https://doi.org/10.1037/vio0000179.

Brenner, Alletta. "Resisting Simple Dichotomies: Critiquing Narratives of Victims, Perpetrators, and Harm in Feminist Theories of Rape." *Harvard Journal of Law and Gender* 36 (2013): 503.

Bridges, Tristan. "A Very 'Gay' Straight?: Hybrid Masculinities, Sexual Aesthetics, and the Changing Relationship between Masculinity and Homophobia." *Gender and Society* 28, no. 1 (February 2014): 58–82. https://doi.org/10.1177/0891243213503901.

Bridges, Tristan, and C. J. Pascoe. "Hybrid Masculinities: New Directions in the Sociology of Men and Masculinities: Hybrid Masculinities." *Sociology Compass* 8, no. 3 (March 2014): 246 –58. https://doi.org/10.1111/soc4.12134.

Brimeyer, Ted M., and William L. Smith. "Religion, Race, Social Class, and Gender Differences in Dating and Hooking Up among College Students." *Sociological Spectrum* 32, no. 5 (September 2012): 462–73. https://doi.org/10.1080/02732173.2012.694799.

Bronfenbrenner, U. "Toward an Experimental Ecology of Human Development." *American Psychologist* 32, no. 7 (1977): 513–31.

Brownmiller, Susan. *Against Our Will: Men, Women, and Rape*. Reprinted edition. New York: Ballantine Books, 1993.

Bruch, Elizabeth E., and M. E. J. Newman. "Aspirational Pursuit of Mates in Online Dating Markets." *Science Advances* 4, no. 8 (August 1, 2018): eaap9815. https://doi.org/10.1126/sciadv.aap9815.

Bullock, Clay ton M., and Mace Beckson. "Male Victims of Sexual Assault: Phenomenology, Psychology, Physiology." *Journal of the American Academy of Psychiatry and the Law* 39, no. 2 (2011): 197–205.

Burdette, A. M., and T. D. Hill. "Religious Involvement and Transitions into Adolescent Sexual Activities." *Sociology of Religion* 70, no. 1 (March 1, 2009): 28 –48. https:// doi.org/10.1093/socrel/srp011.

Burdette, Amy M., Christopher G. Ellison, Terrence D. Hill, and Norval D. Glenn. " 'Hooking Up' at College: Does Religion Make a Difference?" *Journal for the Scientific Study of Religion* 48, no. 3 (September 2009): 535–51. https://doi.org/10.1111/j.1468-5906.2009.01464.x.

Burkett, M., and K. Hamilton. "Postfeminist Sexual Agency: Young Women's Negotiations of Sexual Consent." *Sexualities* 15, no. 7 (2012): 815–33.

Burns, April, Valerie A. Futch, and Deborah L. Tolman. " 'It's Like Doing Homework': Academic Achievement Discourse in Adolescent Girls' Fellatio Narratives." *Sexuality Research and Social Policy* 8, no. 3 (September 2011): 239–51. https://doi.org/10.1007/s13178-011-0062-1.

Callahan, Amy. "Columbia College Breaks Admissions Records Again." *Columbia University Record*, April 18, 1997. http://www.columbia.edu/cu/record/archives/vol22/ vol22_iss21/record2221.13.html.

Campbell, Jacquelyn. "Campus Sexual Assault Perpetration: What Else We Need to Know." *JAMA Pediatrics*, July 13, 2015.

Campbell, Rebecca, Emily Dworkin, and Giannina Cabral. "An Ecological Model of the Impact of Sexual

Intervention." *Psychology of Violence* 1, no. 3 (2011): 216 –29.

Banyard, Victoria L., Mary M. Moynihan, and Maria T. Crossman. "Reducing Sexual Violence on Campus: The Role of Student Leaders as Empowered Bystanders." *Journal of College Student Development* 50, no. 4 (2009): 446 –57.

Banyard, Victoria L., Mary M. Moynihan, and Elizabethe G. Plante. "Sexual Violence Prevention through Bystander Education: An Experimental Evaluation." *Journal of Community Psychology* 35, no. 4 (2007): 463–81.

Banyard, Victoria L., Mary M. Moynihan, Wendy A. Walsh, Ellen S. Cohn, and Sally Ward. "Friends of Survivors: The Community Impact of Unwanted Sexual Experiences." *Journal of Interpersonal Violence* 25, no. 2 (February 2010): 242–56. https:// doi.org/10.1177/0886260509334407.

Banyard, Victoria L., Sally Ward, Ellen S. Cohn, Elizabethe G. Plante, Cari Moorhead, and Wendy Walsh. "Unwanted Sexual Contact on Campus: A Comparison of Women's and Men's Experiences." *Violence and Victims* 22, no. 1 (2007): 52–70.

Barnard College. "Fact Sheet," 2019. https://barnard.edu/pressroom/fact-sheet.

Barry, Adam E., Zachary Jackson, Daphne C. Watkins, Janelle R. Goodwill, and Haslyn E. R. Hunte. "Alcohol Use and Mental Health Conditions among Black College Males: Do Those Attending Postsecondary Minority Institutions Fare Better Than Those at Primarily White Institutions?" *American Journal of Men's Health* 11, no. 4 (July 2017): 962–68. https://doi.org/10.1177/1557988316674840.

Barry, Tom J., Bert Lenaert, Dirk Hermans, Filip Raes, and James W. Griffith. "Meta-Analysis of the Association Between Autobiographical Memory Specificity and Exposure to Trauma: Memory Specificity and Trauma." *Journal of Traumatic Stress* 31, no. 1 (February 2018): 35–46. https://doi.org/10.1002/jts.22263.

Basile, K. C. "Rape by Acquiescence: The Ways in W hich Women 'Give in' to Unwanted Sex with Their Husbands." *Violence against Women* 5, no. 9 (1999): 1036 –58.

Beres, M. A. " 'Spontaneous' Sexual Consent: An Analysis of Sexual Consent Literature." *Feminism and Psychology* 17, no. 1 (2007): 93–108.

Beres, Melanie. "Sexual Miscommunication? Untangling Assumptions about Sexual Communication between Casual Sex Partners." *Culture, Health and Sexuality* 12, no. 1 (January 2010): 1–14. https://doi.org/10.1080/13691050903075226.

Bernstein, E. "The Sexual Politics of the 'New Abolitionism.' " *Differences* 18, no. 3 (January 1, 2007): 128 –51. https://doi.org/10.1215/10407391-2007-013.

Bierschbach, Briana. "This Woman Fought To End Minnesota's 'Marital Rape' Exception, And Won." National Public Radio, May 4, 2019. https://www.npr.org /2019/05/04/719635969/this-woman-fought-to-end-minnesotas-marital-rape-exception-and-won.

Bobkowski, Piotr S., Jane D. Brown, and Deborah R. Neffa. " 'Hit Me Up and We Can Get Down': US Youths' Risk Behaviors and Sexual Self-Disclosure in MySpace Profiles." *Journal of Children and Media* 6, no. 1 (February 2012): 119–34. https:// doi.org/10.1080/17482798.2011.633412.

Boellstorff, Tom. "But Do Not Identify as Gay: A Proleptic Genealog y of the MSM Category." *Cultural Anthropology* 26, no. 2 (May 2011): 287–312. https://doi.org/10.1111/j.1548-1360.2011.01100.x.

Boeringer, Scott B. "Influences of Fraternity Membership, Athletics, and Male Living Arrangements on Sexual Aggression." *Violence against Women* 2, no. 2 (June 1, 1996): 134–47. https://doi.org/10.1177/1077801296002002002.

Bogle, Kathleen A. *Hooking Up: Sex, Dating, and Relationships on Campus*. New York: New York University Press, 2008.

Boss, Shira. "Class of 1987 Heralds New Era at Columbia." *Columbia College Today*. Spring 2012. https://www.college.columbia.edu/cct/archive/spring12/cover_story_0. Bourdieu, Pierre. *Outline of a Theory of Practice*. 25th printing. Cambridge Studies in Social and Cultural Anthropolog y 16. Cambridge: Cambridge Univ. Press, 2010. Boyle, Kaitlin M. "Sexual Assault and Identity Disruption: A Sociological

——— . " 'It Goes Hand in Hand with the Parties': Race, Class, and Residence in College Student Negotiations of Hooking Up." *Sociological Perspectives* 57, no. 1 (March 2014): 102–23. https://doi.org/10.1177/0731121413516608.

Alvarez Martin, Barbara, Thomas P. McCoy, Heather Champion, Maria T. Parries, Robert H. Durant, Ananda Mitra, and Scott Rhodes. "The Role of Monthly Spending Money in College Student Drinking Behaviors and Their Consequences." *Journal of American College Health* 57, no. 6 (n.d.): 587–96.

American College Health Association. "American College Health Association-National College Health Assessment II: Reference Group Data Report Fall 2008." Baltimore: American College Health Association, 2009.

——— . "American College Health Association-National College Health Assessment II: Reference Group Undergraduates Executive Summary Fall 2015." Hanover, MD: American College Health Association, 2016.

Anderson, Eric. "Inclusive Masculinity in a Fraternal Setting." *Men and Masculinities* 10, no. 5 (August 2008): 604–20. https://doi.org/10.1177/1097184X06291907.

Anderson, Nick. "At First, 55 Schools Faced Sexual Violence Investigations. Now the List Has Quadrupled." *Washington Post*, January 18, 2017.

Armstrong, Elizabeth and Jamie Budnick. "Sexual Assault on Campus: Part of Council of Contemporary Families' Online Symposium on Intimate Partner Violence," May 7, 2015. http://thesocietypages.org/ccf/2015/05/07/sexual-assault-on-campus/. Armstrong, Elizabeth A., Paula England, and Alison C. K. Fogarty. "Accounting for Women's Orgasm and Sexual Enjoyment in College Hookups and Relationships." *American Sociological Review* 77, no. 3 (June 1, 2012): 435– 62. https://doi.org/10.1177/0003122412445802.

Armstrong, Elizabeth A., Miriam Gleckman-Krut, and Lanora Johnson. "Silence, Power, and Inequality: An Intersectional Approach to Sexual Violence." *Annual Review of Sociology* 44, no. 1 (July 30, 2018): 99–122. https://doi.org/10.1146/annurev-soc-073117-041410. Armstrong, Elizabeth A., Laura Hamilton, Paula Engl, | August 5, and 2010 | Summer 2010. "Is Hooking Up Bad For Young Women?" *Contexts*, http://contexts.org/articles/is-hooking-up-bad-for-young-women/.

Armstrong, Elizabeth A., Laura Hamilton, and Brian Sweeney. "Sexual Assault on Campus: A Multilevel, Integrative Approach to Party Rape." *Social Problems* 53, no. 4 (2006): 483–99. https://doi.org/10.1525/sp.2006.53.4.483.

Armstrong, Elizabeth A., and Laura T. Hamilton. *Paying for the Party: How College Maintains Inequality*. Cambridge, MA: Harvard University Press, 2013.

Armstrong, Elizabeth A., Laura T. Hamilton, Elizabeth M. Armstrong, and J. Lotus Seeley. " 'Good Girls': Gender, Social Class, and Slut Discourse on Campus." *Social Psychology Quarterly* 77, no. 2 (June 1, 2014): 100–122. https://doi.org/10.1177/0190272514521220.

Atkinson, Byron H., and A. T. Brugger. "Do College Students Drink Too Much?" *The Journal of Higher Education* 30, no. 6 (June 1959): 305–12. https://doi.org/10.1080/00221546.1959.11777453.

Auerbach, Randy P., Philippe Mortier, Ronny Bruffaerts, Jordi Alonso, Corina Benjet, Pim Cuijpers, Koen Demy ttenaere, et al. "WHO World Mental Health Surveys International College Student Project: Prevalence and Distribution of Mental Disorders." *Journal of Abnormal Psychology* 127, no. 7 (October 2018): 623–38. https:// doi.org/10.1037/abn0000362.

Axinn, William George, Maura Elaine Bardos, and Brady Thomas West. "General Population Estimates of the Association between College Experience and the Odds of Forced Intercourse." *Social Science Research* 70 (February 2018): 131–43. https://doi.org/10.1016/j.ssresearch.2017.10.006.

Ayala, Erin E., Brandy Kotary, and Maria Hetz. "Blame Attributions of Victims and Perpetrators: Effects of Victim Gender, Perpetrator Gender, and Relationship." *Journal of Interpersonal Violence* 33, no. 1 (January 2018): 94–116. https://doi.org/10.1177/0886260515599160.

Banyard, V. "Who Will Help Prevent Sexual Violence: Creating an Ecological Model of Bystander

參考書目
Bibliography

Abbey, Antonia. "Alcohol-Related Sexual Assault: A Common Problem among College Students." *Journal of Studies on Alcohol and Drugs* 14 (2002): 118 –28.

——— . "Moving beyond Simple Answers to Complex Questions: How Does Context Affect Alcohol's Role in Sexual Assault Perpetration? A Commentary on Testa and Cleveland (2017)." *Journal of Studies on Alcohol and Drugs* 78 (2016): 14–15.

Abbey, Antonia, A. Monique Clinton-Sherrod, Pam McAuslan, Tina Zawacki, and Philip O. Buck. "The Relationship between the Quantity of Alcohol Consumed and the Severity of Sexual Assaults Committed by College Men." *Journal of Interpersonal Violence* 18, no. 7 (2003): 813–33.

Abbey, Antonia, and Angela J. Jacques-Tiura. "Sexual Assault Perpetrators' Tactics: Associations with Their Personal Characteristics and Aspects of the Incident." *Journal of Interpersonal Violence* 26, no. 14 (September 2011): 2866 –89. https://doi.org/10.1177/0886260510390955.

Abbey, Antonia, and Pam McAuslan. "A Longitudinal Examination of Male College Students' Perpetration of Sexual Assault." *Journal of Consulting and Clinical Psychology* 72, no. 5 (2004): 747.

Abbey, Antonia, Pam McAuslan, and Lisa Thomson Ross. "Sexual Assault Perpetration by College Men: The Role of Alcohol, Misperception of Sexual Intent, and Sexual Beliefs and Experiences." *Journal of Social and Clinical Psychology* 17, no. 2 (1998): 167–95.

Abbey, Antonia, Pam McAuslan, Tina Zawacki, A. Monique Clinton, and Philip O. Buck. "Attitudinal, Experiential, and Situational Predictors of Sexual Assault Perpetration." *Journal of Interpersonal Violence* 16, no. 8 (2001): 784–807.

Abbey, Antonia, Lisa Thomson Ross, Donna McDuffie, and Pam McAuslan. "Alcohol and Dating Risk Factors for Sexual Assault among College Women." *Psychology of Women Quarterly* 20, no. 1 (1996): 147- 69.

Abbey, Antonia, Tina Zawacki, Philip O. Buck, A. Monique Clinton, and Pam McAuslan. "Sexual Assault and Alcohol Consumption: What Do We Know about Their Relationship and What Types of Research Are Still Needed?" *Aggression and Violent Behavior* 9, no. 3 (2004): 271–303.

Abel, Jaison R., Richard Deitz, and Yaqin Su. "Are Recent College Graduates Finding Good Jobs?" *The Federal Reserve Bank of New York: Current Issues in Economics and Finance* 20, no. 1 (2014): 1–8.

Abu-Odeh, Desiree, Constance Nathanson, and Shamus Khan. "Bureaucratization of Sex at Columbia and Barnard, 1955 to 1990." *Social Science History*, forthcoming. Addington, Lynn A., and Callie Marie Rennison. "US National Crime Victimization Survey." In *Encyclopedia of Criminology and Criminal Justice*, edited by Gerben Bruinsma and David Weisburd, 5392–5401. New York: Springer New York, 2014. https://doi.org/10.1007/978-1-4614-5690-2_448. "Affirmative Consent Laws (Yes Means Yes) State by State." AffirmativeConsent.com. Accessed July 17, 2017. http://affirmativeconsent.com/affirmative-consent-laws-state-by-state/.

Ahuvia, Aaron C., and Mara B. Adelman. "Formal Intermediaries in the Marriage Market: A Typology and Review." *Journal of Marriage and the Family* 54, no. 2 (May 1992): 452. https://doi.org/10.2307/353076.

Allison, Rachel, and Barbara J. Risman. "A Double Standard for 'Hooking Up': How Far Have We Come toward Gender Equality?" *Social Science Research* 42, no. 5 (September 2013): 1191–1206. https://doi.org/10.1016/j.ssresearch.2013.04.006.

Heather Boonstra, "Changes in Adolescents' Receipt of Sex Education, 2006 –2013."
29. Rothman et al., "A Pornography Literacy Class for Youth."
30. Jones, "What Teenagers Are Learning from Online Porn."
31. Shtarkshall, Santelli, and Hirsch, "Sex Education and Sexual Socialization."
32. Ester di Giacomo et al., "Estimating the Risk of Attempted Suicide among Sexual Minority Youths: A Systematic Review and Meta-Analysis," *JAMA Pediatrics* 172, no. 12 (December 1, 2018): 1145–52, https://doi.org/10.1001/jamapediatrics.2018.2731.
33. Mark L. Hatzenbuehler and Bruce G. Link, "Introduction to the Special Issue on Structural Stigma and Health," *Social Science and Medicine* 103 (February 2014): 1– 6, https://doi.org/10.1016/j.socscimed.2013.12.017.
34. Potter, "Reducing Sexual Assault on Campus."

附錄一：方法

1. Hirsch and Mellins, "Sexual Health Initiative to Foster Transformation (SHIFT) Final Report."
2. Hirsch et al., "Transforming the Campus Climate."
3. Nicholas Wolferman et al., "The Advisory Board Perspective from a Campus Community-Based Participatory Research Project on Sexual Violence," *Progress in Community Health Partnerships: Research, Education, and Action* 13, no. 1 (2019): 115–19, https://doi.org/10.1353/cpr.2019.0014.

(Oxford: Oxford University Press, 2002); Mar y P. Koss, Jay K. Wilgus, and Kaaren M. Williamsen, "Campus Sexual Misconduct: Restorative Justice Approaches to Enhance Compliance with Title IX Guidance," *Trauma, Violence and Abuse* 15, no. 3 (April 27, 2014): 242–57, https://doi.org/10.1177/1524838014521500; Mar y Koss, "Restorative Justice Responses to Sexual Assault," Februar y 20, 2008, http://dev.vawnet.org /materials/restorative-justice-responses-sexual-assault.

13. E. Bernstein, "The Sexual Politics of the 'New Abolitionism,' " *Differences* 18, no. 3 (January 1, 2007): 128 –51, https://doi.org/10.1215/10407391-2007-013.
14. Patrick Sharkey, *Uneasy Peace: The Great Crime Decline, the Renewal of City Life, and the Next War on Violence* (New York: W. W. Norton & Company, 2018); Sara Wakefield and Christopher Uggen, "Incarceration and Stratification," *Annual Review of Sociology* 36, no. 1 (June 2010): 387–406, https://doi.org/10.1146/annurev.soc.012809.102551.
15. Robert J. Sampson, "Neighborhoods and Violent Crime: A Multilevel Study of Collective Efficacy," *Science* 277, no. 5328 (August 15, 1997): 918 –24, https://doi.org/10.1126/science.277.5328.918.
16. National Institute on Alcohol Abuse and Alcoholism (NIA A A), "Reducing Alcohol Problems on Campus."
17. Fachini et al., "Efficacy of Brief Alcohol Screening Intervention for College Students (BASICS)."
18. Campbell, Dworkin, and Cabral, "An Ecological Model of the Impact of Sexual Assault on Women's Mental Health"; Mary P. Koss and Mary R. Harvey, *The Rape Victim: Clinical and Community Interventions* (2nd ed.), vol. 14, Sage Library of Social Research, vol. 185 (Thousand Oaks, CA: Sage Publications, Inc, 1991); Sarah E. Ullman et al., "Trauma Histories, Substance Use Coping, PTSD, and Problem Substance Use among Sexual Assault Victims," *Addictive Behaviors* 38 (2013): 2219–23.
19. Hirsch et al., "There Was Nowhere to Cry."
20. Auerbach et al., "WHO World Mental Health Surveys International College Student Project"; Claudia Vadeboncoeur, Nicholas Townsend, and Charlie Foster, "A Meta-Analysis of Weight Gain in First Year University Students: Is Freshman 15 a My th?," *BMC Obesity* 2, no. 1 (December 2015): 22, https://doi.org/10.1186/s40608-015-0051-7.
21. Information Insurance Institute, "Facts + Statistics: Mortality Risk" (New York: Information Insurance Institute, 2017), https://www.iii.org/fact-statistic/facts-statistics-mor tality-risk#Odds%20Of%20Death%20In%20The%20United%20States%20By%20Selected%20Cause%20Of%20Injury,%202017%20(1); Justin Pope, "The College Graduation Swim Test Has Gone Belly-Up," *Los Angeles Times*, June 18, 2006, https://www.latimes.com/archives/la-xpm-2006-jun-18-adna-swim18-story.html.
22. Mellins et al., "Sexual Assault Incidents among College Undergraduates.
23. John S. Santelli et al., "Does Sex Education before College Protect Students from Sexual Assault in College?," *PLOS ONE* 13, no. 11 (November 14, 2018): e0205951, https://doi.org/10.1371/journal.pone.0205951.
24. Schneider and Hirsch, "Comprehensive Sexuality Education as a Primary Prevention Strategy for Sexual Violence Perpetration."
25. Leslie Kantor and Nicole Levitz, "Parents' Views on Sex Education in Schools: How Much Do Democrats and Republicans Agree?," *PLOS ONE* 12, no. 7 (July 3, 2017): e0180250, https://doi.org/10.1371/journal.pone.0180250; Maddow-Zimet Lindberg and Boonstra, "Changes in Adolescents' Receipt of Sex Education, 2006 –2013."
26. Laura Dw yer-Lindgren et al., "Inequalities in Life Expectancy among US Counties, 1980 to 2014: Temporal Trends and Key Drivers," *JAMA Internal Medicine* 177, no. 7 (July 1, 2017): 1003, https://doi.org/10.1001/jamainternmed.2017.0918.
27. "Sexual and Reproductive Health Care: A Position Paper of the Society for Adolescent Health and Medicine," *Journal of Adolescent Health* 54, no. 4 (April 1, 2014): 491–96, https://doi.org/10.1016/j.jadohealth.2014.01.010.
28. Kantor and Levitz, "Parents' Views on Sex Education in Schools"; Maddow-Zimet Lindberg and

Youth," *Pediatrics* 127, no. 5 (May 1, 2011): 896 –903, https://doi.org/10.1542/peds.2010-3020.

結論：培養性公民

1. Jeffrey Drope et al., eds., *The Tobacco Atlas*, sixth ed. (Atlanta, GA: The American Cancer Society, Inc., 2018).
2. Joseph R. Gusfield, *The Culture of Public Problems: Drinking-Driving and the Symbolic Order* (Chicago: Univ. of Chicago Press, 1994).
3. Richard Klein, "An Analysis of Thirty-Five Years of Rape Reform: A Frustrating Search for Fundamental Fairness," *Akron Law Review* 41, no. 981 (2008), https:// papers.ssrn.com/sol3/papers.cfm?abstract_id=2341690.
4. Elaine K. Martin, Casey T. Taft, and Patricia A. Resick, "A Review of Marital Rape," *Aggression and Violent Behavior* 12, no. 3 (May 2007): 329–47, https://doi.org/10.1016/j.avb.2006.10.003.
5. Briana Bierschbach, "This Woman Fought To End Minnesota's 'Marital Rape' Exception, And Won," National Public Radio, May 4, 2019, https://www.npr.org /2019/05/04/719635969/this-woman-fought-to-end-minnesotas-marital-rape-exception-and-won; Mattie Quinn, "Marital Rape Isn't Necessarily a Crime in 12 States," *Governing*, April 10, 2019, https://www.governing.com/topics/public-justice-safety/gov-marital-rape-states-ohio-minnesota.html; Sexual Trauma Services, "South Carolina Laws Regarding Sexual Assault and Consent" (Columbia, SC: Sexual Trauma Services, 2019), https://www.stsm.org/south-carolina-laws-regarding-sexual-assault-and-consent.
6. McGuire, *At the Dark End of the Street*.
7. Abbey, "Alcohol-Related Sexual Assault"; Antonia Abbey and Pam McAuslan, "A Longitudinal Examination of Male College Students' Perpetration of Sexual Assault," *Journal of Consulting and Clinical Psychology* 72, no. 5 (2004): 747; Banyard, "Who Will Help Prevent Sexual Violence"; Katie M. Edwards et al., "Rape Myths: History, Individual and Institutional-Level Presence, and Implications for Change," *Sex Roles* 65, no. 11–12 (December 2011): 761–73, https://doi.org/10.1007/ s11199-011-9943-2; Kimberly A. Lonsway and Louise F. Fitzgerald, "Rape Myths: In Review," *Psychology of Women Quarterly* 18, no. 2 (June 1994): 133– 64, https:// doi.org/10.1111/j.1471-6402.1994.tb00448.x; Patricia Yancey Martin and Robert A. Hummer, "Fraternities and Rape on Campus," *Gender & Society* 3, no. 4 (1989): 457–473; Sandra L. Martin et al., "Women's Sexual Orientations and Their Experiences of Sexual Assault before and during University," *Women's Health Issues* 21, no. 3 (May 2011): 199–205, https://doi.org/10.1016/j.whi.2010.12.002; Muehlenhard et al., "The Complexities of Sexual Consent among College Students"; Murnen, Wright, and Kaluzny, "If 'Boys Will Be Boys,' Then Girls Will Be Victims?"; Tharp et al., "A Systematic Qualitative Review of Risk and Protective Factors for Sexual Violence Perpetration"; Catherine J. Vladutiu, Sandra L. Martin, and Rebecca J. Macy, "Collegeor University-Based Sexual Assault Prevention Programs: A Review of Program Outcomes, Characteristics, and Recommendations," *Trauma, Violence, and Abuse* 12, no. 2 (April 2011): 67–86, https://doi.org/10.1177/1524838010390708; Henry Wechsler et al., "Health and Behavioral Consequences of Binge Drinking in College. A National Survey of Students at 140 Campuses," *JAMA* 272, no. 21 (December 7, 1994): 1672–77.
8. Jennifer S. Hirsch and Claude Ann Mellins, "Sexual Health Initiative to Foster Transformation (SHIFT) Final Report" (New York: Columbia University, March 2019), https://www.mailman.columbia.edu/sites/default/files/shift_final_report_4-11-19.pdf.
9. Jessup-Anger, Lopez, and Koss, "History of Sexual Violence in Higher Education."
10. Randall Waechter and Van Ma, "Sexual Violence in America: Public Funding and Social Priority," *American Journal of Public Health* 105, no. 12 (October 15, 2015): 2430 –37, https://doi.org/10.2105/AJPH.2015.302860.
11. Khan et al., " I Didn't Want to Be 'That Girl.' "
12. John Braithwaite, *Restorative Justice and Responsive Regulation*, Studies in Crime and Public Policy

Partner Violence for Men and Women," *American Journal of Preventive Medicine* 23, no. 4 (November 2002): 260 – 68, https://doi.org/10.1016/ S0749-3797(02)00514-7; Patricia A. Resick, "The Psychological Impact of Rape," *Journal of Interpersonal Violence* 8, no. 2 (June 1993): 223–55, https://doi.org/10.1177/088626093008002005.

9. Franklin, "Physically Forced, Alcohol-Induced, and Verbally Coerced Sexual Victimization"; Genell Sandberg, Thomas L. Jackson, and Patricia Petretic-Jackson, "College Students' Attitudes Regarding Sexual Coercion and Aggression: Developing Educational and Preventive Strategies," *Journal of College Student Personnel*, 1987, http://psycnet.apa.org/psycinfo/1988-27979-001.
10. Andria G. M. Langenberg et al., "A Prospective Study of New Infections with Herpes Simplex Virus Type 1 and Type 2," *New England Journal of Medicine* 341, no. 19 (November 4, 1999): 1432–38, https://doi.org/10.1056/NEJM199911043411904.
11. Simons et al., "The Athlete Stigma in Higher Education."
12. Robb Willer et al., "Overdoing Gender: A Test of the Masculine Overcompensation Thesis," *American Journal of Sociology* 118, no. 4 (January 1, 2013): 980–1022, https:// doi.org/10.1086/668417.
13. Pascoe and Hollander, "Good Guys Don't Rape."
14. Cranney, "The Relationship between Sexual Victimization and Year in School in U.S. Colleges"; Flack, " 'The Red Zone' "; Kimble et al., "Risk of Unwanted Sex for College Women."
15. Ellison, Steinfield, and Lampe, "The Benefits of Facebook 'Friends.' "
16. Erb et al., "The Importance of College Roommate Relationships"; Hicks and Heastie, "High School to College Transition."
17. For more on these dynamics, see our paper, Wamboldt et al., " 'It Was a War of Attrition': Queer and Trans Undergraduates' Practices of Consent and Experiences of Sexual Assault."
18. L. M. Johnson, T. L. Matthews, and S. L. Napper, "Sexual Orientation and Sexual Assault Victimization among US College Students," *Social Science Journal* 53, no. 2016 (2016): 174–83; E. F. Rothman, D. Exner, and A. Baughman, "The Prevalence of Sexual Assault against People Who Identify as Gay, Lesbian or Bisexual in the United States: A Systematic Review," *Trauma Violence and Abuse* 12, no. 2 (2011): 55– 66.
19. C. Struckman-Johnson, D. Struckman-Johnson, and P. B. Anderson, "Tactics of Sexual Coercion: When Men and Women Won't Take No for an Answer."
20. Z. Nicolazzo, " 'Just Go In Looking Good': The Resilience, Resistance, and Kinship-Building of Trans* College Students," *Journal of College Student Development* 57, no. 5 (2016): 538 –56, https://doi.org/10.1353/csd.2016.0057.
21. Brimeyer and Smith, "Religion, Race, Social Class, and Gender Differences in Dating and Hooking Up among College Students"; Elizabeth Aura McClintock, "When Does Race Matter? Race, Sex, and Dating at an Elite University," *Journal of Marriage and Family* 72, no. 1 (February 2010): 45–72, https://doi.org/10.1111/j.1741-3737.2009.00683.x.
22. Gilbert et al., "Situational Contexts and Risk Factors Associated with Incapacitated and Nonincapacitated Sexual Assaults among College Women."
23. Khan et al., "Ecologically Constituted Classes of Sexual Assault: Constructing a Behavioral, Relational, and Contextual Model."
24. Erin E. Ayala, Brandy Kotary, and Maria Hetz, "Blame Attributions of Victims and Perpetrators: Effects of Victim Gender, Perpetrator Gender, and Relationship," *Journal of Interpersonal Violence* 33, no. 1 (January 2018): 94–116, https://doi.org/10.1177/0886260515599160; Bullock and Beckson, "Male Victims of Sexual Assault"; David Lisak, "Men as Victims: Challenging Cultural My ths," *Journal of Traumatic Stress* 6, no. 4 (October 1, 1993): 577– 80, https://doi.org/10.1002/jts.2490060414; Sable et al., "Barriers to Reporting Sexual Assault for Women and Men."
25. Andrea Dworkin, *Intercourse: The Twentieth Anniversary Edition* (New York: BasicBooks, 2007).
26. M. L. Hatzenbuehler, "The Social Environment and Suicide Attempts in Lesbian, Gay, and Bisexual

7; Evalina van Wijk and Tracie C. Harrison, "Relationship Difficulties Postrape: Being a Male Intimate Partner of a Female Rape Victim in Cape Town, South Africa," *Health Care for Women International* 35, no. 7–9 (September 2014): 1081–1105, https://doi.org/10.1080/07399332.2014.916708.
33. Khan et al., "Ecologically Constituted Classes of Sexual Assault: Constructing a Behavioral, Relational, and Contextual Model."
34. Brenner, "Resisting Simple Dichotomies."
35. Tom Boellstorff, "But Do Not Identify as Gay: A Proleptic Genealogy of the MSM Category," *Cultural Anthropology* 26, no. 2 (May 2011): 287–312, https://doi.org/10.1111/j.1548-1360.2011.01100.x; Brenner, "Resisting Simple Dichotomies"; Jonathan Garcia et al., "The Limitations of 'Black MSM' as a Category: Why Gender, Sexuality, and Desire Still Matter for Social and Biomedical HIV Prevention Methods," *Global Public Health* 11, no. 7–8 (September 13, 2016): 1026 –48, https://doi.org/10.1080/17441692.2015.1134616.
36. Elissa R. Weitzman, "Poor Mental Health, Depression, and Associations with Alcohol Consumption, Harm, and Abuse in a National Sample of Young Adults in College," *The Journal of Nervous and Mental Disease* 192, no. 4 (April 2004): 269–77, https://doi.org/10.1097/01.nmd.0000120885.17362.94; Heidi M. Zinzow et al., "Self-Rated Health in Relation to Rape and Mental Health Disorders in a National Sample of College Women," *Journal of American College Health* 59, no. 7 (2011): 588 –94.

CHAPTER 9——性別和以外

1. Connell, *Gender and Power: Society, the Person and Sexual Politics*; Christina Linder, *Sexual Violence on Campus: Power-Conscious Approaches to Awareness, Prevention, and Response*, Great Debates in Higher Education Ser. (Bingley, UK: Emerald Publishing Limited, 2018).
2. V. Banyard, "Who Will Help Prevent Sexual Violence: Creating an Ecological Model of Bystander Intervention," *Psychology of Violence* 1, no. 3 (2011): 216 –29; Casey and Lindhorst, "Toward a Multi-Level, Ecological Approach to the Primary Prevention of Sexual Assault"; Potter, "Reducing Sexual Assault on Campus."
3. Elizabeth Armstrong and Jamie Budnick, "Sexual Assault on Campus: Part of Council of Contemporary Families' Online Symposium on Intimate Partner Violence," May 7, 2015, http://thesocietypages.org/ccf/2015/05/07/sexual-assault-on-campus/; Todd Crosset, "Male Athletes' Violence against Women: A Critical Assessment of the Athletic Affiliation, Violence against Women Debate," *Quest* 51, no. 3 (August 1999): 244–57, https://doi.org/10.1080/00336297.1999.10491684; Koss and Cleveland, "Athletic Participation, Fraternity Membership, and Date Rape"; Patricia Yancey Martin, "The Rape Prone Culture of Academic Contexts: Fraternities and Athletics," *Gender and Society* 30, no. 1 (February 2016): 30 –43, https://doi.org/10.1177/0891243215612708; Merrill Melnick, "Male Athletes and Sexual Assault," *Journal of Physical Education, Recreation and Dance* 63, no. 5 (1992): 32–36.
4. Elizabeth A. Armstrong, Miriam Gleckman-Krut, and Lanora Johnson, "Silence, Power, and Inequality: An Intersectional Approach to Sexual Violence," *Annual Review of Sociology* 44, no. 1 (July 30, 2018): 99–122, https://doi.org/10.1146/annurev-soc-073117-041410; Crenshaw, "Demarginalizing the Intersection of Race and Sex; Linder, *Sexual Violence on Campus: Power-Conscious Approaches to Awareness, Prevention, and Response.*
5. Clay ton M. Bullock and Mace Beckson, "Male Victims of Sexual Assault: Phenomenology, Psychology, Physiology," *Journal of the American Academy of Psychiatry and the Law* 39, no. 2 (2011): 197–205; Ford and Soto-Marquez, "Sexual Assault Victimization among Straight, Gay/Lesbian, and Bisexual College Students."
6. Crenshaw, "Demarginalizing the Intersection of Race and Sex: A Black Feminist Critique of Antidiscrimination Doctrine, Feminist Theory and Antiracist Politics."
7. Armstrong et al., " 'Good Girls.' "
8. Basile, "Rape by Acquiescence"; Ann L Coker et al., "Physical and Mental Health Effects of Intimate

JACH.55.5.277-282; Cassia Spohn and Katharine Tellis, "The Criminal Justice System's Response to Sexual Violence," *Violence against Women* 18, no. 2 (Februar y 2012): 169 –92, https://doi.org /10.1177/1077801212440020.

22. David Lisak et al., "False Allegations of Sexual Assault: An Analysis of Ten Years of Reported Cases," *Violence against Women* 16, no. 12 (December 1, 2010): 1318–34, https://doi.org/10.1177/1077801210387747; Lonsway, Archambault, and Lisak, "False Reports"; Cassia Spohn, Clair White, and Katharine Tellis, "Unfounding Sexual Assault: Examining the Decision to Unfound and Identifying False Reports: Unfounding Sexual Assault," *Law and Society Review* 48, no. 1 (March 2014): 161–92, https://doi.org/10.1111/lasr.12060; Dana A. Weiser, "Confronting My ths about Sexual Assault: A Feminist Analysis of the False Report Literature: False Reports," *Family Relations* 66, no. 1 (February 2017): 46 – 60, https://doi.org/10.1111/ fare.12235; Kate B. Wolitzky-Taylor et al., "Reporting Rape in a National Sample of College Women," *Journal of American College Health* 59, no. 7 (2011): 582– 87; "Department of Justice: Sexual Assault False Reporting Overview."
23. Rebecca Campbell and Sheela Raja, "Secondary Victimization of Rape Victims: Insights From Mental Health Professionals Who Treat Survivors of Violence," *Violence and Victims* 14, no. 3 (1999): 261–75; Sable et al., "Barriers to Reporting Sexual Assault for Women and Men"; Zinzow and Thompson, "Barriers to Reporting Sexual Victimization."
24. Kristine A. Peace, Stephen Porter, and Leanne ten Brinke, "Are Memories for Sexually Traumatic Events 'Special'? A Within-Subjects Investigation of Trauma and Memory in a Clinical Sample," *Memory* 16, no. 1 (January 2008): 10 –21, https://doi.org/10.1080/09658210701363583; Bessel A. Van Der Kolk, "Trauma and Memory," *Psychiatry and Clinical Neurosciences* 52, no. S1 (September 1998): S57– 69, https:// doi.org/10.1046/j.1440-1819.1998.0520s5S97.x.
25. Tom J. Barry et al., "Meta-Analysis of the Association between Autobiographical Memory Specificity and Exposure to Trauma: Memory Specificity and Trauma," *Journal of Traumatic Stress* 31, no. 1 (February 2018): 35–46, https://doi.org/10.1002/ jts.22263; Anke Ehlers and David M. Clark, "A Cognitive Model of Posttraumatic Stress Disorder," *Behaviour Research and Therapy* 38, no. 4 (April 2000): 319– 45, https://doi.org/10.1016/S0005-7967(99)00123-0; Sarah L. Halligan et al., "Posttraumatic Stress Disorder Following Assault: The Role of Cognitive Processing, Trauma Memory, and Appraisals," *Journal of Consulting and Clinical Psychology* 71, no. 3 (2003): 419–31, https://doi.org/10.1037/0022-006X.71.3.419.
26. Judith Lewis Herman, "The Mental Health of Crime Victims: Impact of Legal Intervention," *Journal of Traumatic Stress* 16, no. 2 (April 2003): 159– 66, https://doi.org/10.1023/A:1022847223135.
27. Campbell and Raja, "Secondary Victimization of Rape Victims."
28. Fisher et al., "Reporting Sexual Victimization to the Police and Others Results from a National-Level Study of College Women"; Spohn and Tellis, "The Criminal Justice System's Response to Sexual Violence"; Wolitzky-Taylor et al., "Reporting Rape in a National Sample of College Women."
29. Patricia C. Dunn, Karen Vail-Smith, and Sharon M. Knight, "What Date/Acquaintance Rape Victims Tell Others: A Study of College Student Recipients of Disclosure," *Journal of American College Health* 47, no. 5 (1999): 213–19.
30. Victoria L. Banyard et al., "Friends of Survivors: The Community Impact of Unwanted Sexual Experiences," *Journal of Interpersonal Violence* 25, no. 2 (February 2010): 242–56, https://doi.org/10.1177/0886260509334407; Kathryn A. Branch and Tara N. Richards, "The Effects of Receiving a Rape Disclosure: College Friends' Stories," *Violence against Women* 19, no. 5 (May 2013): 658 –70, https://doi.org/10.1177/1077801213490509; Mellins et al., "Sexual Assault Incidents among College Undergraduates."
31. Mellins et al., "Sexual Assault Incidents among College Undergraduates."
32. Vicki Connop and Jenny Petrak, "The Impact of Sexual Assault on Heterosexual Couples," *Sexual and Relationship Therapy* 19, no. 1 (February 2004): 29–38, https:// doi.org/10.1080/1468199041000164081

Force Himself Upon Me, But . . . ': Women's Lived Experiences of Sexual Coercion in Intimate Relationships with Men," *Violence against Women* 23, no. 8 (July 2017): 911–33, https://doi.org/10.1177/1077801216652507; Lonsway, Archambault, and Lisak, "False Reports."

10. Armstrong, Hamilton, and Sweeney, "Sexual Assault on Campus"; Stephen Cranney, "The Relationship between Sexual Victimization and Year in School in U.S. Colleges: Investigating the Parameters of the 'Red Zone,' " *Journal of Interpersonal Violence* 30, no. 17 (October 2015): 3133–45, https://doi.org/10.1177/0886260514554425; Flack, " 'The Red Zone' Temporal Risk for Unwanted Sex among College Students"; Kimble et al., "Risk of Unwanted Sex for College Women."
11. L. Kamin, "On the Length of Black Penises and the Depth of White Racism," in *Psychology and Oppression: Critiques and Proposals* (Johannesburg: Skotaville, 1993), 35–54.
12. Mellins et al., "Sexual Assault Incidents among College Undergraduates."
13. Mellins et al., "Sexual Assault Incidents among College Undergraduates."
14. Gilbert et al., "Situational Contexts and Risk Factors Associated with Incapacitated and Nonincapacitated Sexual Assaults among College Women."
15. Heather Littleton and Craig E. Henderson, "If She Is Not a Victim, Does That Mean She Was Not Traumatized? Evaluation of Predictors of PTSD Symptomatology among College Rape Victims," *Violence against Women* 15, no. 2 (2009): 148–67; Laura C. Wilson and Angela Scarpa, "The Unique Associations between Rape Acknowledgment and the DSM-5 PTSD Symptom Clusters," *Psychiatry Research* 257 (November 2017): 290 –95, https://doi.org/10.1016/j.psychres.2017.07.055.
16. Sarah McMahon et al., "Campus Sexual Assault: Future Directions for Research," *Sexual Abuse* 31, no. 3 (April 2019): 270–95, https://doi.org/10.1177/1079063217750864; Potter, "Reducing Sexual Assault on Campus"; Malachi Willis and Kristen N. Jozkowski, "Barriers to the Success of Affirmative Consent Initiatives: An Application of the Social Ecological Model," *American Journal of Sexuality Education* 13, no. 3 (July 3, 2018): 324–36, https://doi.org/10.1080/15546128.2018.1443300.
17. Catherine Kaukinen, "The Help-Seeking Decisions of Violent Crime Victims: An Examination of the Direct and Conditional Effects of Gender and the Victim-Offender Relationship," *Journal of Interpersonal Violence* 17, no. 4 (April 2002): 432–56, https://doi.org/10.1177/0886260502017004006; Sable et al., "Barriers to Reporting Sexual Assault for Women and Men."
18. Briana M. Moore and Thomas Baker, "An Exploratory Examination of College Students' Likelihood of Reporting Sexual Assault to Police and University Officials: Results of a Self-Report Survey," *Journal of Interpersonal Violence* 33, no. 22 (November 2018): 3419–38, https://doi.org/10.1177/0886260516632357; Sable et al., "Barriers to Reporting Sexual Assault for Women and Men"; Zinzow and Thompson, "Barriers to Reporting Sexual Victimization."
19. Campbell, Dworkin, and Cabral, "An Ecological Model of the Impact of Sexual Assault on Women's Mental Health"; Kate Walsh et al., "Lifetime Prevalence of Gender-Based Violence in US Women: Associations with Mood/Anxiety and Substance Use Disorders," *Journal of Psychiatric Research* 62 (March 2015): 7–13, https:// doi.org/10.1016/j.jpsychires.2015.01.002.
20. Lynn A. Addington and Callie Marie Rennison, "US National Crime Victimization Survey," in *Encyclopedia of Criminology and Criminal Justice*, ed. Gerben Bruinsma and David Weisburd (New York: Springer New York, 2014), 5392–5401, https:// doi.org/10.1007/978-1-4614-5690-2_448; Ruth D. Peterson and William C. Bailey, "Rape and Dimensions of Socioeconomic Inequality in U.S. Metropolitan Areas," *Journal of Research in Crime and Delinquency* 29, no. 2 (1992): 162–77.
21. Fisher et al., "Repor ting Sexual Victimization to the Police and Others Results from a National-Level Study of College Women"; Patricia A. Frazier and Beth Haney, "Sexual A ssault Cases in the Legal System: Police, Prosecutor, and Victim Perspectives," *Law and Human Behavior* 20, no. 6 (1996): 607–28, https://doi.org /10.1007/BF01499234; Mar tie Thompson et al., "Reasons for Not Repor ting Victimizations to the Police: Do They Var y for Physical and Sexual Incidents?," *Journal of American College Health: J of ACH* 55, no. 5 (April 2007): 277– 82, https://doi.org /10.3200/

Princeton Univ. Press, 2010); Daniel S. Nagin, "Deterrence in the Twenty-First Century," *Crime and Justice* 42, no. 1 (August 2013): 199–263, https:// doi.org/10.1086/670398.

31. Brenner, "Resisting Simple Dichotomies"; Piccigallo, Lilley, and Miller, " 'It's Cool to Care about Sexual Violence' "; Brian Sweeney, "Party Animals or Responsible Men: Social Class, Race, and Masculinity on Campus," *International Journal of Qualitative Studies in Education* 27, no. 6 (July 3, 2014): 804–21, https://doi.org/10.1080/09518398.2014.901578.
32. Kipnis, *Unwanted Advances*; McCaughey and Cermele, "Changing the Hidden Curriculum of Campus Rape Prevention and Education"; Messner, "Bad Men, Good Men, Bystanders."
33. Sarah McMahon and Victoria L. Banyard, "When Can I Help? A Conceptual Framework for the Prevention of Sexual Violence Through Bystander Intervention," *Trauma, Violence, and Abuse* 13, no. 1 (January 2012): 3–14, https://doi.org/10.1177/1524838011426015.
34. Pascoe and Hollander, "Good Guys Don't Rape."

CHAPTER 8 ——後續

1. Cecilia Mengo and Beverly M. Black, "Violence Victimization on a College Campus: Impact on GPA and School Dropout," *Journal of College Student Retention: Research, Theory and Practice* 18, no. 2 (August 2016): 234–48, https://doi.org/10.1177/1521025115584750; Sarah E. Ullman, "Sexual Assault Victimization and Suicidal Behavior in Women: A Review of the Literature," *Aggression and Violent Behavior* 9, no. 4 (July 2004): 331–51, https://doi.org/10.1016/S1359-1789(03)00019-3; Zinzow and Thompson, "Barriers to Reporting Sexual Victimization."
2. Khan et al., " 'I Didn't Want to Be 'That Girl.' "
3. Hirsch et al., *The Secret*; Caroline M. Parker et al., "Social Risk, Stigma and Space: Key Concepts for Understanding HIV Vulnerability among Black Men Who Have Sex with Men in New York City," *Culture, Health and Sexuality* 19, no. 3 (March 4, 2017): 323–37, https://doi.org/10.1080/13691058.2016.1216604.
4. Khan et al., "I Didn't Want to Be 'That Girl' "; Shamus Khan et al., "Ecologically Constituted Classes of Sexual Assault: Constructing a Behavioral, Relational, and Contextual Model," n.p.; Mary P. Koss et al., "Stranger and Acquaintance Rape: Are There Differences in the Victim's Experience?," *Psychology of Women Quarterly* 12, no. 1 (1988): 1–24.
5. Sable et al., "Barriers to Reporting Sexual Assault for Women and Men."
6. Kaitlin M. Boyle, "Sexual Assault and Identity Disruption: A Sociological Approach to Posttraumatic Stress," *Society and Mental Health* 7, no. 2 (July 2017): 69– 84, https://doi.org/10.1177/2156869317699249; Melanie S. Harned, "Understanding Women's Labeling of Unwanted Sexual Experiences with Dating Partners: A Qualitative Analysis," *Violence against Women* 11, no. 3 (2005): 374– 413; Orchowski, Untied, and Gidycz, "Factors Associated with College Women's Labeling of Sexual Victimization."
7. "McCaskill: Campus Sexual Assault Survey Results a 'Wakeup Call' for Schools | U.S. Senator Claire McCaskill of Missouri," accessed May 4, 2015, http://www.mccaskill.senate.gov/media-center/news-releases/campus-sexual-assault-sur vey; Sharyn Potter et al., "Long-Term Impacts of College Sexual Assaults on Women Survivors' Educational and Career Attainments," *Journal of American College Health*, February 15, 2018, 1–37, https://doi.org/10.1080/07448481.2018.1440574; "It's On Us, a Growing Movement to End Campus Sexual Assault," The White House, accessed May 4, 2015, http://www.whitehouse.gov/blog/2014/09/24/its-us-growing-movement-end-campus-sexual-assault.
8. Rosemary Iconis, "Rape My th Acceptance in College Students: A Literature Review," *Contemporary Issues in Education Research (CIER)* 1, no. 2 (2011): 47–52.
9. Sapana D. Donde, "College Women's Attributions of Blame for Experiences of Sexual Assault," *Journal of Interpersonal Violence* 32, no. 22 (November 2017): 3520–38, https://doi.org/10.1177/0886260515599659; Nicole K. Jeffrey and Paula C. Barata, " 'He Didn't Necessarily

14. Boeringer, "Influences of Fraternity Membership, Athletics, and Male Living Arrangements on Sexual Aggression"; C. A. Gidycz, J. B. Warkentin, and L. M. Orchowski, "Predictors of Perpetration of Verbal, Physical, and Sexual Violence: A Prospective Analysis of College Men," *Psychology of Men and Masculinity* 8, no. 2 (2007): 79–94; Koss and Cleveland, "Athletic Participation, Fraternity Membership, and Date Rape."
15. Eric Anderson, "Inclusive Masculinity in a Fraternal Setting," *Men and Masculinities* 10, no. 5 (August 2008): 604–20, https://doi.org/10.1177/1097184X06291907.
16. National Center for Education Statistics, "Table 303.70. Total Undergraduate Fall Enrollment in Degree-Granting Postsecondary Institutions, by Attendance Status, Sex of Student, and Control and Level of Institution: Selected Years, 1970 through 2026" (Washington, DC: Institute of Education Sciences, February 2017), https://nces.ed.gov/programs/digest/d16/tables/dt16_303.70.asp; Jeremy E. Uecker and Mark D. Regnerus, "Bare Market: Campus Sex Ratios, Romantic Relationships, and Sexual Behavior," *The Sociological Quarterly* 51, no. 3 (August 2010): 408 –35, https://doi.org/10.1111/j.1533-8525.2010.01177.x.
17. Mellins et al., "Sexual Assault Incidents among College Undergraduates.
18. Gidycz, Warkentin, and Orchowski, "Predictors of Perpetration of Verbal, Physical, and Sexual Violence"; Arrick Jackson, Katherine Gilliland, and Louis Veneziano, "Routine Activity Theory and Sexual Deviance among Male College Students," *Journal of Family Violence* 21, no. 7 (December 1, 2006): 449– 60, https://doi.org/10.1007/s10896-006-9040-4; Koss and Cleveland, "Athletic Participation, Fraternity Membership, and Date Rape"; Sarah K. Murnen and Marla H. Kohlman, "Athletic Participation, Fraternity Membership, and Sexual Aggression among College Men: A Meta-Analytic Review," *Sex Roles* 57, no. 1–2 (August 2, 2007): 145–57, https:// doi.org/10.1007/s11199-007-9225-1; Walsh et al., "Prevalence and Correlates of Sexual Assault Perpetration and Ambiguous Consent in a Representative Sample of College Students."
19. Flack, " 'The Red Zone.' "
20. David H. Jernigan et al., "Assessing Campus Alcohol Policies: Measuring Accessibility, Clarity, and Effectiveness," *Alcoholism: Clinical and Experimental Research* 43, no. 5 (May 2019): 1007–15, https://doi.org/10.1111/acer.14017.
21. C. J. Pascoe and Jocelyn A. Hollander, "Good Guys Don't Rape: Gender, Domination, and Mobilizing Rape," *Gender and Society* 30, no. 1 (February 2016): 67–79, https://doi.org/10.1177/0891243215612707.
22. C. J. Pascoe and Jocelyn A. Hollander, "Good Guys Don't Rape: Gender, Domination, and Mobilizing Rape"; Alexander Wamboldt et al., "Feminists and Creeps: Collegiate Greek Life and Athletics, Hybrid Moral Masculinity, and the Politics of Sexuality and Gender," n.d.
23. Bridges, "A Very 'Gay' Straight?"; Demetriou, "Connell's Concept of Hegemonic Masculinity"; Bridges and Pascoe, "Hybrid Masculinities"; Robbins, *Fraternity*.
24. Hirsch et al., "There Was Nowhere to Cry."
25. Khan et al., " 'I Didn't Want to Be "That Girl,' " Hirsch et al., "Social Dimensions of Sexual Consent among Cisgender Heterosexual College Students"; Maya Perry, "The Constitution of a Community: Why Student Clubs Are Starting to Take Sexual Violence Response into Their Own Hands," *Columbia Daily Spectator*, February 24, 2019, https://www.columbiaspectator.com/eye-lead/2019/02/24/ the-constitution-of-a-community-why-student-clubs-are-starting-to-take-sexual-violence-response-into-their-own-hands/.
26. Fletcher and Tienda, "High School Classmates and College Success."
27. Messner, "Bad Men, Good Men, Bystanders."
28. Banyard, Moynihan, and Crossman, "Reducing Sexual Violence on Campus"; Mabry and Turner, "Do Sexual Assault Bystander Interventions Change Men's Intentions?"
29. Alexander Wamboldt et al., "Friends, Strangers, and Bystanders."
30. Mark Kleiman, *When Brute Force Fails: How to Have Less Crime and Less Punishment* (Princeton, NJ:

2. Raew yn Connell, *Gender and Power: Society, the Person and Sexual Politics* (Cambridge [Cambridgeshire] : Polity Press, 1987); Gagnon and Simon, *Sexual Conduct*; Cicely Marston and Eleanor King, "Factors That Shape Young People's Sexual Behaviour: A Systematic Review," *The Lancet* 368, no. 9547 (November 4, 2006): 1581–86, https://doi.org/10.1016/S0140-6736(06)69662-1.
3. John T. P. Hustad et al., "Tailgating and Pregaming by College Students with Alcohol Offenses: Patterns of Alcohol Use and Beliefs," *Substance Use and Misuse* 49, no. 14 (December 6, 2014): 1928 –33, https://doi.org/10.3109/10826084.2014.949008; Jennifer E. Merrill et al., "Is the Pregame to Blame? Event-Level Associations Between Pregaming and Alcohol-Related Consequences," *Journal of Studies on Alcohol and Drugs* 74, no. 5 (September 2013): 757– 64, https://doi.org/10.15288/ jsad.2013.74.757.
4. Mireille Cyr et al., "Intrafamilial Sexual Abuse: Brother–Sister Incest Does Not Differ from Father–Daughter and Stepfather–Stepdaughter Incest," *Child Abuse and Neglect* 26, no. 9 (September 2002): 957–73, https://doi.org/10.1016/S0145-2134(02)00365-4; Kristi L. Hoffman, K. Jill Kiecolt, and John N. Edwards, "Physical Violence between Siblings: A Theoretical and Empirical Analysis," *Journal of Family Issues* 26, no. 8 (November 2005): 1103–30, https://doi.org/10.1177/0192513X05277809.
5. N. C. Cantalupo, "Institution-Specific Victimization Surveys: Addressing Legal and Practical Disincentives to Gender-Based Violence Reporting on College Campuses," *Trauma, Violence, and Abuse* 15, no. 3 (2014): 227–41; Bonnie S. Fisher et al., "Reporting Sexual Victimization to the Police and Others: Results from a National-Level Study of College Women," *Criminal Justice and Behavior* 30, no. 1 (February 1, 2003): 6–38, https://doi.org/10.1177/0093854802239161; Lindsay M. Orchowski, Amy S. Untied, and Christine A. Gidycz, "Factors Associated with College Women's Labeling of Sexual Victimization," *Violence and Victims* 28, no. 6 (2013): 940–58; Marjorie R. Sable et al., "Barriers to Reporting Sexual Assault for Women and Men: Perspectives of College Students," *Journal of American College Health* 55 (2006): 157–62; Heidi M. Zinzow and Martie Thompson, "Barriers to Reporting Sexual Victimization: Prevalence and Correlates among Undergraduate Women," *ResearchGate* 20, no. 7 (October 1, 2011): 711–25, https://doi.org/10.1080/10926771.2011.613447.
6. Jason M. Fletcher and Marta Tienda, "High School Classmates and College Success," *Sociology of Education* 82, no. 4 (October 1, 2009): 287–314, https://doi.org/10.1177/003804070908200401; Lauren A. Rivera, *Pedigree: How Elite Students Get Elite Jobs*, first paperback printing with a new afterword by the author (Princeton and Oxford: Princeton University Press, 2016).
7. Matthijs Kalmijn, "Intermarriage and Homogamy: Causes, Patterns, Trends," *Annual Review of Sociology* 24, no. 1 (August 1998): 395– 421, https://doi.org/10.1146/annurev.soc.24.1.395.
8. Margot Canaday, *The Straight State: Sexuality and Citizenship in Twentieth-Century America*, Politics and Society in Twentieth-Century America (Princeton, NJ: Princeton Univ. Press, 2009); Héctor Carrillo, "Imagining Modernity: Sexuality, Policy and Social Change in Mexico," *Sexuality Research and Social Policy* 4, no. 3 (September 2007): 74–91, https://doi.org/10.1525/srsp.2007.4.3.74.
9. Aaron C. Ahuvia and Mara B. Adelman, "Formal Intermediaries in the Marriage Market: A Typology and Review," *Journal of Marriage and the Family* 54, no. 2 (May 1992): 452, https://doi.org/10.2307/353076; Davor Jedlicka, "Formal Mate Selection Networks in the United States," *Family Relations* 29, no. 2 (April 1980): 199, https:// doi.org/10.2307/584072.
10. Jennifer Hirsch and Holly Wardlow, *Modern Loves: The Anthropology of Romantic Courtship and Companionate Marriage* (Ann Arbor, MI: University of Michigan Press, 2006), https://doi.org/10.3998/mpub.170440.
11. Elizabeth E. Bruch and M. E. J. Newman, "Aspirational Pursuit of Mates in Online Dating Markets," *Science Advances* 4, no. 8 (August 1, 2018): eaap9815, https://doi.org/10.1126/sciadv.aap9815.
12. Bogle, *Hooking Up*.
13. Elizabeth A. Armstrong et al., " 'Good Girls': Gender, Social Class, and Slut Discourse on Campus," *Social Psychology Quarterly* 77, no. 2 (June 1, 2014): 100 –122, https://doi.org/10.1177/0190272514521220; Khan, *Privilege*.

A. Bouffard, "Crossing the Threshold from Porn Use to Porn Problem: Frequency and Modality of Porn Use as Predictors of Sexually Coercive Behaviors," *Journal of Interpersonal Violence*, November 22, 2017, 088626051774354, https://doi.org/10.1177/0886260517743549; Paul J. Wright, Robert S. Tokunaga, and Ashley Kraus, "A Meta-Analysis of Pornography Consumption and Actual Acts of Sexual Aggression in General Population Studies: Pornography and Sexual Aggression," *Journal of Communication* 66, no. 1 (February 2016): 183–205, https://doi.org/10.1111/jcom.12201.

19. "Affirmative Consent Laws (Yes Means Yes) State by State."
20. Antonia Abbey, "Moving beyond Simple Answers to Complex Questions: How Does Context Affect Alcohol's Role in Sexual Assault Perpetration? A Commentary on Testa and Cleveland (2017)," *Journal of Studies on Alcohol and Drugs* 78 (2016): 14–15; Abbey, McAuslan, and Ross, "Sexual Assault Perpetration by College Men"; Maria Testa and Michael J. Cleveland, "Does Alcohol Contribute to College Men's Sexual Assault Perpetration? Betweenand Within-Person Effects Over Five Semesters," *Journal of Studies on Alcohol and Drugs* 78, no. 1 (December 12, 2016): 5–13, https://doi.org/10.15288/jsad.2017.78.5.
21. Mellins et al., "Sexual Assault Incidents among College Undergraduates."
22. Gagnon and Simon, *Sexual Conduct*.
23. R. W. Coulter et al., "Prevalence of Past-Year Sexual Assault Victimization among Undergraduate Students: Exploring Differences by and Intersections of Gender Identity, Sexual Identity, and Race/Ethnicity," *Prev Sci* Epub ahead of print (2017), https://doi.org/doi: 10.1007/s11121-017-0762-8; Jennifer S. Hirsch et al., "There Was Nowhere to Cry: Power, Precarity, and the Ecology of Student Well-Being," in development; Jack, *The Privileged Poor*; Mellins et al., "Sexual Assault Incidents among College Undergraduates"; Warikoo, *The Diversity Bargain*.
24. Deborah K. Lewis and Timothy C. Marchell, "Safety First: A Medical A mnesty Approach to A lcohol Poisoning at a U.S. University," *International Journal of Drug Policy* 17, no. 4 (July 2006): 329 –38, https://doi.org /10.1016/j.drugpo.2006.02.007.
25. Alexandre Fachini et al., "Efficacy of Brief Alcohol Screening Intervention for College Students (BASICS): A Meta-Analysis of Randomized Controlled Trials," *Substance Abuse Treatment, Prevention, and Policy* 7, no. 1 (December 2012): 40, https:// doi.org/10.1186/1747-597X-7-40.
26. Promoting Restorative Initiatives on Sexual Misconduct at Colleges and Universities Campus PRISM Project, "Nex t Steps for a Restorative Justice Approach to Campus-Based Sexual and Gender-Based Harassment, Including Sexual Violence" (Saratoga Springs, N Y: Project on Restorative Justice at Skidmore College, December 2017), https://www.skidmore.edu /campusrj/documents/ Nex t-Steps-for-RJ-Campus-PRISM.pdf; Jacqueline R. Piccigallo, Terr y G. Lilley, and Susan L. Miller, " 'It 's Cool to Care about Sexual Violence': Men's Experiences with Sexual A ssault Prevention," *Men and Masculinities* 15, no. 5 (December 2012): 507–25, https://doi.org /10.1177/1097184X12458590; Joan Tabachnick and Cordelia A nderson, "Accountabilit y and Responsibilit y in the Era of #MeToo," *ATSA (A ssociation for the Treatment of Sexual Abusers)* XXXI, no. 2 (Spring 2019), http://newsmanager.commpar tners.com /atsa/issues/2019-03-13/2.html.
27. Cantor et al., "Report on the A AU Campus Climate Survey on Sexual Assault and Sexual Misconduct: Columbia University"; Mellins et al., "Sexual Assault Incidents among College Undergraduates.
28. Madeline Schneider and Jennifer S. Hirsch, "Comprehensive Sexuality Education as A Primary Prevention Strategy for Sexual Violence Perpetration." *Trauma, Violence, and Abuse*, May 2, 2018, 1–17, https://doi.org/10.1177/1524838018772855; Ronny A. Shtarkshall, John S. Santelli, and Jennifer S. Hirsch, "Sex Education and Sexual Socialization: Roles for Educators and Parents," *Perspectives on Sexual and Reproductive Health* 39, no. 2 (June 2007): 116 –19, https://doi.org/10.1363/3911607.

CHAPTER 7 ——群體的力量

1. Barnard College, "Fact Sheet"; Columbia University, "Class of 2022 Profile."

McAuslan, and Lisa Thomson Ross, "Sexual Assault Perpetration by College Men: The Role of Alcohol, Misperception of Sexual Intent, and Sexual Beliefs and Experiences," *Journal of Social and Clinical Psychology* 17, no. 2 (1998): 167–95; Antonia Abbey and Angela J. Jacques-Tiura, "Sexual Assault Perpetrators' Tactics: Associations with Their Personal Characteristics and Aspects of the Incident," *Journal of Interpersonal Violence* 26, no. 14 (September 2011): 2866–89, https://doi.org/10.1177/0886260510390955; Carolyn L. Brennan et al., "Evidence for Multiple Classes of Sexually Violent College Men," *Psychology of Violence* 9, no. 1 (January 2019): 48 –55, https://doi.org/10.1037/vio0000179; Jacquelyn Campbell, "Campus Sexual Assault Perpetration: What Else We Need to Know," *JAMA Pediatrics*, July 13, 2015; Poco D. Kernsmith and Roger M. Kernsmith, "Female Pornography Use and Sexual Coercion Perpetration," *Deviant Behavior* 30, no. 7 (August 19, 2009): 589– 610, https://doi.org/10.1080/01639620802589798; Sarah K. Murnen, Carrie Wright, and Gretchen Kaluzny, "If 'Boys Will Be Boys,' Then Girls Will Be Victims? A Meta-Analy tic Review of the Research That Relates Masculine Ideology to Sexual Aggression," *Sex Roles* 46, no. 11/12 (2002): 359–75, https://doi.org/10.1023/A:1020488928736; Kevin M. Swartout et al., "Trajectory Analysis of the Campus Serial Rapist Assumption," *JAMA Pediatrics* 169, no. 12 (December 1, 2015): 1148, https://doi.org/10.1001/jamapediatrics.2015.0707; Tharp et al., "A Systematic Qualitative Review of Risk and Protective Factors for Sexual Violence Perpetration"; Emily K. Voller and Patricia J. Long, "Sexual Assault and Rape Perpetration by College Men: The Role of the Big Five Personality Traits," *Journal of Interpersonal Violence*, 2009, http://jiv.sagepub.com/content/early/2009/05/14/0886260509334390.short.

9. Kate Walsh et al., "Prevalence and Correlates of Sexual Assault Perpetration and Ambiguous Consent in a Representative Sample of College Students," 2019, *Journal of Interpersonal Violence*, https://doi.org/10.1177/0886260518823293.
10. Kirkpatrick and Kanin, "Male Sex Aggression on a University Campus"; Koss, Gidycz, and Wisniewski, "The Scope of Rape"; Warshaw and Koss, *I Never Called It Rape*.
11. Laura M. Carpenter, *Virginity Lost: An Intimate Portrait of First Sexual Experiences* (New York: New York University, 2005); Holland et al., "Deconstructing Virginity."
12. Randy P. Auerbach et al., "WHO World Mental Health Surveys International College Student Project: Prevalence and Distribution of Mental Disorders," *Journal of Abnormal Psychology* 127, no. 7 (October 2018): 623–38, https://doi.org/10.1037/ abn0000362; J. Hunt and D. Eisenberg, "Mental Health Problems and Help-Seeking Behavior among College Students," *Journal of Adolescent Health* 46 (2010): 3–10.
13. Michelle Cleary, Garry Walter, and Debra Jackson, " 'Not Always Smooth Sailing': Mental Health Issues Associated with the Transition from High School to College," *Issues in Mental Health Nursing* 32, no. 4 (March 2, 2011): 250 –54, https://doi.org/10.3109/01612840.2010.548906; Terence Hicks and Samuel Heastie, "High School to College Transition: A Profile of the Stressors, Physical and Psychological Health Issues That Affect the First-Year On-Campus College Student," *Journal of Cultural Diversity* 15, no. 3 (2008): 143–47; Richard Kadison and Theresa Foy DiGeronimo, *College of the Overwhelmed: The Campus Mental Health Crisis and What to Do About It* (Wiley, 2004).
14. Armstrong et al., "Is Hooking Up Bad for Young Women?"; Heather Littleton et al., "Risky Situation or Harmless Fun? A Qualitative Examination of College Women's Bad Hook-up and Rape Scripts," *Sex Roles* 60, no. 11–12 (2009): 793–804; Elizabeth L. Paul, Brian McManus, and Allison Hayes, " 'Hookups': Characteristics and Correlates of College Students' Spontaneous and Anonymous Sexual Experiences," *Journal of Sex Research* 37, no. 1 (2000): 76 –88; Wade, *American Hookup*.
15. Chin et al., "Time for Sex."
16. Rachel Shteir, "50 Shades of Iv y: Kink on Campus," *Observer*, March 6, 2015, https://observer.com/2015/03/50-shades-of-iv y-kink-on-campus/.
17. Hirsch et al., "Social Dimensions of Sexual Consent among Cisgender Heterosexual College Students."
18. Jones, "What Teenagers Are Learning from Online Porn"; Ethan A. Marshall, Holly A. Miller, and Jeff

in Sexual Assault Situations: Attitude and Behavior Differences by Gender, Race, Age, and Community of Origin," *Violence and Gender* 3, no. 1 (2016): 49–54; Carolyn J. Field, Sitawa R. Kimuna, and Marissa N. Lang, "The Relation of Interracial Relationships to Intimate Partner Violence by College Students," *Journal of Black Studies* 46, no. 4 (May 2015): 384–403, https://doi.org/10.1177/0021934715574804; Rashawn Ray and Jason A. Rosow, "Getting Off and Getting Intimate: How Normative Institutional Arrangements Structure Black and White Fraternity Men's Approaches toward Women," *Men and Masculinities* 12, no. 5 (August 1, 2010): 523–46, https://doi.org/10.1177/1097184X09331750; Amy C. Wilkins, "Stigma and Status: Interracial Intimacy and Intersectional Identities among Black College Men," *Gender and Society* 26, no. 2 (April 2012): 165–89, https://doi.org/10.1177/0891243211434613.
27. Doumas and Midgett, "Ethnic Differences in Drinking Motives and Alcohol Use among College Athletes."
28. W. E. B. Du Bois, *The Souls of Black Folk* (New York: Vintage Books/Library of America, 1990).
29. Bruce Gross, "False Rape Allegations: An Assault on Justice," *Forensic Examiner* 18 (2009): 66 –70; Eugene J. Kanin, "False Rape Allegations," *Archives of Sexual Behavior* 23, no. 1 (1994): 81–92; David Lisak, "False Allegations of Rape: A Critique of Kanin," October 2007, http://www.davidlisak.com/wp-content/uploads/ pdf/SARFalseAllegationsofRape.pdf; Kimberly A. Lonsway, Joanne Archambault, and David Lisak, "False Reports: Moving beyond the Issue to Successfully Investigate and Prosecute Non-Stranger Sexual Assault" (Harrisburg, PA: National Sexual Violence Resource Center, 2009), https://www.nsvrc.org/publications/articles/ false-reports-moving-beyond-issue-successfully-investigate-and-prosecute-non-s; Philip N. S. Rumney, "False Allegations of Rape," *The Cambridge Law Journal* 65, no. 01 (March 2006): 128 –58, https://doi.org/10.1017/S0008197306007069; "Department of Justice: Sexual Assault False Reporting Overview," 2012, http://www.nsvrc.org/sites/default/files/Publications_NSVRC_Overview_False-Reporting.pdf.

CHAPTER 6——天經地義、只顧自己和暴力的行爲

1. Andra Teten Tharp et al., "A Systematic Qualitative Review of Risk and Protective Factors for Sexual Violence Perpetration," *Trauma, Violence, and Abuse* 14, no. 2 (April 2013): 133– 67, https://doi.org/10.1177/1524838012470031.
2. Gagnon and Simon, *Sexual Conduct*; Hust, Rodgers, and Bayly, "Scripting Sexual Consent."
3. Beres, "Sexual Miscommunication?"; Cindy Struckman-Johnson, David Struckman-Johnson, and Peter B. Anderson, "Tactics of Sexual Coercion: When Men and Women Won't Take No for an Answer," *Journal of Sex Research* 40, no. 1 (February 2003): 76 –86, https://doi.org/10.1080/00224490309552168.
4. K. C. Basile, "Rape by Acquiescence: The Ways in Which Women 'Give In' to Unwanted Sex with Their Husbands," *Violence against Women* 5, no. 9 (1999): 1036–58; Brenda L. Russell and Debra L. Oswald, "Strategies and Dispositional Correlates of Sexual Coercion Perpetrated by Women: An Exploratory Investigation," *Sex Roles* 45, no. 1 (2001): 103–15.
5. Russell and Oswald, "Strategies and Dispositional Correlates of Sexual Coercion Perpetrated by Women."
6. Basile, "Rape by Acquiescence"; Heidi M. Zinzow and Martie Thompson, "Factors Associated with Use of Verbally Coercive, Incapacitated, and Forcible Sexual Assault Tactics in a Longitudinal Study of College Men," *Aggressive Behavior* 41, no. 1 (January 2015): 34–43, https://doi.org/10.1002/ab.21567.
7. Alletta Brenner, "Resisting Simple Dichotomies: Critiquing Narratives of Victims, Perpetrators, and Harm in Feminist Theories of Rape," *Harvard Journal of Law and Gender* 36 (2013): 503; K. F. McCartan, H. Kemshall, and J. Tabachnick, "The Construction of Community Understandings of Sexual Violence: Rethinking Public, Practitioner and Policy Discourses," *Journal of Sexual Aggression* 21, no. 1 (January 2, 2015): 100 –116, https://doi.org/10.1080/13552600.2014.945976.
8. Antonia Abbey et al., "Attitudinal, Experiential, and Situational Predictors of Sexual Assault Perpetration," *Journal of Interpersonal Violence* 16, no. 8 (2001): 784–807; Antonia Abbey, Pam

6. Antonia Abbey, "Alcohol-Related Sexual Assault: A Common Problem among College Students," *Journal of Studies on Alcohol and Drugs* 14 (2002): 118–28.
7. M. A. Lewis et al., "Predictors of Hooking Up Sexual Behaviors and Emotional Reactions among U.S. College Students," *Archives of Sexual Behavior* 41, no. 5 (2011): 1219–29.
8. Hust, Rodgers, and Bayly, "Scripting Sexual Consent"; Jozkowski and Peterson, "College Students and Sexual Consent: Unique Insights."
9. "Affirmative Consent Laws (Yes Means Yes) State by State."
10. K. N. Jozkowski, "'Yes Means Yes?' Sexual Consent Policy and College Students," *Change: The Magazine of Higher Learning* 47, no. 2 (2015): 16 –23.
11. Charlene L. Muehlenhard et al., "The Complexities of Sexual Consent among College Students: A Conceptual and Empirical Review," *The Journal of Sex Research* 53, no. 4 –5 (May 3, 2016): 457– 87, https://doi.org /10.1080/00224499.2016.1146651.
12. Abbey, "Alcohol-Related Sexual Assault"; C. A. Franklin, "Physically Forced, Alcohol-Induced, and Verbally Coerced Sexual Victimization: Assessing Risk Factors among University Women," *Journal of Criminal Justice* 38, no. 2 (2010): 149–59.
13. Beres, "Sexual Miscommunication?"
14. Mellins et al., "Sexual Assault Incidents among College Undergraduates.
15. John H. Gagnon and William Simon, *Sexual Conduct: The Social Sources of Human Sexuality*, 2nd ed (New Brunswick, NJ: AldineTransaction, 2005); Hust, Rodgers, and Bayly, "Scripting Sexual Consent."
16. Fantasia, "Really Not Even a Decision Any More: Late Adolescent Narratives of Implied Sexual Consent"; Jozkowski et al., "Gender Differences in Heterosexual College Students' Conceptualizations and Indicators of Sexual Consent."
17. Michelle Fine, "Sexuality, Schooling, and Adolescent Females: The Missing Discourse of Desire," *Harvard Educational Review* 58, no. 1 (April 1988): 29–54, https:// doi.org/10.17763/haer.58.1.u0468k1v2n2n8242.
18. Jozkowski et al., "Gender Differences in Heterosexual College Students' Conceptualizations and Indicators of Sexual Consent."
19. Chin et al., "Time for Sex."
20. Charlene L. Muehlenhard and Stephen W. Cook, "Men's Self-Reports of Unwanted Sexual Activity," *Journal of Sex Research* 24, no. 1 (1988): 58 –72.
21. Armstrong, England, and Fogarty, "Accounting for Women's Orgasm and Sexual Enjoyment in College Hookups and Relationships."
22. Some of the materials and analysis in this chapter are drawn from Alexander Wamboldt et al., " 'It Was a War of Attrition:' Queer and Trans Undergraduates' Practices of Consent and Experiences of Sexual Assault," in process.
23. Pierre Bourdieu, *Outline of a Theory of Practice*, 25th printing, Cambridge Studies in Social and Cultural Anthropology 16 (Cambridge: Cambridge Univ. Press, 2010).
24. Espenshade, Radford, and Chung, *No Longer Separate, Not yet Equal*; Tienda, "Diversity ≠ Inclusion: Promoting Integration in Higher Education"; Warikoo, *The Diversity Bargain.*
25. Mike Godfrey and James W. Satterfield, "The Effects Athletic Culture Formation and Perceived Faculty Stereotypes in Higher Education," *Journal of Contemporary Athletics* 5, no. 2 (2011): 89–104; McClure, "Voluntary Association Membership"; Herbert D. Simons et al., "The Athlete Stigma in Higher Education," *College Student Journal* 41, no. 2 (June 2007): 251–73.
26. Rachel Allison and Barbara J. Risman, " 'It Goes Hand in Hand with the Parties': Race, Class, and Residence in College Student Negotiations of Hooking Up," *Sociological Perspectives* 57, no. 1 (March 2014): 102–23, https://doi.org/10.1177/0731121413516608; Brimeyer and Smith, "Religion, Race, Social Class, and Gender Differences in Dating and Hooking Up among College Students"; B. K. Diamond-Welch, M. D. Hetzel-Riggin, and J. A. Hemingway, "The Willingness of College Students to Intervene

Sites," *Journal of Computer-Mediated Communication* 12, no. 4 (July 2007): 1143–68, https://doi.org/10.1111/j.1083-6101.2007.00367.x.

15. Piotr S. Bobkowski, Jane D. Brown, and Deborah R. Neffa, " 'Hit Me Up and We Can Get Down': US Youths' Risk Behaviors and Sexual Self-Disclosure in MySpace Profiles," *Journal of Children and Media* 6, no. 1 (February 2012): 119–34, https:// doi.org/10.1080/17482798.2011.633412; Suzan M. Doornwaard et al., "Young Adolescents' Sexual and Romantic Reference Displays on Facebook," *Journal of Adolescent Health* 55, no. 4 (October 2014): 535–41, https://doi.org/10.1016/j.jadohealth.2014.04.002; Mansi Kanuga and Walter D. Rosenfeld, "Adolescent Sexuality and the Internet: The Good, the Bad, and the URL," *Journal of Pediatric and Adolescent Gynecology* 17, no. 2 (April 2004): 117–24, https://doi.org/10.1016/j.jpag.2004.01.015; Megan A Moreno, Malcolm Parks, and Laura P. Richardson, "What Are Adolescents Showing the World about Their Health Risk Behaviors on MySpace?," *Medscape General Medicine* 9, no. 4 (October 11, 2007): 9; Kaveri Subrahmanyam, David Smahel, and Patricia Greenfield, "Connecting Developmental Constructions to the Internet: Identity Presentation and Sexual Exploration in Online Teen Chat Rooms," *Developmental Psychology* 42, no. 3 (2006): 395–406, https://doi.org/10.1037/0012-1649.42.3.395; Johanna M. F. van Oosten, Jochen Peter, and Inge Boot, "Exploring Associations between Exposure to Sexy Online Self-Presentations and Adolescents' Sexual Attitudes and Behavior," *Journal of Youth and Adolescence* 44, no. 5 (May 2015): 1078 –91, https://doi.org/10.1007/s10964-014-0194-8.
16. Terri L. Messman-Moore et al., "Sexuality, Substance Use, and Susceptibility to Victimization: Risk for Rape and Sexual Coercion in a Prospective Study of College Women," *Journal of Interpersonal Violence* 23, no. 12 (December 1, 2008): 1730 –46, https://doi.org/10.1177/0886260508314336.
17. Herbert A. Simon, "Rational Choice and the Structure of the Environment," *Psychological Review* 63, no. 2 (1956): 129–38, https://doi.org/10.1037/h0042769.
18. C. Heldman and L. Wade, "Hook-Up Culture: Setting a New Research Agenda," *Sexuality Research and Social Policy*, no. 4 (2010): 323–33; Wade, *American Hookup*.
19. Matthew Chin et al., "Time for Sex: Examining Dimensions of Temporality in Sexual Consent among College Students," *Human Organization* 78, no. 4 (in press); Kanuga and Rosenfeld, "Adolescent Sexuality and the Internet."

CHAPTER 5——同意

1. Some of the materials and analysis in this chapter are drawn from Jennifer S. Hirsch et al., "Social Dimensions of Sexual Consent among Cisgender Heterosexual College Students: Insights From Ethnographic Research," *Journal of Adolescent Health* 64, no. 1 (2018): 26 –35, https://doi.org/10.1016/j.jadohealth.2018.06.011.
2. M. A. Beres, " 'Spontaneous' Sexual Consent: An Analysis of Sexual Consent Literature," *Feminism and Psychology* 17, no. 1 (2007): 93–108; K. N. Jozkowski and Z. D. Peterson, "College Students and Sexual Consent: Unique Insights," *Journal of Sex Research* 50, no. 6 (2013): 517–23.
3. Charlene L. Muehlenhard and Zoë D. Peterson, "Wanting and Not Wanting Sex: The Missing Discourse of Ambivalence," *Feminism and Psychology* 15, no. 1 (February 2005): 15–20, https://doi.org/10.1177/0959353505049698.
4. Heidi C. Fantasia et al., "Knowledge, Attitudes and Beliefs About Contraceptive and Sexual Consent Negotiation among College Women," *Journal of Forensic Nursing* 10, no. 4 (2014): 199–207; Hust, Rodgers, and Bayly, "Scripting Sexual Consent."
5. Burkett and Hamilton, "Postfeminist Sexual Agency"; H. C. Fantasia, "Really Not Even a Decision Any More: Late Adolescent Narratives of Implied Sexual Consent," *Journal of Forensic Nursing* 7, no. 3 (2011): 120 –29; K. N. Jozkowski et al., "Gender Differences in Heterosexual College Students' Conceptualizations and Indicators of Sexual Consent: Implications for Contemporary Sexual Assault Prevention Education," *Journal of Sex Research* 51, no. 8 (2014): 904–16.

4. Laura M. Carpenter, *Virginity Lost: An Intimate Portrait of First Sexual Experiences* (New York: New York University, 2005); Janet Holland et al., "Deconstructing Virginity—Young People's Accounts of First Sex," *Sexual and Relationship Therapy* 15, no. 3 (August 2000): 221–32, https://doi.org/10.1080/14681990050109827.
5. Ted M. Brimeyer and William L. Smith, "Religion, Race, Social Class, and Gender Differences in Dating and Hooking Up among College Students," *Sociological Spectrum* 32, no. 5 (September 2012): 462–73, https://doi.org /10.1080/02732173.2012.694799; Amy M. Burdette et al., " 'Hooking Up' at College: Does Religion Make a Difference?," *Journal for the Scientific Study of Religion* 48, no. 3 (September 2009): 535 –51, https://doi.org /10.1111/j.1468-5906.2009.01464.x; Ellen H. Zaleski and Kathleen M. Schiaffino, "Religiosity and Sexual Risk-Taking Behavior during the Transition to College," *Journal of Adolescence* 23, no. 2 (2000): 223 –27.
6. Wade, *American Hookup*.
7. Elizabeth A. Armstrong, Paula England, and Alison C. K. Fogarty, "Accounting for Women's Orgasm and Sexual Enjoyment in College Hookups and Relationships," *American Sociological Review* 77, no. 3 (June 1, 2012): 435– 62, https://doi.org/10.1177/0003122412445802; Burkett and Hamilton, "Postfeminist Sexual Agency"; April Burns, Valerie A. Futch, and Deborah L. Tolman, " 'It's Like Doing Homework': Academic Achievement Discourse in Adolescent Girls' Fellatio Narratives," *Sexuality Research and Social Policy* 8, no. 3 (September 2011): 239–51, https://doi.org/10.1007/s13178-011-0062-1; Jane Gerhard, "Revisiting 'The My th of the Vaginal Orgasm': The Female Orgasm in American Sexual Thought and Second Wave Feminism," *Feminist Studies* 26, no. 2 (2000): 449, https://doi.org/10.2307/3178545; Juliet Richters et al., "Sexual Practices at Last Heterosexual Encounter and Occurrence of Orgasm in a National Survey," *Journal of Sex Research* 43, no. 3 (August 1, 2006): 217–26, https://doi.org/10.1080/00224490609552320.
8. Marcel Mauss, *The Gift: The Form and Reason for Exchange in Archaic Societies*. New York and London: W. W. Norton, 1990.
9. NYC LGBT Historic Sites Project, "Student Homophile League at Earl Hall, Columbia University," 2017, http://www.nyclgbtsites.org/site/columbia-university/.
10. A. M. Burdette and T. D. Hill, "Religious Involvement and Transitions into Adolescent Sexual Activities," *Sociology of Religion* 70, no. 1 (March 1, 2009): 28 –48, https://doi.org/10.1093/socrel/srp011; Donna Freitas, *Sex and the Soul: Juggling Sexuality, Spirituality, Romance, and Religion on America's College Campuses*, updated edition (Oxford and New York: Oxford University Press, 2015); S. Hardy, "Adolescent Religiosity and Sexuality: An Investigation of Reciprocal Influences," *Journal of Adolescence* 26, no. 6 (December 2003): 731–39, https://doi.org/10.1016/j.adolescence.2003.09.003; Lisa Miller and Merav Gur, "Religiousness and Sexual Responsibility in Adolescent Girls," *Journal of Adolescent Health* 31, no. 5 (November 2002): 401– 6, https://doi.org/10.1016/S1054-139X(02)00403-2; Arland Thornton and Donald Camburn, "Religious Participation and Adolescent Sexual Behavior and Attitudes," *Journal of Marriage and Family* 51, no. 3 (1989): 641–53, https://doi.org/10.2307/352164.
11. Megan C. Ly tle et al., "Association of Religiosity with Sexual Minority Suicide Ideation and Attempt," *American Journal of Preventive Medicine* 54, no. 5 (May 2018): 644–51, https://doi.org/10.1016/j.amepre.2018.01.019.
12. Holland et al., "Deconstructing Virginity"; Carpenter, *Virginity Lost*, 2005.
13. Sonia Livingstone, "Taking Risky Opportunities in Youthful Content Creation: Teenagers' Use of Social Networking Sites for Intimacy, Privacy and Self-Expression," *New Media and Society* 10, no. 3 (June 2008): 393–411, https://doi.org/10.1177/1461444808089415.
14. Lisa M. Cookingham and Ginny L. Ryan, "The Impact of Social Media on the Sexual and Social Wellness of Adolescents," *Journal of Pediatric and Adolescent Gynecology* 28, no. 1 (February 2015): 2–5, https://doi.org/10.1016/j.jpag.2014.03.001; Nicole B. Ellison, Charles Steinfield, and Cliff Lampe, "The Benefits of Facebook 'Friends': Social Capital and College Students' Use of Online Social Network

32. Wamboldt et al., "Wine Night, 'Bro-Dinners,' and Jungle Juice."
33. Tristan Bridges, "A Very 'Gay' Straight?: Hybrid Masculinities, Sexual Aesthetics, and the Changing Relationship between Masculinity and Homophobia," *Gender and Society* 28, no. 1 (February 2014): 58–82, https://doi.org/10.1177/0891243213503901; Demetrakis Z. Demetriou, "Connell's Concept of Hegemonic Masculinity: A Critique," *Theory and Society* 30, no. 3 (2001): 337– 61.
34. Demetriou, "Connell's Concept of Hegemonic Masculinity"; Tristan Bridges and C. J. Pascoe, "Hybrid Masculinities: New Directions in the Sociology of Men and Masculinities: Hybrid Masculinities," *Sociology Compass* 8, no. 3 (March 2014): 246 –58, https://doi.org/10.1111/soc4.12134.
35. Wamboldt et al., "Wine Night, 'Bro-Dinners,' and Jungle Juice."
36. Abbey et al., "Alcohol and Dating Risk Factors for Sexual Assault among College Women"; Lance S. Weinhardt and Michael P. Carey, "Does Alcohol Lead to Sexual Risk Behavior? Findings from Event-Level Research," *Annual Review of Sex Research* 11 (2000): 125–57.
37. Centers for Disease Control and Prevention, U.S. Department of Health and Human Services, and National Center for Health Statistics, "Early Release of Selected Estimates Based on Data From the National Health Interview Survey, January–March 2016: Alcohol Consumption" (Atlanta: Centers for Disease Control, September 2017); National Institute on Alcohol Abuse and Alcoholism (NIA A A), "College Drinking—Fact Sheet—National Institute on Alcohol Abuse and Alcoholism," April 2015, http://pubs.niaaa.nih.gov/publications/CollegeFactSheet/ CollegeFactSheet.pdf; Lisa Wade et al., "Ruling Out Rape," *Contexts*, May 21, 2014, https://contexts.org/articles/ruling-out-rape/; Wechsler, "Alcohol and the American College Campus."
38. Centers for Disease Control and Prevention, "All Injuries," May 3, 2017, https:// www.cdc.gov/nchs/fastats/injury.htm; The Global Burden of Disease 2016 Injury Collaborators et al., "Global Mortality from Firearms, 1990 –2016," *JAMA* 320, no. 8 (August 28, 2018): 792, https://doi.org/10.1001/jama.2018.10060.
39. Wamboldt et al., "Wine Nights, 'Bro-Dinners,' and Jungle Juice."
40. Antonia Abbey et al., "The Relationship between the Quantity of Alcohol Consumed and the Severity of Sexual Assaults Committed by College Men," *Journal of Interpersonal Violence* 18, no. 7 (2003): 813–33; Antonia Abbey et al., "Sexual Assault and Alcohol Consumption: What Do We Know about Their Relationship and What Types of Research Are Still Needed?," *Aggression and Violent Behavior* 9, no. 3 (2004): 271–303.
41. Molly K. Crossman, Alan E. Kazdin, and Krista Knudson, "Brief Unstructured Interaction with a Dog Reduces Distress," *Anthrozoös* 28, no. 4 (December 2015): 649–59, https://doi.org/10.1080/08927936.2015.1070008; Dasha Grajfoner et al., "The Effect of Dog-Assisted Intervention on Student Well-Being, Mood, and Anxiety," *International Journal of Environmental Research and Public Health* 14, no. 5 (May 5, 2017): 483, https://doi.org/10.3390/ijerph14050483.
42. Schalet, *Not under My Roof*; Kate Dawson, Saoirse Nic Gabhainn, and Pádraig MacNeela, "Toward a Model of Porn Literacy: Core Concepts, Rationales, and Approaches," *Journal of Sex Research*, January 9, 2019, 1–15, https://doi.org/10.1080/00224499.2018.1556238; Emily F. Rothman et al., "A Pornography Literacy Class for Youth: Results of a Feasibility and Efficacy Pilot Study," *American Journal of Sexuality Education* 13, no. 1 (January 2, 2018): 1–17, https://doi.org/10.1080/15546128.2018.1437100.

CHAPTER 4——性何所爲？

1. Richard A. Cloward, *Delinquency and Opportunity: A Theory of Delinquent Gangs*, ed. Lloyd E. Ohlin (Glencoe, IL: Free Press, 1960); Hirsch et al., *The Secret*.
2. Mellins et al., "Sexual Assault Incidents among College Undergraduates."
3. Elizabeth L. Paul and Kristen A. Hayes, "The Casualties of 'Casual' Sex: A Qualitative Exploration of the Phenomenology of College Students' Hookups," *Journal of Social and Personal Relationships* 19, no. 5 (2002): 639– 61.

John Kindelberger and National Highway Traffic Safety Administration, "Calculating Lives Saved Due to Minimum Drinking Age Laws" (Washington, DC: NHTSA's National Center for Statistics and Analysis, March 2005).

21. Traci L. Toomey and Alexander C. Wagenaar, "Environmental Policies to Reduce College Drinking: Options and Research Findings," *Journal of Studies on Alcohol*, Supplement 14: 193–205 (March 2002), https://doi.org/10.15288/jsas.2002.s14.193; National Institute on Alcohol Abuse and Alcoholism (NIA A A), "A Call to Action: Changing the Culture of Drinking at U.S. Colleges," 2002, https://www.collegedrinkingprevention.gov/media/taskforcereport.pdf; Wechsler et al., "Trends in College Binge Drinking During a Period of Increased Prevention Efforts: Findings from 4 Harvard School of Public Health College Alcohol Study Surveys: 1993–2001."
22. Columbia University, "Class of 2022 Profile"; Columbia University Office of the Planning and Research, "Columbia College and School of Engineering Undergraduate Fall Admissions Statistics, 2009–2018."
23. President's Commission on Slavery and the University, "Universities Studying Slavery," 2018, http://slavery.virginia.edu/universities-studying-slavery/.
24. Tienda, "Diversity ≠ Inclusion"; Natasha Kumar Warikoo, *The Diversity Bargain: And Other Dilemmas of Race, Admissions, and Meritocracy at Elite Universities* (Chicago ; London: The University of Chicago Press, 2016).
25. Adam E. Barry et al., "Alcohol Use and Mental Health Conditions among Black College Males: Do Those Attending Postsecondary Minority Institutions Fare Better Than Those at Primarily White Institutions?," *American Journal of Men's Health* 11, no. 4 (July 2017): 962– 68, https://doi.org/10.1177/1557988316674840; Reginald Fennell, "Health Behaviors of Students Attending Historically Black Colleges and Universities: Results From the National College Health Risk Behavior Survey," *Journal of American College Health* 46, no. 3 (November 1997): 109–17, https://doi.org/10.1080/07448489709595596; Daniel Ari Kapner, "Alcohol and Other Drug Use at Historically Black Colleges and Universities" (Newton, MA: The Higher Education Center for Alcohol and Other Drug Abuse and Violence Prevention, 2008), https://files.eric.ed.gov/fulltext/ED537617.pdf.
26. Dong-Chul Seo and Kaigang Li, "Effects of College Climate on Students' Binge Drinking: Hierarchical Generalized Linear Model," *Annals of Behavioral Medicine* 38, no. 3 (December 1, 2009): 262– 68, https://doi.org/10.1007/s12160-009-9150-3.
27. National Institute on Alcohol Abuse and Alcoholism (NIA A A), "A Call to Action: Changing the Culture of Drinking at U.S. Colleges," 2002, https://www.collegedrinkingprevention.gov/media/taskforcereport.pdf; Diana M. Doumas and Aida Midgett, "Ethnic Differences in Drinking Motives and Alcohol Use among College Athletes," *Journal of College Counseling* 18, no. 2 (July 1, 2015): 116 –29, https://doi.org/10.1002/jocc.12009.
28. Stephanie M. McClure, "Voluntary Association Membership: Black Greek Men on a Predominantly White Campus," *The Journal of Higher Education* 77, no. 6 (2006): 1036 –57, https://doi.org/10.1353/jhe.2006.0053; Jenny M. Stuber, Joshua Klugman, and Caitlin Daniel, "Gender, Social Class, and Exclusion: Collegiate Peer Cultures and Social Reproduction," *Sociological Perspectives* 54, no. 3 (September 2011): 431–51, https://doi.org/10.1525/sop.2011.54.3.431.
29. Sanday, *Fraternity Gang Rape.*
30. Alexandra Robbins, *Fraternity: An inside Look at a Year of College Boys Becoming Men* (New York: Dutton, 2019); M. P. Koss and H. H. Cleveland, "Athletic Participation, Fraternity Membership, and Date Rape: The Question Remains—Self-Selection or Different Causal Processes?," *Violence against Women* 2, no. 2 (June 1, 1996): 180–90, https://doi.org/10.1177/1077801296002002005; Sanday, *Fraternity Gang Rape.*
31. Alyce Holland and Thomas Andre, "Athletic Participation and the Social Status of Adolescent Males and Females," *Youth and Society* 25, no. 3 (March 1994): 388 –407, https://doi.org/10.1177/0044118X94025003005.

harming themselves or others.

5. Wendy S. Slutske, "Alcohol Use Disorders among US College Students and Their Non– College-Attending Peers," *Archives of General Psychiatry* 62, no. 3 (March 1, 2005): 321, https://doi.org /10.1001/archpsyc.62.3.321; Wendy S. Slutske et al., "Do College Students Drink More Than Their Non-College-Attending Peers? Evidence From a Population-Based Longitudinal Female Twin Study," *Journal of Abnormal Psychology* 113, no. 4 (2004): 530 – 40, https://doi.org /10.1037/0021-843X.113.4.530.
6. Paul K. Piff et al., "Higher Social Class Predicts Increased Unethical Behavior," *Proceedings of the National Academy of Sciences* 109, no. 11 (March 13, 2012): 4086, https://doi.org/10.1073/pnas.1118373109.
7. Columbia University Emergency Medical Service, "FAQ," 2019, https://cuems.columbia.edu/faq; Rahil Kamath and Peter Maroulis, "Confusion Surrounding Cost of CUEMS Discourages Students from Calling Free Service," *Columbia Daily Spectator*, December 7, 2017, https://www.columbiaspectator.com/news/2017/12/07/ confusion-surrounding-cost-of-cuems-discourages-students-from-calling/.
8. Barbara Alvarez Martin et al., "The Role of Monthly Spending Money in College Student Drinking Behaviors and Their Consequences," *Journal of American College Health* 57, no. 6 (n.d.): 587–96.
9. Henry Wechsler and Toben F. Nelson, "Binge Drinking and the American College Students: What's Five Drinks?," *Psychology of Addictive Behaviors* 15, no. 4 (2001): 287–91, https://doi.org/10.1037//0893-164X.15.4.287.
10. Henry Wechsler et al., "Trends in College Binge Drinking During a Period of Increased Prevention Efforts: Findings from 4 Harvard School of Public Health College Alcohol Study Surveys: 1993–2001," *Journal of American College Health*, no. 50 (2015): 5.
11. Mellins et al., "Sexual Assault Incidents among College Undergraduates.
12. Dafna Kanny et al., "Annual Total Binge Drinks Consumed by U.S. Adults, 2015," *American Journal of Preventive Medicine* 54, no. 4 (2018): 486 –96, https://doi.org/10.1016/j.amepre.2017.12.021.
13. Justin Jager et al., "Historical Variation in Drug Use Trajectories across the Transition to Adulthood: The Trend toward Lower Intercepts and Steeper, Ascending Slopes," *Development and Psychopathology* 25, no. 2 (May 2013): 527–43, https://doi.org/10.1017/S0954579412001228.
14. Byron H. Atkinson and A. T. Brugger, "Do College Students Drink Too Much?," *The Journal of Higher Education* 30, no. 6 (June 1959): 305–12, https://doi.org/10.1080/00221546.1959.11777453.
15. Eugene J. Kanin, "Male Aggression in Dating-Courtship Relations," *American Journal of Sociology* 63, no. 2 (September 1957): 197–204, https://doi.org/10.1086/222177.
16. National Institute on Alcohol Abuse and Alcoholism (NIA A A), "Reducing Alcohol Problems on Campus: A Guide to Planning and Evaluation," 2002, https://www.collegedrinkingprevention.gov/media/finalhandbook.pdf.
17. Jennifer S. Hirsch, et al., *The Secret: Love, Marriage, and HIV* (Nashville: Vanderbilt University Press, 2009); Shamus R. Khan et al., " I Didn't Want to Be 'That Girl' ": The Social Risks of Labeling, Telling, and Reporting Sexual Assault," *Sociological Science* 5 (July 12, 2018): 432– 60, https://doi.org/10.15195/v5.a19.
18. Jennifer S. Hirsch et al., "The Social Constructions of Sexuality: Marital Infidelity and Sexually Transmitted Disease—HIV Risk in a Mexican Migrant Community," *American Journal of Public Health* 92, no. 8 (2002): 1227–37.
19. W. F. Flack, " 'The Red Zone': Temporal Risk for Unwanted Sex among College Students," *Journal of Interpersonal Violence* 23, no. 9 (2008): 1177–96; Matthew Kimble et al., "Risk of Unwanted Sex for College Women: Evidence for a Red Zone," *Journal of American College Health* 57, no. 3 (November 2008): 331–38, https://doi.org/10.3200/JACH.57.3.331-338.
20. William DeJong and Jason Blanchette, "Case Closed: Research Evidence on the Positive Public Health Impact of the Age 21 Minimum Legal Drinking Age in the United States," *Journal of Studies on Alcohol and Drugs*, Supplement, no. s17 (March 2014): 108 –15, https://doi.org/10.15288/jsads.2014.s17.108;

19. William Deresiewicz, *Excellent Sheep: The Miseducation of the American Elite and the Way to a Meaningful Life*, First Free Press hardcover edition (New York: Free Press, 2014).
20. Ella Christophe, "Acceptance Rate Falls by One Third, Reaching Record Low of 18 Percent," *The Chicago Maroon*, April 2, 2010, https://www.chicagomaroon.com /2010/4/2/acceptance-rate -falls-by-one-third-reaching-record-low-of-18-percent/; Dennis Rodkin, "College Comeback: The University of Chicago Finds Its Groove," *Chicago*, March 16, 2011, https://www.chicagomag.com/Chicago-Magazine/March-2011/College-Comeback-The-University-of-Chicago-Finds-Its-Groove/.
21. Shira Boss, "Class of 1987 Heralds New Era at Columbia," *Columbia College Today*, Spring 2012, https://www.college.columbia.edu/cct/archive/spring12/cover_story_0; Amy Callahan, "Columbia College Breaks Admissions Records Again," *Columbia University Record*, April 18, 1997, http://www.columbia.edu/cu/record/archives/ vol22/vol22_iss21/record2221.13.html; Michael Matier and Cathy Alvord, "Undergraduate Enrollment Trends Fall 1998" (Cornell University Institutional Research and Planning, 1998), https://dpb.cornell.edu/documents/1000023.pdf.
22. Matier and Alvord, "Undergraduate Enrollment Trends Fall 1998."
23. Collins English Dictionary, "Snowflake Generation," in *Collins English Dictionary* (Harper Collins, 2019), https://www.collinsdictionary.com/dictionary/english/ snowflake-generation; Claire Fox, *I Find That Offensive!*, Provocations (London: Biteback Publishing, 2016); Joel Stein, "Millennials: The Me Me Me Generation," *Time Magazine*, May 20, 2013, http://time.com/247/millennials-the-me-me-me-generation/.
24. Sarah E. Erb et al., "The Importance of College Roommate Relationships: A Review and Systemic Conceptualization," *Journal of Student Affairs Research and Practice* 51, no. 1 (January 1, 2014): 43–55, https://doi.org/10.1515/jsarp-2014-0004.
25. Dina Okamoto and G. Cristina Mora, "Panethnicity," *Annual Review of Sociology* 40 (2014): 219–39.
26. David Paulk, "Columbia's Chinese Students Targeted by Racist Vandalism," *Sixth Tone*, February 14, 2017, https://www.sixthtone.com/news/1932/columbia-chinese-students-targeted-by-racist-vandalism.
27. Aaron Holmes, "Grad Student Banned from Pupin for Homophobic, Transphobic Vandalism," *Columbia Daily Spectator*, accessed May 31, 2019, https://www.columbiaspectator.com / news/2017/04/10/physics -grad-student -banned-from-pupin-for-homophobic-transphobic-vandalism/.
28. Scott Jaschik, "Entering Campus Building While Black," *Inside Higher Education*, accessed May 22, 2019, https://www.insidehighered.com/news/2019/04/15/barnard-suspends-police-officers-after-incident-black-student.
29. Thomas J. Espenshade, Alexandria Walton Radford, and Chang Young Chung, *No Longer Separate, Not yet Equal: Race and Class in Elite College Admission and Campus Life* (Princeton: Princeton University Press, 2009).
30. Alexander Wamboldt et al., "Wine Nights, 'Bro-Dinners,' and Jungle Juice: Disaggregating Practices of Undergraduate Binge Drinking," *Journal of Drug Issues*, 2019, 49(4): 643– 67.
31. Jones, "What Teenagers Are Learning from Online Porn."
32. Mellins et al., "Sexual Assault Incidents among College Undergraduates."

CHAPTER 3——校園裡的毒瓊漿

1. Henry Wechsler, "Alcohol and the American College Campus: *A Report from the Harvard School of Public Health*," *Change: The Magazine of Higher Learning* 28, no. 4 (August 1996): 20 – 60, https://doi.org/10.1080/00091383.1996.9937758.
2. Thomas Vander Ven, *Getting Wasted: Why College Students Drink Too Much and Party so Hard* (New York and London: New York University Press, 2011).
3. Vander Ven, *Getting Wasted.*
4. In the methodological appendix we outline our ethical protocols for observing illegal or potentially harmful behaviors. As we explain, we did intervene if someone was clearly in imminent danger of

With Sexual Minority Suicide Ideation and Attempt," *American Journal of Preventive Medicine* 54, no. 5 (May 2018): 644–51, https://doi.org/10.1016/j. amepre.2018.01.019.

2. Lesley Scanlon, Louise Rowling, and Zita Weber, " 'You Don't Have like an Identity . . . You Are Just Lost in a Crowd': Forming a Student Identity in the First-Year Transition to University," *Journal of Youth Studies* 10, no. 2 (May 2007): 223– 41, https://doi.org/10.1080/13676260600983684.
3. Candy Chan, "Can Columbia's Fraternities Survive the National Threat to Greek Life?," *Columbia Daily Spectator*, November 13, 2018, https://www.columbiaspectator.com/eye-lead/2018/11/14/can-columbias-fraternities-sur vive-the-national-threat-to-greek-life/.
4. American College Health Association, "American College Health Association – National College Health Assessment II: Reference Group Undergraduates Executive Summary Fall 2015" (Hanover, MD: American College Health Association, 2016).
5. David R. Reetz, Victor Barr, and Brian Krylowicz, "The Association for University and College Counseling Center Directors Annual Survey" (Indianapolis, IN: Association for University and College Counseling Center Directors, 2013).
6. American College Health Association, "American College Health Association – National College Health Assessment II: Reference Group Data Report Fall 2008." (Baltimore: American College Health Association, 2009); American College Health Association, "American College Health Association-National College Health Assessment Spring 2018 Reference Group Data Report" (Baltimore: American College Health Association, 2018).
7. Jaison R. Abel, Richard Deitz, and Yaqin Su, "Are Recent College Graduates Finding Good Jobs?," *The Federal Reserve Bank of New York: Current Issues in Economics and Finance* 20, no. 1 (2014): 1–8.
8. Jesus Cisneros, "College as the Great Liberator: Undocuqueer Immigrants' Meaning Making in and out of Higher Education," *Journal of Diversity in Higher Education* 12, no. 1 (March 2019): 74– 84, https://doi.org/10.1037/dhe0000075.
9. Anthony A. Jack, *The Privileged Poor: Rich College, Poor Students, and the Gap Between Access and Inclusion* (Harvard University Press, 2019).
10. Marta Tienda, "Diversity ≠ Inclusion: Promoting Integration in Higher Education," *Educational Researcher* 42, no. 9 (2013): 467–75.
11. Columbia University, "Under1Roof," 2019, https://www.cc-seas.columbia.edu/ OMA/diversityed/u1r.php.
12. These numbers don't add to 100% because students can pick more than one racial/ethnic category. Columbia University, "Class of 2022 Profile."
13. Mellins et al., "Sexual Assault Incidents among College Undergraduates.
14. Columbia University, "Class of 2022 Profile."
15. Darren Fishell, "Census Survey: Maine's Still the Oldest, Whitest State," *Bangor Daily News*, June 25, 2015, https://bangordailynews.com/2015/06/25/business/ census-survey-maines-still-the-oldest-whitest-state/.
16. Office of Planning U.S. Department of Education Evaluation and Policy Development and Office of the Under Secretary, "Advancing Diversity and Inclusion in Higher Education: Key Data Highlights Focusing on Race and Ethnicity and Promising Practices" (Washington, DC: US Dept. of Education, 2016), https://www2.ed.gov/rschstat/research/pubs/advancing-diversity-inclusion.pdf.
17. Erwin Chemerinsky and Howard Gillman, *Free Speech on Campus*, paperback edition (New Haven: Yale University Press, 2018); Alan Charles Kors and Harvey A. Silverglate, *The Shadow University: The Betrayal of Liberty on America's Campuses* (Portland, OR: Powells, 2000), http://www.myilibrary.com?id=899115.
18. Columbia University Office of the Planning and Research, "Columbia College and School of Engineering Undergraduate Fall Admissions Statistics, 2009–2018" (New York: Columbia University Office of the Provost, November 26, 2018), https://provost.columbia.edu/sites/default/files/content/Institutional%20Research/ Statistical%20Abstract/opir_admissions_history.pdf.

11. Paula England, "Has the Surplus of Women over Men Driven the Increase in Premarital and Casual Sex among American Young Adults?," *Society* 49, no. 6 (October 18, 2012): 512–14, https://doi.org/10.1007/s12115-012-9594-0.
12. Christine A. Gidycz and Christina M. Dardis, "Feminist Self-Defense and Resistance Training for College Students: A Critical Review and Recommendations for the Future," *Trauma, Violence, and Abuse* 15, no. 4 (October 2014): 322–33, https:// doi.org/10.1177/1524838014521026.
13. Kate Walsh et al., "Dual Measures of Sexual Consent: A Confirmatory Factor Analysis of the Internal Consent Scale and External Consent Scale," *Journal of Sex Research*, March 18, 2019, 1–9, https://doi.org/10.1080/00224499.2019.1581882.
14. Rachel Allison and Barbara J. Risman, "A Double Standard for 'Hooking Up': How Far Have We Come toward Gender Equality?," *Social Science Research* 42, no. 5 (September 2013): 1191–1206, https://doi.org/10.1016/j.ssresearch.2013.04.006; Laura Hamilton and Elizabeth A. Armstrong, "Gendered Sexuality in Young Adulthood: Double Binds and Flawed Options," *Gender and Society* 23, no. 5 (October 1, 2009): 589– 616, https://doi.org/10.1177/0891243209345829.
15. J. Ford and J. G. Soto-Marquez, "Sexual Assault Victimization among Straight, Gay/Lesbian, and Bisexual College Students," *Violence and Gender* 3, no. 2 (2016): 107–15; Alexander Wamboldt et al., " 'It Was a War of Attrition': Queer and Trans Undergraduates' Practices of Consent and Experiences of Sexual Assault," in process.
16. Melanie Beres, "Sexual Miscommunication? Untangling Assumptions about Sexual Communication between Casual Sex Partners," *Culture, Health and Sexuality* 12, no. 1 (January 2010): 1–14, https://doi.org/10.1080/13691050903075226.
17. M. Burkett and K. Hamilton, "Postfeminist Sexual Agency: Young Women's Negotiations of Sexual Consent," *Sexualities* 15, no. 7 (2012): 815–33; Heather R. Hlavka, "Normalizing Sexual Violence: Young Women Account for Harassment and Abuse," *Gender and Society* 28, no. 3 (June 2014): 337–58, https://doi.org/10.1177/0891243214526468.
18. Rachael O'Byrne, Susan Hansen, and Mark Rapley, " 'If a Girl Doesn't Say "No" . . .': Young Men, Rape and Claims of 'Insufficient Knowledge,' " *Journal of Community and Applied Social Psychology* 18, no. 3 (May 2008): 168 –93, https://doi.org/10.1002/ casp.922.
19. Mellins et al., "Sexual Assault Incidents among College Undergraduates.
20. Cindy Struckman-Johnson, "Forced Sex on Dates: It Happens to Men, Too," *Journal of Sex Research* 24, no. 1 (January 1988): 234–41, https://doi.org/10.1080/00224498809551418; Victoria L. Banyard et al., "Unwanted Sexual Contact on Campus: A Comparison of Women's and Men's Experiences," *Violence and Victims* 22, no. 1 (2007): 52–70; J.A. Turchik, "Sexual Victimization among Male College Students: Assault Severity, Sexual Functioning, and Health Risk Behaviors," *Psychology of Men and Masculinity* 13, no. 3 (2012): 243–55.
21. S. J. T. Hust, K. B. Rodgers, and B. Bayly, "Scripting Sexual Consent: Internalized Traditional Sexual Scripts and Sexual Consent Expectancies among College Students," *Family Relations* 66 (2017): 197–210.
22. Fields, *Risky Lessons*; Richardson, "Constructing Sexual Citizenship."
23. Burkett and Hamilton, "Postfeminist Sexual Agency."
24. Elizabeth A. Armstrong, Paula England, and Alison C. K. Fogarty, "Accounting for Women's Orgasm and Sexual Enjoyment in College Hookups and Relationships," *American Sociological Review* 77, no. 3 (June 1, 2012): 435– 62, https://doi.org/10.1177/0003122412445802; Jane Gerhard, "Revisiting 'The My th of the Vaginal Orgasm': The Female Orgasm in American Sexual Thought and Second Wave Feminism," *Feminist Studies* 26, no. 2 (2000): 449, https://doi.org/10.2307/3178545.

CHAPTER 2——在同一個屋簷下

1. Megan C. Ly tle, John R. Blosnich, Susan M. De Luca, and Chris Brownson, "Association of Religiosity

63. Patrick A. Wilson et al., "Using a Daily Diary Approach to Examine Quality of Sex and the Temporal Ordering of Stressful Events, Substance Use, and Sleep Patterns among College Students," in process.
64. Mellins et al., "Sexual Assault Incidents among College Undergraduates."

CHAPTER 1 ——性侵害

1. Fedina, Holmes, and Backes, "Campus Sexual Assault"; Fisher, Cullen, and Turner, "The Sexual Victimization of College Women."
2. Campbell, Dworkin, and Cabral, "An Ecological Model of the Impact of Sexual Assault on Women's Mental Health"; Janine M. Zweig, Bonnie L. Barber, and Jacquelynne S. Eccles, "Sexual Coercion and Well-Being in Young Adulthood: Comparisons by Gender and College Status," *Journal of Interpersonal Violence* 12, no. 2 (April 1997): 291–308, https://doi.org/10.1177/088626097012002009.
3. Armstrong and Hamilton, *Paying for the Party*; Armstrong, Hamilton, and Sweeney, "Sexual Assault on Campus"; Scott B. Boeringer, "Influences of Fraternity Membership, Athletics, and Male Living Arrangements on Sexual Aggression," *Violence against Women* 2, no. 2 (June 1, 1996): 134–47, https://doi.org/10.1177/1077801296002002002; Kaitlin M. Boyle, "Social Psychological Processes That Facilitate Sexual Assault within the Fraternity Party Subculture: Sexual Assault and the Fraternity Subculture," *Sociology Compass* 9, no. 5 (May 2015): 386 –99, https://doi.org/10.1111/soc4.12261; Sanday, *Fraternity Gang Rape*.
4. A ntonia Abbey et al., "A lcohol and Dating Risk Factors for Sexual A ssault among College Women," *Psychology of Women Quarterly* 20, no. 1 (1996): 147–169; Fedina, Holmes, and Backes, "Campus Sexual A ssault"; Koss, Gidycz, and Wisniewski, "The Scope of Rape"; A lan M. Gross et al., "A n Examination of Sexual Violence against College Women," *Violence against Women* 12, no. 3 (2006): 288 –300; Mellins et al., "Sexual A ssault Incidents among College Undergraduates"; Charlene L. Muehlenhard and Melaney A. Linton, "Date Rape and Sexual Aggression in Dating Situations: Incidence and Risk Factors," *Journal of Counseling Psychology* 34, no. 2 (1987): 186; Paige Hall Smith, Jacquelyn W. W hite, and Lindsay J. Holland, "A Longitudinal Perspective on Dating Violence among Adolescent and College-Age Women," *American Journal of Public Health* 93, no. 7 (2003): 1104 –9.
5. Martha McCaughey and Jill Cermele, "Changing the Hidden Curriculum of Campus Rape Prevention and Education: Women's Self-Defense as a Key Protective Factor for a Public Health Model of Prevention," *Trauma, Violence, and Abuse* 18, no. 3 (July 2017): 287–302, https://doi.org/10.1177/1524838015611674; Laura Kipnis, *Unwanted Advances: Sexual Paranoia Comes to Campus*, first edition (New York: Harper, 2017); Michael A. Messner, "Bad Men, Good Men, Bystanders: Who Is the Rapist?," *Gender and Society* 30, no. 1 (February 2016): 57– 66, https://doi.org/10.1177/0891243215608781.
6. Victoria L. Banyard, Mary M. Moynihan, and Elizabethe G. Plante, "Sexual Violence Prevention through Bystander Education: An Experimental Evaluation," *Journal of Community Psychology* 35, no. 4 (2007): 463– 81.
7. Alexander Wamboldt et al., "Friends, Strangers, and Bystanders: Informal Practices of Sexual Assault Intervention," *Global Public Health* 14, no. 1 (May 7, 2018): 1–12, https://doi.org/10.1080/17441692.2018.1472290.
8. Kathleen A. Bogle, *Hooking Up: Sex, Dating, and Relationships on Campus* (New York: New York University Press, 2008); Lisa Wade, *American Hookup: The New Culture of Sex on Campus* (W. W. Norton & Company, 2018).
9. Elizabeth A. Armstrong et al., "Is Hooking Up Bad For Young Women?" *Contexts*, http://contexts.org/articles/is-hooking-up-bad-for-young-women/.
10. Louisa Gilbert et al., "Situational Contexts and Risk Factors Associated with Incapacitated and Nonincapacitated Sexual Assaults among College Women," *Journal of Women's Health*, November 27, 2018, https://doi.org/10.1089/jwh.2018.7191.

45. Nick Anderson, "At First, 55 Schools Faced Sexual Violence Investigations. Now the List Has Quadrupled," *Washington Post*, January 18, 2017; Juliet Eilperin, "Seeking to End Rape on Campus, White House Launches 'It's On Us,' " *Washington Post*, September 19, 2014, http://www.washingtonpost.com/blogs/post-politics/ wp/2014/09/19/seeking-to-end-rape-on-campus-wh-launches-its-on-us/.
46. Shannen Doherty and Cypress Hill, "Is It Date Rape?," *Saturday Night Live*, season 19 (NBC, October 2, 1993); "Affirmative Consent Laws (Yes Means Yes) State by State," AffirmativeConsent.com, accessed July 17, 2017, http://affirmativeconsent.com/affirmative-consent-laws-state-by-state/.
47. Catharine A. MacKinnon, "Feminism, Marxism, Method, and the State: Toward Feminist Jurisprudence," *Signs: Journal of Women in Culture and Society* 8, no. 4 (July 1983): 635–58, https://doi.org/10.1086/494000.
48. John J. DiIulio, "Fill Churches, Not Jails: Youth Crime and 'Superpredators' " (1996).
49. John D. Foubert, Angela Clark-Taylor, and Andrew F. Wall, "Is Campus Rape Primarily a Serial or One-Time Problem? Evidence From a Multicampus Study," *Violence against Women*, March 18, 2019, 107780121983382, https://doi.org/10.1177/1077801219833820.
50. David Cantor et al., "Report on the A AU Campus Climate Survey on Sexual Assault and Sexual Misconduct: Columbia University" (Rockville, MD: The American Association of Universities, September 21, 2015).
51. Amy T. Schalet, *Not under My Roof: Parents, Teens, and the Culture of Sex* (Chicago: University of Chicago Press, 2011).
52. Sharyn J. Potter, "Reducing Sexual Assault on Campus: Lessons From the Movement to Prevent Drunk Driving," *American Journal of Public Health* 106, no. 5 (2016): 822–29.
53. Victoria L. Banyard, Mary M. Moynihan, and Maria T. Crossman, "Reducing Sexual Violence on Campus: The Role of Student Leaders as Empowered Bystanders," *Journal of College Student Development* 50, no. 4 (2009): 446 –57; A. Mabry and M. M. Turner, "Do Sexual Assault Bystander Interventions Change Men's Intentions? Applying the Theory of Normative Social Behavior to Predicting Bystander Outcomes," *Journal of Health Communication* 21, no. 3 (2015): 276 –92; Sarah DeGue et al., "A Systematic Review of Primary Prevention Strategies for Sexual Violence Perpetration," *Aggression and Violent Behavior* 19 (2014): 346 – 62.
54. Cantor et al., "Report on the A AU Campus Climate Survey on Sexual Assault and Sexual Misconduct: Columbia University."
55. Hirsch, *A Courtship after Marriage*.
56. Shamus Khan, *Privilege: The Making of an Adolescent Elite at St. Paul's School*, first paperback printing, Princeton Studies in Cultural Sociology (Princeton, NJ: Princeton Univ. Press, 2011).
57. Colin Jerolmack and Shamus Khan, "Talk Is Cheap: Ethnography and the Attitudinal Fallacy," *Sociological Methods and Research* 43, no. 2 (May 1, 2014): 178 –209, https://doi.org/10.1177/0049124114523396.
58. Reuven Fenton and Danika Fears, "Columbia Profs Creep out Students by Watching Them Drink for Sex Study," *New York Post*, October 21, 2015, https://nypost.com/2015/10/21/columbia-profs-creeping-out-students-by-watching-them-drink /.
59. Mellins et al., "Sexual Assault Incidents among College Undergraduates."
60. Wick Sloane, "Veterans at Elite Colleges, 2016," *Chronicle of Higher Education*, November 11, 2016, https://www.insidehighered.com/views/2016/11/11/how-many-veterans-do-elite-colleges-enroll-not-enough-essay.
61. Barnard College, "Fact Sheet," 2019, https://barnard.edu/pressroom/fact-sheet; Columbia University, "Class of 2022 Profile," May 1, 2018, https://undergrad.admissions.columbia.edu/classprofile/2022.
62. National Center for Education Statistics, "Fast Facts" (Washington, DC: Institute of Education Sciences, 2018), https://nces.ed.gov/fastfacts/display.asp?id=372.

of Antidiscrimination Doctrine, Feminist Theory, and Antiracist Politics," *University of Chicago Legal Forum* 1989: 139– 67.

31. Gerda Lerner, ed., *Black Women in White America: A Documentary History* (New York: Vintage Books, 1992).
32. Danielle L. McGuire, *At the Dark End of the Street: Black Women, Rape, and Resistance—A New History of the Civil Rights Movement from Rosa Parks to the Rise of Black Power* (New York: Alfred A. Knopf, 2010); The National Museum of African-American History and Culture, "The Scottsboro Boys," 2019, https://nmaahc.si.edu/blog/scottsboro-boys.
33. Combahee River Collective, "Combahee River Collective Statement," in *Home Girls: A Black Feminist Anthology*, ed. Barbara Smith (New York: Kitchen Table— Women of Color Press, 1983), 264–74; McGuire, *At the Dark End of the Street.*
34. Combahee River Collective, "Combahee River Collective Statement."
35. Susan Brownmiller, *Against Our Will: Men, Women, and Rape*, reprinted edition (New York: Ballantine Books, 1993); Megan Gibson, "I Am Woman, Hear Me Roar: Take Back the Night," *Time*, August 12, 2011.
36. Desiree Abu-Odeh, Constance Nathanson, and Shamus Khan, "Bureaucratization of Sex at Columbia and Barnard, 1955 to 1990," *Social Science History*, forthcoming.
37. Sanday, *Fraternity Gang Rape*; Regina Kulik Scully et al., *The Hunting Ground* (Anchor Bay Entertainment, Inc., 2015).
38. Clifford Kirkpatrick and Eugene Kanin, "Male Sex Aggression on a University Campus," *American Sociological Review* 22, no. 1 (February 1957): 52, https://doi.org/10.2307/2088765.
39. Kirkpatrick and Kanin, "Male Sex Aggression on a University Campus"; Mary P. Koss, Christine A. Gidycz, and Nadine Wisniewski, "The Scope of Rape: Incidence and Prevalence of Sexual Aggression and Victimization in a National Sample of Higher Education Students," *Journal of Consulting and Clinical Psychology* 55, no. 2 (1987): 162–70; Robin Warshaw and Mary P. Koss, *I Never Called It Rape: The Ms. Report on Recognizing, Fighting, and Surviving Date and Acquaintance Rape* (New York: Harper/Perennial, 1994).
40. Jody Jessup-Anger, Elise Lopez, and Mary P. Koss, "History of Sexual Violence in Higher Education: History of Sexual Violence in Higher Education," *New Directions for Student Services* 2018, no. 161 (March 2018): 9–19, https://doi.org/10.1002/ ss.20249; Heather M. Karjane, Bonnie Fisher, and Francis T. Cullen, *Sexual Assault on Campus: What Colleges and Universities Are Doing about It* (US Department of Justice, Office of Justice Programs, National Institute of Justice, 2005), https://www.ncjrs.gov/App/abstractdb/AbstractDBDetails.aspx?id=205521.
41. Lori L. Heise, "Violence against Women: An Integrated, Ecological Framework," *Violence against Women* 4, no. 3 (June 1, 1998): 262–90, https://doi.org/10.1177/1077801298004003002; Rebecca Campbell, Emily Dworkin, and Giannina Cabral, "An Ecological Model of the Impact of Sexual Assault on Women's Mental Health," *Trauma, Violence, and Abuse*, 2009, http://tva.sagepub.com/content/early/2009/05/10/1524838009334456.short; Erin A. Casey and Taryn P. Lindhorst, "Toward a Multi-Level, Ecological Approach to the Primary Prevention of Sexual Assault: Prevention in Peer and Community Contexts," *Trauma, Violence and Abuse* 10, no. 2 (April 2009): 91–114, https://doi.org/10.1177/1524838009334129.
42. "Jeanne Clery Disclosure of Campus Security Policy and Campus Crime Statistics Act of 1990," 20 U.S.C. § §1092(f) (2018); Title IX, 20 U.S.C. Education Amendments Act of 1972 § §§1681–1688; "Violence Against Women Act of 1993," 42 U.S.C § §13701–14040 (1994).
43. A. Russlynn, "Dear Colleague Letter" (U.S. Department of Education, Office for Civil Rights, April 4, 2011); Celene Reynolds, "The Mobilization of Title IX across U.S. Colleges and Universities, 1994–2014," *Social Problems* 66, no. 2 (May 1, 2019): 245–73, https://doi.org/10.1093/socpro/spy005.
44. Reynolds, "The Mobilization of Title IX across U.S. Colleges and Universities, 1994–2014."

Sex,'" *Sexual Health* 7, no. 1 (2010): 31–34.

13. Maggie Jones, "What Teenagers Are Learning from Online Porn," *New York Times*, February 7, 2018, https://www.nytimes.com/2018/02/07/magazine/teenagers-learning-online-porn-literacy-sex-education.html.
14. Daniel Jordan Smith and Benjamin C. Mbakwem, "Antiretroviral Therapy and Reproductive Life Projects: Mitigating the Stigma of AIDS in Nigeria," *Social Science and Medicine* 71, no. 2 (July 2010): 345–52, https://doi.org/10.1016/j.socscimed.2010.04.006.
15. Janet Zollinger Giele and Glen H. Elder, eds., *Methods of Life Course Research: Qualitative and Quantitative Approaches* (Thousand Oaks, CA: Sage Publications, 1998).
16. Steven Epstein and Héctor Carrillo, "Immigrant Sexual Citizenship: Intersectional Templates among Mexican Gay Immigrants to the USA," *Citizenship Studies* 18, no. 3–4 (April 3, 2014): 259–76, https://doi.org/10.1080/13621025.2014.905266; Jessica Fields, *Risky Lessons: Sex Education and Social Inequality* (New Brunswick, NJ: Rutgers University Press, 2008); Diane Richardson, "Constructing Sexual Citizenship: Theorizing Sexual Rights," *Critical Social Policy* 20, no. 1 (February 1, 2000): 105–35, https://doi.org/10.1177/026101830002000105.
17. Karen Benjamin Guzzo, "Trends in Cohabitation Outcomes: Compositional Changes and Engagement among Never-Married Young Adults," *Journal of Marriage and Family* 76, no. 4 (August 2014): 826 –42, https://doi.org /10.1111/jomf.12123.
18. Lawrence B. Finer and Jesse M. Philbin, "Trends in Ages at Key Reproductive Transitions in the United States, 1951–2010," *Women's Health Issues* 24, no. 3 (May 2014): e271–79, https://doi.org/10.1016/j.whi.2014.02.002; Guttmacher Institute, "Adolescent Sexual and Reproductive Health in the United States" (New York: Guttmacher Institute, September 2017), https://www.guttmacher.org/fact-sheet/american-teens-sexual-and-reproductive-health.
19. Guttmacher Institute, "Adolescent Sexual and Reproductive Health in the United States."
20. Lawrence B. Finer, "Trends in Premarital Sex in the United States, 1954–2003," *Public Health Reports* 122, no. 1 (January 2007): 73–78, https://doi.org/10.1177/003335490712200110.
21. Finer and Philbin, "Trends in Ages at Key Reproductive Transitions in the United States, 1951–2010."
22. John S. Santelli et al., "Abstinence-Only-Until-Marriage: A n Updated Review of U.S. Policies and Programs and Their Impact," *Journal of Adolescent Health* 61, no. 3 (September 2017): 273 – 80, https://doi.org /10.1016/j.jadohealth.2017.05.031.
23. Santelli et al., "Abstinence-Only-Until-Marriage."
24. Fields, *Risky Lessons*.
25. Laura Duberstein Lindberg, Isaac Maddow-Zimet, and Heather Boonstra, "Changes in Adolescents' Receipt of Sex Education, 2006 –2013," *Journal of Adolescent Health* 58, no. 6 (June 2016): 621–27, https://doi.org/10.1016/j.jadohealth.2016.02.004.
26. Guttmacher Institute, "American Adolescents' Sources of Sexual Health Information" (New York: Guttmacher Institute, December 2017), https://www.guttmacher.org/fact-sheet/facts-american-teens-sources-information-about-sex.
27. Maddow-Zimet Lindberg and Heather Boonstra, "Changes in Adolescents' Receipt of Sex Education, 2006 –2013."
28. Robert J. Sampson, *Great American City: Chicago and the Enduring Neighborhood Effect* (Chicago: University of Chicago Press, 2011); Jennifer S. Hirsch, *A Courtship after Marriage: Sexuality and Love in Mexican Transnational Families* (Berkeley: University of California Press, 2003); Hirsch et al., *The Secret*; Lynda Johnston and Robyn Longhurst, *Space, Place, and Sex: Geographies of Sexualities* (Lanham: Rowman & Littlefield, 2010).
29. Elizabeth A. Armstrong and Laura T. Hamilton, *Paying for the Party: How College Maintains Inequality* (Cambridge, MA: Harvard University Press, 2013).
30. Kimberle Crenshaw, "Demarginalizing the Intersection of Race and Sex: A Black Feminist Critique

注釋
Notes

導言：一個新方法

1. Jennifer S. Hirsch et al., "Transforming the Campus Climate: Advancing Mixed-Methods Research on the Social and Cultural Roots of Sexual Assault on a College Campus," *Voices:* 13, no. 1 (2018): 23–54, https://doi.org/10.1111/voic.12003.
2. Pegg y Sanday, *Fraternity Gang Rape: Sex, Brotherhood, and Privilege on Campus* (NYU Press, 2007); Elizabeth A. Armstrong, Laura Hamilton, and Brian Sweeney, "Sexual Assault on Campus: A Multilevel, Integrative Approach to Party Rape," *Social Problems* 53, no. 4 (2006): 483–99, https://doi.org/10.1525/sp.2006.53.4.483.
3. U. Bronfenbrenner, "Toward an Experimental Ecology of Human Development," *American Psychologist* 32, no. 7 (1977): 513–31.
4. Richard H. Thaler and Cass R. Sunstein, *Nudge: Improving Decisions about Health, Wealth, and Happiness*, rev. and expanded ed (New York: Penguin Books, 2009).
5. Jennifer S. Hirsch, "Desire across Borders: Markets, Migration, and Marital HIV Risk in Rural Mexico," *Culture, Health and Sexuality* 17, no. S1 (2015): 20–33, https:// doi.org/10.1080/13691058.2014.963681.
6. Claude A. Mellins et al., "Sexual Assault Incidents among College Undergraduates: Prevalence and Factors Associated with Risk," *PLOS ONE* 12, no. 11 (November 8, 2017): e0186471, https://doi.org/10.1371/journal.pone.0186471.
7. Bonnie S. Fisher, Francis T. Cullen, and Michael G. Turner, "The Sexual Victimization of College Women: Research Report" (Washington, DC: Department of Justice, National Inst. of Justice, Bureau of Justice Statistics, 2000), http://eric.ed.gov/?id=ED449712; Lisa Fedina, Jennifer Lynne Holmes, and Bethany L. Backes, "Campus Sexual Assault: A Systematic Review of Prevalence Research From 2000 to 2015," *Trauma, Violence, and Abuse* 19, no. 1 (January 1, 2018): 76 –93, https://doi.org/10.1177/1524838016631129; Christopher P. Krebs et al., "The Campus Sexual Assault Study (CSA) Final Report: Performance Period: January 2005 through December 2007" (Rockville, MD: National Institute of Justice, 2007).
8. Mellins et al., "Sexual Assault Incidents among College Undergraduates."
9. William George A xinn, Maura Elaine Bardos, and Brady Thomas West, "General Population Estimates of the Association between College Experience and the Odds of Forced Intercourse," *Social Science Research* 70 (February 2018): 131–43, https:// doi.org/10.1016/j.ssresearch.2017.10.006; Ann L. Coker et al., "Are Interpersonal Violence Rates Higher among Young Women in College Compared with Those Never Attending College?," *Journal of Interpersonal Violence* 31, no. 8 (May 2016): 1413–29, https://doi.org/10.1177/0886260514567958; Sofi Sinozich and Lynn Langton, "Rape and Sexual Assault among College-Age Females, 1995–2013" (Washington, DC: Bureau of Justice Statistics, U.S. Department of Justice, December 11, 2014), https://www.bjs.gov/index.cfm?ty=pbdetail&iid=5176.
10. Cora Peterson et al., "Lifetime Economic Burden of Rape among U.S. Adults," *American Journal of Preventive Medicine* 52, no. 6 (2017): 691–701, https://doi.org/10.1016/j.amepre.2016.11.014.
11. Jennifer S. Hirsch et al., eds., *The Secret: Love, Marriage, and HIV* (Nashville: Vanderbilt University Press, 2010); Hirsch, "Desire across Borders."
12. Stephanie Sanders et al., "Misclassification Bias: Diversity in Conceptualisations about Having 'Had

性公民權

「知情同意中，曖昧不明的性界線到底是誰界定的？」哥大里程碑研究，剖析性侵害與權力、階級、空間交錯的社會性因素

性公民權：「知情同意中，曖昧不明的性界線到底是誰界定的？」哥大里程碑研究，剖析性侵害與權力、階級、空間交錯的社會性因素／珍妮佛・赫希（Jennifer S. Hirsch），沙姆斯・康（Shamus Khan）著；梁永安譯. －初版.－臺北市：麥田出版：英屬蓋曼群島商家庭傳媒股份有限公司城邦分公司發行，2025.01
面； 公分
譯自：Sexual citizens : a landmark study of sex, power, and assault on campus.
ISBN 978-626-310-676-5（平裝）
1.CST: 性侵害 2.CST: 性騷擾
3.CST: 學校安全
527.59　　113006010

封面設計　許晉維
內文排版　黃暐鵬
印　　刷　漾格科技股份有限公司
初版一刷　2025年1月

定　　價　新台幣499元

I S B N　978-626-310-676-5
9786263106802（EPUB）

作　　者　珍妮佛・赫希、沙姆斯・康
譯　　者　梁永安
責任編輯　林如峰
國際版權　吳玲緯　楊　靜
行　　銷　闕志勳　余一霞　吳宇軒
業　　務　陳美燕
副總編輯　何維民
事業群總經理　謝至平
發 行 人　何飛鵬

出　　版

麥田出版
地址：115020台北市南港區昆陽街16號4樓
電話：(02)2500-0888　傳真：(02)2500-1951
網站：http://www.ryefield.com.tw

發　　行

英屬蓋曼群島商家庭傳媒股份有限公司城邦分公司
地址：台北市南港區昆陽街16號8樓
網址：http://www.cite.com.tw
客服專線：(02)2500-7718；2500-7719
24小時傳真專線：(02)2500-1990；2500-1991
服務時間：週一至週五09:30-12:00; 13:30-17:00
劃撥帳號：19863813　戶名：書虫股份有限公司
讀者服務信箱：service@readingclub.com.tw

香港發行所

城邦（香港）出版集團有限公司
地址：香港九龍土瓜灣土瓜灣道86號
順聯工業大廈6樓A室
電話：+852-2508-6231　傳真：+852-2578-9337
電郵：hkcite@biznetvigator.com

馬新發行所

城邦（馬新）出版集團【Cite(M) Sdn. Bhd.】
地址：41-3, Jalan Radin Anum, Bandar Baru
Sri Petaling, 57000 Kuala Lumpur, Malaysia.
電話：+603-9056-3833　傳真：+603-9057-6622
電郵：services@cite.my